高塩　博　著

江戸幕府の「敲」と人足寄場

――社会復帰をめざす刑事政策――

汲古書院

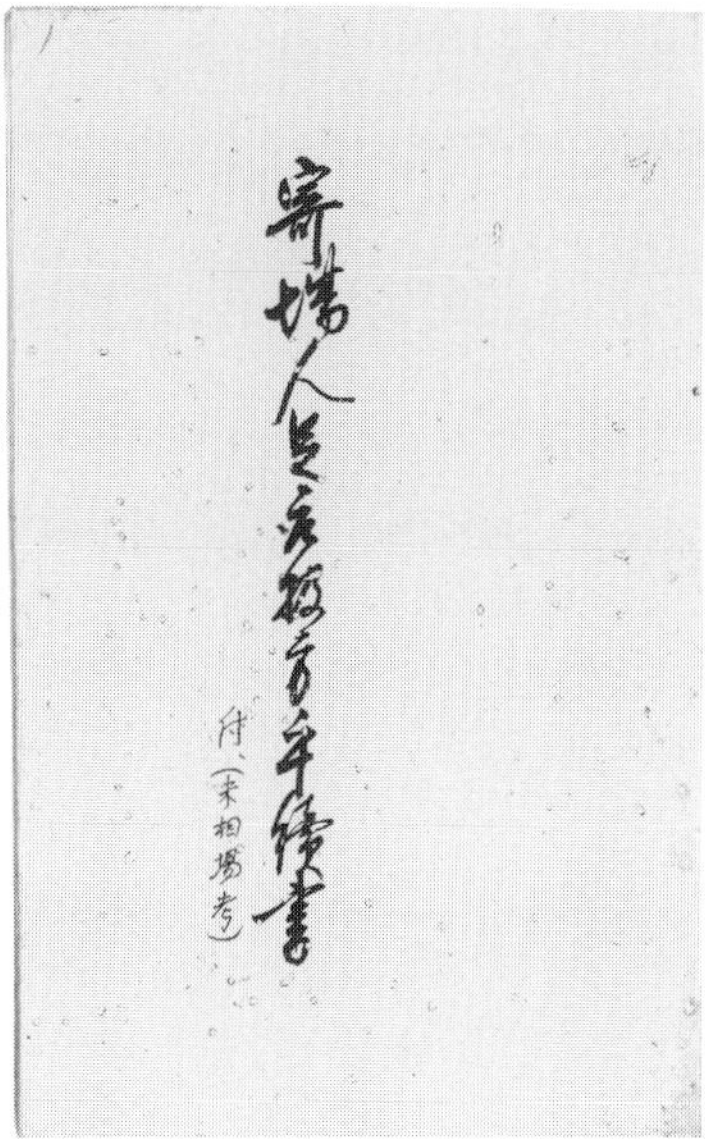

1. 「寄場人足取扱方手続書」表紙
（本書 368 頁）

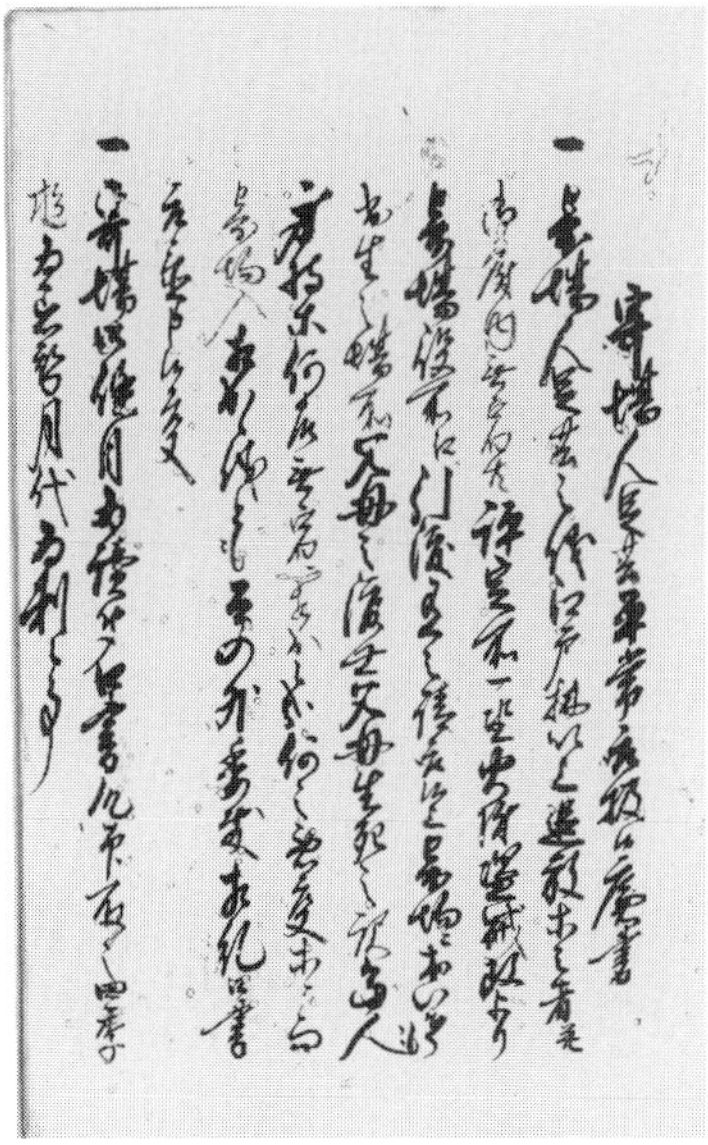

2. 「寄場人足取扱方手続書」第 1 丁
（本書 368 頁）

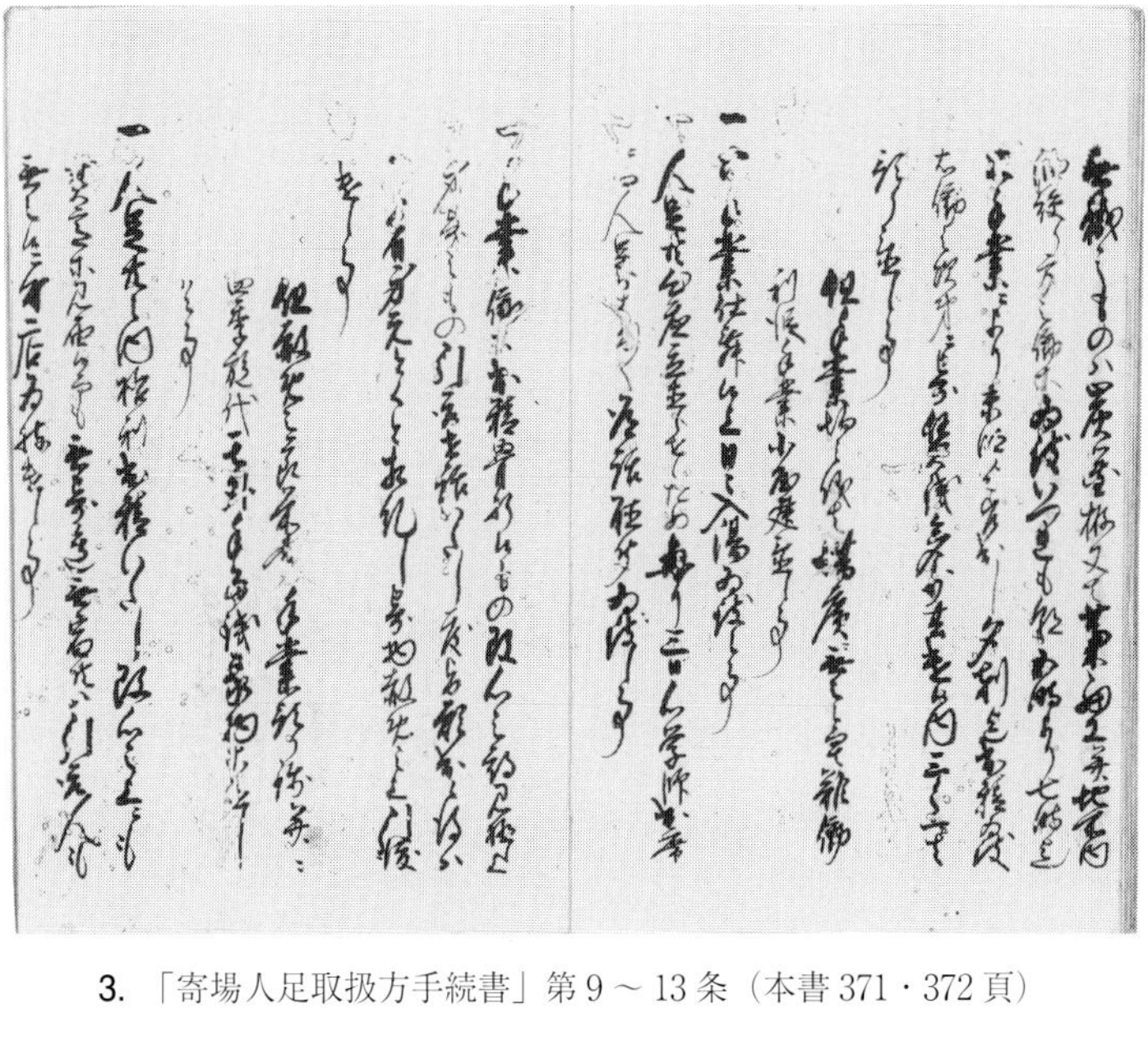

3. 「寄場人足取扱方手続書」第 9 ～ 13 条（本書 371・372 頁）

4. 「敲之図」(『刑罪大秘録』『法規分類大全』治罪門 (2) より)

5.「敲刑小伝馬町旧牢屋門前ノ真景」（『刑罪詳説』『徳川政刑史料』前編第三冊より）

目次

口絵
序言……iii

第一部「敲」の刑罰

第一章 江戸幕府法における「敲」と「入墨」の刑罰……5
第二章「敲」の刑罰における身元引受について……49
第三章「敲」の刑具について――「敲箒」と「箒尻」――……89
補論「敲」に用いるムチの規格統一……113

【附録】

第一 追放人の幕府老中宛の歎願――信濃国岩村田藩の「たゝき放」をめぐって――……119
第二 丹後国田辺藩の「敲」について……131
第三 奥殿藩佐久領における「敲」の刑罰……157
第四《講演録》江戸時代の笞打ち刑について――幕府の「敲」と弘前藩の「鞕刑」――……179

第二部　人足寄場

第一章　熊本藩徒刑と幕府人足寄場の創始 …… 195
第二章　幕府人足寄場の収容者について——武家奉公人と有宿を中心として—— …… 235
第三章　寄場手業掛山田孫左衛門——創設期人足寄場とその後についての管見—— …… 275
第四章　上州小舞木村郡蔵の寄場入り——幕府人足寄場の機能に着目して—— …… 303
第五章　寄場奉行一覧 …… 329
第六章　幕府人足寄場研究文献目録（稿） …… 339
第七章　「寄場人足取扱方手続書」について——幕府人足寄場の史料紹介—— …… 361
第八章　《史料翻刻》長崎人足寄場史料二題 …… 381
あとがき …… 427
索　引 …… *1*

序言

本書は、題して『江戸幕府の「敲」と人足寄場——社会復帰をめざす刑事政策——』という。「敲《たたき》」という刑罰と人足寄場の制度を扱っている。「敲」は、犯罪人にとってもう一度のやり直しがきく刑罰であった。本書は、その執行方法に光を当てることによって、「敲」刑の本質を探ろうとした。幕府の人足寄場は高校の教科書にも載っている著名な制度である。とはいうものの、その全容が解明されているわけでもない。どのような人々が収容され、その収容期間が何年であったか、歴代寄場奉行の名前と在任期間など、きわめて基本的な事柄でさえ曖昧であった。本書においてはこれらに焦点を当てて考察を加え、人足寄場の主旨を理解しようと努めた。以下に、本書所収の論考を紹介して「序言」とする。

「敲」という名のムチ打ち刑は、江戸幕府の代表的な刑罰である。江戸の町では小伝馬町牢屋敷の表門が刑場であった。平松義郎氏の調査によって、幕末の三年八箇月間に、江戸において執行された「敲」刑の数が判明する[1]。それは文久二年（一八六二）から元治元年（一八六四）までの連続する三年間とその翌年の慶応元年五月から十二月までの八箇月間の執行数である。敲（五十敲）と重敲《おもきたたき》（百敲）をあわせた執行数は、文久二年中に四五一、文久三年中に四五四、元治元年中に四九八、慶応元年中は八箇月間にもかかわらず六一六の多数をかぞえる。これらの数に入墨を併科する敲（入墨之上敲、入墨之上重敲）を加えた数は、文久二年が九二〇、文久三年が八一七、元治元年が八五二、慶応元年が一〇八四にのぼる。江戸において執行されたすべての刑罰（死刑、遠島、追放、入墨、敲）の総数は、文久二年は一二三九、文久三年は一〇一二、元治元年は一〇二九、慶応元年の八箇月間は一三四五であった。したがって「敲」刑の占める割合は、文久二年が約七四％、文久三年が約八一％、元治元年が約八三％、慶応元年が約八一％に達する。「敲」刑の執行数が他の刑罰とは比べものにならない程に多いのである。(2)

この傾向は、幕末期の江戸に限ったことではない。大坂町奉行所における文化二年（一八〇五）から同四年（一八〇七）の三年間の刑罰統計が神保文夫氏によって報告されているので、それを見てみよう。(3) 敲（敲、重敲）と入墨敲（入墨之上敲、入墨之上重敲）とを併せた執行数は、文化二年中には四六三、文化三年中には六七六、文化四年中には五七一に達した。大坂町奉行所が執行した刑罰（死刑、遠島、追放、入墨、敲）の総数は、文化二年に五八七、文化三年に七七六、文化四年が六六三であるから、「敲」刑の占める割合は文化二年が約七九％、文化三年が約八七％、文化四年が約八六％に達する。(4)

江戸においてもまた大坂においても、その執行する刑罰のおよそ八割が「敲」刑なのである。このように、「敲」刑は江戸幕府の刑罰のうち圧倒的な執行数をかぞえるのである。しかしながら、かつてこの刑罰に学問的な考察が加えられることがなかった。なぜであろうか。「敲」刑は受刑者を下帯ひとつの裸として、ムチでもってその肩・背中・尻を交互に殴打するのであり、それは大勢の人々がわいわいと見物するなかでの公開処刑である。(5) 人権蹂躙もはなはだしい。野蛮である。このように評価したとすれば、「敲」がどのような意味をもつ刑罰であるのかを考える意欲は湧かないであろう。「敲」刑が学問の俎上にのぼらなかったのは、この辺に原因がありそうである。

『刑罪詳説』所載の「敦（敲）刑小伝馬町旧牢屋門前ノ真景」（**口絵5**）をはじめて眺めたとき、なにか奇異な感じをうけた。「敲」刑は、主として軽微な盗みの犯罪に適用する刑罰である。それにもかかわらず、大勢の役人が出張っていて仰々しく大袈裟である。しかも大小を腰にした武士身分が打役《うちやく》と数取《かずとり》として執行を担当しているではないか。幕府の他の刑罰とは執行の雰囲気がおおいに異なるのである。この差異の理由を探ろうとして、考察を加えたのが「江戸幕府法における「敲」と「入墨」の刑罰」である（第一部第一章）。その結果、「敲」はその具体的な執行方法を将軍徳川吉宗が自ら指示していることが判明した。つまり、「敲」は吉宗の考案するところであり、それは中国律の笞刑、杖刑というムチ打ち刑に示唆を受けつつも、刑罰の趣旨を変更して幕府特有のムチ打ち刑に衣替えさせている。

幕府のそれまでの刑罰は、死刑と追放刑が大きな比重を持ち、それらは共同体からの排除を旨とし、一般予防主義の刑罰観に立脚する。「敲」もまた、公開処刑とすることで犯罪の一般予防の効果をねらっている。しかしながら一方においては、犯罪人を共同体の内部で処遇して社会に復帰させることをめざしている。「敲」の採用は、一般予防主義から特別予防主義へと転換する契機をなしているのである。その意味で、「敲」という刑罰は近世刑罰史のうえで画期的な意味を持つのである。

「敲」刑において着目すべきは、身元引受人の制である。身元引受の制には、犯罪人をもう一度社会に定着させようとする幕府の姿勢をはっきりと看て取れる。判例を中心として、身元引受の実態を探ったのが「「敲」の刑罰における身元引受について」である（第一部第二章）。身元引受人に釈放後の保護を命じているのである。

「敲」に用いる刑具としては、長さが一尺九寸（約五七糎）と同じなのに、「敲箒」と称する藁製のムチと、「箒尻」と称する竹製のムチとの二種が伝えられている。二種類の刑具が伝えられる理由を追及したのが、「「敲」の刑具について――「敲帚」と「箒尻」――」である（第一部第三章）。

ムチ打ち刑は、ムチの規格や殴打法によっては死刑にも匹敵する過酷な刑罰となる。しかし、幕府の「敲」は病弱な者や高齢者にも適用する、比較的温和な刑罰であった（女性には換刑として五十日と百日の牢舎を科した）。どのような受刑者に対しても、刑の執行後に自分の脚で帰宅できる程度に痛めつけることが義務付けられていた。したがって、屈強な者と老人や病人のような虚弱な者とでは、殴打に強弱があるのは当然である。打役が片膝をついて受刑者を間近に見ながら殴打しているのは、その弱り具合を確かめるためである（**口絵4**）。ムチの長さを一尺九寸（約五七糎）と短くしたのは、材質として藁を採用したためであるばかりでなく、受刑者の様子を近くから観察するためなのである。(6)

幕府の「敲」が寛保二年（一七四二）制定の「公事方御定書」に定められると、これに触発されてムチ打ち刑を採用する藩が各地に現れ始めた。管見では、尾張徳川氏の名古屋藩がもっとも早い。採用年は延享二年（一七四五）、「敲」という刑名である。十・二十・三十・五十・七十・百の七等級が存した。軽微な窃盗には「敲」を単独に科し、盗犯の種類によっては追放刑を併科し、あるいは追放刑とともに入墨をも併科する場合がある。(7)続いてムチ打ち刑を採用したのは、陸奥国二本松藩（外様大名、丹羽氏）であろう。採用年は寛延元年（一七四八）、「笞刑」という刑名である。(8)十から百までの十等級で、適用する犯罪は盗犯に限っていない。「追払」と称する追放刑を併科する場合が多く、また稀に「村替」「村預」を併科することがある。(9)その次にムチ打ち刑を採用するのは、肥後国熊本藩（外様大名、細川氏）である。二本松藩と同様に「笞刑」十等級で、宝暦五年（一七五五）の採用である。単独に科すばかりでなく、「刺墨」と称する入墨や「徒刑」に併科し、適用の犯罪は盗犯に限らない。(10)

その後、明治を迎えるまでにムチ打ち刑を採用したことが確認できるのは、四〇藩近くに達する。その刑名としては幕府と同じ「敲」を用いる藩が圧倒的に多い。「笞刑」「笞罪」「笞打」「杖刑」「杖罪」「杖打」を刑名とする藩もある。これらは中国律の笞刑・杖刑や日本律の笞罪・杖罪を参考としているであろう。そのほかに「鞭刑」「鞭打」という刑名も存する。これらの藩のムチ打ち刑は、幕府「敲」の趣旨を継承している場合もあれば、別な意味を持たせている場合も多い(11)。江戸時代のムチ打ち刑の全体像を描くには、各藩についての個別研究を重ねる必要がある。本書においては、わずかに知ることの出来た信濃国岩村田藩（譜代、内藤氏）の「た、き放し」、丹後国田辺藩（譜代、牧野氏）の「敲」、奥殿藩佐久領（家門、大給松平氏）の「敲」、弘前藩（外様、津軽氏）の「鞭刑」を取り上げ、幕府の「敲」と比較しながら若干の考察を試みた（第一部附録第一〜第四）。

幕府の人足寄場は、多くの人々の知る所であってその研究も少なくない。「幕府人足寄場研究文献目録（稿）」に示した通りである（第二部第六章）。昭和四十九年、瀧川政次郎氏を会長とする人足寄場顕彰会の方々によって『人足寄場史――我が国自由刑・保安処分の源流――』が刊行された。ここには一六本の論文が掲載されており、法制史学や刑法学などの研究者のみならず実務家や郷土史家をも糾合して人足寄場を多角的に考察している。『人足寄場史』により、研究がおおいに進捗した。同書の副題に「我が国自由刑・保安処分の源流」とあるように、わが国の自由刑は寛政二年（一七九〇）創始の幕府人足寄場に始まるというのがその当時の認識であった。

平成の時代に入り、筆者は勤務先の國學院大學日本文化研究所において、熊本藩の刑法典「刑法草書」を中心とする法制史料集の編纂に従事した。そこで「刑法草書」に定める「徒刑《とけい》」について調べると、なんとその刑罰は犯罪人の社会復帰を目的としているではないか。徒刑は犯罪人を定小屋《さだめごや》という施設に収容して社会生活の自由を奪う刑罰であり、一年、一年半、二年、二年半、三年の五等級の刑期があった。この間に教化改善の処遇を施すのである。収容中の強制労働に対しては幾許かの賃金を支給し、そのうちの一部を強制的に積み立てさせ、その積立金は釈放の際の就業資金とする。徒刑の実施は宝暦五年（一七五五）に始まるから、人足寄場の設置よりも三五年早い。「我が国自由刑の源流」という栄誉は、熊本藩の徒刑に与えられるべきなのである(12)。

熊本藩徒刑の収容者は犯罪人であり、幕府人足寄場の収容者は主として「無罪之無宿」である。収容者に違いはあるものの、社会復帰をめざすという目的と、そのための教化改善の処遇に共通点の存することに気付いた。そこで、徒刑と人足寄場との関連を考察したのが「熊本藩徒刑と幕府人足寄場の創始」という論文である（第二部第一章）。幕府老中松平定信は、宝暦の藩政改革を断行した熊本藩政と、それを成功に導いた藩主細川重賢に着目していた。定信は老中就任以前の天明四年（一七八四）より重賢と親交を結び、治政について教えを乞うている。二人はともに、享保の改革を遂行した八代将軍徳川吉宗に畏敬の念を抱いていたから、話は弾んだことであろう。要するに、人足寄場は熊本藩徒刑からおおくの示唆を得ている。幕府の制度が外様藩の制度がもととなって創設された訳である。これは驚きの事実であった。幕府の文物が地方の各藩に影響を及ぼすのは、自然の成り行きであるが、この場合は地方から中央へ、そして外様藩から幕府へと文化が流れているのである。

幕府の人足寄場は当初、「無罪之無宿」をおもに収容した。収容対象となる「無罪之無宿」は、軽微な窃盗などを犯して、敲、重敲、入墨、入墨之上敲、入墨之上重敲などの刑に処された無宿にして、身元引受人の存しない場合である。逮捕して罪状を取り調べた結果、何らの罪を犯していない無宿についても、身元引受が無いときは人足寄場に収容した。収容後、確実な身元引受人が現れればいつでも出場させるため、あらかじめ収容期間を定めることはない。それ故、判決文には「重ク敲候上、人足寄場ぇ差遣」というように記され、収容期間についての記載が無いのである。

ところが、例外的ではあるが、収容期間を三箇年と定めて収容することがあった。判決文には、「敲之上三ヶ年之内人足寄場ぇ差遣」というように記される。この判決は「かさつ」「かさつ法外」な行為、すなわち乱暴狼藉をとがめられた武家奉公人に対するもので、手鎖、敲、重敲の刑に処したのち、「三ヶ年」と刑期を定めて人足寄場に送るのである。この措置は、寛政三年（一七九一）三月の法令に基づく。これもまた稀にではあるが、有宿に対して三箇年と期間を定めて人足寄場に収容することがあった。「口論仕懸押借、又はねたり事致し」た有宿に対して、「入墨之上、三ヶ年之内人足寄場差遣」という判決の出た事例である。こちらは寛政十二年（一八〇〇）の判決であるが、有宿の寄場収容は遅くとも寛政十一年には始まっている。平穏に暮らす江戸市中の人々にとって、迷惑至極な武家奉公人と有宿とを人足寄場に収容し、三箇年の間に人間性を改善して再び社会に戻そうという目論見である。これを他面からながめるならば、江戸の町の秩序と安全を保とうとする社会防衛の役割を人足寄場に担わせたことになる。

　人足寄場は、文政三年（一八二〇）十月より江戸払以上の追放刑の判決をうけた者についても、「無罪之無宿」ともども収容することにした。追放刑をそのまま適用して彼らを野に放ったならば、「良民之害」になるからである。追放刑者については五年と定めて収容することとした。追放刑者を収容することによって、人足寄場の様相はおおいに変貌した。このような変容の萌芽は、三年と年期を定めた武家奉公人の収容に存したのである。それは早くも寄場設置の翌年、すなわち寛政三年三月より始まった。判例の数々を検討しながら、これらのことを考察したのが「幕府人足寄場の収容者について――武家奉公人と有宿を中心として――」である（第二部第二章）。

　寛政十一年（一七九九）二月五日、上野国新田郡小舞木《こまいぎ》村の百姓郡蔵が人足寄場に送られてきた。勘定奉行菅沼下野守からの送致である。身元引受人が願い出ても放免させてはならないという注文つきである。しかし、早くも収容後七日目にして身元引受人が出頭してきた。小舞木村の名主新兵衛である。そこで寄場奉行は身柄引き渡しについて掛奉行菅沼下野守に照会すると、引き渡しはならぬとの老中指令を通達してきた。どうやら郡蔵の寄場収容は、異例の措置のようである。結局、郡蔵は足掛け四年を寄場ですごし、享和二年（一八〇二）四月になって放免となった。ところがである。興味深いことに、翌年二月、郡蔵は江戸にやってきて人足差配人を介して寄場役所に礼状を提出するとともに、恩義を忘れないようにするためにと、人足の身元引受を願い出たのである。

郡蔵は上州の百姓身分にもかかわらず、人足寄場収容となった。それはどのような理由によるのであろうか。また、郡蔵の寄場収容は、人足寄場にとってどのような意味をもったのであろうか。これらの点を考察したのが、「上州小舞木村郡蔵の寄場入り――幕府人足寄場の機能に着目して――」である（第二部第四章）。この一件は、評定所一座の評議にかけられた。しかしながらその結論は採用とならず、老中の裁断により、臨時の措置として寄場収容に決した。前述したように、人足寄場は文政三年十月より追放刑者についてもこれを収容することとした。郡蔵一件は、その直接の契機となった事案なのである。詳細は本文を参照いただきたい。

人足寄場発足の翌年、寄場役人の下役に山田孫左衛門という人物が任命された。彼は手業掛として紙漉や蠟燭作りの技能を人足たちに教習した。孫左衛門は「宝暦現来集」という見聞実録を著述し、この中に「佃島人足寄場之事」という記事を書き残した。これは、寄場下役として勤務した人物の筆録として貴重である。「寄場手業掛山田孫左衛門――創設期人足寄場とその後の管見――」は、「佃島人足寄場之事」を紹介し、この記事をもとに創設期人足寄場の実態の一端を明らかにした論考である（第二部第三章）。

人足寄場の現場責任者である寄場奉行は、十三人の名前が知られていたにすぎなかった。そこで諸史料に探って歴代の寄場奉行の名とその在任期間をできる限り明らかにしようとしたのが、「寄場奉行一覧」である（第二部第五章）。その結果、寛政四年（一七九二）から慶応四年（一八六八）までの七六年間に十五人が寄場奉行の職に就いたこと、また、その多くが徒目付から任命されていることなどが判明した。

寄場役人の職務規則を紹介したのが、「「寄場人足取扱方手続書」について――幕府人足寄場の史料紹介――」である（第二部第七章）。「寄場人足取扱方手続書」は、成立がおそらく天保十三年（一八四二）のことである。ここに記されるのは人足の収容手続、着衣・寝具・糧食などの給養、人足部屋の規格、作業の種類と作業時間、入湯、心学道話の聴聞、釈放手続、罹病人足の服薬、医師の出勤、不服従人足への対処、出火の際の切放等々であり、寄場役所が定めた確かな記録である。

長崎における人足寄場は、万延元年（一八六〇）より実施に移されたようである。[13]「長崎人足寄場史料二題」は、慶応元年（一八六五）の「送証文幷罰名」と慶応二年の「寄場人足飯米勘定帳」を翻刻紹介したものである（第二部第八章）。前者は人足寄場への送致状と寄場収容の判決録であり、後者は人足の食糧についての収支決算書である。この二つの史料により、長崎人足寄場の実態がかなり判明する。

収容者を改善して社会復帰を目指すという幕府人足寄場の制は、中断することなく明治時代を迎えるまで続いた。この間に、各地の藩においても、社会復帰を目指す自由刑が実施された。幕府人足寄場の制に触発された場合も存するし、熊本藩の徒刑制度を参考とする場合も存した。また、両者の影響を受けた場合も見られる。江戸時代における自由刑の系譜、寄場制度と徒刑制度との関係、それらをめぐる研究史などについては、本書の姉妹篇とも言うべき拙著『近世刑罰制度論考――社会復帰をめざす自由刑――』（平成二十五年、成文堂）の序章に記したので、参照していただければ幸いである。

註

（1）平松義郎『近世刑事訴訟法の研究』一〇五七～一〇六〇頁、昭和三十五年、創文社。

（2）幕末期の江戸における「敲」刑は執行数が年間に八〇〇から一〇〇〇件にも達したから、一人づつ執行したのではとても間に合わない。幕末に町奉行所与力であった佐久間長敬は、「一日数十人を打つことあり」と伝えている（『刑罪詳説』徳川政刑史料前編第三、一五頁、明治二十六年、南北出版協会）。

（3）神保文夫「幕府法曹と法の創造――江戸時代の法実務と実務法学――」國學院大學日本文化研究所編『法文化のなかの創造性――江戸時代に探る――』一二七頁、平成十七年、創文社。

なお、江戸幕府の司法統計については、神保氏の「評定所の公事訴訟数に関する若干の史料――江戸幕府司法統計の断片――」、および「江戸幕府司法統計の断片――三奉行掛、遠国奉行所等の処刑者数・入牢者数――」（『法史学研究会会報』二〇・二一号、平成二十九・三十年）も参照されたい。

（4）「敲」刑の採用は享保五年（一七二〇）のことであるが、執行の割合はこれほどに高くはなかった。「敲」刑の執行件数が格段に増えたのは、「公事方御定書」の改正に起因するであろう。すなわち、幕府は寛政六年（一七九四）、博奕犯罪に対しても敲、重敲を科すことに規定を改めたのである（本書第一部第三章一〇一～一〇二頁参照）。

（5）佐久間長敬は、小伝馬町牢屋敷の表門を刑場とする「敲」刑執行の様子を、「見物人は門前に群集す」と伝えている（『江戸町奉行事蹟問答』二〇〇頁、昭和四十二年、人物往来社）。皮肉にも、この群集のなかには巾着切りなどの掏摸がまぎれこむことがあった（「敲御仕置者有之節之儀、御尋ニ付書上之事」石井良助編『享保撰要類集』二総て御仕置筋之部、一二七頁、昭和十九年、弘文堂書房）。

（6）受刑者の状況に応じて殴打の仕方に違いがあったとはいうものの、打数は減じることは決してなかった。佐久間長敬は、この点について「俗説に賄賂を数取に贈れば、数を減するなと云者あれとも、役々立会厳格なれは、決してなし能はざるなり」と述べている（前掲『刑罪詳説』一五頁）。

「俗説」とは、蓬軒著「徳川時代御仕置」の記事中に、「罪囚の親族数《かづ》取《と》りの同心に賄賂《まいなゐ》すれバ一ツ二ツ四ツ十と飛はして数をよみ軽く打も検使ハ之を不問に置く例なり」と記すのを指すと思われる。この記事は、『風俗画報』五〇号（七頁）に掲載されており、その刊行は『刑罪詳説』より十箇月前の明治二十六年二月のことである。

また、鹿島萬兵衛著『江戸の夕栄』は、「引廻しと叩き放し、磔刑」の項に左のように記す。

叩き放しは牢屋敷裏《（ママ）》門前にて役人立会ひの上、罪人をうつ伏しとして左右の腕を押へ麻縄を撚て牛蒡のごとき格好せし物を振りかぶり、一ツ二ツ三ツと数へながら背中を打ち叩く。この際内内鼻薬の廻りてゐる者には加減して叩き、また数も十八、二十、二十五と飛ばして減ずることあるも役人等も気付かぬふうにて終らしむ。その後二の腕に入墨して何年間江戸に立ち入ることを禁じて放免す。

（昭和五十二年、中公文庫六一頁、原本は大正十一年、著者刊）

この記述は『風俗画報』の前掲記事を潤色したものである。このような俗説が、もし今日にもまかり通っているならば、地下の佐久間長敬はさぞや嘆いていることであろう。

（7）「盗賊御仕置御定」『名古屋叢書』第三巻法制編(2)、二七一～二八九頁、昭和三十六年、名古屋市教育委員会編刊。なお、同書の所三男氏の「解説」五頁参照。

（8）吉田正志「解題」『藩法史料叢書』6二本松藩、三四～三五頁、平成二十七年、創文社。

（9）「笞刑便覧」三冊、二本松市歴史資料館蔵八木沢家文書、「笞刑撮要」一冊、故崎田俊夫所蔵本の複写本（二本松市歴史資料館蔵）。

（10）熊本藩の笞刑については、高塩博「熊本藩刑法の一斑――笞刑について――」（『國學院大學日本文化研究所紀要』七二輯、平成五年）を参照されたい。

（11）伊予国宇和島藩（外様、伊達氏）においては、「専ら追払の軽重を区分するために十より一百に至る杖刑を定め」た（林紀昭「宇和島藩「刑罰掟」を廻る諸問題」藩法研究会編『大名権力の法と裁判』二五七頁、平成十九年、創文社）。ムチ打ち刑を採用することによって刑罰の等級を増やし、犯罪と刑罰の均衡をはかるという目的を持つ場合も少なくない。

（12）高塩博「熊本藩に誕生した近代的自由刑」『江戸時代の法とその周縁――吉宗と重賢と定信と――』平成十六年、汲古書院、初発表は平成八年。

（13）森永種夫「長崎人足寄場」人足寄場顕彰会編『人足寄場史――我が国自由刑・保安処分の源流――』三〇七頁、昭和四十九年、創文社。

江戸幕府の「敲」と人足寄場

――社会復帰をめざす刑事政策――

第一部　「敵」の刑罰

第一章　江戸幕府法における「敲」と「入墨」の刑罰

はじめに
一　「敲」の執行方法
二　「入墨」の形状——文字を入墨すること——
三　「敲」と「入墨」の特徴とその淵源
四　「敲」の刑罰思想と徳川吉宗
五　「敲」刑の意義
六　徳川吉宗の明律研究と「公事方御定書」
むすび

はじめに

周知のごとく、江戸幕府の「公事方御定書」上下巻は、八代将軍徳川吉宗の治政の最晩年にあたる寛保二年（一七四二）三月をもって成立をみた。下巻は主として犯罪とそれに対応する刑罰を定めるが、その施行と同時にたちまち修正増補が加えられ、法文の追加は宝暦四年（一七五四）に及んだ。従って寛保二年当時は百箇条に満たなかったが、宝暦四年に至り、今日『棠蔭秘鑑』を通じてみる法文が備わった(1)。

刑罰の種類とその執行方法は、「御定書」の最終条文、すなわち第百三条御仕置仕形之事にその規定が存し、百姓町人などの庶民階層に適用する刑罰として、六種類の死刑（鋸挽・磔・獄門・火罪・死罪・下手人）、八種類の追放刑（遠島・重追放・中追放・軽追放・江戸十里四方追放・江戸払・所払・門前払）、およびそれ以外の六種類の刑罰（敲・入墨・戸〆・手鎖・押込・過料）を規定している。

これら二十種類の刑罰のうち、「過料」は享保三年（一七一八）、「入墨」ならびに「敲《たたき》」は享保五年に各々初めて適用され、これが先例となって「御定書」の中に成文化された。つまり、「御定書」に定める「過料」「入墨」「敲」は、吉宗が幕府将軍に就任して間もなくの時期に創出された刑罰なのである。本章はこのうち「敲」と「入墨」を採り上げ、これらが中国法とりわけ明律に示唆を得て創出された刑罰であることを考察する。すなわち、将軍吉宗の推進した享保年間における明律研究が「御定書」の編纂作業に生かされたことを主張するものである。

一　「敲」の執行方法

「御定書」の御仕置仕形之事に定める「敲」の規定は、左のようなものである（『棠蔭秘鑑』一三三頁）。

享保五年
一敲　　数五十敲
　　　　重キハ百敲
牢屋門前にて科人之肩背尻を掛ケ、背骨を除、絶入不仕様検使役人遣、牢屋同心ニ為敲候事、
但、町人ニ候得は其家主名主、存方ハ名主組頭呼寄、敲候を見せ候て引渡遣、無宿ものハ牢屋門前にて払遣、

「敲」には五十敲と百敲の二等級が存する。単に「敲」と称する場合は五十敲を、「重敲《おもきたたき》」と称する場合は百敲を意味する。執行場所は牢屋門前である。牢屋とは、江戸においては小伝馬町牢屋敷のことである。そこでの「敲」の執行の模様は、『刑罪大秘録』ならびに『刑罪詳説』に詳しい。左に『刑罪大秘録』の記事と『刑罪詳説』所載の真景図とを掲出する。『刑罪大秘録』に記す敲の執行手続は、左の通りである[2]（読点・中黒は引用者、以下同じ）。

敲御仕置之事

一牢屋敷門前ゑ莚ニ三枚敷、門扉開き、地覆内に牢屋見廻与力・囚獄石出帯刀・検使立合、御徒目付・御小人目付等立并居、地覆外ニ右之方鎰役不残、左の方打役不残、次ニ当番之本道医師一人、下男部屋頭等一同立居、詰番非人小屋頭手下召連出居り、囚人は往還を後ろ、門前莚敷之方を前ニいたし、腰縄にて下男縄を取、囚人後ろ通リハ牢屋附辻番人捧突固之、三奉行掛リハ牢屋同心二人固附添居、加役掛リハ右組同心附添居、

一当番鎰役出牢証文に引合、銘々名前・肩書・歳附・入日等囚人ゑ相尋ル、加役囚人は検使之与力門外ゑ出、科之次第申渡す。三奉行掛々にて申渡為済、牢屋敷ゑ引来ニ付、掛リ奉行・名前并申渡之軽重是又証文ニ引合、鎰役改之、直ニ囚人一人ツヽ、莚之上ニ下男連来、腂にいたし、著物を莚之上ゑ敷、其上ゑはらばいにいたし、往来之方ゑ顔を向ケ、下男手足を押へ、打役箒尻ニて打之、打役之内一人側に立居、数を取、略図左ニ写ス、

一百敲は五十打、医師気付を為呑、下男部屋頭水を為呑、打役代り合打之、打方は背骨を除け、不絶入様打之、御仕置相済、宿ゑ引渡候ものは宿并町役人ゑも見せ置、溜頭之ものハ溜之者直ニ本縄に掛る、人足寄場ゑ遣し候ものは縄取附添、掛々より出候ニ付、相渡、在牢之者ハ其儘牢内ゑ引入る、

『刑罪大秘録』は、右の記事に続いて「敲御仕置略図」「敲之図」を載せる。今、理解を助けるために「敲之図」を**口絵4**として掲げる。

「敲御仕置略図」は、小伝馬町牢屋敷の表門前における敲刑執行の全体図であり、執行にかかわる人物の配置を文字で示す。そこで、「敲」刑執行の情景を絵図で描いた「敦（敲）刑小伝馬町旧牢屋門前ノ真景」を掲げよう（**口絵5**参照）。この絵図は、佐久間長敬著『刑罪詳説（本刑編）』（『徳川政刑史料』前編第三冊、明治二十六年、南北出版協会。本書は昭和五年『刑罪珍書集(I)——江戸の政刑一斑——』〔近代犯罪科学全集13〕武俠社刊に再録）に所載のものである。佐久間長敬（天保九年〔一八三八〕～大正十二年〔一九二三〕）は、幕末に江戸の南町奉行所の吟味方与力を務めた人物であるから[3]、**口絵5**の真景図は幕末の実景を写した図であろう。「敲」刑の執行に関与する人々とその配置は『刑罪大秘録』とほとんど同じである[4]。それ故、「敲」の執行法は文化年間の頃と幕末の頃とで大差がなかったと考えられる。

以上に掲げた史料によれば、「敲」という刑罰につき、次の五つの特徴を指摘することができる。特徴の第一は、執行の場所が小伝馬町牢屋敷の門前であるということである。門前の道は一般の人々の行交う往来であるから、「敲」は公開処刑であったと言える。

特徴の第二は、受刑者を裸としたことである。前掲の『刑罪大秘録』に「著物を莚之上ェ敷、其上ェはらばいにいたし、往来之方ェ顔を向ケ、……箒尻ニて打之」と記されているように、受刑者は箒尻にて殴打される間中、往来の方に顔を向けることを強制された。

特徴の第三は、身元引受人を出頭させてその執行を見学させたことである。身元引受人は、「御定書」によると、受刑者が町人の場合は家主・名主、百姓の場合は名主・組頭と見えており、『刑罪大秘録』には「宿幷町役人ェも見せ置」とあるから、自宅の者にも見学させたようである。

特徴の第四は、執行の担い手に関する事である。刑罰の執行には通常、非人が少なからぬ役割を果たすが、「敲」の場合、『刑罪大秘録』には「詰番非人小屋頭手下召連出居り」と記されていて、何らの役割も与えられていない。

真景図には「手伝ノ非人」という註記はあるが、四人の非人は跪いて執行の様子を見守っているばかりである。執行の担い手は、牢屋同心と下男である。即ち、刀を差した武士が打役であり、牢屋敷召抱えの下男が押え役なのである。[5]

特徴の第五は、軽微な犯罪に適用する刑罰にしては、その執行法がきわめて仰々しく儀式ばっているということである。牢屋敷表門の屋根の下には、牢屋敷の最高責任者である石出帯刀、牢屋見廻与力、町奉行所から派遣される検使与力、それに徒目付、小人目付が勢揃いする。[補註1] 真景図によると、石出帯刀、検使与力は裃袴着用である。門の左右には鎰役、交替要員の打役、当番医師等が立ち並んで執行を見守った。

右に指摘した五つの特徴は、御仕置仕形之事の敲の規定と相違する点が見られないので、「御定書」成立の寛保二年の時点においてすべて具備していたと考えられる。

二　「入墨」の形状――文字を入墨すること――

「御定書」の御仕置仕形之事に定める「入墨」の規定は、左のようである（「棠蔭秘鑑」一三三頁）。

享保五年極

一入墨　　於牢屋敷腕に廻し、幅三分宛二筋

但、入墨之跡愈候て出牢、

江戸における「入墨」の刑は小伝馬町牢屋敷の中で執行されたのである。『刑罪大秘録』の記す執行手続は、次のようである（四九七頁）。

入墨御仕置之事

一囚人、掛り呼出、入墨申渡、致帰牢候得は、腰縄にて下男縄取、牢屋同心一人附添、牢屋見廻り詰所前砂利上ぇ莚を敷、其上ぇ居る、椽側ぇ薄縁敷、当番之鎰役著座、出牢証文ニ引合、名前・肩書・歳附・入日・掛り・入墨申渡之儀等相改、非人手伝、左之肌を為脱、下地腕彫物之有無相改、墨ニて筋二行引廻し、針ニて彫之、非人指ニて墨ヲ附、針跡ぇぬり、両手ニて摺込、手桶ぇ腕をわたし、水ニて墨を洗ひとくとぬくひ、針行届さる所は針ニ墨を附、尚又彫入、前之如く洗ひぬくひ、牢屋見廻・石出帯刀見分之上、筆ニて墨を濃く二筋引、且紙ニて巻、しこき紙にて結ふ、入墨かわき中出入三日溜預、乾き候様子掛りぇ呼出、見分之上出溜、三奉行は同仕方、加役方は手続少し違ひあり、

「敲」刑にくらべ、「入墨」刑の執行法はいたって簡素である。執行の場所は、『刑罪大秘録』所載の「入墨場所略図」によるに、牢屋敷役所の穿鑿所前の縁側と役人長屋後口との間の庭である。つまり非公開の執行である。牢屋下男が受刑者の腰縄をとり、「入墨」を施す役は非人の担当である。役所の内側から囚獄石出帯刀ならびに牢屋見廻与力、検使与力が見守り、「入墨」が完全に施されたことを見廻与力と石出帯刀が見届けて、執行が終了する。その「入墨」は、左腕の肘の下の箇所に幅三分の線を二筋引廻すのである。

すでに知られているように、幕府の「入墨」は、江戸・大坂・京都・駿府・伏見・長崎など各奉行所ごとに「入墨」の形状がそれぞれに異なっている。「入墨」を施す部位と「入墨」の形状に差異を設けることで、その入墨者がどこの奉行所の前科者であるかが一目瞭然となる仕組みであった(6)。『刑罪大秘録』は「諸国入墨之図」の項に、各奉行所・人足寄場・郡代等の幕府「入墨」十九種を図示している(五〇〇〜五〇五頁)。同様に、『徳川禁令考』もまた「評定所張紙」「古張紙」を引用して幕府関連の入墨図十八、諸藩の入墨図十五を掲載する(後集第四、二九九〜三〇三頁)。

諸藩でも「入墨」を採用した藩が少なくない。諸藩の「入墨」においても、幕府各奉行所や他藩のものと区別がつくように、施す部位と形が工夫されている。腕に施すばかりでなく、額や頰など顔面に施すことも稀ではない。諸藩の入墨図は右の『徳川禁令考』の他には、「盗賊方 概《あらまし》」に多数掲載されている。本書の著者は、大坂の西町奉行所同心の嘉来佐五右衛門なる人物である。彼は町奉行所の盗賊方に配属されたため、その部署の職務に関する備忘録を作成したのである。天保二年（一八三一）のことである。(7)

「盗賊方概」の「諸国入墨之部」を見るに、文字の「入墨」が幾種もあるのに注目させられる。漢字の「入墨」には「犬」（広島藩）、「悪」（和歌山藩）、「追放」（尼ヶ崎藩、和歌山藩）が存する。そのうち広島藩の「入墨」は前記『徳川禁令考』にも図示されている。それによると、額の中央に「犬」字を入れるのであり、初犯では文字の第一画の「一」、再犯で第二画の「ノ」を加え、三犯に至って「犬」字が完成するのである。

津和野藩の場合は片仮名である。右上腕部に「ツワノ」と三文字を入れるのだが、広島藩の「犬」字と同様に三回にわたって施す。初犯は「ツ」、再犯で「ワ」、三犯で「ノ」を二の腕の上から順に入れるのである。平仮名の「入墨」もまた存する。それは熊本藩の「ぬ」字である。熊本藩は宝暦五年（一七五五）四月に「御刑法草書」（一冊、本文五八条、附録一条）を施行し、これを大幅に増補改訂した「刑法草書」（三冊、八編九五条目一四二条）を宝暦十一年（一七六一）十一月から施行に移した。熊本藩の「入墨」は宝暦五年に採用された刑罰であり、熊本藩では、「入墨」のことを「刺墨」と称す。「ぬ」字刺墨は、藩有の財物を盗む罪などに用いる附加刑であり、その右手に墨を刺すのである。(8)

漢字の「入墨」のうち、採用年の判明するのは和歌山藩の「追放」である。大坂町奉行所は文化八年（一八一一）、全国の諸藩に対して各藩適用の「入墨」あるいは「焼印」の形状を照会した。(9)これに対する和歌山藩の回答が、筆者の手元の史料に存する。この史料は、和歌山藩松坂領の町方史料の断片なのであるが、「入墨」に関する記事は首尾完結している。左にその全文を掲げる。末尾の「十一月」は、元治元年（一八六四）十一月のことと思われる。

文化八未年

大坂町奉行所ゟ諸国仕置者へ入墨・焼印之雛形、此度諸国と流承合候付、御領分御仕置ハ入墨・焼印麁絵図ニ認メ差出候様、御屋鋪奉行ゟ申来候付、御領分在町御仕置者入墨雛形、享保七寅年相極り有之候を以、左之通被差出、尤勢州三領共入墨仕形和歌山同様之事候付、若与力ゟ問合御儀も有之候ハ、其通及答候様、其節大坂御屋敷奉行中迄御遣有之事、

紀伊殿領分

紀州和歌山仕置

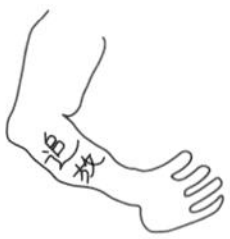

右は二ノ腕肱際記、文字差渡大概七八部程宛、筆ノ太サ壱歩程ニて、両腕之時は左之腕へも同様、他国非人ニ限り追放と草文字ニ記之申候、

但、両とも入墨計ニて焼印は無御座候、町方在方共同断、手計ニて足面等ゑは記し不申候、

右之通御座候、以上、

未六月　　紀伊殿吟味方印

下ヶ紙

本文墨仕形、猶此節牢番頭共為知承見候処、本文通取計、腫物疵等有之者ハ、肱より腕首迄之間へ入レ候由候、尤片腕入墨之者立帰り両腕入墨ニ相成候もの候は、已前入レ有之片腕ニも再墨を入レ来候旨申出申候、

右之通入墨雛形大坂町奉行所へ差出候付、勢州三領御仕置之儀も、享保七寅年極り之趣ヲ以取計有之哉、右已

来若相違之品も有之候ハ、可申越旨、其節為念御城中へ被遣候処、下ヶ紙答ニ三領御代官町役所共、相違之品無之、同役中被相違有之事、

一此表刑人入墨計振之儀、享保之度極之趣を以、在方町方若山表同様、一ノ腕肱際ぇ入墨取計来候処、在方掛ﾘ之筋は、文政三辰年ゟ何故相直ﾘ候哉、肱より上之方へ入墨取計候由、右ニ付何等取扱も相見へ不申候付、若山表へも問合候処、右ハ文化八未年、御領分御仕置者入墨取計振ﾘ、大坂町奉行所ゟ被問合候節、享保之度極之趣を以、別帳書抜之通被及答、其節此表ニも打合ニ相成、三領共入墨仕形若山同様之旨、大坂御屋敷奉行中へ被申遣有之由、旁此表三領在方之儀も以前之通相改、別帳書抜之通相心得可申事、

十一月　　（傍点高塩、以下同じ）

右の記事中、和歌山藩が同藩大坂屋敷奉行に提出した回答は、「紀伊殿領分／紀州和歌山仕置」として文化八年六月付をもって吟味方役所から差出した書面である。その前後の記事によると、和歌山藩は「追放」という文字の「入墨」を享保七年（一七二二）に採用したことが判明する。その文字は、右腕の肱のすぐ下の位置に入れたのである。文政三年（一八二〇）以降、在方掛りでは肱の上に入れることに変更したが、元治元年になって従前通りに戻したと最後の記事は伝えている。前記「盗賊方概」は天保二年（一八三一）の成立なので、「追放」の文字が上腕部に描かれ、変更後の様子が示されている(10)。

ところで、幕府においても文字の「入墨」を採用した遠国奉行所が存する。前記『徳川禁令考』（後集第四、三〇〇～三〇三頁）によると、佐渡奉行所は宝暦十年（一七六五）六月、片仮名の「サ」字の入墨を採用し、浦賀奉行所は文政七年（一八二四）に片仮名の「ウ」をもとに「宀」という形の入墨を定めた。いずれも左二の腕に施す(11)。

幕府が享保五年（一七二〇）に「入墨」刑を採用し、これが「御定書」に定められると、幕府直轄の遠国奉行所、

郡代をはじめ、諸藩においても採用する処が多く出て来た。その「入墨」は、幕府各奉行所、諸藩がそれぞれ独自の形を工夫するとともに、施す部位に差異を設けている。江戸時代の「入墨」に見られるこの特徴は、その入墨者がどこの奉行所、どこの藩の前科者であるかを判別するために生じた特徴なのである。[12]もう一つの特徴は、文字の「入墨」が存したということである。本節では、いくつかの藩と幕府遠国奉行所の文字入墨を紹介した。[13]

三　「敲」と「入墨」の特徴とその淵源

周知のように、「敲」という刑罰は主として軽微な盗犯に適用する。たとえば、「御定書」の第五十六条盗人御仕置之事に、

享保五年極
一軽キ盗いたし候もの　　敲

従前々之例
一一旦敲ニ成候上、軽盗いたし候もの　　入墨

同
一途中ニて小盗いたし候もの　　敲

同
一橋之高欄又ハ武士屋敷之鉄物外シ候もの　　重敲

同
一湯屋ェ参、衣類着替候もの　　敲

と定めている類である（『棠蔭秘鑑』九九頁）。「途中ニて小盗いたし候もの」という規定は、鼻紙袋を盗んだ享保二十年（一七三五）の事例に基づく立法であり、「湯屋ェ参、衣類着替候もの」は銭湯で自分のものより上等の衣類に着替えて逃げ帰った事例などに基づく立法である（『徳川禁令考』後集第三、一九二・一九三頁）。従って、五十敲は少額の金品の盗罪に適用する刑罰ということになる。橋の高欄や武士屋敷の鉄物など、やや金目の品を盗んだ場合が百敲である。盗みの金額がこれよりも高額になると入墨之上敲、十両以上に達すると死罪である。この場合は、「御定書」同条の左の規定が適用されるのである（『棠蔭秘鑑』九九頁）。

享保五年
寛保元年極
一手元ニ有之品を与風盗取候類
金子ハ拾両より以上、雑物ハ代金ニ積、拾両位より以上ハ、　死　罪
金子ハ拾両より以下、雑物ハ代金ニ積、拾両位より以下ハ、　入墨敲

以上を要するに、「御定書」に定める窃盗罪は、盗んだ金品の多寡に従って、敲、重敲、入墨之上敲、死罪というように刑罰が段階的に重くなるのである。

再犯について言えば、軽微な盗犯により敲あるいは重敲に処された者が再び軽微な盗みを犯した場合、「一旦敲ニ成候上、軽盗いたし候もの　入墨」の規定が適用されて、入墨に処される。この入墨者がもう一度盗みの罪を犯すと、死罪が待ちうけているのである。しかしながら、三犯死罪の規定は第五十六条盗人御仕置之事には存しない。盗犯の三犯に対しては、第八十五条牢抜・手鎖外シ・御構之地ェ立帰候もの御仕置之事の左の規定を適用するのである（『棠蔭秘鑑』一一二頁）。

享保六年極
一入墨ニ成候以後、又候盗いたし候もの　死罪

延享二年極
　但、外之悪事いたし候ハヽ、　重敲

「敲」という刑罰の第一の特徴は、主として軽微な窃盗犯罪に適用する刑罰であったということである。(14)第二の特徴は、盗みの金額が増えるに従って敲、重敲、入墨之上敲、死罪というように、段階的に刑が重くなるということである。第三の特徴は、敲に始まる窃盗犯罪独自の累犯処罰の体系が存するということである。(15)それは前述したように初犯の敲、再犯の入墨、三犯の死罪という体系である。

次に、「入墨」という刑罰についてながめてみよう。前掲の「御定書」第五十六条には、軽微な盗犯の再犯に対して入墨を科す規定が存したが、「御定書」を通覧するに、入墨の刑罰を単独に科す規定は、右が唯一である。入墨は「入墨之上敲」「入墨之上重敲」という、いわゆる二重仕置として定められている。たとえば、十両以上の盗みは死罪という人口に膾炙した規定は前掲した通りであるが、そこには十両未満の盗みに対する刑罰として「入墨敲」という二重仕置が定められている。また、「御定書」第五十六条の贓物故買に関する規定は、

寛保元年極
一陰物買　　入墨之上敲
　但、年来此事ニかゝり居候ものハ、死罪
従前々之例
一盗(陰)物と乍存、又買いたし候もの　入墨之上敲

というものである（『棠蔭秘鑑』一〇〇頁）。同条にはまた、人家に潜入して盗みを働く罪を処罰する規定が存し、その但書は「昼夜ニ不限、戸明有之所、又ハ家内ニ人無之故、手元ニ有之軽キ品を盗取候類、入墨之上重敲」というもので

ある。このように、「御定書」に定める入墨は、その大部分が「入墨之上敲」「入墨之上重敲」という二重仕置であり、且つ盗みに関する犯罪に適用する刑罰として存在している(16)。

以上を要するに、「敲」と「入墨」の二つの刑罰は、主として盗みの犯罪に適用する刑罰として、「御定書」がこれらを採用したと言えよう。

ところで、平松義郎氏は、「敲」と「入墨」の刑罰で構成され、主として盗犯に対する刑罰の体系を特別刑罰体系と位置づけておられる。すなわち、「御定書」に定める刑罰にはゆるやかながらも二つの体系が立てられており、その一つは「通例之御仕置」と呼ぶ普通刑罰体系であり、いま一つは「盗賊御仕置段取」と呼ぶ特別刑罰体系である。前者はとくに科せられるべき犯罪が特定していないという点で基本的な刑罰であり、後者は主として盗犯に対する刑罰である点で特殊であり、累犯処罰の体系として独自の意義を有するといわれる(17)。

平松氏の右の指摘は正鵠を射ているように思う。そこで次に、盗犯に適用する刑罰として「敲」と「入墨」が採用され、それらが「御定書」の刑罰体系の中に特別な位置を占めるに至った、その理由を探ってみよう。結論から先に述べるならば、それは中国明代の刑法典すなわち「明律例」に淵源を求めることができる。以下、このことを検証する。

まず、「明律例」（明律の本文とともに追加法の条例を併せ収載するので「明律例」と称するのであるが、以下「明律」と略称する）の刑律・賊盗編の窃盗条を掲げよう(18)。

凡窃盗已行而不レ得レ財、笞五十、免レ刺、（中略）初犯並於二右小臂膊上一、刺二窃盗二字一、再犯刺二左小臂膊一、三犯者絞、以二曾経一レ刺レ字為レ坐、（中略）

一貫以下杖六十

一貫之上至㆓一十貫㆒杖七十

二十貫杖八十

（中　略）

一百二十貫罪止㆓杖一百流三千里㆒

なお、「明律」の逐条和訳の書である『大明律例譯義』により、右の法文の訳文を掲げておく。(19)

凡窃盗すでに盗むべき処へ入て、物をとらんとする所、家主などに見付られて、逃走て物をとらざれバ、笞五十。刺字《イレスミ》をば免《ユル》す。（中略）初犯ハ、いづれも右の小臂膊《コヒヂ》の上に窃盗の二字を刺《イレスミ》し、再犯ハ左の小臂膊《コヒヂ》の上に刺し、三犯に至れバ絞罪に行ふなり。尤両臂の上に刺字あるを以て三犯となす。（中略）

一貫より以下、杖六十。贓物を計りて、一貫より以下は、多少によらず杖六十の罪に行ふ。

一貫より十貫に至れバ、杖七十。以下十貫ごとに、一等を加ふ。

二十貫、杖八十。

（中　略）

百二十貫、罪杖一百流三千里に止る。

「明律」の窃盗罪は、盗みを実行したが何らの財物も盗み得なかった場合の刑罰は笞五十、この場合は「入墨」を科さない。一貫以下の財物を得た場合の刑罰は杖六十、すなわち少額でもとにかく財物を盗み得たならば杖六十を科し、しかも「入墨」を併科する。贓物の金額が増えるに従って刑罰が順次重くなり、最も重いのが杖一百流三千里である。この間、都合十三等級の刑罰が存し、いずれも「入墨」を併科する。

ここで注目すべき第一は、窃盗犯罪には「刺字」と称する入墨を併科することである。窃盗犯には文字通り「窃盗」の二字を入墨する。第二は、「刺字」という入墨刑が杖刑、徒刑、流刑という正刑に併科する附加刑として存在することである。第三は、窃盗の三犯は死刑という累犯処罰の原則が存するということである。

「明律」は昼間のひったくりの犯罪すなわち白昼搶奪に対して「創奪」の二字を入墨し、政府すなわち役所の金銭を盗む罪に「盗官銭」、同じく食糧を盗む罪に「盗官糧」、同じく財物を盗む罪に「盗官物」のそれぞれ三文字を入墨する。つまり、「明律」は様々な形態の盗犯に対して文字の入墨を併科するのである（もっとも「強盗」の入墨は存しない。それは強盗罪が贓物の多寡や首犯・従犯の別を問わず死刑に処されるからである）。それ故に「刺字」と称するのである。これらの「刺字」は独立の刑罰としては存在しない。いずれの場合でも杖刑、徒刑、流刑という正刑に併科する附加刑の地位が与えられている。

刺字の規格は、「明律」の刑律・賊盗・監守自倉庫銭糧条に、

於二右小臂膊上一刺二盗官銭糧物三字一（毎レ字各方一寸五分、毎レ画各濶一分五釐、上不レ過レ肘、下不レ過レ腕、餘条准レ此、）

と定められている（『律例対照定本明律国字解』三七一頁）。これに対する高瀬喜朴の訳解は、

右の腕《ウデ》の肘《ヒヂ》より下《シモ》、腕《ウデクビ》より上の処に、銭をぬすめば、盗二《ム》官銭一《ヲ》の三字を刺《イレスミ》し、米なれバ盗二《ム》官糧一《ヲ》とし、諸道具なれバ盗二《ム》官物一《ヲ》と、刺字する事也。（字の大さ、一寸五分四方。画のひろさ、一分五リン。上ハ肘より上へのぼせず。下ハ腕（ウデクビ）ぎりにするなり。）

というものである（『高瀬喜朴著大明律例譯義』四二〇頁）。

さて、「明律」窃盗条における法の構造と「御定書」の窃盗犯に対する科刑の方法とを比べると、類似する点の多いことに気付くであろう。類似点の第一は、もっとも軽微な窃盗犯罪に対して笞打ちの刑罰を適用することである。「明律」が杖六十、「御定書」が敲（五十敲）である。類似する第二は、盗んだ金額が多くなるにつれ刑罰が段階的に

重くなるということである。「明律」では盗んだ金額が十貫増えるごとに一等級ずつ重くなる。杖六十に始まって杖一百流三千里に至る。この間の刑罰は前述した通り十三等級である。「御定書」の場合は、「明律」に比べてきわめて大雑把に、敲、重敲、入墨之上敲、死罪という段階をとる。「明律」ではいくら贓物が増えても死刑に至らないのに「御定書」は十両で死刑となる。この点は大きな違いである。

類似する第三は、窃盗三犯は死刑という累犯処罰の体刑が存することである。三犯死刑を適用するにあたっては、「明律」では両腕に刺字が存すること、「御定書」では再犯の折の入墨の存することが三犯の前提条件であった。類似する第四は、「入墨」という刑罰が窃盗犯罪に対する附加刑として存在することである。「御定書」の編者が附加刑という概念を明確にもっていたか否かの議論は姑く措くとして、「入墨」が盗みに関する犯罪に適用する刑罰として、原則的に二重仕置として存在するのは、「明律」の刺字に由来すると考えるのが穏当であろう。[20]

以上にみた類似点をもって推察するに、「御定書」に採用された「敲」と「入墨」は、主として盗みに関する犯罪に適用する刑罰として、「明律」の笞打ち刑（笞刑・杖刑）および入墨（刺字）に示唆を得て創出された刑罰であったと言えよう。

周知のように、「明律」の笞刑は十、二十、三十、四十、五十、杖刑は六十、七十、八十、九十、百の各五等級であり、刑具は杖の方がやや大きい。「御定書」は「明律」の笞杖刑に基づき、笞刑五等級から敲（五十敲）を、杖刑五等級から重敲（百敲）を案出し、刑具には差異を設けなかった。又、「明律」の「刺字」は画数の多い文字の入墨であるが、幕府はこれをきわめて単純な形に記号化したのである。その記号に少しずつ差異を設けることで、どこの奉行所の「入墨」であるかを識別できるように工夫したのである。同時に、墨を入れる作業の簡便化をはかった訳である。従って、幕府各奉行所の入墨図をながめても、それが「明律」の「刺字」に淵源をもつ刑罰であるとはとうてい連想できない（ただ佐渡奉行所の「サ」字入墨、浦賀奉行所の「ウ」字を図案化した「入墨」は、刺字の片鱗が表出したものと言えよう）。

諸藩の「入墨」に文字の入墨がしばしば見られるのも、幕府の「入墨」が「明律」の「刺字」に由来する刑罰であるということと無関係ではなかろう。とりわけ、熊本藩の「ぬ」字刺墨は、「刺字」に基づいたことが明瞭である。入墨を「刺墨」と称すること自体が刺字に基づく。前述したように、「ぬ」字刺墨は藩有の金品を盗む罪に適用する附加刑である。すなわち、「ぬ」字刺墨は、「明律」の「盗官銭」「盗官糧」「盗官物」の「盗」字を平仮名に改めたものである。

「ぬ」字刺墨は宝暦五年（一七五五）の採用であるが、和歌山藩の「追放」入墨は享保七年（一七二二）の採用ということで注目に値する。幕府の「入墨」刑採用が享保五年二月であり、それから程なくして和歌山藩が漢字入墨を採用したのである。後述するように、和歌山藩は第二代藩主光貞とその子で第五代藩主頼方（後の吉宗）の時代に明律研究を行なっている。それ故、和歌山藩の漢字入墨が「明律」の「刺字」に示唆を得たものであったことは想像に難くない[21]。

四　「敲」の刑罰思想と徳川吉宗

次に、幕府における「敲」の執行法と中国における「笞刑」の刑罰思想との関連について考えてみよう。中国律においては音通をもって刑罰思想を表現することがある。唐代の律は笞杖徒流死という五刑の刑罰体系をもち、そのうち笞刑の刑罰思想が「唐律疏」の名例律笞刑条の疏文に、左のように記されている[22]。

笞者撃也、而律学者云、笞訓為耻、言人有小懲、法須懲誡、故加捶撻以耻之、

笞トハ撃ナリ。而シテ律学者ハ云フ、笞ハ訓ジテ恥ト為スト。言フココロ、人ニ小愆アリ、法須ク懲誡スベシ。故ニ捶撻ヲ加ヘテ以テコレヲ恥カシム。

すなわち、唐律の笞刑には恥しめによる懲戒という意味が存するのである。恥辱による懲戒という刑罰思想は、「明律」の註釈書にも継承されている。たとえば、嘉靖二十九年（一五五〇）刊の「大明律例附解」の笞刑の箇所には、右の「唐律疏」の疏文に相当する文が註釈として掲記されている。同書は明の世宗が刑部尚書の顧応祥以下の官人に命じて編纂させたもので、官撰註釈書とも言うべきものである（六冊、国立公文書館内閣文庫蔵）。彭応弼編の「鼎鐫大明律例法司増補刑書拠会」という明律註釈書もまた右の疏文を引用し（十冊、内閣文庫蔵）、姚思仁著の「大明律附例註解」は、「笞者撃也、又訓為耻」という文のみを記す（十冊、内閣文庫蔵）。

時代が下って乾隆四十五年（一七九二）刊の清律註釈書『大清律例彙纂』は、笞刑の註解として「笞者撃也、又訓為耻、用小竹板」という小註を載せている。[23]「笞は恥也」の刑罰思想が清律にも受け継がれているのである。

わが国においても、高瀬喜朴は『大明律例譯義』巻之一名例の笞刑の箇所に、左のような註釈を加えている（前掲書五七頁）。

笞は、恥也。人を恥かしめ、こらすために設たる者なり。（中略）犯人《トガニン》の臀を撻て恥辱をかゝせ、こるゝやうにす。女は単《ヒトヘ》のものをきせて、その上よりうつ。但姦《カン》婦《フ》《フギシタルオンナ》はきせず。罪の軽重によりて撻《ウツ》数かはれり。

前述したように、幕府の江戸における「敲」は公開処刑である。小伝馬町牢屋敷の表門前が執行場所であり、そこは往来に面している。受刑者は裸で四つん這いにさせられ、敲箒と呼ぶ笞《むち》で殴打され、苦痛にゆがむ顔は往来の方を向くことを強いられている。その視線の先には、身元引受人の家主・名主をはじめ、家族や見物人がその様子を注視

しているのである。この光景は、まさしく恥しめによる懲戒である。「敲」という刑罰は、笞刑の「笞は恥也」という刑罰思想を具現化したものなのである。

高瀬喜朴は、明律の杖刑について次のような註釈を加えている（『高瀬喜朴著大明律例譯義』五七頁）。

杖は笞より大にして、撻て痛むやうにして、こらすためにせり。（中略）撻やう笞とおなじ。

「敲」には五十敲と百敲の二等級があり、五十敲は明律の「笞刑」に、百敲は明律の「杖刑」にそれぞれ比定して創出された刑罰であると考えられるから、「敲」という刑罰には「恥しめによる懲戒」と「痛みによる懲戒」という二つの意味が込められていたと思う。

これも前述したことであるが、「敲」の執行には囚獄石出帯刀、牢屋見廻与力、検使町与力、徒目付、小人目付が立会う。佐久間長敬著『刑罪詳説』は幕末頃の実際を描写したものと思われるが、その記すところによると、この五人の身支度は石出帯刀、検使与力は継上下・帯刀、牢屋見廻与力と徒目付は羽織白衣・帯刀、小人目付は羽織・帯刀という服装である。打役は牢屋同心がつとめ、その出立は羽織・帯刀、傍らには気付薬を携えた本道医が控えている。「敲」は軽微な盗犯に適用する刑罰である。それにしては、この執行法は仰々しい[24]。また、非人は「敲」の執行には特段の役割を担わない。これは異例のことである[25]。「敲」の執行法はかくも大袈裟であり、かつ儀式ばっているのである。

「敲」刑のこのような執行法を考案し、これを実施に移した人物は、ほかならぬ時の将軍徳川吉宗である。『徳川禁令考』は、「敲」刑の成立に関する左の記事を掲載する（後集第四、二六六〜二六七頁）。

享保五子年
敲御仕置仕形之伺書被仰渡候書付

科人を敲候儀、肩尻ぇ懸ケ、背骨を除き、絶入不仕様五十程敲可申候、但、足腰なと痛候て、漸々宿ぇ帰候程ニ可仕候、右御仕置之場所ハ、牢屋門前ニて牢屋同心ニたゝかせ可申候、其節ハ為検使与力同心差出可申候、以上、

子四月　中山出雲守

大岡越前守

右之通ニ敲候御仕置相済候間、昨日御渡候ハ不相用、向後此書面之通可相心得旨、子四月十一日御渡被成候、先達て書上候書面共ハ不用、此書付之趣向後可相用事、

一子四月廿一日有馬兵庫頭申聞候ハ、敲御仕置之節ハ、其もの之家主并名主呼出、敲候を見せ可申候、宿ぇ相返候節ハ、右之もの共ぇ可渡遣候、此仕置ニ付てハ、永々右之通可相心得旨申渡候事、

一子十月廿六日加納遠江守申聞候ハ、此御仕置之事被仰渡候ハ、自今重キハ百敲、軽キハ五十ニ相極置可申旨申聞候事、

幕府が「敲」刑をはじめて執行したのは、享保五年（一七二〇）四月十二日のことである。(26) その前日、「敲」刑の執行法について北町奉行中山出雲守（時春）、南町奉行大岡越前守（忠相）が連名で通達したのが右の記事である。「御定書」の「敲」の規定は、この通達が骨子となって成文化された。右の記事によれば、町奉行通達の十日後の同月二十一日、身元引受人を出頭させて執行の様子を見学させること、その事を恒久的な手続きとなすべしという指令が、有馬兵庫頭（氏倫）を通じて伝達された。さらに半年後の十月二十六日になって、「敲」刑を百敲と五十敲の二等級にせよという指令が、加納遠江守（久通）を通じて伝達された。

有馬氏倫と加納久通は、吉宗が将軍に就任した際に和歌山藩から連れてきた股肱の臣であり、この当時、彼らは御側御用取次の任にあって将軍吉宗の意向を伝達する役割を担っていた。それ故、この二人を通じて出された右の指令

は、将軍吉宗の指令なのである。つまり、吉宗は「敲」の執行法の子細についても自ら考えて指示を出していたということであり、この点は「御定書」を考察する上で充分留意すべきであろう。

吉宗は、享保四年八月頃には笞打ち刑の採用をすでに思い描いていたようである。同年同月二十五日、吉宗は明律研究の先輩である前田綱紀に向って刑罰に関する質問を発した。それは、金沢藩の刑罰につき、「鞭」「いれ墨」「過銭」「耳鼻などを削」く刑の有無を問うたのである。吉宗は、金沢藩では笞打ち刑を実施していないという綱紀の返答に接すると、「唯今鞭を被用候ては如何可有之候哉」と笞打ち刑の実施を進言する。これに対し綱紀は、次のように答えた。それは、笞打ち刑の実施について先年検討したが、適切な打数を決めがたいので実施困難との結論を得たというものである。この返答に接すると、吉宗は自分の意見を、「耳鼻等の刑法は不仁成事に候、大明律にも見へ申通、鞭などに替申候儀は尤の事」と表明した[27]。前田綱紀との間に交わされた問答を見ると、吉宗はこの時、明律に基礎を置く笞打ち刑の実施を念頭に置いていたのである。

五 「敲」刑の意義

「敲」という刑罰は、現代人の眼から見れば、人権蹂躙も甚しい残虐なものと映る。しかしながら、死刑や追放刑が中核をなす時代にあっては、今日とは違った意味をもつものであった。徳川吉宗や幕府首脳は、刑罰の効果として「敲」刑に次のようなことを期待したのではなかろうか。

第一は、再犯の防止である。すなわち、恥辱による精神的苦痛と殴打による肉体的苦痛を味あわせることにより、受刑者に二度と罪を犯すまいという悔悟の念をおこさせることを期待したのである。「犯罪の王様」といわれる盗犯に適用する刑罰として「敲」を採用したことも、再犯防止の効果をねらったためと思われる。

第二は、受刑者のすみやかな社会復帰を目指したことである。「敲」は、判決の当日に刑を執行する。受刑者は町奉行所において判決を申渡されると、そのまま小伝馬町牢屋敷に連行され、即日に執行されるのである。身柄は、執行後ただちに身元引受人に引渡される[28]。敲箒による打ち方は、前節の記事に「足腰なと痛候て、漸々宿ぇ帰候程」に加減せよと指示されている。受刑者の痛手は自力でようやく自宅に戻れる程度なのであるから、数日くらいの静養によって生業に復帰することが可能であったと推察できる。

従来の「急度叱」あるいは「手鎖」「戸〆」「押込」などに比べて、懲戒の効果は「敲」の方がはるかに大きい。一家の働き手が戸〆や押込に処されたのでは、生活が立ちゆかない。このように、謹慎を内容とする拘束刑には懲戒の効果が薄く、生業の妨げが大きいという短所が存するが、「敲」はこれらを克服する刑罰であった。これが「敲」の第三の効果である。

また、軽微な盗犯で追放刑に処されるならば、家族の困窮はさらに深刻である。追放刑は、犯罪人を生活の本拠地から遠ざけることであり、その結果は追放地の治安を悪化させ、且つ盗みや立帰りなどの再犯予備軍を増やすことに外ならない。従来であれば追放刑に処すべき場合でも、これに替えて敲を適用するならば、追放刑の矛盾と弊害を緩和することができる。これが敲の第四の効果である。

いずれにしても、「敲」という刑罰は、犯罪者本人の懲戒を目的とする特別予防主義の考え方に立脚した刑罰であったと言えよう。

今一つ重要な点は、改善主義の端緒が「敲」刑に看取されることである。刑の執行に家主・名主あるいは名主・組頭といった人々を身元引受人として出頭させたことに注目しなければならない。前述したように、身元引受人の出頭は吉宗の指示による。受刑者の身柄を引渡す際には、帰宅後の就業の世話や保護観察等のことが、身元引受人に申渡されたに違いない。もしそうであるとすれば、再犯の防止という消極的効果のみならず、受刑者の心根をたて直して社会復帰を果たさせるという改善主義の意図が、「敲」刑に存したと言えよう。

和歌山藩の明律註釈書である『大明律例諺解』を見ると、笞刑に対する註釈として、

笞ハ恥也、官民小ナル愆アルトキハ法ヲ以テ懲シ戒シムベシ、故ニ箠ヲ以テ撻キ恥シメテ其行事ヲ改メシムル也、苦痛セシメンガ為メニスルニ非ズ、（巻一名例）

という記述を見出すことができる（東京大学法学部研究室蔵）。右の記事に「箠ヲ以テ撻キ恥シメテ其行事ヲ改メシムル也」とあるように、『大明律例諺解』は改善を目的とする刑罰と笞刑を位置づけているのである。

『大明律例諺解』は、江戸時代最初の明律註釈書と見られている。吉宗の父で和歌山藩第二代藩主の光貞が、元禄七年（一六九四）、儒臣榊原玄輔（号篁洲）に命じて著述させたものである。宝永二年（一七〇五）、吉宗は兄達の相次ぐ死去により二十一歳の若さで第五代藩主に就く。藩主時代、吉宗はこの註釈書をより完成度の高いものとすることに熱意をもやし、その改訂を正徳二年（一七一二）と同五年の二度にわたって榊原霞洲（篁洲の長子）、鳥井春沢、高瀬喜朴らの家臣に命じている。こうして完成したのが和歌山藩『大明律例諺解』三十一巻三十一冊である[29]。

後述するように、吉宗は弱年の頃より明律研究に熱心であったと伝えられており、右に見たような『大明律例諺解』に対する熱意からすれば、そこに示された笞刑の趣旨については、充分に承知していたと思われる[30]。身元引受人出頭の措置は、吉宗が「敲」という刑罰に受刑者改善の趣旨を盛り込もうと意図したからこそ考え出されたのではなかろうか。

前述したように、吉宗は前田綱紀との問答において、「耳鼻等の刑法は不仁成事に候、大明律にも見へ申通、鞭な

とに笞申儀は尤の事」と述べている。吉宗のこの発言は、中国において漢の文帝が肉刑を廃して笞刑を創めた故事に示唆を得たものではなかろうか[31]。この故事は、『大明律例譯義』の「律大意」に左のように記されている（前掲書八〜九頁）。

漢文帝十三年、令を下して曰、（中略）今の法には、黥《ケイ》いれすミ。劓《ビ》はなをきる。斬趾《ザンシ》あしをきる。の三等の肉刑あれども、民の罪を犯す者たへず。其咎はいづれにあるぞと云に、全く罪を犯す者の仕わざにあらず、朕徳薄くして、下を教る事の明かになきゆへなり。朕甚愧敷《ハヅカシク》思ふ事なり。（中略）今人過《アヤマチ》あり、教をろく〳〵に施さずして、其上にそのまゝ刑罰を加ふ。其人《ソノヒト》心の中に後悔して、向後《キヤウカウ》行跡をあらため、善人にならんと思ふとても、すでに鼻をそがれ、趾《アシ》を斬《キラ》れ、黥《イレスミ》せられて以後には、すべきやうなし。此段、誠に不便《フビン》なる事なり。刑罰ハ幾等《イクラ》もあるべきに、人の五体をたち、肌膚《キフ》《ハダヘ》に刻《キザン》で一生なをる事のならず、取かへしのならぬ事をするといへるハ、誠痛敷《マコトニイタマシク》、不徳の致す処なり。民の父母などは、かくあるまじき筈の事なるほどに肉刑をバ除くべし。大学衍義補

右の記事は、黥・劓・斬趾という肉刑の不可なる事を縷々述べているが、その中に、「其人《ソノヒト》心の中に後悔して、向後行跡をあらため、善人にならんと思ふとても云々」とある点は注目すべきであろう。吉宗が前掲の発言をするにあたっては、この点についても脳裏をよぎっていた可能性がある。そうだとすれば、吉宗は新たに採用する笞打ち刑の中に、犯罪人を反省させて善人に移らせるという意義を込めていたことになる。

なお、佐久間長敬も肉刑の廃止と敲の採用を一対の事柄と解し、「本刑は有徳公（八代将軍吉宗）の時、耳切、鼻そきの刑を不可なりとし、之に代ふへき仕方を、三奉行に命して評議せしめ、敲の刑を創む」と伝えている（『刑罪詳説』一六頁）。

「敲」は改善を期待する軽微な刑罰であるという捉え方は、その後、幕府首脳の間にも定着したようである。この

ことは、安永六年（一七七七）の評定所評議の文言に「一旦盗いたして候ても、心底改候得は通例之人ニ相成」と見え（「御仕置例類集」古類集二一六六号）、寛政二年（一七九〇）の評議の文言に「入墨・敲は、道理も不弁卑賤之もの、一旦之悪事を懲候刑」（同上一四九八号）と見えることから、垣間見られるのである。(32)

さて、公開処刑に着目するならば、「敲」は犯罪の一般予防を目的とする刑罰でもあった。鈴ヶ森や小塚原の刑場で執行する磔や火罪もまた公開処刑である。こちらは死刑であり、処刑がきわめて残虐であって見物人の心を震撼させるに十分である。それ故、一般予防の効果は絶大と考えられた。「敲」の方は刑の執行にそれ程の残虐さは伴わない。それで吉宗は、一般予防の効果を大ならしめるための装置として、処刑の場面を仰々しく儀式ばったものとしたのではなかろうか。いずれにしても、「敲」という刑罰は、犯罪の特別予防と一般予防の両面の考え方を併せ持っているのである。

寛政六年（一七九四）三月、幕府は博奕犯に対する刑罰を重くし、「御定書」第五十五条中の規定を次のように改正した（「棠蔭秘鑑」貞七十一、『徳川禁令考』別巻二一九頁）。

　博奕打候もの　　　　　　重敲（過料）
　軽キ掛之宝引、よみかるた打候もの　　敲（三十日手鎖）
　　但、五拾文以上之かけ銭ニ候ハヽ、　重敲（過料）
　同宿いたし候もの　　　　敲（過料三貫文）
　廻り筒ニて博奕打候もの　　重敲（過料）

括弧内が改正前の刑罰である。この改正法は、同年六月に幕府の遠国奉行・代官に通達された（『徳川禁令考』後集第三、一六〇～一六一頁）。代官はこれによって上記の博奕犯に対する「敲」刑の自分仕置権が認められたことになる。

この改正は、当時臨時的措置としてなされたが、実際は幕府崩壊まで続けられた[33]。この改正によって「敲」刑適用の犯罪が拡大されたのであり、その結果、幕府刑罰に占める「敲」刑の比重は格段に重くなったと私は考えている。

大坂町奉行所に関しては、天明年間の五年分（一七八一〜八六）と文化年間の三年分（一八〇五〜〇七）の行刑統計が残されている[34]。この統計によると、天明年間の「敲」の執行数の年平均は五九、文化年間のそれは五二四であり、後者の執行数が九倍近くに膨れ上がっている。この急激な変化は犯罪の増加（在牢者が倍増している）と、寛政六年の博奕刑改正が主要な原因であると推察される。

江戸に関しては小伝馬町牢屋敷の記録が残されており、それによって文久二年（一八六二）から慶応元年（一八六五）にかけての刑罰執行数が判明している（慶応元年は五月から十二月までの九箇月〔含閏月〕）[35]。それによると、敲と重敲を併せた執行数は、四年九箇月で二〇四九である。この数は全体の四割二分にあたり、これに入墨敲、入墨重敲という二重仕置を加えると、全体の七割六分にも達する[36]。

「敲」刑は本来、軽微な盗犯に適用する特別な刑罰であったが、時代の推移とともに幕府のもっとも一般的な刑罰へと転換したのである。諸藩においても、敲、笞刑、杖罪、鞭刑など名称は様々だが、幕府の「敲」に倣って笞打ち刑を採用した場合が多い。「敲」の刑罰を考案した徳川吉宗の意図を、諸藩がどの程度に継承し、実地に移したかを検証することは今後の課題である[37]。

六　徳川吉宗の明律研究と「公事方御定書」

以上の考察により、「御定書」に定める「敲」と「入墨」は、主として盗犯に適用する刑罰であって、これらの刑罰が「明律」の笞杖刑と刺字とに示唆を得て案出されたものであったことが諒解されよう。敲は、「笞は恥也」という刑罰思想を具現化した刑罰であり、将軍吉宗自らがその執行方法を指示して制定したのである。吉宗が「敲」や「入墨」の刑罰を考案するについては、「明律」に対する深い知識が物を言っていると思われる。

吉宗の明律好きについて、『徳川実紀』が、

明律などをも、常に好てよませ給へり。和歌、詩賦のごときはあへて好ませ給はず。

法律の書は紀伊家にまし〳〵けるほどより好ませ給ひ、御位につき給ひて後も、ます〳〵御覧ありしが、荻生惣七郎観、深見久大夫有隣、成島道筑信遍、高瀬喜朴某等に命ぜられて、考へたてまつりし事も少からず。

と伝えていることは、よく知られている。[38] 成島道筑は右の記事に登場するが、吉宗は彼を頻繁に呼出して「明律」を講義させたらしい。『徳川実紀』はこのことを、

成島道筑信遍は其はじめ奥坊主にてありけるが、いかなるつてにや、文学にこゝろざしあつきよし聞召れ、常に御休息所のすのこに召れ、礼記・明律などを講ぜしめらるゝこと日ごとにして、盛暑酷寒といへども、さらに怠りなく聞せ給ひければ、礼記は半年のほどによみをはれり。

と記している。[39] 従って、吉宗の明律好きは一時的な物好きにあらずして、かなり年季が入っているのである。さらに、『兼山秘策』に収載する青地礼幹の書簡（享保七年八月二十六日付）は、吉宗の明律好きについて、

御弱年より常に大明律御数寄被成、朝暮御覧被成候、

と伝えており、[40] この記事を信用するならば、吉宗は和歌山藩主就任前の「弱年」の頃より「明律」に親しんでいたことになる。

金沢藩主前田綱紀の書き遺した「大明律諸書私考」には、榊原篁洲が「大明律考証之時分歴覧仕候」書目つまり

『大明律例諺解』を撰述する際に参考とした書目を載せている。この書目は三十三部の漢籍を著録するが、そのうち明律註釈書と見るべきは、「律条疏義」「大明律附例」「読律瑣言」「大明律読法」「律解弁疑」「大明律集解」「大明律管見」「大明律会覧」「大明律会解」「祥刑氷鑑」「大明律正宗」「刑書拠会」「大明律註解」の十三部である（もっとも、「大明律会解」「刑書拠会」は「大明律刑書拠会」と同一書の可能性がある(41)）。和歌山藩主時代の吉宗は、これら多彩な明律註釈書を繙くことが可能であったのである。

吉宗が将軍に就任してまもなくの享保元年六月二十五日、新井白石は幕府の紅葉山文庫から借出していた明清律および明清律註釈書あわせて十二部を返却している。そしてこれら明清律ならびにその註釈書は、将軍吉宗の手元に届けられたのである(42)。

吉宗は家臣や幕臣に対しても明律研究を命じている。すでに述べたように、和歌山藩主時代には榊原篁洲の『大明律例諺解』を二度にわたり修訂させた。将軍就任後も和歌山藩儒医高瀬喜朴に命じて『大明律例譯義』を著述させている。享保五年成立の本書は「明律」の逐条和訳の書であるが、どのような訳文であるかは、すでに何回も引用したので諒解できたことと思う。

さらには、幕府儒官の荻生観（号北溪）に命じ、「明律」の原文を校訂し、訓点を施させた。荻生観は、明律研究会を組織しているが、おそらくこの仕事を達成することが研究会の重要な目的であったと考えられる。会員には兄徂來をはじめ、その弟子服部南郭、安藤東野、三浦竹溪、その他に黒田直邦（享保八年奏者番兼寺社奉行）、松平乗邑（享保八年老中）、本多忠統（享保九年奏者番兼寺社奉行）ら幕府高官が名を連ねている。その結果として結実したのが、『官准刊行明律』と題して上梓した訓点本の明律である。享保八年、京と江戸の書肆から九冊本として相次いで刊行された。兄徂來にも語釈を中心とする明律註釈書『明律国字解』が存するが、本書はこの研究会の副次的著作物であったと思われる(43)。

「敲」および「入墨」の採用は、以上に見られたような明律研究に裏付けられたものである。この事実は、幕府が「公事方御定書」を編纂するにあたって、「明律」をどのように受容したかを考察する上にきわめて重要である。

ここで「公事方御定書」と「明律」との関係をめぐる研究史を略述しておこう。「御定書」の編纂における明律の影響は「極めて軽微なり」と主張するのは三浦周行氏である。同氏は「法制史総論」のなかで、「世には吉宗が其御定書百箇条に於て明律より得るところ多きをいふ。そは誇張に失するも、明律を学びしは事実にして云々」と述べ(『法制史の研究』二一頁、大正八年、岩波書店、初発表は明治四十一年)、さらに左のように記しておられる(前掲書六二頁、なお三浦氏の所説については、本章註(48)も参照されたい)。

> 吉宗の御定書中、刑法に属する下巻、即ち世に所謂百箇条は、明律を採用せるもの多しと伝へらるゝも、其事全部殆んど従来の発布に係る法令、裁判例、伺指令等を基礎とし、其中過料刑を拡張し、入墨刑を以て従来の肉刑に換へしが如きは、御定書以前に定れる刑法の修正なりしにもせよ、明律の影響と認められざるにあらずと雖ども、是等も刑罰としては既に我古代法の上に存するところにして、其影響も極めて軽微なりと謂はざるべからず。

一方、「御定書」の編纂に「明律」が大きな役割を果したことを主張するのは小出義雄氏である。同氏は「御定書百箇条編纂の事情について」を発表し(『史潮』四年三号、昭和九年)、そのなかで次のように記しておられる。(一三三頁)。

> 吉宗が明律の立法精神を以つて御定書百箇条を編纂せる事は明であり、従つて同法典は其編纂の趣旨に於て重大なる明律の影響を受けて居るといふ事が出来る。

「明律」の役割をこのように重く看ているのだが、小出論文には「御定書」中のどの規定、あるいはどの刑罰が

「明律」に示唆を得たものなのか、という具体的な指摘がなされていない。その故か、小出論文はその後「御定書」と「明律」との関係を議論する上で採り上げられたことはない。

続いて、江戸時代の幕藩法と「明律」との関係を考察した先駆的業績として、小早川欣吾氏の「明律令の我近世法に及ぼせる影響」（『東亜人文学報』四巻二号、昭和二十年）を挙げることができる。小早川論文は、幕府法の過料、敲の刑罰と「明律」との関係に検討を加え、「吉宗が広く律令学、殊に明律に対して熱心なる研究心を有せし事実より、或ひは何等かの示唆を明律より得て、過料刑、敲刑を採用したものではないであらうか」との見通しをもち（三七頁）、さらに、

吉宗の律令学の研鑽、又明律に対する研究心は、彼の地位見識治績を思ふ時に其の儘、単なる趣味的な学問として終わつたものではないであらうと思ふ。（中略）過料刑、敲刑等の採用に至る過程には明律に於ける彼の智識が一の重要な示唆となつたものであらうと思ふ。

と記す（三八頁）。まことに肯綮にあたる指摘である。しかしながら、最終的にはこの指摘とは違って、左のような結論に達するのである（三八頁）。

幕府法に対する明律の影響を『公事方定書』に見ゆる二三の刑罰を対象として仮に観察して見たものである。併し乍ら明律の明確なる反映を幕府法上の刑罰より看取する事が不可能であった

要するに、「御定書」の「過料」刑、「敲」刑において「明律」がどのように作用したのか、それを具体的な形では見抜くことが出来なかったのである。

その後、石井良助氏は「刑罰の歴史（日本）」（『日本刑事法史』昭和六十一年、創文社、初発表は昭和二十七年）を著し、その中に、「敲」は「律の笞杖の復活であるが、しかし、それが吉宗によって復活されたについては、明律の影響が

考えられないわけではない」、「入墨は古く行われたが、吉宗によって、一般化されたもので、主として盗犯に用いられる。おそらくは、明律の刺字の影響があるのであろう」という簡潔な指摘が見られる（八二頁）。石井氏は、「敲」と「入墨」には「明律」からの影響が存するであろうという予測をもっていたのである。石井氏はその後、『江戸の刑罰』（中公新書31、昭和三十九年）を著し、「敲」と「入墨」の刑につき、右と同様の指摘をしておられる（六二・六五頁）。

平松義郎氏の『近世刑事訴訟法の研究』（昭和三十五年、創文社）は幕府の刑事手続を体系的に考察した名著であり、本章も多大な学恩を被っている。しかしながら、幕府法と「明律」の関係について、同書には何らの言及も見られない。

このような研究史の流れの中にあって、「御定書」と「明律」との関係を明確に否定する見解が登場する。その第一は布施弥平治氏の『百箇条調書』第一巻（昭和四十一年、大原新生社）である。同書序文中に布施氏は、

唐律や明律の研究は幾分行なわれたといっても、幕府の刑法にはなんら影響を及ぼさなかったといっても過言ではない。

という見解を表明しておられる。次いで、奥野彦六氏はその著『徳川幕府と中国法』（昭和五十四年、創文社）の中で、

明律の長所を御定書編纂の上に齎すことは、吉宗の置かれた地位とその賢明において、決して不可能のことではなかったように思われる。しかし結論は、明律と御定書の編纂とは、事実上無縁であると断言できる。（中略）所詮、吉宗の明律に対する関心も、机上の空論に終わっているようである。

と記している（七七頁）。この見解は、江戸幕府と中国法との関係を考察した著書の中で導き出された結論であるだけに、その発言には重みがある。『江戸幕府法の研究』（昭和五十五年、巌南堂書店）を著した茎田佳寿子氏もまた、「「公事方御定書」編纂は「明律」を模倣したといわれながら明確な証跡がない」と述べておられる（同書二三〇頁）。「御定書」と「明律」との関係については、小早川氏や布施、奥野、茎田氏などの見解が支持されて来たと見てよい。

ところが、「御定書」の諸規定中には、「明律」に示唆を得て成文化されたものが少なからず存することを具体的に論証した論文があらわれた。小林宏氏の「徳川幕府法に及ぼせる中国法の影響――吉宗の明律受容をめぐって――」（『國學院大學日本文化研究所紀要』六四輯、平成元年〔『日本における立法と法解釈の史的研究』第二巻近世、平成二十一年、汲古書院〕）がそれである。小林論文は、『名家叢書』中の「喜朴考」を検討することによって、「御定書」の⑴過料刑、⑵幼年者の刑事責任、⑶乱心による殺人と酒狂によるそれとの責任の区別、⑷盗犯に関する累犯の処罰、⑸軽犯罪者による重犯罪者申告の際の免責、⑹旧悪減刑に関する規定は、吉宗が「明律」を素材として成文化したものであることを考証した。「喜朴考」は、吉宗の質疑とそれに対する高瀬喜朴の応答の記録であり、享保五年の成立と考えられる。質疑の件数は三十二をかぞえ、その多くは明律をめぐるものである。小林論文は、「喜朴考」の次の記事を紹介している（七七頁〔前掲著書四〇頁〕）。すなわち、高瀬喜朴はその応答の中で、

御尋ト暗《アン》ニ相合ス、律ヲ学ブコト年久シフシテ見終《ケンツヒ》ニ此ニ至ラズ、固《マコト》ニ悲シムベシ、

という感想を書き遺している。これは吉宗の見解と明律註釈書の「律例箋釈」の節が一致していることを高く評価し、自分の不明を恥じているのである。

「御定書」と「明律」との関係について、これまでは「明律の明確なる反映」を看取することができなかったのだが、小林論文がこれを実証した意義は大きく、「公事方御定書」研究に新視点を拓いたものと言えよう。さらに、その「明律の明確なる反映」は、実に将軍徳川吉宗の「明律」に対する造詣が源泉となっていることを銘記すべきであろう。[44]

むすび

「明律」が「御定書」の編纂に重要な役割を演じたことは、以上に見たように紛れもない事実である。この事実は、「御定書」運用に関わる幕府実務家の間に認識され、時代とともに伝承されていったようである。

前掲の小出論文は、今日その所在不明の「江坂孫三郎私記」という史料を活用する。小出論文はこの史料に基づいて、

> 江坂弥（孫）三郎はこの盛事（「御定書」編纂のこと―高塩注）を以て洪武七年刑部尚書劉惟謙等が、大（太）宗に奉れる進大明律表中の「掲西廡之壁観（親）御翰墨為之裁定」とあるよりも厚き御儀であると激賞して居る。

と記す（前掲誌一二九頁）。江坂孫三郎（正恭《まさやす》、享保五年〔一七二〇〕～天明四年〔一七八四〕）は、宝暦七年（一七五七）十一月に評定所留役、同十三年四月に評定所留役勘定組頭に進み、明和四年（一七六七）七月には「科条類典」編纂の功労によって黄金二枚を賜った。その後、安永六年（一七七七）十一月に勘定吟味役に昇進し、同十二月には評定所組頭を兼ねるに至る[45]。江坂は裁判事務を管掌する中枢部を歩み、「科条類典」の編纂にも携ったのだから、「御定書」編纂の諸事情について相当の知識をもっていたに違いない。その江坂が「御定書」の編纂制定を明の洪武七年（一三七四）の「大明律」奏上に準えているのである。

次に金沢安貞《かなざわやすさだ》の見解を紹介しよう。金沢安貞（享保十二年〔一七二七〕～寛政八年〔一七九六〕）は、明和七年（一七七〇）七月に評定所留役助から同留役勘定に昇進し、安永三年（一七七四）七月、勘定組頭に列した。寛政三年（一七九一）三月、一橋家の家臣となり目付、勘定奉行、郡奉行、用人を歴任した[46]。彼には「明典略解」（七巻七冊）という著書が存する（天明七年〔一七八七〕五月自序、筑波大学附属図書館蔵）。本書は「大明会典」二二七巻の中から民政の要諦

となるべき事項を抽出してこれに註釈を施し、加えて自分の意見を述べたものである。金沢はこの意見中、徳川吉宗の治政時代に中国法をいかに受容したかに言及することがある。今、二三を左に掲げよう。

徳廟政典ヲ制シタマヒシトキ、明制ニ監ミタマヒテ善ナルハコレヲ取リ、弊アルハコレヲ省キ、以テ万世ノ大典ヲ興シタマヘリ、　（凡　例）

徳廟唐虞三代ノ墨刑ニ依タマヒテ黥刑《イレスミ》ヲ施シ、和律明律ヲ監ミタマヒ、杖笞ニ依テ敲刑ヲ施シ、罰鈔罰贖ニ依テ過料ヲ施シ、苛ヲ除キ善ヲ取テ一種ノ刑典ヲ制シタマヒ云々、　（巻之三農桑）

徳廟明典ニ監ミタマヒテ、躬ラ刑典ヲ制シタマヒ、奉行ノ外コレヲ窺フコトヲ許シタハマス、故ニ刑権上ニ在テ下ナル者、其刑ノ当スル所ヲ量リ知ル事アタハス、民ノ悪ヲ避ケ善ニ移ル事ハ、自ラ号令アリテコレヲ教諭セシメラレタリ、　（巻之六読法）

評定所留役勘定は、裁判事務を担当する職であるから、「御定書」の内容については精通していた筈である。その金沢安貞は、「御定書」の制定に「明制」「明典」を参考としたことや、「明律」の刑罰を基として「敲」、「過料」を制定したことを指摘する。

江戸の南町奉行所において吟味方与力を務めた佐久間長敬は、明治二十六年（一八九三）公刊の『刑罪詳説』の中で次のように述べている（同書一頁）。

寛永中大猷公（三代将軍家光）の時始て評定所を設け、奉行を置きこれに課して訟獄を掌しむ、蓋し徳川氏刑法発達の端緒なり、爾後儒士を延き古律を明め、又明律を参酌し、以て時の宜に随ふ、寛保中に至て大成を告け始めて一代の典刑を奠む、

佐久間長敬は、徳川吉宗治政下の「明律」参酌が学問上にとどまらず、実際の用に供されたと認識しているのであ

る。以上、少ない事例ではあるが、「御定書」編纂に「明律」が少なからぬ役割を果たしたという認識が、幕府の法曹的事務を担当する実務家の間に存することを紹介したのである。(47) このことは、法制史家三浦周行氏をして、「吉宗は又法制の編纂上、支那法制の研究にも著手せり。世には吉宗が其御定書百箇条に於て明律より得るところ多きをいふ」と言わしめている。(48)

ところがである。「敲」刑にしろ「入墨」刑にしろ、「御定書」の中に「明律」の痕跡を一見しただけでは見出すことができない。これは、「御定書」編纂にあたり、「明律」の内容をじゅうぶんに咀嚼し、それを土台として幕府法の新たな創造を行なったための現象である。勝海舟は、明律研究と「御定書」編纂との関係を評して、「学理と実際と始めて応用するを見る」と述べる。(49) まさに至言である。昭和の学者はその応用を見破ることができずに、「明律の明確なる反映を幕府法上の刑罰より看取する事が不可能であった」との結論に達した。徳川吉宗の「明律」に対する造詣とその応用は、昭和の学者より一枚も二枚も上回っていたのである。〔補註2〕

註

（1）藪利和「「公事方御定書下巻」の原テキストについて」（大竹秀男・服藤弘司編『高柳真三先生頌寿記念 幕藩国家の法と支配』昭和五十九年、有斐閣）、平松義郎「「徳川禁令考」・「公事方御定書」小考」(二)(三)（『創文』一八七〜一八八号、昭和五十四年）。

以下、「公事方御定書」下巻を単に「御定書」と略称し、その法文は「棠蔭秘鑑」亨（司法省蔵版・法制史学会編、石井良助校訂『徳川禁令考』別巻、昭和五十三年第三刷、創文社）より引用する。

（2）『刑罪大秘録』（内閣記録局編『法規分類大全』五七巻治罪門(2)所収、四九四頁、明治二十四年（昭和五十五年原書房覆刻））。

『刑罪大秘録』は、江戸の北町奉行所与力蜂屋新五郎の編述になる。蜂屋新五郎は親子二代にわたって小伝馬町牢屋敷の牢屋見廻り役を勤め、その経験にもとづき、刑罰の沿革と執行手続とを文章と絵図をもって記した。文化十一年（一八一四）四月の成立である。本章に引用する『刑罪大秘録』は、国立公文書館内閣文庫所蔵本であり、天保十一年（一八四〇）四月の日付をもつ巻頭の説明によると、本書は、稲葉丹後守正守（寺社奉行）が書写したものを転写し、これを幕府評定所に備えつけた伝本である。「徳隣厳秘録」の標題を有する。

（3）佐久間長敬の伝は、藤田弘道『新津綱領・改訂律例編纂史』三二三～三二九（平成十三年、慶應義塾大学出版会）に詳しい。

（4）『刑罪大秘録』には「敲御仕置略図」が掲載されており、ここには敲刑執行に関わる人々の配置が文字で記されている。この「略図」と『刑罪詳説』の真景図との差異は、囚獄石出帯刀と検使与力の整列する位置が左右逆になっているという点のみである。

（5）小伝馬町牢屋敷の下男は、牢屋内における戒護補助、火気取締、炊事、運搬、その他の雑務に従事するために、一両二分、一人扶持にて雇われた。定員ははじめ三十人で、安永四年（一七七五）に百姓牢が出来ると、三十八人となった（辻敬助『日本近世行刑史稿』上六〇頁、昭和十八年、刑務協会）。

（6）石井良助『江戸の刑罰』六三頁（中公新書31、昭和三十九年）。

（7）大阪市史編纂所編『大坂町奉行所与力・同心勤方記録』（渡辺忠司氏解題、『大阪市史史料』四三輯一九～二五頁、平成七年、大阪市史料調査会発行）。

（8）熊本藩は入墨のことを、宝暦五年施行の「御刑法草書」では「入墨」と称し、同十一年施行の「刑法草書」では「刺墨」と称す。宝暦五年「御刑法草書」の第三条、第五条には「右の臂の膊上に、ぬの字を入墨すべき事」とあって、右腕にぬ字入墨を施すように定めてある（小林宏・高塩博編『熊本藩法制史料集』一四七・一四八頁、平成八年、創文社）。「御刑法草書」の施行細則とも言うべき「御刑法方定式」は、刺墨について「短キ剣さきハ額、長キハ右之手の首、ぬハ官庫にかゝつて不届ものニ相用せ候事」、「申渡之書付ニ入墨と有之時ハ右之手の首、顙ニ入墨之時ハ顙と調申筈ニ候、ぬの字ハ手ニ相用せ候事」と定める（『熊本藩法制史料集』九六七頁）。従って、ぬ字刺墨は長き剣先と同じく右手に施すものと解す。

なお、亀井南冥の「肥後物語」はぬ字刺墨は額に施す旨を記すが（『熊本藩法制史料集』一一九八頁）、熊本藩の公式記録である「御刑法方定式」を是とすべきであろう。〔右手首に施されたぬ字刺墨の図が鎌田浩氏によって紹介されている（『肥後藩の庶民事件録』一五九頁、平成十二年、熊本日日新聞社）〕。

（9）入墨焼印についての大坂町奉行所の照会が、文化八年（一八一一）に徳山藩に対してもなされたことが、「入墨焼印御仕置之儀ニ付、大坂町奉行所ゟ書出方御達ニ付、其御取調へ一件記」という史料（山口県文書館蔵）によって判明する。この史料によると、毛利徳山藩の入墨は二の腕の肩に近いところに「ㇺ」という形を施すのであり、広島藩、津和野藩と同様、三度にわたって施した場合にこの形状となる。この史料には「入墨形意味」として、

ノ　初度如上

カ　弐度目ハ初度之ノニフヲ相加如上

ㇺ　三度目ハ二度之カニ一を相加如上

右は徳山古名野上之地名ニ因り相調候、尤ㇺ之形ハ身字之略形ニ相用、且刄之意形も有之、此上御法相犯ニおいては其者之命ニ相拘候儀、相含メ旁を以、右之通及評議候事、

という記事が存する。この史料は安竹貴彦氏の御教示による。記して謝意を表すものである。

〔補記〕大坂町奉行所の照会に回答した日向国延岡藩の書面もまた確認することができた。それは「寛保律令百箇条」（国立国会図書館蔵、架号一四六‐一八七）の巻末に掲載されており、大坂町奉行所の照会は「姿書を以入墨焼印之御仕置定御尋有之」というものであった。延岡藩は回答を「大坂定役ゟ東御番所ぇ御届」したのであるが、回答書には額に「十」を彫り入れる入墨が絵図によって示されている。

（10）なお、和歌山藩の「悪」字入墨は、『徳川禁令考』（後集第四、三〇一頁）所引の「諸国入墨之図」および『古事類苑』（法律部二、四五二頁）所引の「張紙留」の入墨図においては、肘の直下に描かれている。しかし、「盗賊方概」では肱のすぐ

上に描かれている。

(11)　浦賀奉行所が入墨を採用した経緯について、高橋恭一著『浦賀奉行』（昭和五十一年、學藝書林）に言及がある（三八頁）。

(12)　『徳川禁令考』（後集第四、二九九～三〇三頁）所引の「諸国入墨之図」は、「評定所張紙」を掲記したものである。幕府評定所は、入墨の多様な形状を識別するための図面を役所内に張出していたのであろう。

文化八年（一八一一）、大坂町奉行所が入墨、焼印の形状を諸藩に照会したのも、その頃には数多くの藩が入墨や焼印を採用していたから、全国から多数の人々が流入する大都市大坂の町奉行所としては、入墨者、焼印者の前科の地を判別するため、入墨・焼印図の一覧表を作成する必要にせまられたのであろう。

天保二年（一八三一）、大坂西町奉行所の同心嘉来佐五右衛門は、盗賊方に配属されたため、その部署の職掌についての備忘録「盗賊方概」を作成した。ここに「諸国入墨之部」を設けて多数の入墨図を掲載したのも、右と同じ理由による。

(13)　水戸藩は「水」字の焼印を採用し、これを額に押した（奥村徳義「松濤棹筆」『名古屋叢書』第三巻口絵、昭和三十六年、名古屋市教育委員会編刊）。天保十二年（一八四一）刊の『武家秘冊青標紙』後編にも入墨図十八が掲載されており、丹波の入墨として額左側に「犬」字の文字入墨が図示されている。また安藝広島の入墨として、左二の腕に数字の「八」の文字入墨がみられる。

(14)　「敲」刑が盗犯以外の犯罪に適用されるのは、第五十五条三笠附博奕打取退無尽御仕置之事の「悪簺拵候もの　入墨之上重敲」という規定（「棠蔭秘鑑」九五頁）が唯一である。

(15)　この特徴は、平松義郎『近世刑事訴訟法の研究』（昭和三十五年、創文社）がすでに指摘するところである（同書九一二～九一九頁）。なお、盗犯の構成要件と刑罰との関係については、石井良助「十両以上の盗みは死刑のこと」に平易に説かれている（『第三江戸時代漫筆』三～一三頁、昭和三十八年、井上書房）。

(16)　「御定書」第百三条の二重仕置の項に「入墨」の二重仕置として「入墨之上追放」「入墨之上所払」「入墨之上敲」の三種類を定める。しかしながら、「入墨之上所払」という刑罰は「御定書」の規定中に見られず、また「入墨之上追放」を定める規定は、第六十四条巧事かたり事重キねたり事いたし候もの御仕置之事に「売人買人を拵、似セもの商候もの　入墨之上中追放」とあるのが唯一である（「棠蔭秘鑑」一〇五頁）。

その他に、「入墨之上遠国非人手下」という二重仕置が、離別の妻に疵を負わせた者に科す刑罰として、第七十一条人殺幷疵附等御仕置之事に定められている（「棠蔭秘鑑」一一二頁）。

(17) 平松義郎『近世刑事訴訟法の研究』九一二～九一四頁。なお平松氏は、文化三年（一八〇六）に至り、入墨重敲—入墨敲—入墨—重敲—敲という段階をもつ盗犯処罰の体系が確立したことを指摘される（同書九一四頁）。

(18) 「明律」の条文は、内田智雄・日原利国校訂『律例対照定本明律国字解』（昭和四十一年、創文社）所載の『官准刊行明律』に依る。刑律・賊盗・窃盗条は同書三七七頁。
『官准刊行明律』は、将軍徳川吉宗の意を体して、幕府儒官荻生観（号北溪）が「明律例」の法文に校訂・訓点を施した書である。享保八年（一七二三）に京都と江戸の書肆より刊行され（九冊）、その後明治初年まで刊行が続けられ、全国に流布した。この仕事には兄徂來らの協力があった（高塩博「江戸時代享保期の明律研究とその影響」池田温・劉俊文編『日中文化交流史叢書』第二巻法律制度所収、平成九年、大修館書店。〔後に『江戸幕府法の基礎的研究』論考篇、平成二十九年、汲古書院に所収〕参照）。

(19) 『大明律例譯義』もまた将軍吉宗の命による著述である。和歌山藩儒医高瀬喜朴（号学山）によって享保五年（一七二〇）十二月に著わされた（十四巻十四冊）。『大明律例譯義』の引用は、小林宏・高塩博編『高瀬喜朴著大明律例譯義』（平成元年、創文社）による。刑律・賊盗・窃盗条は同書四二八～四三〇頁。

(20) 「御定書」の窃盗罪の三犯が死刑に至るという累犯処罰の体系が「明律」に由来することは、小林宏氏がすでに指摘しておられる（「徳川幕府法に及ぼせる中国法の影響——吉宗の明律受容をめぐって——」『國學院大學日本文化研究所紀要』六四輯八八～八九頁、平成元年〔『日本における立法と法解釈の史的研究』第二巻近世、五二～五三頁、平成二十一年、汲古書院〕）。

(21) もっとも、文字入墨が享保以前にまったく存在しなかったという訳ではない。江戸幕府の刑罰として制度化されたものではなかったが、『古事類苑』（法律部二、四五〇頁）には「悪」字入墨と「河内」字入墨の事例が掲記されているので紹介しよう。

「悪」字入墨は「御仕置裁許帳」の判例中に見えるもので、寛文六年（一六六六）の事例である。すなわち、無宿弥右衛門は中間の身元保障人に立ちながら、その中間が出奔すると自分も出奔した罪により、「悪」字を額に入墨され、江戸二十里四方追放に処されたのである。「河内」入墨は「憲教類典」に見えるもので、天和二年（一六八二）、小山田弥一郎なる者が右かいなに入墨された事例である。この者はすでに額入墨を施されていたが、前髪を立てて入墨を見えにくくしたため、更めて腕に入墨を施したようである。「河内」が犯罪地を指すか、犯罪人の出身地を指すか、あるいは別な意味をもつのか未詳である。これらの文字入墨もまた、「明律」の「刺字」に示唆を得たものなのか、後考を俟つ。

(22) 唐律疏の疏文は、小林宏・高塩博「律集解と唐律疏義」（國學院大學日本文化研究所編『日本律復原の研究』一〇二頁、昭和五十九年、国書刊行会）による。書下し文は、滋賀秀三『譯註日本律令』五　唐律疏議譯註篇一、二三頁（律令研究会編、昭和五十四年、東京堂出版）による。

(23) 律令研究会編『熊本藩訓訳本清律例彙纂』㈠一八三頁（昭和五十六年、汲古書院）。光緒二十六年（一九〇〇）刊の『大清律例増修統纂集成』にも笞刑の上註として、「笞者恥也、薄懲示辱所以発其恥心也、其刑軽、故数止于五」という註釈が見られる（巻四名例律上）。

(24) 火罪、磔もまた公開処刑であり、鈴ヶ森や小塚原などの刑場で執行される。この時は検使与力二人が立会うにすぎない（蜂屋新五郎『刑罪大秘録』前掲書五二六頁）。

(25) たとえば、磔においては受刑者を鑓で突く役目は「下働非人」が担当し、火罪においては「囚人取扱候下働非人六人」が出動する（『刑罪大秘録』五二一～五二三頁）。

(26) 『刑罪大秘録』四九七頁。

(27) 近藤磐雄編『松雲公御夜話』三五～三七頁（加越能叢書第一輯之五、明治三十八年、東京温故会）。

(28) 佐久間長敬『刑罪詳説』一一・一六頁。

(29) 高塩博「和歌山藩『大明律例諺解』の成立」（『日本律の基礎的研究』昭和六十二年、汲古書院）。

(30) 享保五年（一七二〇）、吉宗は刑法に関して三一項目にわたる質問を高瀬喜朴に発するが、そのうち贖銅に関しては、『大明律例諺解』を引用しての質問である（「喜朴考」名家叢書第三六冊）。吉宗はまた、『大明律例諺解』が未詳とした明律の用語を荻生観（北渓）に問うこともあった（「荻生考」名家叢書第六四冊）。和歌山藩の儒者達の未解決を蘐園学派に問うたのである。これらのことから考えるに、吉宗は『大明律例諺解』を精読していたというべきであろう。

なお、「名家叢書」は青木昆陽、荷田在満、成島道筑、深見有隣ら享保時代の和漢学者十四人が将軍吉宗に奉った報告書集で、各学者の自筆本七十八冊が国立公文書館内閣文庫に所蔵される。本書はその影印が『関西大学東西学術研究所資料集刊十二』として関西大学出版部より刊行されている（三冊、大庭脩氏解題、昭和五十六～五十七年）。

(31) 漢の文帝の肉刑廃止については、『大明律例諺解』の正徳五年の二度目の改訂作業において、「漢ノ文帝ニ至テハ既ニ肉刑ヲ除キ、更ニ復タ遞ヒニ減シテ徒流笞杖トナス」という註釈が名例律五刑条の末尾に附加された。

(32) 平松義郎「徳川幕府刑法における窃盗罪――判例による近世刑法史の研究――」㈡（『国家学会雑誌』六五巻一一・一二号九四頁、昭和二十七年）参照。

(33) 平松義郎『近世刑事訴訟法の研究』七七～七八、四六九～四七三頁。石井良助「江戸幕府代官の権限」『日本刑事法史』三四八～三四九頁（昭和六十一年、創文社）等。

(34) 天明年間の行刑統計は、「松平石見守殿御初入ニ付差出御覚書」（『大坂町奉行管内要覧』大阪市史史料一五輯五七～六六頁、昭和六十年）、文化年間の行刑統計は、『大坂町奉行所旧記』上（大阪市史史料四一輯一一九～一二四頁、平成六年）に基づく集計である。

(35) 平松義郎『近世刑事訴訟法の研究』一〇五七～一〇六四頁。

(36) 文久二年（一八六二）に例をとると、この一年間に執行した「敲」の数は、九五〇を数える（敲二五五、重敲二二六、入墨敲一一五、入墨重敲三五四）。佐久間長敬が「一日に数十人を打つことあり」と伝えるのも宜なるかなである（『刑罪詳説』一五頁）。

(37) 会津藩は寛政二年（一七九〇）、「刑則」という刑罰法規集を制定して、この中に笞刑、杖刑（各五等級）を採用した。この笞杖刑は『大明律例譯義』を通じて、「笞は恥也」「撻て痛むやうにして、こらすためにせり」という刑罰思想を継承したものであり、生業の妨げを緩和し、再犯防止の効果を期待する刑罰であった。もちろん、恥辱という精神的苦痛、殴打による肉体的苦痛を与えることによる本人懲戒の特別予防の意味をもち、同時に公開処刑による一般予防の考えを併せもつ刑罰であった。これらにつき、高塩博「会津藩における『大明律例訳義』の参酌」（池田温編『日中律令制の諸相』所収、平成十四年、東方書店）参照。

その他の諸藩の笞打ちを扱った論考に、斉藤洋一「小諸藩における「敲」刑の始源と被差別民」（『学習院大学史料館紀要』六号、平成三年）、高塩博「熊本藩刑法の一斑――笞刑について――」（『國學院大學日本文化研究所紀要』七二輯、平成五年）がある。斉藤論文によると、小諸藩は文政七年（一八二四）十一月二十九日にはじめて「敲」を執行した。この時、無宿二人に対して敲の上領分外追放を執行したのであるが、小諸藩は追放刑の者に対して再び追放刑を科す場合、併科すべき刑罰として五十敲と百敲の二等級の「敲」を採用したのである。打ち役ならびに押え役は穢多が担当し、数取りは町同心がつとめた。従って、小諸藩の「敲」は、徳川吉宗の意図したところと刑罰の意味に大きな差異が存する。

一方、熊本藩の「笞刑」は、宝暦五年（一七五五）施行の「御刑法草書」によって初めて採用され、それは十から百までの十等級である。この「笞刑」は、長六下河原の刑場において公開で執行されるのだが、「明律之通ニ杖鞭之法」を実施し、「至テ軽キ罪ニテ一通リ叱リテハ以後ノ懲シメニナラヌユヘ、箠ニテウチ恥辱ヲ示スヤウニ致」す刑罰であると認識されていた（「隈本政事録」「肥後物語」、前掲『熊本藩法制史料集』一一九三、一一九八頁）。

(38)「有徳院殿御実紀附録」巻十（新訂増補国史大系『徳川実紀』第九篇二三五、二四三頁）。

(39)「有徳院殿御実紀附録」巻十一（前掲書二五七頁）。

(40)『兼山秘策』第六冊（瀧本誠一編『改訂日本経済叢書』二巻五四七頁、大正十二年、大鐙閣）。

(41) 大庭脩『江戸時代における中国文化受容の研究』二一七頁（昭和五十九年、同朋舎出版）参照。

(42) 幕府書物方の日記同日条を見ると、新井白石の返却の記事に続いて、「右之外此度上り切之積リニ成候書物」として、「御兵法之御書物　一箱」以下十三部が列挙されている（『幕府書物方日記』二、四四頁、昭和四十年、東京大学出版会）。「上り切」りの書物とは、将軍吉宗の座右に置く書のことであろう。

（43）大庭脩『江戸時代における中国文化受容の研究』、高塩博『日本律の基礎的研究』、同「江戸時代享保期の明律研究とその影響」（前掲書〔『江戸幕府法の基礎的研究《論考篇》』〕所収）。

（44）なお、大庭脩氏はその著『徳川吉宗と康熙帝――鎖国下での日中交流――』（平成十一年、大修館書店）の中で、江戸時代における中国法受容に関して次のように述べておられる（二二一頁）。

明清律や、大清会典が伝来しても、刑罰の精神や、適用の思想においては受け入れるところがあっても、すっかりその方向へ転換することはあり得ず、参考にするだけである。一、二の藩が明律にならって藩法を変えても、それは結局知的な受容に止まっている。

右の論述は含蓄に富んでいる。「すっかりその方向へ転換することはあり得ず」とする点は賛意を表することが出来るとしても、それに続いて「参考にするだけ」とか「知的な受容に止まっている」とする点は再考を要すると私は考える。

（45）『寛政重修諸家譜』新訂版第二十、三八三頁（昭和四十一年、続群書類従完成会）。

（46）同右二〇六頁。

（47）会津藩公事奉行有賀孫太夫もまた、幕府が厳罰を緩和するのに「明律」を参酌したと認識している。これは吉宗治政と同時代における認識である。すなわち、延享元年（一七四四）二月、有賀は会津藩当局に提出した刑法改革意見書の中で、次のように述べているのである。

公儀ニおいても当　公方様（徳川吉宗―高塩注）御治世以来、御刑法猶更御弛メ被成、死刑は至て少々之様ニ承候、畢竟御仁愛之思召ニ候故、明律等迄寛御吟味之上可成程は御宥有之様致風聞候、

会津藩は家門という家柄のせいか、吉宗の刑事政策に「明律」の参酌のあったことを、早い時期に承知していたのである（高塩博「会津藩「刑則」の制定をめぐって」『國學院大學日本文化研究所紀要』七一輯一五四頁、平成五年参照）。

（48）三浦周行「法制史総論」（『法制史の研究』二一頁、大正八年、岩波書店）。

もっとも、三浦論文は引用文に続いて「そは誇張に失するも、明律を学びしは事実にて云々」と述べて、「御定書」に及ぼした「明律」の役割を低く見ている。三浦氏は、「法制史概論」（『続法制史の研究』一二八頁、大正十四年、岩波書店）

の中においては「明律」の影響を否定的に捉えて、「吉宗は従来の刑事処分に於ける縁坐を制限し、過料刑を多く適用し、又入墨の刑を設けて、従来軽微の盗犯も斬に処し来つたのを改めて入墨に処した。或は是等の改正は明律の影響であるといふけれども、必ずしも然うではなく、過料の如きも、これより以前既に行ひ来つたことである。これ人文の発達と共に戦国の遺法を改むべき要を認めたからであらう」と述べられる。

(49)　勝海舟の言は、『追賛一話』(明治二十三年、著者蔵版)の中において大岡忠相に向けた追賛のなかで述べられたものである。その前後の文を掲げておく(同書第二丁、読点高塩)。

八代将軍に至りて更に刑法箇条なるものを布けり、此法たるや高瀬喜朴に命して明律釈《譯》義を作らしめ、当時の儒者荻生徂徠に訳せしめ、更に大岡等の如き能臣をして討論取捨せしめ、遂に刑法百箇条を成し、是に於てか学理と実際と始めて応用するを見る。後世徒に其弊を見て其の真を察せす、旧物を破壊して却て前代の美習善俗をも破壊するを猶予せさるか如き、是豈所謂僧を悪んで袈裟に及ふものに非すや、

〔補註1〕　徒目付の立会は、延享二年(一七四五)に廃された(敲御仕置之節、御徒目付立合相止候事『享保撰要類集』(石井良助編『近世法制史料叢書』別編一三八頁、昭和十九年、弘文堂書房))。しかし、寛政六年(一七九四)十月より復活した(高柳眞三・石井良助編『御触書天保集成』下の六三三八、七六九頁、昭和十三年、岩波書店)。

〔補註2〕　「入墨」が明律の「刺字」に示唆を得た刑罰であることを見抜いた人物に、村岡良弼(弘化二年(一八四八)～大正六年(一九一七))がいる。村岡はその「刑法沿革図」(國學院編纂『法制論纂』所収、明治三十六年、大日本図書)の中で、「公事方御定書」制定に関して、「宝永以後、儒士を延き、古律を詳明し、明律を参酌し、以て時の宜を制す。元文に至りて、大に成り以て一代の典刑を定む」と述べた後、

其敲罪に軽重あるは、古の笞杖刑なり。(中略)入墨はすなはち朱明刺字の法にして、犯数を計ふる所以の者なり。

と指摘している(同書六二五頁)。村岡は「新律綱領」「改定律例」の編纂に携り、その後、司法省の明法寮において刑法沿革志の調査に従事した。それは明治六年(一八七三)のことであり、「刑法沿革図」はその時の著述である。

第二章　「敲」の刑罰における身元引受について

はじめに
一　「敲」刑の判決を収載する判決録
二　身元引受の事例（その一）
三　身元引受の事例（その二）
四　身元引受の事例（その三）
五　身元引受の事例（その四）
六　身元引受の趣旨
むすび

はじめに

幕府の刑罰中、敲については「公事方御定書」下巻の第百三条御仕置仕形之事に次のように定めてある。(1)

享保五年
一敲　数五十敲
　　　重キハ百敲

牢屋門前にて科人之肩背尻を掛ヶ、背骨を除、絶入不仕様、検使役人遣、牢屋同心ニ為敲候事、

但、町人ニ候得は、其家主名主、在方ハ名主組頭呼寄、敲候を見せ候て引渡遣、無宿ものハ牢屋門前にて

払遣、

幕府は享保五年（一七二〇）四月十二日に「敲」の刑をはじめて執行し、その折、執行方法の基本が定まった。右の規定の但書に見られる身元引受の制は、受刑者が町人の場合は家主・名主を、農民の場合は名主・組頭を出頭させ、執行の様子を見学させた上で身柄を引き渡すというものである。この身元引受の制は、将軍徳川吉宗の具体的な指示に基づいて手続きが定まった。すなわち、吉宗は「敲」を執行してから九日後、御側御用取次有馬氏倫を通じて左の指令を発した。[2]

一子四月廿一日有馬兵庫頭申聞候ハ、敲御仕置之節ハ、其もの之家主幷名主呼出、敲候を見せ可申候、宿ぇ相返候節ハ、右之もの共ぇ可渡遣候、此仕置ニ付てハ、永々右之通可相心得旨申渡候事、

「江戸幕府法における「敲」と「入墨」の刑罰」（本書第一部第一章）において「敲」の刑罰を考察した際、身元引受の制に着目して、この刑罰に改善主義の端緒を看て取れるということを次のように述べた。[3]

身元引受人の出頭は吉宗の指示による。受刑者の身柄を引渡す際には、帰宅後の就業の世話や保護観察等のことが、身元引受人に申渡されたに違いない。もしそうであるとすれば、再犯の防止という消極的効果のみならず、受刑者の心根をたて直して社会復帰を果たさせるという改善主義の意図が、「敲」刑に存したと言えよう。

また別の箇所では、「身元引受人出頭の措置は、吉宗が「敲」という刑罰に受刑者改善の趣旨を盛り込もうと意図したからこそ考え出されたのではなかろうか」とも述べている（一五九頁〔本書二七頁〕）。

第一章執筆の折は調査の余裕がなく、身元引受の実例を検討することができないままに右の指摘をした。しかしそ

の後、幕府の刑事裁判記録の中に、身元引受の実情を知り得る多数の判例を見出すことが出来たので、右の指摘の是非を確かめると共に、身元引受の具体的内容を少しでも明らかとし、以て前章の足らざるを補うものである。大方の御教示が得られるならば倖いである。

一　「敲」刑の判決を収載する判決録

「敲」(4)の刑罰とそれに伴う身元引受の事例は「御仕置例類集」「手限《てぎり》申渡」「御仕置帳」に数多く見出すことができる。「御仕置例類集」は幕府老中の諮問に応えた評定所一座の評議の記録であり、「敲」刑に関する判決の評議は、火附盗賊改が伺った判決が大多数を占める。(5)「手限申渡」は、江戸の町奉行所の判決録であり、町奉行がその権限をもって下すことのできる中追放以下の刑罰についての判決を収録したものである。「御仕置帳」は、火附盗賊改が扱った刑事事件の判決録である。

「御仕置例類集」が幕府評定所の記録であることは言うまでもないが、「手限申渡」「御仕置帳」もまた、共に江戸幕府の評定所記録として集積された刑事判決録である。前者は本来、寛政十年（一七九八）から慶応三年（一八六七）までの二五一冊が存し、後者は元文五年（一七四〇）から文化十三年（一八一六）までの四八冊が存したという。しかしながら、大正十二年（一九二三）九月一日に関東地方を襲った大地震は、他の厖大な旧評定所記録もろともに灰燼に帰せしめた。これに先立つ明治三十五年（一九〇二）、すなわち旧評定所記録が内閣記録課に保管されている時、三浦周行氏は七一五五冊におよぶ旧評定所記録の中から二十四部二十四冊の副本を作成された。(6)

これらの副本は、今日、京都大学法学部法制史資料室に所蔵されており、しかもその全てが平松義郎氏監修のもと、京都大学日本法史研究会の方々によって翻刻され、『近世法制史料集』全五巻（昭和四十八年〜五十二年、創文社）に収載された。「手限申渡」は第二巻、「御仕置帳」は第五巻に収載されている[7]（翻刻ならびに解題は前者が林紀昭氏、後者が中沢巷一氏）。「手限申渡」は、享和二年（一八〇二）の一年間における町奉行の判決録集であり、中追放以下の判決一三二件を収める。一方、「御仕置帳」は、贄越前守正寿が火附盗賊改の職にあった安永八年（一七七九）五月から天明四年（一七八四）六月の間に扱った刑事事件につき、老中の裁可を仰いで判決を下した申渡書を収録する。本章が以下に引用する「手限申渡」「御仕置帳」の判決は、『近世法制史料集』に依拠している。学恩に感謝する次第である。

さて、身元引受人の登場する「敲」刑の判決を、「御仕置例類集」「手限申渡」「御仕置帳」から各々一例を示そう。「御仕置例類集」古類集の拾壱之帳盗賊之部によると、火附盗賊改池田雅次郎は「常陸無宿・四郎次、盗いたし候一件」につき、左の判決案を老中に伺った。

事例1

麹町拾壱丁目
彦兵衛店
熊　次

右之もの儀、武家屋敷焼失之砌、灰かき人足ニ被雇候節、右灰之中より銀銚釐之蓋壱ツ拾ひ取、持帰、潰ニいたし、売払貰ひ、代金銀不残酒食ニ遣捨候段、不届ニ付、入墨敲之上、家主彦兵衛ぇ引渡、

この判決案は評定所一座に諮問され、評議の結果、「焼失跡、灰之中ニ有之候を見出し、持帰売払候は、軽キ盗いたし候趣意ニ付、右御定ニ見合、敲」という判決に定まった。寛政十二年（一八〇〇）のことである[8]。

次に、「手限申渡」から一例を示そう。

事例2　十八　享和二年二月二十七日申渡（第二巻三六一頁、上記の漢数字は「手限申渡」の判例番号、以下には『近世法制史料集』巻数と頁数のみを示す）

南塗師町
新助店
茂　三　郎

其方儀、去々申年十月以来、町家七ケ所表入口又は裏口之戸建寄有之を明ケ這入、衣類其外物数五十七品盗取、右之内三十品は質入又は売払、六品は焼失、弐十壱品は所持致し、都合六両三分二朱壱貫六百文之内、弐両三分銭壱貫六百文は不残酒食雑用ニ遣捨候始末、不届ニ付、入墨之上重敲申付之、尤御仕置相済候上、家主新助ぇ引渡遣ス、

右
新　　助

茂三郎儀、右之通申渡引渡遣間、以来不埒之儀無之様可致、

続いて「御仕置帳」から一例を示そう。(9)

事例3　子（安永九年・一七八〇）五月十二日入牢

神田山本町
五郎〔兵〕衛店
亀　　吉
子二十六

出生橋町弐丁目町人喜八悴
父は相果、母は存命之由申之候

此者儀、両国橋・堺町ニて、腰に提候巾着切取、懐中之銀入候鼻紙袋、其外所々人立場ニて、腰銭袂銭度々抜取候段、不届ニ付、敲候上、家主五郎兵衛ぇ引渡、

右に示した事例1・2・3は、盗みの罪により敲あるいは入墨の上重敲を申渡した判決である。「敲」刑に処され

た者は江戸の町人で、いずれも借家住いをする店子である。その身元引受人は、借家の管理人をつとめる大家すなわち家主が引き受けている。

ここで注目すべきは、事例2の判決文である。すなわち、身元引受人の家主新助に対する、「茂三郎儀、右之通申渡引渡遣間、以来不埒之儀無之様可致」という申渡を記している点である。「手限申渡」は「敲」刑の受刑者の身柄を身元引受人に渡すとする判決を二十二件採録し、都合二十九人が身元引受人に引き渡されている。その判決文の大多数には、身元引受人に対する右のような申渡文言が記されているのである。ところが、「御仕置例類集」「御仕置帳」に収載する「敲」刑の判決には、身元引受人に対する申渡文言が記されていない。そこで、以下には「手限申渡」の判決文を主に検討し、必要に応じて「御仕置例類集」「御仕置帳」を参照することとする。

二　身元引受の事例（その一）

前述の通り、「手限申渡」には身元引受人の登場する「敲」刑の判決が二十二件存し、二十九人が「敲」刑に処されている。その内訳は敲が十八人、重敲が四人、入墨の上敲が二人、入墨の上重敲が五人である。

店子の身元引受　店子の身柄を引取るために、家主が出頭した事例をもう一つ示しておこう。

事例4　六十三　享和二年七月二十一日申渡（第二巻四〇二頁）

深川森下町
徳右衛門店
長　助

同所三間丁
市右衛門店
新　七

牛込等覚寺門前丁
伊兵衛店巳之助方ニ居候同人親
茂　吉

其方共儀、長右衛門娘りと三平より取戻之儀ニ付、同人は願事等巧者ニ付、一通ニては取戻候儀不相成儀ニ付、三人共被相頼、りと取戻候上は遊女奉公ニ差出、右給金を以先達て三平ゟりと奉公先ェ差出候金子相帰（ママ）、残金は不残三人ニて可貰受積、対談いたし、品々取拵之願書下書認、長右衛門ェ差遣、りと取戻之儀為相願候段、長右衛門愚昧を侮取拵候儀共、不届ニ付、三人共敲申付之、尤御仕置相済候上は、銘々家主共ェ引渡遣ス、

右家主
徳右衛門
外弐人

長七・新七・茂吉儀、右之通申渡、其方共ェ引渡遣ス間、已来心得違等無之様心付可遣ス、

長助、新七、茂吉の三人は五十敲に処された後、それぞれの家主に身柄が引渡された。このように、「敲」刑に処された借家人つまり店子については、大家である家主が身元引受人として出頭するのである。店子の身元引受人として家主が出頭した事例は、右の二例のほかに、⑴五月十八日申渡により霊岸島町利兵衛店の三之助が敲に処された一件（第二巻三八五〜三八六頁）、⑵同日の申渡により浅草寺地中自性院地借佐兵衛店の入墨安五郎が重敲に処された一件（第二巻三八八〜三八九頁）、⑶十月六日申渡により、浅草聖天横町次兵衛店の重蔵が敲に処された一件（第二巻四二六頁）、⑷十二月七日申渡により、深川松村町善次郎店の嘉平次が入墨の上敲、浅草西仲町茂右衛門店の銀蔵が重敲

に処された一件（第二巻四四七頁）が存する。

家主が店子の身元引受をする事例は、「御仕置例類集」古類集、「御仕置帳」においては、前掲した以外に各一例を存する（司法資料別冊第一〇号 三四六頁、『近世法制史料集』第五巻四三五頁）。

さて、身元引受人の家主が病気等で故障がある場合には代理人が出頭した。

事例5 五十六 享和二年六月二十七日申渡（第二巻三九七〜三九八頁）

浅草寺地中
吉祥院地借
佐七店
惣五郎
外二人

其方共儀、駕籠舁渡世いたし候処、貧窮□（蟲損）り悪心出、当六月以来銘々壱人□（蟲損）人立場ニて、往来人之腰銭袂銭、惣五郎は四百文程、安五郎は五百文程、幸之助ハ四百文餘抜取、雑用等ニ遣捨候始末、不届ニ付、三人共敲申付之、尤御仕置相済候上、家主佐七ぇ一同引渡遣ス、

右家主
佐七
煩ニ付代
藤七

惣五郎外弐人、右之通申渡引渡遣間、以来不届之儀無之様可心付

右は、家主の佐七が「煩」のため、代理として藤七が出頭したのであるが、藤七がどのような立場にある人物かは不明である。

以上、「手限申渡」によれば、店子の身元引受に店親である家主およびその代理が出頭した判例が七件存し、十一人の身柄を引き取った。これらの事例から、身元引受人の規定に関して次のことが判明する。「敲」の規定は身元引受人について、「町人ニ候得は其家主名主、在方ハ名主組頭呼寄、敲候を見せ候て引渡遣」と定めるが、その意味するところは、家主と名主との両者を出頭させて身元引受人とするということに非ずして、身元引受人はいずれか一方でよいのである。

ところで、判例を通して見る身元引受の実例は、家主、名主のみならず、受刑者の身分に応じて様々な人々が身元引受人になっている。

家主の身元引受　こんどは家主自身が「敲」刑に処された場合について見てみよう。この事例は、「手限申渡」には見られないが、「御仕置例類集」新類集の拾三之帳盗賊之部にようやく一例を見出した。それは、火附盗賊改大河内善兵衛が「芝青松寺門前町・伊右衛門弟子・熊次郎初筆、盗いたし候一件」において左のように伺った事例である。

事例6

西久保天徳寺門前町
家主
石屋
惣兵衛

右之もの儀、請負候石碑有之候迚、蓋石盗取参り候ハヽ、買取可申段、熊次郎ゑ申聞候ニ付、既、同人儀、青松寺墓所ニ有之候蓋石盗取、天徳寺境内ゑ持出置候由、申聞候節、倶々罷越、右石屋宅ゑ持込置、代銭熊次郎ゑ相渡、右蓋石請負之方ゑは用立不申候迚、売払候段、不届ニ付、入墨重敲之上・町役人ゑ引渡、

この判決伺は老中より評定所一座の評議に付されたが、伺の通りに決定した。享和三年（一八〇三）のことである。(10)

家主で石屋の惣兵衛は入墨の上重敲の刑に処され、身柄が「町役人」に引渡されたのである。ここに言う「町役人」が町名主を意味するならば、「敲」の規定「町人ニ候得は其家主名主……呼寄、敲候を見せ候て引渡遣」に合致することになる。

三　身元引受の事例（その一）

寄子の身元引受　次に、寄子が「敲」に処された場合の身元引受を紹介しよう。「手限申渡」には寄子が「敲」刑に処された事例が四例存する。その一は左の通りである。

事例7　九十　享和二年十月六日申渡（第二巻四二七頁）

芝西応寺町
家主六番組人宿
新八寄子
安五郎

其方儀、小遣銭ニ差支悪心出、両国橋広小路又は浅草観音境内ニて、往来人之懐中南鐐銀〔蟲損〕□片〔蟲損〕□たはこ入抜取、其外腰銭袂銭〔蟲損〕□百文程盗取、不残酒食ニ遣捨候段、不届ニ付、敲申付之、尤御仕置相済候上、宿新八え引渡遣ス、

右宿
新八

安五郎儀、右之通申渡、御仕置相済候上、引渡遣間、以来右躰不届之儀無之様可心付、

寄子とは人宿（口入屋）に身を寄せ、奉公口を探している者のことで、人宿の主人（親方）が寄親として保証人となり奉公先を斡旋した(11)。寄子安五郎の一件は、寄親新八（人宿の主人）が身元引受人となって身柄を引き取ったのである。

寄子が「敲」刑に処された第二の事例は、次のようである。

事例8　九十九　享和二年十月二十六日申渡（第二巻四三三頁）

神田新銀町
久右衛門店
壱番組人宿
儀左衛門寄子
長　蔵

其方儀、身持放埒ニて小遣銭ニ差支、悪心出、□〔蟲損〕月以来新吉原町并浅草観音境内ニて、□〔蟲損〕人ぇ突当為驚、其紛ニ懐中鼻紙袋抜取、内ニ有之南鐐銀壱片取出、又は腰ニ差居候きせる、其外腰銭袂銭、度々ニ弐貫文程抜取、右之内きせる・銭五百文餘は所持致し、相残分不残酒食ニ遣捨候始末、不届ニ付、敲申付之、尤御仕置相済候上、儀左衛門ぇ引渡遣ス、

右儀左衛門煩ニ付代
熊　助

其方儀相尋処、不埒之筋も不聞間、無構、長蔵儀は、右之通申渡引渡遣ス間、以来右躰不届之儀無之様可心付、

右は、寄子長蔵がすりを働いた罪によって五十敲に処された判決であるが、その際寄親の儀左衛門についても取り調べたが「不埒之筋」がなかったので、所定の如く、寄親儀左衛門が寄子長蔵の身元引受人に指名されたのである。ただし、儀左衛門本人は病気のため、実際には代理の熊助が出頭したのである。

第三の事例は、八月十六日申渡に見えるもので、麻布善福寺門前東町、家主七番組人宿八右衛門の寄子金蔵が盗み

の罪によって入墨の上重敲に処された後、人宿八右衛門に引き渡された一件である（第二巻四一一〜四一二頁）。第四は十一月九日申渡に見えるもので、南伝馬町三丁目新道、今助店弐番組人宿音吉の寄子勝五郎が博奕の罪によって五十敲に処され、人宿音吉が身元引受をした事例である（第二巻四三八頁）。右の四例のうち、六番組人宿新八および七番組人宿八右衛門は家主も兼ねるが、この両名はあくまでも寄親として寄子の身元引受人となったのである。

寄子が「敲」刑に処された判例は、「御仕置例類集」古類集・新類集にもいくつか収載されている。いずれも火附盗賊改の伺いによる判決であるが、この場合も身元引受人には寄親すなわち人宿の主人が指名されている。(12) また、「御仕置帳」にも寄子を「敲」刑に処した判決を十例以上登載するが、すべて寄親が身元引受人となっている。(13)

居候の身元引受　居候の身元引受の事例が存するので紹介しよう。

事例9　四十一　享和二年四月二十一日申渡（第二巻三八二頁）

北島町市右衛門店
新六方ニ居候
増　蔵

其方儀、当四月二日夜、元主人加藤勘助小者由平方ゑ参り候処、同人部屋入口之戸明キ有之、人不居合候ニ付、悪心出、手元ニ有之衣類其外六品盗取、知人藤八方ゑ持参、所持之品と偽預ケ置候始末、不届ニ付、入墨之上重敲申付、尤御仕置相済候上、新六ゑ引渡遣ス、

右
新　六

増蔵儀、右之通申渡、其方ゑ引渡遣間、以来右躰不届之儀無之様可致、

増蔵は、北島町市右衛門店の新六の家に世話になっている居候である。盗みを働き、その品物を自分の所持品と

偽って知人方へ預け置いた罪により、入墨の上重敲が科されたのである。増蔵の身元引受人には、彼の面倒をみている新六が指名された。

居候の身元引受は事例4にも見えている。この時の居候は、牛込等覚寺門前丁伊兵衛店の巳之助方に起居する茂吉である。茂吉は巳之助の親である。五十敲に処された茂吉の場合、二人の共犯者とともに各々の家主によって身元引受がなされた。

居候の身元引受の判例はもう一つ存する。それは十二月七日申渡の判決である（第二巻四四七頁）。深川中川町善右衛門店に住む与八は、要蔵という男を居候させている。この要蔵は共犯の者とともに入墨の上敲の刑に処されたのだが、要蔵の身分は与八に引き渡された。

居候の身元引受は、「御仕置例類集」および「御仕置帳」にも少なからぬ数の事例が収載されている。この場合も火附盗賊改伺の判決に見えるのであるが、身元引受人となったのは例外なく、居候が厄介になっているその家の主人である(14)。

願人坊の身元引受　続いて紹介するのは、願人坊の身元引受である。願人坊は願人あるいは願人坊主とも称され、諸国を徘徊して門付や大道の藝能にたずさわった下級の宗教者で、江戸においては日本橋の橋本町に多く居住していたという(15)。左に示す判例は、その橋本町壱丁目の源助店に住む願人坊徳善がスリを働いて五十敲に処された事例である。

事例10　百六　享和二年十一月九日申渡（第二巻四三九頁）

橋本町壱丁目
源助店願ン人
善学弟子
徳　善

其方儀、小遣銭差支、当七月以来両国橋広小路、其外所々人立場ニて往来人之腰銭袂銭、度々ニ壱貫文程抜取、不残酒食ニ遣捨候段、不届ニ付、敲申付之、尤御仕置相済候上、善学ぇ引渡遣ス、

右 善学

其方儀、右一件ニ付相尋処、不念之筋も不聞間、無構、徳善儀、御仕置相済候上、引渡遣ス、

善学は弟子徳善が右の罪を犯すについて落度を調べられたが、何の落度もなかったのでお咎めを被ることが無く、それ故に弟子徳善の身元引受人に指名されたのである。

弟子の身元引受を行なった事例は、「御仕置帳」にも一例を見出すことができた。すなわち、安永九年（一七八〇）、芝新網町金右衛門店の預人光入（ママ）の弟子で十九歳の春長が巾着切等の罪により五十敲となった案件がそれで、預人光入が身元引受人となった[16]。預については未詳である。あるいは願人の読み間違いであろうか。いずれにしても、師匠筋の者が身元引受人となっているのである。

次に紹介するのは息子、弟、使用人の身元引受である。これらの事例は「手限申渡」に見られないので、「御仕置例類集」および「御仕置帳」の事例をもって紹介する。

息子の身元引受 「御仕置帳」には、「敲」刑に処された悴の身元引受人として親が身柄を引き取った事例が五例ほど存する。左にその一例を示す[17]。

事例11 子（安永九年・一七八〇）三月廿五日入牢　浅草新鳥越町三町目（ママ）

甚兵衛店八五郎悴

出生浅草新鳥越町三丁目町人　勝　五　郎
八五郎悴、父母共存命之由申之候　子二十六

此者儀、浅草ニて、銀と袷入候風呂敷包、千住出茶屋ニて、食事いたし候者之側ニ有之候財布之銭盗取、其外所々人立場ニて、腰銭袂銭度々抜取候段、不届ニ付、敲候上、親八五郎ぇ引渡、

判決文はすべて「親誰々ぇ引渡」と結んでおり、悴の年齢は定七悴次郎吉の十九歳（第五巻四二三頁）から金兵衛悴文七の二十七歳（第五巻四四〇頁）までである。「御仕置例類集」にも悴の身柄を親が引き取った事例がいくつか見出せる。[18] 右はいずれも火附盗賊改の判決であるが、町奉行の場合も同様であったと考えられる。

弟の身元引受　「敲」刑に処された弟の身柄を兄が引き取った事例が「御仕置帳」に三例、「御仕置例類集」新類集に二例ほど見出せる。「御仕置帳」のそれは、南鞘町惣右衛門店の伊助の弟千之助十七歳、浅草田町弐丁目八郎兵衛店の七兵衛の弟八五郎四十歳、麻布網代町の家主大工藤七の弟吉五郎十八歳を、それぞれ兄が身元引受人となった事例である。[19]

又、「御仕置例類集」新類集のそれは、いずれも百姓に申渡した判例である。第一は、相州津久井県（ママ）沢井村の百姓忠左衛門の弟音松が入墨の上重敲に処された一件、第二は武州都築郡石川村の百姓伝吉方に居候する弟乙松に重敲の判決が出た一件（ただし本人は病死）であり、いずれも兄が身元引受人に指名されている。前者は享和三年（一八〇三）、後者は文化三年（一八〇六）の申渡である。[20]

なお、「敲」刑に処された兄の身元引受人として弟が指名された事例を見出したので紹介しておく。それは小網町弐丁目栄七店の定次郎の兄庄吉が入墨の上重敲となった一件で、弟の定次郎が身元引受人となっている。火附盗賊改

大河内善兵衛伺の一件で享和三年の申渡である。[21] 兄の身元引受人を弟がつとめるというのは、例外的事例と考えるのが穏当であろう。

これもまた例外的事例であるが、甥の身元引受人に叔父が指名された一件を紹介しよう。「御仕置帳」に見える判決である。南新堀一丁目久兵衛店の佐平次の甥亀次郎は、当時十五歳で無宿であったが、盗みの罪により五十敲に処された後、叔父佐平次に身柄を引き渡された。刑の執行は天明四年（一七八四）閏正月二日である。[22] この場合、身元引受人として叔父が指名された理由は、次のようなものである。すなわち、亀次郎の両親がすでに死去しており、両親死去後、亀次郎は叔父佐平次宅に世話になっていたが、そこを家出して盗みを働いたという事情による。

使用人の身元引受　「召仕」すなわち使用人が「敲」刑に処された際は、その「主人」すなわち雇用主が身元引受人となったようである。「御仕置例類集」に若干の例を見出すことができるので、その中から一例を示そう。

事例12

麹町五丁目
文蔵店
宗次郎召仕
捨　五　郎

右之もの儀、入湯いたし候節、不斗悪心差発、揚り場棚ニ脱キ有之候衣類・帯盗取、右品之内所持いたし、又は質入いたし、右代銭不残酒食ニ遣捨候段、不届ニ付、入墨敲之上、主人宗次郎ぇ引渡、

右は火附盗賊改池田雅次郎が老中に伺った判決であり、これを評議した評定所一座は「敲之上、主人宗次郎ぇ引

渡」と決し、寛政十二年（一八〇〇）に申渡がなされた[23]。同様の事例として、霊岸島銀町壱丁目平四郎店の文七のところで働く召仕権助に対し、評定所一座の評議の結果、「敲申付、主人文七ゑ引渡」と申渡した寛政十二年の判決[24]、あるいは本所松倉町の家主で湯屋を営む四郎左衛門のもとで働く召仕の源兵衛および長吉に対し、「敲之上、主人四郎左衛門ゑ引渡」と申渡した文化元年（一八〇四）の判決などが存する[25]。

以上、「敲」刑に処された者について、どのような人々が身元引受人となっているかをながめてきた。その結果、店子については店親である家主が、家主については町役人が、寄子については寄親である人宿の主人が、居候については面倒をみている家の主人が、願人坊など弟子と呼ばれる者については師匠が、悴については親が、弟については兄が、使用人については雇い主が、それぞれ身元引受人に指名されるのが一般的であるということが確認できた。従って、「公事方御定書」の「敲」の規定の但書に、「町人ニ候得は其家主名主、在方ハ名主組頭呼寄（傍点引用者）」と定めるのは、あくまでも例示として定めた規定であるということが判明する。

四　身元引受の事例（その三）

無宿の身元引受　敲の規定によれば、敲に処した無宿については、執行の後、牢屋門前より払い遣すことになっている。つまり門前払である。事実、「御仕置例類集」「御仕置帳」に登載された判例によるに、無宿が「敲」刑に処された場合は門前払となっている。この事例は枚挙に遑が無いが、「御仕置帳」から一例のみを示そう[26]。

丑（天明元年・一七八一）四月八日入牢
同五月十四日溜預

本所無宿
粂　吉
丑二十五

出生本所北松代町弐丁目町人
吉右衛門悴、父母共存命之由申之候

此者儀、身持不埒ニ付、無宿ニ成、両国橋・上野山下人立場ニて、金子入候懐中之鼻紙袋又は銭、其外所々人立場ニて、腰銭袂銭度々抜取候段、不届ニ付、敲門前払、

しかしながら、幕府の無宿対策は寛政二年（一七九〇）に根本的な変更が加えられた。すなわち、時の老中松平定信は同年二月二十八日、三奉行に向けて左の指令を発し、「敲」刑に処した無宿を石川島の人足寄場に収容することにしたのである。(27)

三　奉　行ぇ

無宿者召捕候節、悪事有之、入墨敲等御仕置相済候は勿論、吟味之上悪事無之ものも、以来都て加役方人足寄場ぇ可遣事、（傍点引用者）

この指令によると、「入墨」や「敲」の刑罰を科した無宿は言うまでもなく、取調べの結果、罪を犯していない無宿についても、それらすべてを人足寄場に送るとしている。

「手限申渡」を通覧するに、無宿を「敲」刑に処した場合、判決文の末尾に「尤御仕置相済候上、人足寄場ぇ遣ス」という文言を添え、寛政二年の指令の通り、人足寄場送りとしている。「手限申渡」は、出羽無宿の太助を入墨の上重敲に処して人足寄場送りとした四月某日申渡の判決（第二巻三七六頁）を筆頭として、常州無宿の忠五郎を入墨の上敲に処した後に人足寄場送りとした十二月十一日申渡の判決（第二巻四五〇頁）まで、無宿を人足寄場送りとした判決を十四載せている。その結果、十七人の無宿が人足寄場に送られている。人足寄場送りの判例を一例のみ紹介しておこう。

百十六　享和二年十二月十一日申渡（第二巻四四九頁）

下野無宿
清　蔵

其方儀、身持放埒ニて無宿に成、当九月以来、野州氏家宿在名前等不存百姓家二ケ所、戸明有之処ぇ立入、脇差衣類等盗取、右衣類之（ママ）着用致し、残品は所持致し候段、不届ニ付、入墨之上重敲申付之、尤御仕置相済候上、人足寄場ぇ遣ス、

下野無宿の清蔵は、盗みの罪によって入墨の上重敲に処され、そのまま人足寄場に収容されたのである。

ところがである。「手限申渡」を通覧すると、「敲」刑に処した無宿であっても人足寄場に送ることをせず、江戸市中の町人が身柄を引き取る事例を少なからず見出すのである。この措置は、人足寄場差遣の書付と同日に出された左の書付に基づく(28)。

三奉行ぇ

無宿もの召捕候節、引受人有之、渡し遣候儀、以来引受人より親類又は由緒等之訳認、証文為差出候上引渡、尤町役人加印申付、其上ニて出奔いたし候ハヽ、引受人町役人共、手鎖程之咎を申付候事ニ成候ハヽ、引受方実事に相成可然哉、左も無之候ハヽ、悪徒共申合、被捕候ハヽ、引受可申と兼て約諾いたし、互ニ引請人ニ相成候類も可有之哉、

松平定信は、逮捕した無宿について人足寄場に差遣する措置と、身柄を引受人に渡す措置とを、同時に指示したのである。五十敲に処された無宿巳之助は、この指令に従ってその身柄が「懇合長吉」に引き取られた。左の通りである。

事例13　十　享和二年二月十六日申渡（第二巻三五六頁）

無宿
巳之助

其方儀、知人共之世話ニて大工職致し居候処、瘡毒相煩渡世も難成、小遣銭ニ差支候迚、知人弥兵衛方ゑ参り、金子合力申懸、及断候処、彼是難渋申不立去罷在候段、不届ニ付、敲申付之、尤御仕置相済候上、懇合長吉ゑ引渡遣ス、

深川万年町壱町目（ママ）
孫十郎店
長吉

其方儀、巳之助引渡之儀相願候ニ付、右之通申渡引渡遣間、以来住所等定置、不埒之儀無之様可致、

また、三河島村無宿の甚兵衛が五十敲に処された事例は、左の通りである。

事例14　百　享和二年十月二十六日申渡（第二巻四三四頁）

三河島村無宿
甚兵衛

其方儀、不身持ニて無宿ニ成、給続兼候迚、当九月廿九日夜新吉原町人込之紛ニ、往来人之腰ニ差居候きせる都合二十二本抜取、同所□〔蟲損〕役人共ニ被捕押候処、透を見合逃去、其後も□〔蟲損〕盗を心懸、当十月朔日夜同所ゑ罷越、被捕押候始末、不届ニ付、敲申付之、尤御仕置相済候上、懇合権左衛門ゑ引渡遣ス、

武州千住宿五丁目
権左衛門煩ニ付代
久次郎

甚兵衛儀、懇合之好身を以引取度旨、願ニ付、御仕置相済候上、引渡遣ス、

事例13・14を見ると、身元引受人は「懇合《ねんごろあい》」「懇合之好身《よしみ》」、すなわち互いに親密な間柄であるという理由をもって、無宿の身元引受を町奉行所に願い出ている。同様の事例として、⑴当時無宿の藤吉が盗みの罪によって五十敲に処される際、深川森下町徳右衛門店の文蔵が「懇合之好身」をもって藤吉の身元引受を申請した二月十一日の判例（第二巻三五四〜三五五頁）、⑵無宿伊之助が金銭をゆすり取るため、離縁した妻の兄の家で声高に騒ぎ立てて立ち去ろうとしなかった罪により、五十敲に処される際、湯島天神門前吉十郎店の定七が「懇合」という理由をもって身元引受を申請した三月十三日の判例（第二巻三六三〜三六四頁）、⑶当時無宿の清次郎が盗みの罪によって五十敲に処される際、柳原岩井町忠蔵店の嘉兵衛が「懇合之好身」をもって身元引受を申請した十一月九日の判例（第二巻四三八頁）が存する。

次に示すのは受刑者の無宿が甥であるという理由をもって、おじが身元引受を申請した事例である。

事例15　百二十二　享和二年十二月十六日申渡（第二巻四五二〜四五三頁）

当時無宿
惣　助

其方儀、小遣銭ニ差支、当九月廿三日暮時頃、新吉原町ニて、往来人之腰ニ提居候胴乱之内ヱ手を入、南鐐銀壱片盗取、又は懐中致し居候真鍮きせる壱本、腰銭袂銭度々ニ六百文程抜取、右之内南鐐銀壱片は食物ニ遣捨、きせる幷銭は所持いたし罷在候段、不届ニ付、敲申付之、尤御仕置相済候上、与左衛門引取之儀願間、引渡遣ス、

弥左衛門町
孫七店
与左衛門

惣助儀、甥之続を以引取度旨相願に付、其方ヱ引渡遣間、住所等為定、以来心得違之儀無之様可心付、

盗みの罪により五十敲の判決の出た無宿惣助につき、弥左衛門町孫七店の与左衛門は、「甥之続」という間柄を理

由として身元引受を願い出てそれが許されたのである。「御仕置帳」に登載する天明四年（一七八四）閏正月二日の判決例もまた、おじが身元引受となった事例であり、この事案は無宿亀次郎を叔父佐平次が身柄を引き取っている（『近世法制史料集』第五巻四七二頁）。

続いて示すのは、受刑者の無宿の「身寄」であるという理由をもって、人宿の主人が身元引受を申請した事例である。

事例16 四十二 享和二年四月二十一日申渡（第二巻三八二〜三八三頁）

当時無宿
利兵衛

其方儀、当四月六日酒ニ給酔候紛、不斗悪心出、元主人藤堂和泉守屋敷内勝手覚居候ニ付、紛入盗可致と、同日暮時頃右屋敷裏門ゟ紛入、長局中庭入口戸〆り無之ニ付立入、奥向惣囲内ニ有之番所後ニ忍、熟睡致し居被捕候始末、不届ニ付、入墨之上重敲申付之、尤御仕置相済候上、身寄三次郎ェ引渡遣ス、

神田花房町代地
喜右衛門店
拾壱番組人宿
三次郎

其方儀、利兵衛引取之儀相願ニ付、右之通申渡引渡遣間、以来住所等定置、不届之儀無之様可致、

無宿利兵衛と人宿の主人三次郎とは「身寄」の関係にあるというが、ここに言う「身寄」が(1)血縁や婚姻の関係を有する親類なのか、(2)利兵衛がかつて三次郎の寄子であったという意味での身内なのか、(3)あるいはまた別の意味であるのかという疑問が生じる。しかし、恐らくはかつての寄親寄子の関係という(2)の意味に解すべきであろう。(29)

以上に眺めた無宿の身元引受は七例存したが、それらはいずれも関係者が町奉行所に身元引受を願い出て許された

事例である。しかし、次に示す事例は「引取度旨願ニ付」「相願ニ付」等の文言が見られない。奉行所が無宿の身元引受人を指名したものであろうか。後考を俟ちたい。ただこの場合も、「懇合」の間柄にある人物が身元引受人となっているということを確認しておく。

事例17　百二十九　享和二年十二月二十五日申渡（第二巻四五八頁）

当時無宿
亀次郎

其方儀、小遣銭ニ差支、当八月以来京橋辺町名不存河岸明キ地之竿ニ掛ケ有之木綿繻絆（襦袢）二ツ盗取、猶又箔屋町長次郎宅入口戸建寄有之、留守之様子ニ付、明ケ這入、衣類三品盗取逃去り、又は両国橋辺町屋前、米春臼之上ニ脱有之衣類三品盗取、右品々知人を頼質入致し、代金銭都合壱分四貫文不残酒食ニ遣捨候段、不届ニ付、入墨之上重敲申付之、尤御仕置相済候上、懇合亀吉ヱ引渡遣ス、

神田新銀町代地
七兵衛店
亀吉

亀次郎儀、御仕置相済候上、其方ヱ引渡遣ス間、以来住所を定、心得違ひ無之様可心付、

「手限申渡」によると、享和二年の一年間において敲、入墨の上敲等の「敲」刑が科された無宿者は二十五人を数える。その内訳は、前述の通り処刑後に人足寄場に収容された者十七人、「懇合」等の関係者に身元引受人となってもらった者が八人である。この判決録が南北町奉行所の一年分の手限判決を漏れなく収載しているか否かはさておき、「敲」刑に処された無宿の三分の一が身元引受人に引き取られたことは注目すべき事実である。

五　身元引受の事例（その四）

農民の身元引受　「手限申渡」は町奉行所の判決録であるから、判決を申渡された人々はほとんどが江戸市中に居住する町人である。しかし、稀には江戸の外に居住する農民に申渡した判決も見られ、その中に「敲」刑の判決が二件存する。その第一は次のようなものである。

事例18　二十一　享和二年三月十八日申渡（第二巻三六四頁）

西丸御書院番頭
佐野肥前守知行所
相州高座郡上溝村
百姓
半次郎
早川八郎左衛門代官所
武州多摩郡奈良橋村
百姓伝兵衛悴
七五郎

其方共儀、御法度相背、半次郎・与左衛門ハ野田又は相州三田村市右衛門宅ニて、同人幷民右衛門・常八・兵左衛門一同手合ニて、市右衛門ゑは宿銭遣、五六十銭賭之廻り筒長半簺博奕三度、七五郎は一度致し候段、一同不届付、半次郎ハ中追放、七五郎は重敲申付之、
但、七五郎儀ハ、御仕置相済候上、親幷村役人ゑ引渡遣ス、

博奕の罪により重敲に処された七五郎は、早川代官支配の幕府領（武蔵国多摩郡奈良橋村）に住む百姓伝兵衛の息子である。処刑後、その身柄は親の伝兵衛と同村の村役人に引き渡されたのである。ちなみに、共犯の市右衛門は行方不明、民右衛門・常八・兵左衛門・与左衛門の四人は取調中に病死したという。

農民に申し渡した判決の第二の事例は次の通りである。

事例19　二十三　享和二年三月二十七日（第二巻三六六頁）

松平大和守領分
相州淘綾郡山西村
百姓嘉兵衛弟ニて
同人方ニ居候
彦　八

其方儀、博奕之儀は御法度之趣、村役人ゟ〔蟲損〕□厳敷申付有之処、相背、去酉八月中旬以来、同州久野木山と申所ニて、名住所不存者共七八人手合ニ加り、十銭二十銭賭之廻り筒長半簺博奕両度致し候段、不届に付、重敲申付之、尤御仕置相済候上、八郎右衛門ぇ引渡遣ス、

同村組頭
勘右衛門煩ニ付代兼
名主
八郎右衛門

其方儀相尋処、不念之筋も無之間、無構、尤彦八儀、引渡ニも相成〔蟲損〕□引取度旨相願候間、御仕置相済候上、引渡遣ス、

右
村役人
江戸宿

右之通申渡間、其旨可存
戌三月

百姓嘉兵衛の弟でその家の居候彦八もまた、奈良橋村の七五郎と同様、博奕の罪によって重敲に処された。彦八は旗本松平和泉守の知行する相模国淘綾《ゆるき》郡山西村の住人である。彦八の場合、同村組頭勘右衛門が身元引受を願い出て、それが認められたのである。なお、この判決は、同村村役人ならびに宿舎であり且つ訴訟手続等の世話をした公事宿に対しても通告された。

農民に申渡した判決はわずか二例であるが、「公事方御定書」の「敲」の但書に「在方ハ名主組頭呼寄、敲候を見せ候て引渡遣」と定める規定が、享和二年当時も機能していたことが判明するのである。ここに登場した身元引受人は組頭代理の名主および親であった。文化十一年（一八一四）成立の「刑罪大秘録」も、「敲」の刑罰につき「御仕置相済、宿ぇ引渡候ものは宿幷町役人ぇも見せ置」と記す(30)から、町方でも親など自宅の者が身元引受人として出頭する場合も珍しくなかったのだろう。

「入墨」の刑における身元引受　入墨の上敲、入墨の上重敲という二重仕置の場合に身元引受の制を備えるのであるから、「入墨」の刑罰を単独に科す場合もまた身元引受が行なわれた。ただ、「入墨」の刑罰を適用するのは軽微な盗犯によって敲に処された者が再び軽微な盗みを犯した場合に限られる(31)。それ故、「入墨」の執行数は「敲」刑に比べて格段に少なく、「手限申渡」に入墨の判例が存在しない。しかしながら、「御仕置帳」には何例かを収載するので、その中から一例を紹介しよう(32)。

事例20

寅（天明二年・一七八二）十一月三日入牢

関口水道町
利平次店
五郎兵衛悴
源　八
卯三十一

出生小日向古川町町人五郎兵衛悴
父は存命、母は相果候由申之候

此者儀、敲御仕置ニ成、親五郎兵衛ぇ引渡ニ相成、出牢以後も盗不相止、四ツ谷御門外麹町天神地内人立場ニて、銀入候懐中之鼻紙袋、両度迄抜取、其外人立場ニて、腰銭袂銭度々抜取候段、不届ニ付、入墨之上、親五郎兵衛ぇ引渡、

「敲」の前科をもつ源八は、盗みを働いて「入墨」に処され、親の五郎兵衛が身元引受人として身柄を引き取ったのである。右は天明三年（一七八三）申渡の判決である[33]。

ところで、「敲」刑の判決は町奉行所の白洲において奉行が宣告し、宣告が済むと受刑者はただちに小伝馬町牢屋敷に連行され、その日のうちに刑が執行された[34]。「手限申渡」に見るように、この日、身元引受人に対しても申渡がなされた。その申渡の文言から推測するに、身元引受人は町奉行所への出頭が命じられ、そこで申渡が行なわれたと考えられる。その後、受刑者ともども牢屋敷に移動し、公開処刑の様子を見学して釈放者を引き取ったのであろう。ただし、「入墨」、または「敲」に「入墨」を併科された受刑者についてはその場での釈放とはならず、傷口を癒やすために少なくとも一晩は牢内に留め置かれた[35]。従って、身元引受人は翌日以降、町奉行所等へ身柄引取に出向いたものと思われる。

六　身元引受の趣旨

すでに述べたように、享保五年、「敲」の刑罰を創設するにあたり、身元引受の制を考案し、これを備えよと指令を発したのは、ほかならぬ時の将軍徳川吉宗である。その指令は「敲御仕置之節ハ、其もの之家主并名主呼出、敲候を見せ可申候、宿ぇ相返候節ハ、右之もの共ぇ可渡遣候」というもので、極めて具体的である。指令は最後に「此仕置ニ付てハ、永々右之通可相心得」と結んでいる。

吉宗は何を意図して身元引受の制を考案したのだろうか。この問題を考えるには、「手限申渡」の判決文中における身元引受人への申渡文言に着目する必要がある。その文言の注目すべき点は、「右之通申渡引渡遣間、以来不埒之儀無之様可致」（事例2）と見え、同様に「引渡遣間、以来右躰不届之儀無之様可心付」（事例7）とあり、あるいはまた「右之通申渡引渡遣間、以来住所等定置、不埒之儀無之様可致」（事例13）などと見えることである。要するに、釈放者が今後二度と罪を犯さぬように世話することを、身元引受人に命じているのである。

「不埒之儀無之様可致（可心付）」という文言は、右の他に二月十一日申渡（第二巻三五五頁）、三月十三日申渡（第二巻三六四頁）、十一月九日申渡（第二巻四三八頁）にも見えている。また、「不届之儀無之様可致（可心付）」という文言で右と同じ趣旨を申渡した判決に、事例5・7・8・16が存する。この文言は五月十八日申渡（第二巻三八六・三八八頁）、八月十六日申渡（第二巻四一三頁）にも見えている。さらには「心得違無之様可心付（心付可遣ス）」という文言を有する判決も存する（事例4・15・17）。

一方、事例10・14・18・19においては、申渡に「御仕置相済候上、引渡遣ス」とのみあって、「不埒之儀無之様」

「以来不埒之儀無之様可致」「不届之儀無之様」「心得違無之様」等の文言が見られない。しかしながら、釈放者の身柄を引渡す際には、身元引受人に口頭にて命じたに違いない。

右に見た身元引受人に対する申渡文言から察するに、徳川吉宗は身元引受人をして釈放者の暮しぶりを観察させ且つ世話をやき、再び罪に陥ることがないようにと考えたのであろう。第一章に述べた通り、「敲」の処罰を採用した際、その殴打法について、南北町奉行の連名をもって次のように指示している。すなわち、肩から尻にかけて背骨を除いて気絶しないように殴打し、足腰などが痛んで自分の足で何とか帰宅できる程度に加減しなさいというものである(36)。足腰が立たぬ程の痛手は与えるなということから、この殴打法は刑罰の目的として肉体的苦痛を味あわせて懲戒を加えるという意味と、もう一つ次のような意味を看てとれるように思う。すなわち、釈放後できるだけ早く生業に戻れるようにと配慮した措置なのであって(37)、身元引受人は釈放者の復職にも何がしかの力添えをすることが期待されたと推測されるのである。要するに、吉宗は身元引受人に釈放者の再犯防止と生業復帰とに一役買わせることを意図したのだと思われるのである。

吉宗のこの意図は、やがて無宿の受刑者にも拡大された。無宿の身元引受人への申渡には、「住所等定置」「住所等為定」「住所を定」という文言が加わっている（事例13・15・16・17）。つまり、無宿を定住させて社会に復帰させるようにという申渡なのである。寛政二年以降、「敲」刑に処したいわゆる「無罪之無宿」については、人足寄場に収容して社会復帰のための訓練を施すと共に、身元引受人のある場合は身柄を渡して社会に再び定着させようとした。このことは、「敲」の刑罰における身元引受の役割を考える上で注目すべき事実である。つまり、身元引受の制には再犯を防止するという役割のみならず、釈放者の社会復帰を支援するというより積極的な役割が期待されていたということである。

身元引受の制は、その後も廃止されることなく幕末に及んだらしい。老中安藤対馬守信正の差図による万延元年（一八六〇）三月二日申渡の事例が見つかったので紹介しよう。[38]

事例21

同町（四谷伊賀町）
五人組持店
武　兵　衛

同所伝馬町弐町目
孝右衛門店
佐助方同居
藻　兵　衛

麹町三丁目
儀八店
源　　八

其方共儀、長吉儀町会所ぇ御救願致し候処、家主共差合候間、右家主に成出呉候様、同人幷丈右衛門相頼候は、長吉儀謀書謀判を以御救願出、米銭掠取候儀ニ有之処、其儀は不存候共、如何之儀と乍心付任頼、武兵衛は家主大三郎外四人、藻兵衛ハ同庄八郎、源八は同徳兵衛之積ニ成罷出、謝礼として右米銭之内貰受候段、三人共不届ニ付、敲申付之、

但、御仕置相済候上、（直吉）外弐人ぇ引渡遣ス、

四谷伊賀町
家主
直　　吉

右　佐　助
煩ニ付代　栄次郎
儀　八

武兵衛外弐人儀、右之通申渡、御仕置相済候上引渡遣間、以来不届之儀無之様可心付、

身元引受の制につき、「永々右之通可相心得」という吉宗の指示は、おそらく幕府が崩壊するまで守られたのであろう。身元引受の制の実効性いかんは別途に議論すべき問題であるが、それが長続きしたのは、「敲」の刑罰において効果的な措置であると認識されていたからであろう。

むすび

「敲」の刑罰は公開処刑である。江戸では小伝馬町牢屋敷門前を刑場として、衆人環視の中で執行した（「敲」は庶人の男性に適用する処罰であり、女性には五十日牢舎、百日牢舎を科した）。公開処刑を採用することにより、一般の人々に対する「見懲（みごり・みごらし）」の効果、すなわち犯罪の一般予防の効果を期待した。受刑者は裸とさせられ、敲箒あるいは箒尻と呼ばれる笞《むち》が肩背尻に振り下ろされ、その間、苦痛にゆがむ顔は見物人の方に向くことが強いられた。殴打による肉体的苦痛と恥辱による精神的苦痛とを味あわせることによって受刑者本人を懲戒し、以て再犯防止の効果を期待した。「敲」の刑罰にこれら一般予防と特別予防との両者を期待したのであるが、それのみならず、身元引受の制を設けることにより、釈放後の保護観察ならびに生業復帰への道を拓かせようとも意図したのである。安

永・寛政の頃の幕府首脳が、「敲」刑を改善可能な軽微な刑罰であると捉えていたのも肯首されるところである。[39]

江戸幕府の主要な刑罰は、死刑と追放刑である。「公事方御定書」に定める死刑は、鋸挽、磔、獄門、火罪、死罪、下手人、それに士分に適用する斬罪を含めて七種類を数える。追放刑は重追放、中追放、軽追放、江戸十里四方追放、江戸払、所払、これに流罪の遠島を加えると七種類となり、士庶ともに適用する刑罰として各種の犯罪に適用した。追放刑は立入禁止区域を設けてその外に犯罪人を追い払う刑であり、原則として生涯刑である。[40]

死刑は犯罪人を共同体から未来永劫に排除することであり、追放刑も趣旨としてはこれと変わらない。つまり、江戸時代の主要な刑罰は、共同体にとって不都合な存在を排除するという考え方に立脚しているのである。そうした状況下において、「敲」刑の採用は画期的である。それは、「敲」の刑罰が社会復帰を視野に入れ、受刑者を共同体の内部で処遇するという考え方を採用したからである。「敲」の創始は、刑罰思想の上に大きな変化をもたらしたと言えそうである。

このような刑罰を考案した吉宗であったから、追放刑の広範な適用には否定的な見解をもっていた。享保六年（一七二一）二月九日、彼は追放刑の適用を抑制すべきことを三奉行に指示し、その中で、

追放ニ申付候もの之儀、畢竟所ゑも立帰、又は悪事いたし候えは、咎も重く相成候、尤追放ニ不致候ハて不叶ものは格別、其外は過料ニても出させ、追放もの之数少き様ニ

と述べている。[41]追放刑の存続は認めながらも、しかし追放刑には立帰りや再犯を惹起しやすいという欠陥があるので、できるだけ過料刑に代替して追放者の数を減らしなさいというのである。

同月、評定所でも吉宗の意向をうけ、追放刑適用を抑制する方向で評議し、左の二項目を決定した。[42]

一追放之重科幷入墨追放ニ申付候程之者之儀は、此以後も只今迄之通り可申付候、

一中之追放幷軽キ追放ニ申付候程之分ハ、自今ハ過料、又は戸〆ニ可申付候、其科之軽重ニ随ひ、過料ニも致、多少出させ可申候、且又此類ニ申付候内、無宿幷無宿同然之ものは、追放ニいたし候ては、其以後又悪事をも仕出し申族も御座候間、ケ様之類は非人手下ニ相渡可申哉、

幕府は翌享保七年二月、全国の諸大名に向けて、領分外追放の刑を制限するようにとの指令を発している(43)。このようにして追放刑抑制の方向は定まったかのように思われたが、寛保二年（一七四二）制定の「公事方御定書」下巻には、前述の七種類の追放刑が定められ、追放刑は様々な犯罪に適用する主要な刑罰と位置づけられた。刑罰効果が薄く、矛盾と弊害をはらむことに気付きながらも、その利便性を優先させたのである(44)。

それでもなお吉宗は、執拗に追放刑の適用を抑制しようとした。寛保三年九月二十八日、吉宗は老中松平左近将監乗邑を通じて、御定書掛三奉行(45)に対し、

近キ頃追放もの多相伺候、先年も追放ものハ少キ様ニとの思召被仰出候間、其旨可心得候、追放申付難叶ものハ格別之事ニ候、

と伝達している(46)。吉宗はまた、右の二年後の延享二年（一七四五）八月二十日、御定書掛の町奉行島祥正、勘定奉行木下信名の両名に対し、次の提案を行なった。それは、町人百姓に適用する追放刑については、立入禁止区域を大幅に狭めるようにということである。すなわち、重追放・中追放・軽追放について、その立入禁止区域を一律に江戸十里四方および居住地の国、犯罪地の国のみと改め、財産没収の差をもって各追放刑を区別するというものである。御構場所を狭める理由として、吉宗は、

町人百姓末々日雇躰之もの御構場所多ク候てハ、渡世可致便も無之、忍て居住いたし、若相知候時ハ猶又罪科重く罷成候事、

と述べている。[47] この提案は受け入れられ、「公事方御定書」下巻第百三条御仕置仕形之事の追放刑の箇所に増補規定として定められた。[48]

「敲」の刑罰を考案するにあたっても、追放刑を抑制しようとした時と同様、再犯の防止ということ、それに加えて「町人百姓末々日雇躰之もの……渡世可致便」ということが吉宗の脳裏を駆け巡ったであろうことは疑いを容れない。

註

(1) 「棠蔭秘鑑」亨（司法省蔵版・法制史学会編、石井良助校訂『徳川禁令考』別巻一三三頁、昭和三十六年、創文社）。

(2) 『徳川禁令考』後集第四、二六七頁。

(3) 高塩博「江戸幕府法における敲と入墨の刑罰」（小林宏編『律令論纂』一五八頁、平成十五年、汲古書院〈本書所収二六頁〉）。

(4) 幕府の判決文は、五十敲を「敲」、百敲を「重敲」と表記する。本章がかぎかっこ付で「敲」と記すときは、(1)敲、(2)重敲、(3)入墨の上敲、(4)入墨の上重敲の四種類の敲の刑罰を含む意味で用いている。

(5) 火附盗賊改は、百姓町人および無宿による放火、盗賊、これに準ずる「ゆすり」「かたり」「ねだり」もしくは博奕について犯罪人を逮捕する権限を有していた。しかし、判決を下す権限をもたなかったので、判決案を作成してすべての案件を老中に伺った（平松義郎『近世刑事訴訟法の研究』五一六頁、昭和三十五年、創文社）。老中はその判決案をしばしば評定所一座に諮問したから、「御仕置例類集」には火附盗賊改伺の「敲」刑の評議が多数収載されているのである。なお、本章では「御仕置例類集」の(1)古類集、(2)新類集、(3)続類集、(4)天保類集の四者のうち、(1)(2)を考察の対象とした。

(6) 三浦周行「失はれたる近世法制史料」（『続法制史の研究』大正十四年、岩波書店、初発表大正十二年）。

(7) 享和二年（一八〇二）中の江戸の町奉行は、南が根岸肥前守鎮衛、北が小田切土佐守直年である。

(8) 「御仕置例類集」古類集六八三（司法資料別冊第一〇号三四五～三四六頁、昭和十八年、司法省調査部）。

(9) 『近世法制史料集』第五巻四二一～四二二頁（昭和五十二年、創文社）。

(10)「御仕置例類集」新類集三六六（司法資料別冊一八号 五四四〜五四五頁、昭和十九年、司法省秘書課）。
(11) 寄親・寄子については、南和男「武家奉公人と人宿」（『江戸の社会構造』昭和四十四年、塙書房）参照。
(12) 例えば、寛政七年（一七九五）、火附盗賊改塩入大三郎伺の判決において、亀井町吉右衛門店、五番組人宿八郎兵衛の寄子庄八が入墨の上重敲に処され、寄親八郎兵衛が身元引受人となった事例（古類集六三九、司法資料別冊第一〇号 三一二頁）、文化二年（一八〇五）、火附盗賊改大林弥左衛門伺の判決において、小日向東古川町家持、拾番組人宿勘兵衛の寄子政五郎が入墨の上敲に処され、寄親勘兵衛が身元引受人となった事例（新類集三三一、司法資料別冊第一八号 四九八〜四九九頁）などである。
(13)「御仕置帳」の中から寄子の身元引受の一例を示すならば、安永九年（一七八〇）、関口水道町十番組人宿家主勘兵衛の寄子甚三郎が盗みを働いて五十敲となった際、人宿の主人勘兵衛が身元引受人となったという事例が存する（『近世法制史料集』第五巻四一六頁）。
(14) 例えば「御仕置例類集」においては、明和八年（一七七一）、具足町清左衛門店の辰右衛門方に居候する弥七が盗みの罪によって五十敲となり、宿の辰右衛門が身柄を引き取った事例（古類集六六二、司法資料別冊第一〇号 三三一頁）、「御仕置帳」においては安永八年（一七七九）、青山久保町金兵衛店の清吉方に居候する兼助が盗みを働いて入墨の上重敲に処され、宿の清吉が身元引受人となった事例（『近世法制史料集』第五巻四〇四頁）などである。
(15) 三隅治雄「願人坊」（『国史大辞典』第三巻九〇五頁）。
(16)『近世法制史料集』第五巻四四四頁。
(17)『近世法制史料集』第五巻四一九頁。
(18)「御仕置例類集」古類集六六八・六八六・七〇九（司法資料別冊第一〇号 三三五・三四八・三六七頁）、同新類集三一八・三二五（司法資料別冊第一八号 四八八・四九四頁）など。
(19)『近世法制史料集』第五巻四四六・四四七・四五三頁。
(20)「御仕置例類集」新類集三六八・三七二（司法資料別冊第一八号 五四六・五四九頁）。

(21)「御仕置例類集」新類集三四〇（同右五〇九～五一〇頁）。

(22)『近世法制史料集』第五巻四七二～四七三頁。佐平次の甥亀次郎の一件は、「御仕置例類集」にも採録されており（古類集二〇三一、司法資料別冊一一号三六七～三六八頁）、それによるとこの一件は評定所一座の評議に付され、その結果、「入墨之上・叔父佐平次ぇ引渡」という刑が科された。

(23)「御仕置例類集」古類集六八二（司法資料別冊第一〇号三四五頁）。

(24)「御仕置例類集」古類集六八一（同右三四四～三四五頁）。

(25)「御仕置例類集」新類集三〇五（司法資料別冊第一八号四七七～四七八頁）。

(26)『近世法制史料集』第五巻四二四頁。

(27)「棠蔭秘鑑」貞、御書付類六十三、無罪無宿加役方人足寄場ぇ差遣可申旨之御書付（『徳川禁令考』別巻二一四頁）、『御触書天保集成』（下）御仕置者之儀ニ付被仰渡之部六三二二（七六三頁、昭和十六年、岩波書店）。

(28)「棠蔭秘鑑」貞、御書付類六十四、無宿もの召捕候節引請人有之渡遣候節心得之儀ニ付御書付（『徳川禁令考』別巻二一四頁）、『御触書天保集成』（下）御仕置者之儀ニ付被仰渡之部六三二五（七六四頁、昭和十六年、岩波書店）。

(29)人宿の主人がかつての寄子の身元引受人となった事例が「御仕置例類集」に存するので紹介しよう。第一、第二は火附盗賊改長谷川平蔵伺の判例である。第一は、当時無宿の文五郎が奉公先で盗みを働いたことが発覚したので出奔したが、やがて捕えられて入墨の上敲に処せられた寛政四年申渡の事例である。この時の身元引受人は、「宿彦次郎」である（古類集六七〇、司法資料別冊一〇号三三六頁）。第二は、当時無宿の弥吉が奉公先で盗みを働いて出奔したが捕えられ、入墨の上敲に処せられた寛政六年申渡の事例である。この時の身元引受人は、「宿清兵衛」である（古類集七二〇、同上書三七九～三八〇頁）。

第三は、火附盗賊改塩入大三郎伺の判例である。すなわち、当時無宿の友吉が奉公先で盗みを働いて出奔し、捕えられて入墨の上敲に処せられた寛政七年申渡の事例である。この時の身元引受人は、「元宿久七」である（古類集七二六、同上書三八四～三八五頁）。

右の三つの事例に共通するのは、(1)奉公先で盗みを働いたこと、(2)奉公先を出奔して無宿の身の上となったこと、(3)

「敲」刑の後、「宿」もしくは「元宿」に身柄を引き取られたことである。従って、「敲」刑に処せられた無宿は人宿を通じて奉公した寄子であり、人宿の主人が身元引受人としてかつての寄子の身柄を引き取ったと解すべきであろう。

(30)「刑罪大秘録」（内閣記録局編『法規分類大全』五七巻治罪門(2)所収四九四頁、昭和五十五年、原書房覆刻）。
本書は、江戸の北町奉行所与力蜂屋新五郎が小伝馬町牢屋敷の牢屋見廻役を勤めた経験にもとづき、刑罪の沿革や執行手続を文章と絵図をもって記したものである。

(31) 入墨を単独に科すのは、「公事方御定書」下巻第五六条盗人御仕置之事に、「一　一旦敲ニ成候上、軽盗いたし候もの　入墨」とある規定を適用した場合である。

(32)『近世法制史料集』第五巻四六四頁。

(33) 源八の初犯の時の判例も「御仕置帳」に登載されているので、参考までに示しておこう（『近世法制史料集』第五巻四五三〜四五四頁）。

寅（天明二年・一七八二）二月廿七日入牢
同三月十七日溜預

関口水道町
利兵衛店五郎兵衛悴
源　八
寅二十

出生小日向古川町町人五郎兵衛悴
父は存命、母は相果候由申之候

此者儀、麹町天神地内・同所十二丁目人立場ニて、懐中之銭、其外所々人立場ニて、腰銭袂銭度々抜取候段、不届ニ付、
敲候上、親五郎兵衛え引渡、

源八は天明二年（一七八二）中に軽き盗犯により五十敲に処され、親の五郎兵衛に引渡された。ところが懲りることなく釈放後も盗みを累ね、再び捕えられて同年十一月三日に入牢となったのである。なお、源八の年齢が「寅二十」「卯三十一」となっているが、おそらくは「卯二十一」が正しいのではなかろうか。

(34) 幕末に江戸の南町奉行所の吟味方与力であった佐久間長敬は、「敲」刑の判決申渡とその執行につき、「落着……当日となれは、奉行所白洲に於て、奉行宣告をなす、……囚人は、警固の同心及ひ、牢屋同心諸共、非人縄取り牢に送らる」と書き

遺している（『刑罪詳説（本刑編）』徳川政刑史料前編第三冊、一一頁、明治二十六年、南北出版協会）。

(35) 佐久間長敬は、「敲」刑受刑者の処刑後の扱いにつき、次のように記している（前掲書一六頁）。

扨処刑済の輩、放免に就ては、其者により種々の取扱ありて、直に宿元、並町役人、村役人等へ引渡す者と、入墨の上、敲に処せられたる者は、乾涸《かはき》の間、一夜牢内に留め置く者と、無宿者の寄場（佃島）送りの者は、警固の同心に引渡すと、浅草及ひ、品川両溜へ預けらる、者は、其非人直様本縄にかけ、引行く者と、佐渡へ送るものは、牢舎するとの別あり

(36) 高塩博「江戸幕府法における「敲」と「入墨」の刑罰」（本書二三～二四頁）。

(37) この点は、「敲」刑の意義として「江戸幕府法における「敲」と「入墨」の刑罰」に指摘したところである（本書二五～二六頁）。

(38) 「御差図申渡」（『近世法制史料集』第二巻一七四～一七五頁）。

(39) 平松義郎「徳川幕府法に於ける窃盗犯（二）」（『国家学会雑誌』六五巻一一・一二合併号九四頁、昭和二十七年）。

(40) 文久二年（一八六二）成立の「赦律」は、追放刑につき刑の執行後、所定の年限（重追放の二十六年以上より所払の十一年以上まで）を経た場合、赦によって刑を免ずると定めており、時の推移とともに生涯刑の色彩が薄れてゆく（高柳眞三「追放刑」『江戸時代の罪と刑罰抄説』、昭和六十三年、有斐閣、初発表昭和十六年）。

(41) 「享保撰要類集」都て御仕置筋之部、追放御仕置之数可減もの御書付之事（石井良助編『近世法制史料叢書』別篇、六六頁、昭和十九年、弘文堂書房）。

(42) 「享保撰要類集」都て御仕置筋之部、追放ニ可成者、御仕置之品替候儀ニ付、三奉行存寄書上之事（同右六六～六七頁）。

(43) 高柳眞三・石井良助編『御触書寛保集成』二五〇九号、一一七六頁（昭和九年、岩波書店）。この触書は、「公事方御定書」上巻に採録された（第五十二条追放之儀ニ付御書付）。

(44) 追放刑抑制に関するここまでの議論は、高柳眞三「追放刑」（前掲書一二一～一二三頁）に多くを依拠した。

(45) この時の御定書掛三奉行は、寺社奉行大岡越前守忠相、町奉行島長門守祥正、勘定奉行水野対馬守忠伸の三人である。

(46) 大岡家文書刊行会編『大岡越前守忠相日記』中巻一三四頁（昭和四十七年、三一書房）。この伝達は、老中松平左近将監

より口頭にて申し渡された（「享保撰要類集」都て御仕置筋之部、追放者相減し候様ニと被　仰渡之事、前掲書一一七頁）。

(47)『徳川禁令考』後集第四、二五四頁。

(48)「棠蔭秘鑑」亨（『徳川禁令考』別巻一三二頁）。

〔補記〕　本章において検討した身元引受は、すべて町奉行および火附盗賊改の事例である。当然のことながら、寺社奉行や勘定奉行が出した「敲」刑の判決においても身元引受が実施されていたと考えられる。寺社奉行の事例が管見に入ったので紹介しよう。それは、寺社奉行牧野豊前守（惟成）が東叡山領（武蔵国豊島郡金杉村）の百姓孫兵衛の悴勝五郎（十六歳）に対して「入墨之上敲」の判決を申渡した事例である。安永七年（一七七八）二月十二日、牧野豊前守は「右之もの儀、明十三日、入墨之上敲申渡候間、敲之儀例之通御申付有之候様いたし度候」と北町奉行曲淵甲斐守（景漸）に申し入れると同時に、検使役人に対しては、「金杉村勝五郎儀、入墨之上敲申付、親孫兵衛ぇ引渡遣間、可遂検使」と通知している（布施弥平治編『百箇条調書』第十三巻四四七七頁、昭和四十三年、新生社）。寺社奉行の判決による「敲」もまた、小伝馬町牢屋敷の表門において執行し、町奉行所と同じように身元引受が実施されたのである。

遠国奉行の執行する「敲」刑についても、身元引受が実施されたと推測されるのだが、目下は長崎奉行所における実施例が確認できたに過ぎない。その事例を紹介しよう。安永四年（一七七五）閏十二月二十三日、八幡町の住人源之助は町内二箇所において「物数十九品と銭弐百八拾文」を盗んだ罪によって、「五拾敲申付、住居は差免候間、已来急度可相慎候」という判決を受けた。この判決文は続けて、八幡町乙名の木下潤太郎に向けて「右之通申付、居町ぇ相返間、以来急度可為相慎」と申渡している（『犯科帳』（三）二五二頁、森永種夫編刊、昭和三十三年）。この判決例によるに、長崎奉行所は江戸の町奉行所と同様、身元引受人を奉行所に出頭させ、本人ともども判決を言い聞かせたのである。

第三章 「敲」の刑具について――「敲箒」と「箒尻」――

はじめに
一 先行の言説
二 「敲箒」と「箒尻」
三 諸藩にみる「敲箒」
四 「敲箒」から「箒尻」へ
五 刑具変更の理由
六 「敲」の字義
おわりに

はじめに

「公事方御定書」下巻に定める「敲」は、将軍徳川吉宗が自らその執行法を考案した刑罰である。ムチで五十回殴打する「敲」と百回殴打する「重敲」とがあり、おもに窃盗罪をはじめとして不正に財物を取得する犯罪に適用した。「入墨之上敲」「入墨之上重敲」あるいは「敲之上江戸払」「敲之上中追放」などというように、二重仕置として適用する場合も存した。江戸における「敲」は、小伝馬町牢屋敷の表門を刑場とする。すなわち公開処刑であり、牢屋同心を打ち役、数え役とし、受刑者の手足を押さえる押え役は牢屋下男が務め、受刑者の気絶に備えて医者も刑場に待機させた。囚獄石出帯刀ならびに検使与力は裃袴の正装で、そのほかに牢屋見廻与力、徒目付、小人目付が牢屋敷表門の庇の下に揃って執行を見守った。刑場には身元引受人として、名主・家主、あるいは自宅の者などを呼び出して執行を見学させた。軽微な犯罪に適用する刑罰にしては、このように仰々しくかなり儀式張っている。これは、犯罪の一般予防を効果あらしめるための舞台装置である。受刑者は、往来から見物する人々や身元引受人の面前で裸の肩背尻を殴打され、苦痛にゆがむ顔は見物人の方に向くことを強いられた。殴打による肉体的苦痛とともに、恥辱による精神的苦痛をも味わうのである。二重の懲戒を加えることによって、盗犯の再犯防止をねらった訳である。こうした執行法は「笞は恥也」という中国の刑罰思想に示唆を得て、吉宗が考え出したものである。

それのみならず、「敲」という刑罰にはより積極的な意味が存した。それは、受刑者の更生を視野に入れた刑罰であったということである。次の措置は、そのための配慮に基づく。第一は、執行に非人を関与させなかったことである。士分の牢屋同心を執行の担い手とすることによって、受刑者の名誉を重んじたと考えられるのである。第二は、自力で自宅に戻ることの出来る程度に殴打せよと指示したことである。これは、生業への早期復帰を配慮したためと考えられる。第三は、「敲」刑を申し渡す際、身元引受人を奉行所に出頭させて本人共々判決を申し渡し、釈放後の面倒をみることを判示したことである。これらは、受刑者のすみやかな社会復帰を念頭に置いたからこその措置である。すなわち、犯罪者を共同体の内部で処遇しようというのである。江戸幕府の従来の刑罰は、死刑と追放刑が主流を占める。これらの刑罰は、共同体からの排除を旨とし、かつ一般予防主義の刑罰観に立脚する。これに対し、「敲」は一般予防主義と特別予防主義との両方の考え方を併せ持たせており、しかも犯罪者の社会復帰を考慮しているのである。「敲」という刑罰の登場は、近世刑罰思想の上で大きな転機をもたらしたと言えよう。(1)

「敲」がこのような意義をもつ刑罰であったとするならば、殴打のための刑具がどのような規格を持つものであったかを明らかにすることは、おおいに意味のあることである。

本章は、幕府法の「敲」に用いるムチの規格を明らかとし、ならびにムチで打つ刑罰に「敲」という文字を充てた理由を考えるものである。

一　先行の言説

管見の限りでは、「敲」の刑具について言及したのは大谷美隆氏と石井良助氏との両氏だけである。(2) 大谷氏は、『刑事博物館図録』上巻（昭和八年、明治大学刑事博物館編刊）に「徳川時代の刑具及び拷具」と題する論考を寄せており、「敲」の刑具について、

> 敲仕置の刑……に用ふる笞は箒尻と称せらるゝもので長さ一尺九寸、周三寸位の竹二つ割りを合せたものを麻苧にて包み其上を紙捻にて巻くのである。柄の所三寸位は白革にて巻き持ちよい様にしたものである。
> 之を箒尻と云ふのは最初は実際座敷箒の柄の所にて之を打つたからである。又此敲仕置に用ふる笞と拷問の笞打に用ふる笞とは構造上の差があるか何うか議論があるが同一であつたと解する方が正しい様である。

と述べておられる（同書五五九頁）。大谷氏はまた、「箒尻の図」の解説として、

> 箒尻は、江戸時代より明治初年まで、牢問・敲刑に使用せられし笞で、長さ一尺九寸、経《ママ径》五分程の竹を二つ割とし、これを合せ、麻苧で包み、観世縒で巻き、柄三寸程を白革にて巻いて使用した。

とも述べられる（同書一一二頁）。

一方の石井氏は、『江戸の刑罰』（中公新書三一、昭和三十九年）において、笞のことを箒尻《ほうきじり》と呼ぶ。長さ一尺九寸、周囲三寸ほど、竹片二本を麻苧《あさお》または革で包み、その上を紙捻《こより》で巻いたものである。一説に、すぐり藁を観世《かんぜ》よりで巻いたもので、周囲四寸五分ほどだったという。

と解説しておられる（同書六八頁）。

両氏の説明によると、「敲」の刑具はその名称を「箒尻」と言う。名称の由来は、座敷箒の柄のところで打ったことにあると言うのが大谷説である。しかしながらこの大谷説は、後に述べるように、到底採ることは出来ない。「箒尻」の規格は、長さが一尺九寸（約五七糎）、周が三寸（約九糎）ほどである。周は円周であるから、直径が約二・九糎ということになる。材質は竹である。竹片二本を麻苧で包み、その上を観世小縒で巻くのである。注意すべきは、石井氏が「一説」として、「すぐり藁を観世《かんぜ》よりで巻いたもので、周囲四寸五分ほど」と述べる点である。つまり、材質について藁と竹片との二通りの説が存するのである。藁のムチは、周囲四寸五分（円周約一三・六糎、直径約四・三四糎）ほどということであるから、竹片のムチよりは太い。

二　「敲箒」と「箒尻」

天明二年（一七八二）八月、仙石兵部少輔（久行、但馬国出石藩第四代藩主）の家臣大河内杢左衛門は、幕府勘定奉行の安藤弾正少弼（惟要）に次の照会をした。すなわち、「川かけ之種子籾盗取候もの」および「田畑穀物盗ミ取候もの」に対してはどのような刑罰を科すのが適当かという問合せである。返答は附札をもってなされ、その要旨は「何れも軽キ盗ニて、二口共敲程之咎ニ相当り申候」というものである。安藤惟要は、併せて「敲」の執行法とその刑具

について左のように説明している。(3)

御仕置仕形

一敲箒之事

すぐりわらを観世ゆりニて巻、長サ壱尺九寸、太サ四寸五分廻りニいたし、肩背尻をたがへ違ニ敲キ、尤（背）骨を除ケ絶入不致様、数五十ケ（ママか）百敲、其村々名主組頭へ見せ置、敲相済、親類共へ引渡遣ス、無宿ニ候得は追放申候、

ここに記す「敲」の執行法は、「公事方御定書」の規定（第百三条御仕置仕形之事）に同じである。右は、「敲」に用いるムチを「敲箒」と称し、その製法と規格を「すぐりわらを観世ゆりニて巻、長サ壱尺九寸、太サ四寸五分廻りニいたし」たものと説明する。この製法と規格は、石井良助氏が「一説」として述べたのに同じである。「すぐりわら」とは選りすぐった稲藁のことであり、「観世ゆり」とは観世紙縒のことで、紙を細長く切って縒ったことよりのことである。

また、文化元年（一八〇四）三月、幕府勘定奉行の松平兵庫頭（信行）、石川左近将監（忠房）は、配下の諸代官に向けて「入墨・敲御仕置仕形書付之事」という通達を発した。左には「敲」についての通達のみを掲げる。(4)

敲御仕置仕形

敲箒ハすくり藁を観世ゟ（ママ）ニて巻、長サ壱尺九寸・太サ四寸五分廻ニいたし、肩・脊・尻を互ひ違に、脊骨を除、絶入不致様、重敲ハ数百、敲ハ五十敲、尤百姓・町人ハ其所役人共ぇ為見置、敲相済、其役人共ぇ引渡、無宿ニ候ハ、追払候事、

ここに記されたムチの規格は、前掲した安藤弾正少弼の回答に同じである。ムチの名称を「敲箒」とする点も同様

である。(5)
一方、ムチの材質を竹片とする史料も存する。幕末、江戸の南町奉行所において吟味方与力を務めた佐久間長敬の証言がそれである。佐久間は、執筆や講演などの活動を通して江戸の町奉行所の姿を後生に伝えるべく努力した人物である。(6)佐久間は、その著『刑罪詳説（本刑編）』（徳川政刑史料前編第三冊、一四頁、明治二十六年、南北出版協会）の中で、

其器を箒尻といふ、箒尻は長一尺九寸、周三寸程、竹片二本を、麻苧《あさを》にて包み、其上を紙捻《こより》にて巻きたるものとす

と述べている。(7)ここでは、ムチを「箒尻」と称している。吟味方与力という役職は、刑事裁判とその執行についての実務方の最高責任者である。その佐久間の証言であるから、右の記述は事実を伝えていると見なしてよいであろう。石井氏の著書『江戸の刑罰』は、「参考文献案内」欄に『刑罪詳説（本刑編）』を掲げているから、前掲の解説はこれに依拠したものと思われる。

しからば「敲」の刑具として、材質をすぐり藁とする「敲箒」と、竹片とする「箒尻」とではいずれが正しいのであろうか。

三　諸藩にみる「敲箒」

幕府は享保五年（一七二〇）に「敲」を初めて執行し、(8)これを先例として「公事方御定書」に「敲」の刑罰を成文法化した。すると、幕府にならって笞打ち刑を採用する藩が各地に見られるようになる。その際、笞打ちの執行法および刑具の名称と規格は、各藩がそれぞれに工夫することも多いが、幕府に見倣う藩もまた存する。徳川御三家筆頭の名古屋藩は、寛政六年（一七九四）十月制定の「盗賊御仕置御定」に、

一　敲

囚人ヲ裸ニイタシ、莚ノ上ニウツムケニイタシ、四人ニテ手足ヲ捉ヘ囚人ノ尻ヲ敲候事、

一敲箒之儀、新藁ヲ跡先五分程残シ、タ《ママク》ハンセヨリニテ巻立候事、

但、箒長サ二尺、太サ四寸五分廻リ、

という規定を設けている（第十六条）(9)。「盗賊御仕置御定」に法定刑として登場する「敲」は、二十、三十、四十、五十、六十、七十、八十、百の八等級であり、打数と殴打の部位は幕府と異なる。しかし、「敲箒」という名称は幕府に同じであり、藁を材質とし、観世縒りで巻くという製法も同じである。寸法は名古屋藩が一寸長く、太さは同じである。

次に、島原藩は寛政九年（一七九七）正月十九日、「敲」の刑具について次の規定を置いた(10)。「敲」という刑罰を採用したのも、おそらくこの時であろう。

寛政九巳正月十九日

（朱書）「十四〇」敲箒之事

一すくり藁ヲ観世よりにて巻、長サ壱尺九寸、太サ四寸五分廻ニいたし、肩脊尻ヲ互ひ違ニ脊骨ヲ除キ絶入不致様、数五十敲、相済候ハヽ、親類村役人ぇ引渡可申候、

右は三会村源右衛門敲之上村戻被仰付候付、右之敲箒十村方ゟ拵差出候様申付候事、尤源右衛門義は帰村之者ニ付、御中間ゟ為敲候事、

島原藩のムチは、名称をはじめとして製法、材質、寸法がすべて幕府に同じである。殴打の部位、身元引受の制などの執行法も幕府にほぼ共通する。打数が五十の一種類である点は相違する。

右に見たように、名古屋藩、島原藩が「敲」に用いるムチは、その名称と規格（材質、製法、寸法）が——名古屋藩のムチの寸法が一寸長いことを除き——、幕府勘定奉行の記す「敲箒」にすべて一致する。名古屋藩における「敲」の採用は、寛政六年から約四十年をさかのぼる延享二年（一七四五）のことである。採用に当たり、徳川吉宗の秘書役を務める加納遠江守（久通、御側御用取次）に問い合わせている。[11] すなわち、名古屋藩の「敲」は幕府法を参考としているのである。この事実から類推するに、名古屋藩の「敲箒」は、その名称と規格を幕府から引き継いだと考えられるのである。このことは、幕府にあっては「敲箒」という名称とその規格が延享二年の時点においてすでに定まっていたということを意味する。一方、島原藩における「敲」の採用は、前述したように寛政九年のことであろう。島原藩は深溝松平氏が肥前国において七万石を支配する家門であるから、その「敲箒」もまた、幕府の名称と規格とをそのままに継承したものと見なしてよかろう。

外様藩の用いるムチにも、幕府の「敲箒」と同じ規格のものが存する。新発田藩の「杖罪」に用いるムチがそれである。新発田藩は、溝口氏が越後国に五万石を領有する外様藩である。天明四年（一七八四）十二月、新発田藩は「新律」という刑法典を制定し、ここに笞打ち刑を定めた。その名を「杖罪」という。打数は三十、五十、七十、百の四等級である。「新律」の施行規則である「新律取扱之覚」は、「杖罪」の刑具とその執行法について、

一杖罪之者御仕置致方之義、すくり藁を観世よりにて巻、長壱尺九寸、大《(ママ太)》サ四寸五分廻りにいたし、右巻藁を以臀を殴可申候、尤殴候節、臀ゑ何にてもかけ申間鋪候、女ハ薄キ物をかけ置殴可申候、乍然姦罪を犯候ものハ、何にても不懸殴可申事、

附、殴之場所ハ、下木戸外足軽屋敷之前、広キ所にあら莚一枚敷、罪人をうつ臥せに致、手足を捕へ、動不申様に手当致置可申候、右は穢多に為致可申事、

一右之節、為検使御徒目付壱人、外に足軽目付壱人差遣可申候、場所警固之ため町同心小頭壱人同断、平之者
差出可申候、在中之者ハ郡廻り一人附人も差出し可申事、
一御仕置付申渡之書付ハ、場所にて御徒目付に為読可申事、
一町在之もの共に、其所役人五人組之内一両人呼出し、殴之始末為見置可申候、尤殴切にて御追放に不成もの
ハ、殴済次第、其場所にて直に其所役人組合之ものぇ引渡可申事、

という規定を設けた（第十二条）[12]。この規定によるに、新発田藩のムチは幕府の「敲箒」の規格（材質、製法、寸法）にまったく同じである。執行法については、殴打の部位（臀）、打数、打役（穢多）、刑場（下木戸外足軽屋敷之前、広キ所）などに相違がみられるものの、公開処刑であること、身元引受人の出頭などは共通する。新発田藩は「新律」を編纂するにあたり、中国法の明律から多くを学ぶと共に、幕府法の「公事方御定書」に依拠して多くの法文を設けている[13]。したがって新発田藩の場合、笞打ち刑を採用するにあたっては中国法を参考とし（刑名、打数、女性への適用など）、同時に幕府の「敲」をも参照したのであり、その刑具の規格については幕府に倣ったと見てよいであろう[14]。

四　「敲箒」から「箒尻」へ

吉宗が示唆を受けた中国の笞打ち刑は、唐律、明律ともに笞刑と杖刑であり、笞刑の打数は十、二十、三十、四十、五十の五等級、杖刑が六十、七十、八十、九十、百の五等級である。明代のムチは次のような規格である。長さは三尺五寸（約一〇五糎）で、笞と杖とで変わりはない。笞の太さは手元が「径二分七厘（八・一粍）」で先端が「径一分七厘」である。杖はこれよりやや太く、手元が「径三分二厘（九・六粍）」、先端が「径二分二厘」である。きわめて

細く、且つ手元と先端とで太さが均一でない。これは荊の枝を用いてムチとしたからである。節を削って使用するのである。殴打の部位は臀である。製法は、「笞杖、皆すべからく節目を削り去るべし、較板を用いて法の如く較勘し、筋膠諸物をして装釘せしむるなかれ、決すべきは並びに小頭を用い、それ笞及び杖を決するは臀受す（原漢文）」というものである。[15]幕府の「敲」は、五十と百の二等級である。犯罪の態様と十等級の刑罰とを齟齬無く対応させるためには、高度な立法技術が要求される。そこで、これを簡略にして二等級としたのである。

明代の法制によるに、自白を強要するためにムチで拷訊することがあった。そのムチを「訊杖」という。訊杖の規格は、長さ三尺五寸（約一〇五糎）、手元が「径四分五厘（一三・六粍）」、先端が「径三分五厘（一〇・六粍）」である（「明令」刑令、獄具）。訊杖は、材質と長さが笞刑や杖刑のムチに同じである。しかし、訊杖の方がやや太いのである。

幕府においても被疑者に罪状を白状させるために、「牢問」と呼ぶ拷問を用いた。牢問には「笞打」「石抱」「海老責」が存し、前二者がおもに行われた。[16]ムチで殴打する拷問が「笞打」であり、そのムチはやや太いことを除けば、「箒尻」の規格に同じである。「笞打」の方法とムチの規格について、「聞訟秘鑑」所引の「厳敷吟味仕方書付」に、

囚人《ママえ》は再応利害申聞、相陳候へは痛メ可申旨威候上、うしろ手ニ縛り、其上ニても白状不致候ハヽ、箒尻ニて両之肩を敲申候、

但、うしろ手ニ縛り、左右之手首を肩骨之上ぇ〆上候へは、両之肩ぇ肉集候間、其上を敲候得は、痛は強候へ共骨ぇ当り不申候間、骸之つかれに成不申、且箒尻と申ものハ、すくり藁を観世よりニて巻、長サ壱尺九寸、

太サ五寸廻りニいたし候事、

と見えている。[17]この記事は、支配代官の伺に対する幕府の指示であり、天明五年（一七八五）九月の日付を持つ。「笞打」のムチは、「箒尻」と記されているがそれは藁製であって、「太サ五寸廻り」とあり、やや太いことだけが「敲」

のムチ「敲箒」と相違する。拷問のムチがやや太いということは、おそらく明制に由来するであろう。
「笞打」のムチに関する記事は、「刑罪大秘録」にも存する。同書の「牢問之図」によると、ムチを「箒尻」と表記し、寸法を「太サ三寸廻リ程、長サ一尺九寸程」とする。材質と製法については、「割竹弐本麻苧ニ包、上ヲ観世よりにて巻、持所ェハ白革を巻」と記す(18)。ここに記すムチは、「聞訟秘鑑」に記すムチと長さこそ同じであるが、材質と太さを異にし、手に持つ箇所には白革を巻くという。すなわち材質は割竹二本であり、太さは三寸廻りである。
「聞訟秘鑑」と「刑罪大秘録」とでは、いずれの記事が正しいのであろうか。おそらく、両者ともに正しいのであろう。前述したように、「刑罪大秘録」は牢屋見廻与力の蜂屋新五郎の編述した書であり、右の記述は信頼に足る。その成立は文化十一年（一八一四）のことである。この頃、江戸の町奉行所管轄下の小伝馬町牢屋敷で用いる拷問杖が竹製であったということである。一方、「聞訟秘鑑」所載記事はおそらく勘定奉行の指示であり、天明五年当時、勘定奉行管轄下では藁製の拷問杖を用いていたことを語っているのである(19)。

　翻って、「敲」のムチについて考えてみよう。前述したように、藁製のムチである「敲箒」は、天明二年（一七八二）八月、および文化元年（一八〇四）三月の記事に見えるところである。これらは、勘定奉行が示した回答と通達とである。一方、竹製の「箒尻」は、幕末の吟味方与力佐久間長敬の証言するところである。したがってこの場合も、両者はともに事実を伝えていると見るべきである。すなわち、「敲」のムチについても、藁製と竹製との二種類が史料に見えるのである。その訳は、藁製の「敲箒」から竹製の「箒尻」へと、いつの時期かに切り替わったからだと考えられる。

　藁製から竹製への切り替えに関し、島原藩の事例が参考となる。すでに述べたように、島原藩において「敲」の刑具として採用したムチは、名称をはじめとして製法、材質、寸法とも、幕府の「敲箒」と同じであった。その採用は寛政九年（一七九七）正月のことである。ところがその後、島原藩は、「敲」のムチを竹製へと切り替え、名称も「敲竹」と変更した。「御裁許向取計」（島原図書館蔵）は、文化十一年（一八一四）十二月に執行した「敲」について、

同年（文化十一年）十二月
（朱書）「五弐〇」敲計之刑取計方
一三会村半兵衛、盗物取扱吟味之中度々偽等申之、不埒ニ付、敲被仰付候処、右半兵衛義は村方ぇ居申候ニ付、牢屋へ呼出、立会横目弓削土助立会、御書付申渡、多比良村穢多ぇ為敲申候、尤穢多は前日牢屋へ罷出候様申遣置、尤敲竹は例之通穢多致持参候、敲相済候上、村役人ぇ相渡、村方へ差返候、尤其段は奉行衆へ書付□達ス、

と記す。この記事に「多比良村穢多ぇ為敲申候」「敲竹は例之通穢多致持参候」と見えるように、打ち役が中間から穢多に、刑具が藁製の「敲箒」から竹製の「敲竹」へと変化している。島原藩は、文化十一年十二月もしくはそれ以前、藁製の「敲箒」から竹製の「敲竹」へと刑具を変更したのである。この変更は、幕府の切り替えに連動したものと推察される。

また、享和三年（一八〇三）、箱館奉行が江戸の町奉行所へ照会した記事にも注目する必要がある。全六項目の照会事項のうち、第六項は左の通りである[20]。

一箒尻拵方之儀は、先達て御問合致承知候、右敲之致方、其外取扱方如何致し候哉、

ここには「箒尻拵方之儀」と記されており、その製法は「先達て御問合」をしてすでに承知しているというのである。この記事によると、享和三年以前にはすでに「箒尻」が採用されていたことになる。しかし、これは前掲した勘定奉行通達と矛盾する。「敲箒」の製法を指示した勘定奉行の通達は、文化元年（一八〇四）三月のことである。この矛盾については、次節に筆者の考えを述べることとする。

「敲箒」から「箒尻」への変更時期を明確にすることはできないが、ともかくも「敲」の刑具は藁製の「敲箒」に始まり、いつしか竹製の「箒尻」に変更となったのは間違いのないことであろう。「敲」という刑罰は明律を参考としてこれを創設しながら、ムチの長さが明制のムチよりもはるかに短く、しかも一尺九寸という半端な長さである。半端な長さは、材料として稲藁を採用したからであろう。この寸法であれば、すぐり藁の調達が容易であったと考えられる。もしも竹片を用いるのなら、長さはいかようにでも調節出来る。竹製の場合、長さを一尺九寸とする理由を見出すことができない。藁製のムチを「敲箒」と呼んだのは、当時の江戸における箒が藁を材料として、これを束ねて拵えるのが一般的であったからであろう。竹製の「箒尻」もまた一尺九寸という半端な寸法であるのは、「敲箒」の長さを踏襲したからにほかならない。太さもまた「敲箒」に同じであったなら、殴打の衝撃はあまりにも強烈である。衝撃をやわらげるため、これを細身としたのであろう。

五　刑具変更の理由

「敲箒」から「箒尻」へ変更となった理由は、「敲」刑の執行数の急激な増加にこれを求めることができるであろう。寛政六年（一七九四）、幕府は「公事方御定書」第五十五条三笠附博奕打取退無尽御仕置之事のうち、左の博奕犯罪に適用する刑罰を――矢印で示したように――過料、手鎖から敲、重敲に改正した。

博奕御仕置御定之内、当分左之通

博奕打候もの、軽キ掛之宝引　　過料、三十日手鎖 ↓ 重敲

よみかるた打候もの　　三十日手鎖 ↓ 敲

但、五拾文以上之かけ銭ニ候ハヽ、　過料 → 重敲
同宿いたし候もの　過料三貫文 → 敲
廻り筒ニて博奕打候もの　過料 → 重敲

右の改正は、同年三月十五日、老中戸田采女正（氏教）から三奉行に伝達された。[21]その三箇月後の六月には諸大名に触れられ、同時に幕府の遠国奉行、代官にも通達された。[22]この改正法は、「当分左之通」として伝達されたように臨時的措置であったが、「公事方御定書」の追加改正法を編集した「御書付留」に収載されて[23]幕府崩壊まで実施された。代官はこれによって、博奕犯罪に対する「敲」刑の自分仕置権が認められたのである。[24]前掲した文化元年三月の勘定奉行指令は、幕府直轄領における「敲」を統一的に執行するために発せられたものであろう。

「敲」適用の犯罪を拡大したことにより、「敲」の執行数が飛躍的に増えたと考えられる。大坂町奉行所に関しては、天明年間の五年分（一七八二～一七八六）と文化年間の三年分（一八〇五～一八〇七）の行刑統計が残されており、[25]以下に示す執行数はこの考えを裏付ける。博奕法改正前の天明二年（一七八二）から同六年までの各年の執行数は、三二、一〇二、七五、五一、三六であり、年平均は五九件となる。一方、改正後の文化二年（一八〇五）から同四年までの執行数は、四一五、六三五、五二三であり、年平均五二四件である。博奕法改正後の執行件数は九倍近くに増大しているのである。

同様の現象は、江戸の町奉行所でも生じたと考えられる。参考までに幕末の行刑統計によって執行数を見ると、文久二年（一八六二）に九五〇、同三年に八一七、元治元年については八五二件を数え、慶応元年は八箇月分の統計であるが一〇八四件にのぼる。この数字は敲、重敲に入墨之上敲、入墨之上重敲を合算した件数である。[26]江戸の町奉行所における刑具変更は、このような執行数の多さに起因すると思われるのである。藁製のムチは受刑者一人につき一

本ないし二本が必要であった。五十回または百回殴打すると、ムチは柔軟になりすぎて、二度目の使用には耐えられない。つまり、藁製の「敲箒」は使い捨てなのである[27]。受刑者が増大すると、それだけの本数を用意しなければならない。また、藁には劣化が激しいという短所がある。刈り取った直後の藁と一年近く保存した藁とでは、強度に差が出たと思われる。そこで、何度でも使用可能な竹製の「箒尻」の登場となったのである。「箒尻」への切り替え時期は、博奕規定の改正後まもなくの頃と思われるが、史料的裏付けを欠くので後考に俟ちたい。

片や勘定奉行所は、博奕法の改正以後においても、依然として藁製の「敲箒」の使用を指令した。その理由は、代官領や諸大名領における執行数が江戸の町奉行所にくらべて格段に少ないからであろう。

六　「敲」の字義

「敲」は、日ごろ目にしない漢字である。そこで諸橋大漢和辞典を引くと、音はカウ・ケウとあり、意味は①うつ、たたく、②たたくおと、③むち、しもと、短い杖、④すてる、ふりすてる、などと出てくる。なるほど「敲」の刑具は一尺九寸で短いムチである。③の意味をもつ訳である。「刑罪大秘録」に掲載する「敲之図」を見ると、ムチが短いために打ち役同心は片膝をついている[28]。もっと長いほうが打ちやすいと思うが、すぐり藁を用いて作るために一尺九寸という中途半端な短さなのである。

大漢和辞典に採録された二字の熟語は、二十六を数える。そのうち、何かをたたくという熟語は、「敲門（門を叩いて人を訪う）」「敲棊（碁石を打ち下す）」「敲棋（棋を打つ）」「敲石（火打ち石をうつ）」「敲背（背をたたく・按摩する）」「敲梆（拍子木をたたく・日本語読みなし）」などが存する。これらの熟語における「敲」は、目的にあわせた適度な強さでたたく意味合いを持つ。一方、たたいてどうにかするという熟語を探すと、「敲殺」「敲折」「敲砕（たたきくだく）」「敲拉（たたきくだく）」などと出てくる。これらの場合、殴打の力はかなり強烈であるとの印象をうける。これら両用の熟語は、日本ではほとんど使用されない。「敲」の熟語で思い当たるのは、「推敲」が唯一といってもよい。周知のように、この熟語は次のような唐の故事に由来する。それは、詩人賈島が都にのぼったとき、月夜の晩にある僧が友人を訪ねるときの情景を漢詩に読んで「僧推月下門（僧は推す月下の門）」という一句ができた。しかし、「推」字を「敲」にするかどうかでさんざん迷ったあげく、当代一流の詩人韓愈に質問し、「敲」に決したというものである。この句に出てくる「敲」字は、来意を気づかせる程度に門をたたくことを意味する。これらの用語例からみると、「敲」という漢字には、目的にあわせ、適度な強さで手加減してたたく、という意味が認められるようである。なお、『広辞苑』を引くと、魚や鳥獣の肉などをたたいて作った料理の「たたき」に、「敲」もしくは「叩」の漢字を宛てている。この場合も適度な強さで穏やかにたたくのである。

享保五年（一七二〇）四月、「敲」の刑罰を初めて執行する際、南北町奉行は執行法を指示し、殴打の程度について「足腰なと痛候て、漸々宿ぇ帰候程ニ可仕候」と述べている[29]。また「公事方御定書」に定める「敲」の規定は、殴打の程度に関して「絶入不仕様」と定める。要するに、自力で自宅に戻れる程度に手加減して受刑者の肩背尻を交互にたたくのである。笞打ちの刑罰に、日常においてほとんど用いることのない「敲」という文字をあえて採用したのは、第一には「短い杖」という意味、第二には適度に手加減して殴打するという意味、この両者を併せ持たせるためであったと考えるのである。

おわりに

幕府の「敲」という名の笞打ち刑は、中国律の笞刑・杖刑に示唆を受けながら、じつに様々に考えを廻らせて創設された、当時としては斬新な刑罰であったといえる。自力で帰宅できる程度に手加減して殴打するため、刑具の材質としては稲藁を採用したわけである。その「敲箒」は、博奕法の改正以降に竹製の「箒尻」に切り替えられた。しかしながら、この切り替えは、江戸の町奉行所とその指示を受けた遠国奉行所――たとえば箱館奉行所――に限られ、勘定奉行所は依然として「敲箒」の使用を配下の代官に指令した。

また、大坂町奉行所ではそもそも「敲箒」を用いなかったようである。大坂東町奉行所の与力八田五郎左衛門は、刑具について、

　敲候道具はケイヒンと唱、凡弐、三尺之丸竹を荒縄ニて巻詰候品ニて、牢番人共代り合、頭之方をかタゲ、中腰ニて打居ヱ申候、

と伝える。[30] この記事は延享から安永にかけての間（一七四四～一七八〇）に書かれたものだという。[31]「ケイヒン」というのが、ムチの名称である。それは二～三尺の丸竹を荒縄で巻くというから、「敲箒」にくらべて相当に痛そうである。つまり、大坂町奉行所が用いるムチは、名称、材質、製法ともに、「敲箒」とは異なるのである。

京都町奉行所における刑具もやはり竹製であった。京都刑務所旧記の「軽重御仕置手続書」享保二十年京都牢屋敷御仕置之件等という史料に「敲」という項目があり、ここに「敲」の執行手続きが記されている。ここには刑具についても記述が存し、

割竹を苧縄ニて巻詰メ候具を敲杖と唱、小屋頭両人向イ合ニて尻ヲ替々た、き申候、

と見えている。[32]京都では「敲杖」と呼ぶのである。この記事が享保年間の様子を記しているならば、京都町奉行所は「敲」を執行し始めた当初より割竹のムチを用いた可能性が高い。「敲杖」については、文化四年（一八〇七）三月の記事も存する。この記事は、丹後国田辺藩が笞打ち刑の執行方法や刑具の規格などを京都町奉行所に照会したのに対し、同町奉行所同心櫛橋平蔵が回答したものである。その回答中に、刑具について、

敲杖之儀は、長三尺三寸程之竹、細かニ割、丸ミ三寸位ニ水縄ニて巻申儀ニ御座候、

と記す。[33]三尺三寸という寸法は、「敲箒」よりもかなり長い。京都の「敲杖」は、江戸の「敲箒」「箒尻」と異なり、大坂の「ケイヒン」とも相違する。

「敲」の刑罰は、江戸の町奉行所、大坂町奉行所、京都町奉行所においてそれぞれに独自のムチを使用した。このように、「公事方御定書」に定める「敲」は、殴打の回数こそ同じであるが、刑具に差異が認められるのであり、刑罰として必ずしも均質ではないのである。これは江戸幕府の刑罰の特徴の一つである。おそらく、刑罰の執行手続きについても奉行所ごとに何らかの差異が存したと思われる。[34]それを解明することにより、吉宗の意図した「敲」の趣旨がどの程度に反映しているかを推し量ることができる。今後の課題である。

註

（1） 幕府の「敲」については、高塩博「江戸幕府法における敲と入墨の刑罰」（小林宏編『律令論纂』平成十五年、汲古書院）、同「「敲」の刑罰における身元引受について」（『國學院大學日本文化研究所紀要』九十八輯、平成十八年）参照。
また、同「追放人の幕府老中宛の歎願――信濃国岩村田藩の「た、き放」をめぐって――」（『國學院法學』四六巻三号、

平成二十年）は、「軽罪ニて穢多非人之手ニ懸」って「たゝき放」となった不名誉により、近隣の人々に忌み嫌われて生業に就くことが出来ないという事例について紹介している（以上の拙文は本書第一部所収）。笞打ち刑については、その他に同「熊本藩刑法の一班――笞刑について――」『國學院大學日本文化研究所紀要』七二輯、平成五年）が存する。

（2）重松一義『図説刑罰具の歴史――世界の刑具・拷問具・拘束具――』（平成十三年、明石書店）は、「鞭刑の執行形態と諸刑具」の章を設けるが（同書第三章一五〇～一六〇頁）、幕府「敲」の刑具については言及していない。

（3）「三奉行伺附札」六二穀物盗取候者仕置、幷敲箒御仕置仕形之事（石井良助・服藤弘司編『問答集』2、藪利和氏担当、四三六頁、平成十年、創文社）。

「穀物盗取候者仕置、幷敲箒御仕置仕形之事」と同じ内容の問答は、「三奉行伺附札」の他、「諸家秘聞集」（『問答集』3、三四九頁）、「三秘集」（『問答集』4、一一五頁）、「三奉行問答」（『問答集』1、五四〇頁）、「三聴秘録」（『問答集』5、八七頁）にも収載されている。

（4）『公裁録』近世農林政史料一（荒川秀俊校注、二三五～二三六頁、昭和三十八年、地人書館）。同じ内容の書付は、『牧民金鑑』下巻（荒井顕道編、瀧川政次郎校訂、六七三～六七四頁、昭和四十四年、刀江書店）にも収載されている。

（5）「松本公御預所公事御届伺写」という史料に、

敲箒の事

すぐり藁を観世よりで巻き、長さ一尺九寸、太さ四寸五歩廻りにいたし、肩背尻を互ひ違い、背骨を除き、絶入いたさざる様に数百敲、その村役人共え見させ置き、敲が終わったならば村役人に引渡すべき事

という記事が存する。この記事は、信濃国松本藩預所の領民に適用する「敲」の刑罰に関し、その執行法と刑具についての幕府の指示である。発信者は勘定奉行松平兵庫頭、時は享和三年（一八〇三）十一月のことである（藤井嘉雄『松本藩の刑罰手続――藩領・預所の刑罰権と幕府法――』二四四頁、平成五年、山麓社）。右の記事は、引用にあたって原文を書き下しに改めていると思われるが、その内容は翌文化元年三月、幕府勘定奉行松平兵庫頭、石川左近将監が連名で出した「入墨・敲御仕置仕形書付之事」に同じである。

（6）佐久間長敬の伝記については、藤田弘道「府県裁判所設置の一齣――足柄裁判所の場合――」（『新律綱領・改定律例編纂史』平成十三年、慶應義塾大学出版会）参照。また、佐久間の著述については、「佐久間長敬著作目録」（『原胤昭旧蔵資料調査報告書（1）――江戸町奉行所与力・同心関係史料――』二六九～二七〇頁、平成二十年、千代田区教育委員会編刊）参照。

（7）『刑罪詳説（本刑編）』は、『刑罪珍書集』Ⅰ（近代犯罪科学全集13、昭和五年、武俠社）に再録されている。

（8）「刑罪大秘録」によると、「敲御仕置始り」として、数寄屋町平兵衛店の勘右衛門という者が、「三笠附乍致、其場所《ゑ》罷越、色々之儀申依科」って、「牢屋敷表門前おゐて箒尻にて五十敲追放」となったことを記す。この執行は、享保五年四月十二日、老中戸田山城守（忠真、下野国宇都宮藩主）の差図により、先手頭火附盗賊改加役の山川安左衛門掛りになされたものである（内閣記録局編『法規分類大全』第五十七巻、治罪門（二）所収四九七頁、明治二十四年、昭和五十五年原書房覆刊）。なお、「刑罪大秘録」は、小伝馬町牢屋敷の執行する拷問と刑罰の執行手続きについて、絵図と文章にて記録した書である。著者は、江戸の北町奉行所与力の蜂屋新五郎である。蜂屋は、親子二代にわたって牢屋見廻与力を務めた経験からこれを記したもので、成立は文化十一年（一八一四）四月のことである。

（9）京都大学日本法史研究会編『藩法史料集成』一八七頁、昭和五十五年、創文社。

（10）「御裁許向取計」島原図書館蔵。

（11）平松義郎「名古屋藩の追放刑」『江戸の罪と罰』一五五頁、昭和六十三年、平凡社。『名古屋叢書』第三巻法制編（二）解題五頁、昭和三十六年、名古屋市教育委員会編刊。

（12）京都大学日本法史研究会編『藩法史料集成』一七八頁。

（13）林紀昭「新発田藩 解題」『藩法史料集成』四二～四四頁。

（14）幕府の「敲」を導入した藩の中にも、ムチの製法に独自の工夫を加えた藩があった。たとえば高崎藩の場合は、幕府に倣って軽敲（五十敲）と重敲（百敲）を導入したが、刑具の製法と規格は次のようであり、相違する処も存する（「郡方式」上、藩法研究会編『藩法集』5諸藩、平松義郎氏担当、三三七頁、昭和三十九年、創文社）。

一敲箒拵方左之通、
一竹を細ク割、水ぇ漬置、夫を干集候て、其上ヲ平苧ニて巻、其上ぇすぐり藁をまき、其上を観世よりニて巻、薄革之
袋懸候事、
但、麻之袋ニても、手軽く出来候方相用候事、
一敲箒、長壱尺九寸、太サ四寸五分廻り、随分しない候様ニ拵候事、

この記事を収録する「郡方式」上は、文政八年（一八二五）筆写であるから、刑具の製法と規格を定めたのはそれ以前のことである。ムチを「敲箒」と称すること、長さ一尺九寸、太さ四寸五分廻りであること、これらは幕府と同一である。しかし、細く割った竹を芯とすること、薄革の袋を懸けること、これらが幕府と異なっている。高崎藩は大河内松平氏が上野国に八万二千石を領有する家門であって、幕府の「敲」を導入するについては、刑具について少し変更を加えたのである。

(15) 笞刑、杖刑のムチの規格と製法については、「明令」（刑令・獄具）に、

笞、大頭径二分七厘、小頭径一分七厘、長三尺五寸、
杖、大頭径三分二厘、小頭径二分二厘、長三尺五寸、
（中　略）
已上、笞杖皆須削去節目、用較板如法較勘、毋令筋膠諸物装釘、応決者並用小頭、其決笞及杖者臀受、拷訊者臀腿分受、

と見えている（大蔵永綏校、延享四年刊、国立公文書館内閣文庫蔵）。

明律の逐条注釈書である「大明律例譯義」は、笞刑の刑罰思想、刑具の規格、執行法を解説して、

笞は、恥也。人を恥かしめ、こらすために設たる者なり。笞は荊《イバラ》の節をけづりて作る。長さ三尺五寸、本の頭、径《サシワタ》し二分七厘、末の太さ、さしわたし一分七厘にこしらへて、犯人《トガニン》ノ臀を撻て、恥辱をかゝせ、こるゝやうにす。女は単《ヒトヘ》のものをきせて、その上よりうつ。但姦婦はきせず。罪の軽重によりて、撻《ウツ》数かはれり。

と述べている（巻之一、後掲書五七頁）。「大明律例譯義」は徳川吉宗の命により、和歌山藩の儒医高瀬喜朴（号学山、一六六八～一七四九）の著した書である。成立は享保五年（一七二〇）のことであり、写本として今日に伝えられる（小林宏・

高塩博編『高瀬喜朴著大明律例譯義』平成元年、創文社）。

なお、中国における笞打ち刑の意味については、佐伯復堂「支那の笞刑に就て」（『法学協会雑誌』七巻一号、昭和四年）参照。

(16)「牢問」についての詳細は、平松義郎『近世刑事訴訟法の研究』（七七四〜八三九頁、昭和三十五年、創文社）参照。

(17)「聞訟秘鑑」一六八厳敷吟味詰候仕方之事（牧英正・安竹貴彦「「聞訟秘鑑」その写本について」三、大阪市立大学『法学雑誌』三五巻一号、二八七頁、昭和六十三年）。

(18)蜂屋新五郎「刑罪大秘録」牢問之図（内閣記録局編『法規分類大全』第五十七巻、治罪門（二）所収四九〇頁、明治二十四年、昭和五十五年原書房覆刊）。
幕末における訊杖も「刑罪大秘録」の記す規格に同じである。佐久間長敬は「拷問杖　長一尺九寸、周三寸、真竹片二本麻苧ニ包ミ、上ヲ観世捻ニテ巻ツメ、持処白革」と書き残している（『拷問実記』徳川政刑史料前編第二冊、一二頁、明治二十六年、南北出版協会）。同書は『刑罪珍書集』Ⅰ（近代犯罪科学全集13、昭和五年、武俠社）にも収載されている。

(19)「聞訟秘鑑」は「笞打」のムチを「箒尻」と記すが、本来は「敲箒」であったのではなかろうか。

(20)「町奉行所問合挨拶留」六一箱館奉行より　一御仕置場所并御仕置筋仕形問合（石井良助・服藤弘司・本間修平編『問答集』9、神崎直美氏担当、三四〇頁、平成二十二年、創文社）。

(21)司法省蔵版・法制史学会編、石井良助校訂『徳川禁令考』後集第三、一六〇頁、昭和三十五年、創文社。

(22)高柳眞三・石井良助編『天保御触書集成』百四博奕等之部、六四六六号、同書下八二六頁、昭和十六年、岩波書店、『徳川禁令考』後集第三、一六〇頁。

(23)「棠蔭秘鑑」貞（『徳川禁令考』別巻二一九〜二二〇頁）。『徳川禁令考』別巻の編者は、「棠蔭秘鑑」貞に対して「御書付類」という呼称を与えたが、諸写本などに徴するに、当時は「御書付留」と称していた。
付言するに、「御書付留」に収録する博奕改正法は、その第一、第二項の法文が、

博奕打候もの　　　　重敲

軽キ掛之宝引、よみかるた打候もの　敲

となっていて、「軽キ掛之宝引」の扱いが異なっている。

(24) 博奕法改正をめぐる諸問題については、平松義郎『近世刑事訴訟法の研究』七七〜七八、四六九〜四七三頁（昭和三十五年、創文社）、石井良助「幕末の代官」『近世民事訴訟法史』四七九頁（昭和五十九年、創文社）、同「江戸幕府代官の権限」『日本刑事法史』三四八〜三四九頁（昭和六十一年、創文社）等参照。

(25)「松平石見守御初入ニ付差出御覚書」収載の「牢舎人数并御仕置覚」（『大阪町奉行管内要覧』大阪市史史料第一五輯、五七〜六六頁、昭和六十年）、「大坂町奉行所旧記」収載の「牢舎人数并御仕置覚」（『大坂町奉行所旧記』上、大阪市史史料第四一輯、一一九〜一二四頁、平成六年）。

(26) 平松義郎『近世刑事訴訟法の研究』一〇六〇頁。

(27) たとえば、熊本藩では文政二年（一八一九）の頃、藁製のムチを用いていた。「肥後熊本聞書」によると、そのムチは「太サ高指ヒ一束、長二尺五寸」のものであり、「箠ハ一度切に捨て再用ひ不申候」と記すように、一回限りの使い捨てであった（小林宏・高塩博編『熊本藩法制史料集』一二一七頁、平成八年、創文社）。

(28)『法規分類大全』第五十七巻、治罪門（二）所収四九六頁。

(29)『徳川禁令考』後集第四、二六六頁。

(30)「御問合之内三ヶ条大下書　御問合之内残り三ヶ条大下書」（『大坂町奉行所与力・同心勤方記録』大阪市史史料第四三輯、二九頁、平成七年）。

(31) 右同書解題一三五頁。

(32) 辻敬助『日本近世行刑史稿』上、五九三頁、昭和十八年、刑務協会編刊（昭和四十八年矯正協会覆刻）。

(33)「刑罪筋問合」所引「警鞭御仕置御座候節之事」（京都府立総合資料館寄託谷口家資料、寄古〇二一―一八）。

(34) たとえば、打ち役は江戸では牢屋同心、大坂では牢番人、京都では小屋頭である。また、「公事方御定書」の規定によると、肩背尻を殴打する定めであるが、京都では打ち役が左右から臀部を交互に殴打した。

補論　「敲」に用いるムチの規格統一

はじめに
一　大坂町奉行所の要請
二　江戸の町奉行所の対応
むすび

はじめに

本章は、「「敲」の刑具について――「敲箒」と「箒尻」――」（青木美智男・森謙二編『三くだり半の世界とその周縁』所収、平成二十四年、日本経済評論社〔本書第一部第三章〕）を補うためのに、これを草するものである。前章では「敲」の刑罰に用いる刑具について考察を加え、以下のことを指摘した。⑴刑具のムチは当初「敲箒」と称し、藁製であった。長さ一尺九寸、太さ四寸五分としてこれを観世よりにて巻いたものである。しかし、のちに竹製の「箒尻」に変更となった。このムチは長さ一尺九寸、太さ三寸ほどで、竹片二本を麻苧にて包み、その上を紙縒りで巻いたものである。⑵「敲箒」から「箒尻」への切り替えは、「敲」刑の執行数の急激な増大に対応した措置であった。すなわち、寛政六年（一七九四）、幕府は「公事方御定書」を改正して、博奕犯罪に対しても「敲」を適用することとした結果、「敲」刑の執行数が激増した。そのため、刑具のムチについても改正を加えたのである。すなわち、一回限りで使い捨ての藁製の「敲箒」から、何度でも使用可能な竹製の「箒尻」へと切り替えたのである。切り替えの正確な時期を確認することはできなかったが、遅くとも享和年間（一八〇一〜一八〇三）には、「箒尻」が採用されたことであろう。(3)ただし、「箒尻」の採用は江戸の町奉行所限りであり、勘定奉行所は博奕法改正以後も依然として「敲箒」の使用を配下の諸代官に指令している。(4)また前章では、大坂町奉行所、京都町奉行所が用いるムチについても言及し、それらが「敲箒」や「箒尻」とも相違するそれぞれ独自のムチであることを紹介した。こうしたことから、「公事方御定書」に定める「敲」は、殴打の回数こそ同じであるが、奉行所によって刑具に差異が認められるのであり、刑罰として必ずしも均質ではないと述べた（前掲書三五頁〔本書一〇六頁〕）。

ところで、大坂町奉行所は天保十四年（一八四三）、刑具に差異の存することを不都合と考え、現行のムチを廃して江戸の町奉行所が用いる「箒尻」を採用することとした。このことを語る史料が、『旧幕府引継書』（国立国会図書館蔵）の「天保撰要類集」御仕置之部五に収録されていることに最近気づいた。(1)本章はそれを紹介するものである。

一　大坂町奉行所の要請

「天保撰要類集」御仕置之部五の「牢屋敷ニて敲御仕置ニ相用候箒尻差越候様致し度旨、大坂町奉行ゟ掛合之事」は、「天保十四卯年／敲御仕置ニ相用候刑鞭之儀ニ付、大坂町奉行ゟ掛合」という内題を持ち、三通の文書を収載している。収録順に、第一は江戸の町奉行が水野越前守（忠邦、老中）に提出した「大坂表ェ刑鞭差遣候儀ニ付申上候書付」と題する文書で、天保十四年九月十七日の提出である。第二は、東西の大坂町奉行が江戸の南北町奉行に宛てた同年九月一日付の文書である。第三は、第二の文書に対する返書であり、九月二十八日付である。

まず、大坂町奉行が江戸の町奉行に掛け合った第二の文書を左に掲出しよう。

卯九月十一日差越

鳥居甲斐守様	久須美佐渡守
阿部遠江守様	水野若狭守

以切紙致啓上候、然は当表敲御仕置ニ相用候刑鞭之儀は、長サ凡弐尺計ニて四角ニ削候竹四本合セ、藁包ニ致し、寄苧を以数ヶ所括候品ニて、殊之外当り強、其表之同刑とハ余程難堪哉ニ相聞、人之強弱壮幼ニ寄、敲方不斗人情ニて手之内堅弛出来候てハ如何ニ有之、然ル処其表之刑鞭は（ママ）制方も違候由ニ兼て及承候間、同品を以刑取行度存候ニ付、此段青山下野守殿ぇも相達置候間、前書其表之刑鞭当時御遣用之内、幸便ニ御差越有之候様致し度、右御掛合可得御意如此御座候、以上、

九月朔日　　水野若狭守印
久須美佐渡守印

鳥居甲斐守様
阿部遠江守様

発信人は、大坂町奉行所の久須美佐渡守（祐明、西町奉行）、水野若狭守（道一、東町奉行）であり、受信人は江戸の町奉行所の鳥居甲斐守（忠耀、南町奉行）、阿部遠江守（正蔵、北町奉行）である。この文書によると、大坂町奉行所がその当時使用していたのは「刑鞭」と呼ぶムチで、「長サ凡弐尺計ニて四角ニ削候竹四本合セ、藁包ニ致し、寄苧を以数ヶ所括候品」であった[2]。四角に削った竹四本を芯とするから、このムチで殴打すると「殊之外当り強」く、「余程難堪」いのである。そのために人情として、受刑者の「強弱壮幼」に応じて強く打ったり弱く打ったりするのであり、

これは刑罰として不都合なことである。そこで、江戸の町奉行所が用いるムチを採用したいので、現在使用中のうちの一本を提供してほしいというのである。

右の文書は、この要請をするについては、大坂城代の青山下野守（忠良）の諒解も取り付けてあるとも記している。

二　江戸の町奉行所の対応

江戸の南北町奉行は、九月十一日に右の文書を受け取ると、その要請を早速に了承した。そして同月十七日、そのことを老中水野忠邦に報告して了承を求めた。左に示す第一の文書がそれで、「大坂表ぇ刑鞭差遣候儀ニ付申上候書付」という表題を持つ。

天保十四卯年九月十七日、水野越前守殿ぇ立田録助を以上ル

大坂表ぇ刑鞭差遣候儀ニ付申上候書付

阿部遠江守

町奉行

於大坂表ニ敲御仕置ニ相用候刑鞭之儀、御当地とは製作相変り居候ニ付、牢屋敷ニて相用候箒尻を以敲御仕置申付度、其段青山下野守ぇも相達置候間、右箒尻差越候様致し度旨、久須美佐渡守・水野若狭守ゟ申越候間勘弁仕候処、京大坂を始、万事江戸之御法度ニ応し可申付は勿論之事ニ付、製方違候故を以御仕置強弱有之候も不相当に付、右奉行見込之通、箒尻壱本彼地ぇ差遣候様可仕と奉存候、依之申上置候、以上、

卯九月　　鳥居甲斐守

阿部遠江守

この文書の趣意は、大坂町奉行の申し入れを検討したところ、「京大坂を始、万事江戸之御法度ニ応し可申付は勿論之事」なので、小伝馬町牢屋敷で用いる「箒尻」一本を大坂に送致することにしたい、ということである。

大坂町奉行への返書は、同月二十八日付である（第三の文書）。同日、江戸の町奉行は久須美佐渡守の家来平野蔀を呼び出し、返書とともに箒尻一本を手渡した。このことを語る返書の要点部分は、「御紙面之趣承知致し候、則牢屋敷ニて相用候箒尻壱本、今廿八日佐渡守殿留守御家来平野蔀呼出相渡、早〻其表ぇ差送候様申渡候、右御報可得御意如斯御座候」というものである。

むすび

以上に見たように、大坂町奉行所は天保十四年以降、「箒尻」を採用したことと思われる。「敲」の刑具について、江戸の町奉行所と大坂町奉行所とで規格の統一が図られたのである。

老中水野忠邦への報告には、「京大坂を始、万事江戸之御法度ニ応し可申付は勿論之事ニ付」と見えている。この度の事案を契機として、京都町奉行所や他の遠国奉行所においても「箒尻」が採用されたのだろうか。この点はまったく不明である。今後、追究すべき課題である。〔補註〕

註

（1）『旧幕府引継書』の「市中取締類集」遠国伺之部にも、同じ史料が「致〔ママ敲〕御仕置ニ用ひ候箒尻大坂町奉行ニて相用度旨掛合ニ付申上調」と題して収載されている（『市中取締類集（正・続）細目』六二頁、国立国会図書館一般考査部編集発行、昭和三十四年参照）。

（2）大坂町奉行所が天保十四年（一八四三）の時に用いていた「刑鞭」は、同東町奉行所与力の八田五郎左衛門が伝える「ケイヒン」というムチの規格とはおおいに異なる。「ケイヒン」は、「凡弐、三尺之丸竹を荒縄ニて巻詰候品」である。八田五郎左衛門の記録は延享から安永にかけての間（一七四四～一七八〇）に記されたものであるから、「ケイヒン」はその頃に用いられたムチである（本書一〇五頁参照）。おそらく、大坂町奉行所においてもその後刑具の変更がなされたのであろう。

〔補註〕大坂町奉行所の執行する火罪は、江戸と異なって、より残虐な方法で行なわれていたが、天保二年（一八三一）、その執行法を江戸と同じに統一した。西町奉行新見伊賀守正路が江戸の南北町奉行に照会して実現させたもので、翌天保三年四月には江戸の方法で火罪が執行されたという（氏家幹人『江戸時代の罪と罰』八三～八九頁、平成二十七年、草思社）。「敲」のムチの規格統一に先立つこと十二年である。

附録第一　追放人の幕府老中宛の歎願
——信濃国岩村田藩の「たゝき放」をめぐって——

はじめに
一　歎願の内容（その一）
二　歎願の内容（その二）
三　岩村田藩の「たゝき放」
むすび

はじめに

「敲」刑に処された後に追放となった者が、幕府の目安箱に箱訴するために認めたとおぼしき文書が存する。この文書は明治大学博物館が所蔵する信濃国岩村田文書のなかの一通であり（架号8・甲D・63）、その全文は夙に翻刻されている。(1)この文書は不名誉な刑罰に処されたための窮状救済を求める歎願であるが、ここには「たゝき」と追放の刑罰を考察する上で興味深い事柄が語られている。(2)あらためて紹介する所以である。

この文書は、縦三二・八糎、横四七・〇糎ほどの大型で厚手の和紙（西の内紙か）三枚半を貼り継いだ用紙に書かれた長文のものである。上包は存しない。本文冒頭の表題は「乍恐書附を奉願上候」、末尾の日付は「寛政十一己未歳月日」、ついで宛名を本文より大きな文字で「御老中様／御公用御役人衆中様」と二行に記し、最後に差出人の名を本文より小さな文字で「信州佐久郡／内藤美濃守知行所／願人　追放人／惣代之者」と四行に記す(3)。宛名の「御老中様」が幕府の老中を指すことは、本文を読み進めてゆけば自ずと了解される。

当文書が目安箱に投函されたものの控えなのか、あるいは投函すべく認めたが何らかの理由で投函せずにのこされたものなのかは定かでないが、差出人の個人名が記されていないのと日付の具体的数字を入れていないことから考えると、前者の可能性が高いであろう(4)。

一　歎願の内容（その一）

歎願の主は、「信州　内藤美濃守知行所之者共」すなわち信濃国佐久郡（十九ヶ村）と小県郡（四ヶ村）に一万五千石を領有する譜代小藩の岩村田《いわむらだ》藩内藤氏の領民である。岩村田藩は佐久郡岩村田宿に陣屋を構え、二人の郡代が代官二人を補佐役に従えて領内を支配した(5)。なお、岩村田宿は中山道の宿場である。寛政十一年（一七九九）のできごとであるから、ときの藩主は第五代内藤正国（寛政四年〜享和二年）である。訴えの主は、古銭一文ほどの少額の金銭を賭けた「かるた」博奕をした罪により、五十たゝきもしくは百たゝきに処されたうえ、追放となった面々である。歎願書は冒頭にこのことを、

私共儀は、於信州　内藤美濃守知行所之者共ニ御座候、於知行所郡代役相勤候利根川茂七と申者、吟味之上ついほふ被申付候者ニ御座候、私共ついほふ被申付候者共之内ニも、御咎之次第軽重之儀ハ大勢之内ニ御座候へハ、咎

之次第ニも種ゝ御座候得共、甚以無慈悲之御咎メ多々御座候、私共ついほふ被申付候儀ハ、神事之節打寄候て、古銭壱文宛之かるた仕候ニ付牢舎被申付、其上穢多幷非人共へ被申付、数五十又ハ百たゝき之上ついほふ被申付候、

と記す。歎願書は、郡代利根川茂七の「甚以無慈悲之御咎メ」について訴えているのである。

歎願書は続けて、穢多非人の手によって「たゝき」に処されたためにその後の生活が成り立たないことを、次のように記している。

> 尤是迄ついほふ被申付候者共、他領ゑ罷越候て養子、入婿又ハ水呑百姓と罷成渡世仕候得共、右申上候郡代役利根川茂七手先ニてついほふ被申付候者ハ、穢多非人共ニ被申付たゝき放被申付候ニ付、近村是ヲ知リ候ニ付、養子、入婿、水呑百姓と罷成リ候儀、其所ニて承知不仕候ニ付出来不仕、無拠江戸表ゑ罷出、日ゝ日雇かせぎ仕渡世仕候得共、一躰山家ニて人と罷成候ニ付、御当地之風義ニ相かね、漸ゝ今日ヲ送リ罷在候、

追放に処された者であっても、従来であれば、近隣の村々において養子、入婿、水呑百姓として迎えられて暮らし向きがなりたった。ところが、この度は郡代利根川茂七の裁きにより、穢多非人共の手で「たゝき放」に処されたので、近隣の村々はこのことを知って養子、入婿、水呑百姓となることを承知しない。そこでやむをえず、江戸に出て日雇稼ぎをして日々を暮らしているが、田舎育ちの自分たちにとって江戸の日常生活の風習になじめずに、糊口をしのいでいる状態であるという。このことを、歎願書は別な箇所で「田舎ニ罷在候得ハ無宿者ニ罷成リ候ニ付、不得止事を江戸表ゑ罷出候得共、渡世之道違候ニ付何分取続かたく、甚以難渋仕候」とも述べている。

かくして江戸に出て来た追放人は、小伝馬町牢屋敷の門前において公開で執行する幕府の「敲」の刑罰を見学するのである。そして、自分たちを処刑した郡代利根川茂七の「たゝき」刑が如何に不当で屈辱に満ちたものかを認識するのである。江戸における幕府の「敲」と岩村田藩の「たゝき」の差異について、歎願書は、

乍恐於御当地ニ
御公儀様御仕置奉拝見候処、其咎ニ寄候ては五十、百之数ニハ相違も御座候得共、於
御公儀様ニも、穢多非人共ニは不被遊為打候て、打候御人ハ御同心衆打之候、乍恐於
御公儀様ニも、右躰御慈悲之御仕置候ニ被仰付候処、私共知行所ニてハ、穢多非人共ニた丶かせられ候ニ付（ママて）つい
ほふ被申付候、先〻迄渡世相成リ不申、甚以難儀至極仕候、

と記す。幕府の「敲」は同心が打役《うちやく》をつとめる「御慈悲之御仕置」なのに対し、岩村田藩の場合は穢多非人が打役となって「た丶き」を執行し追放に処すため、追放となった者共はいつまでも暮らし向きが成り立たずに苦しんでいると訴える。

歎願書は続いて、このような「無慈悲之御咎メ」を科した郡代利根川茂七の不正を糾弾する。まず、郡代に賄賂をだしてその罪を見逃してもらってぬくぬくと暮らしている者が存在することを、

於在所ニも手筋宜暮方も相応ニ罷在候者ハ、御法相背候ても、郡代利根川茂七へ内〻ニて附届ヶ等仕候得ハ、無事
ニて渡世仕候者共も有之候、私共躰之貧者ハ、其儀出来不仕候者ハ私共同様ニ被申付候、

と指摘し、次に郡代が犯罪を黙認している具体的事例を二件暴露する。その第一は、

すだに盗人もの承知ニて質物ニ取、家業仕候者、皆人能存罷在候者も有之候、此者ハ御預リ所伊勢林山守新子田
村之助治郎と申者御吟味被遊候得ハ、盗人并当宿共ニ相知申候、

というもので、贓物を質に取る者のあることを知らせている。その第二は、

并御地頭所御ぼだい所西念寺と申於寺ニ、ばくえき日ヲ続仕候者も有之候、此頭取ニハ条七并〆之助と申両人岩村
田と申所之者共ニ御座候間、右之両人被召出御吟味被遊候得（ハ）、右一件之者共不残相知れ申候、

というもので、藩主の菩提寺西念寺を賭場として博奕を常習とする者二名の名を挙げている。歎願書はさらに、

幷ニ村役人共方ニも右同様類度と有之候得共、右郡代利根川茂七え内と附届ヶ有之候ニ付、無事ニて無滞渡世仕罷在候、

と述べて、郡代利根川茂七への賄賂横行の様相を指摘している。その上で、自分たちの無念のほどを、

然ハ、貧者之私共計りついほふ被申(付)候のみならず、穢多非人之手ニ被為懸候事、誠ニ一命ニ懸ヶ、心外残念の儀可奉申上様も無御座仕合奉存候、

（　）内は引用者が補った文字。以下、同じ。

と訴えるのである。

二　歎願の内容（その二）

歎願書は上記に続く後半部において自分たちの望み――追放免除により百姓稼業に戻ること――を綴る。しかし、この望みをかなえる法的な手だてのないことを次のように述べる。

表向ゟ右ついほふ御免被成下置、元之通リ百姓被仰付被下置候様奉願上候度奉存候得共、江戸表ニ罷在候得は、則江戸町人ニ(無)御座て可奉願上手筋無御座候、田舎へ罷越候得ハ無宿者ニ御座候ニ付、願取次呉候村役人無御座、誠ニ難儀至極仕候、

自分たちは江戸町人でもないので、幕府に訴え出ることもできず、また岩村田藩に戻ったとしても、無宿の身分なので訴えを取り次ぐ村役人もないというのである。

そこで、次のように述べて幕府に救済を求めるのである。

何卒〱格別之御仁恵之御慈悲を（以）、私共儀ハ従　御公儀様ゟ《（ママ衍）》右内藤美濃守知行郡代役利根川茂七手先ニてついほふ被申付者共、不残御指紙を以被召出被下置候ハヽ、御吟味之節は私共存念之程十分ニ奉申上、其上ハ於　御公儀様之御仕置如何様被　仰付候共、少も違背不仕難有御受可奉申上候、若又御吟味之上、地頭所へ御引渡被仰付候ハヽ、猶又如何様之無慈悲可被申付哉難計リ、此儀大方鏡ニ懸相違無御座候儀と奉存候間、如何様曲事ニ被仰付候共、於　御公儀様御仕置被為仰付被下置候様偏奉願上候、誠ニ一命ヲかばい候儀ニ無御座候得共、重罪之者ニても無滞渡世仕罷在候中ニ、軽罪ニて穢多非人之手ニ懸リ、
御公儀様ニ無御座御仕置被申付、他国仕候先ヽ迄身分故障ニ罷成リ、渡世相成かね候儀偏ニ心外残念、不得止事ヲ重ヽ恐入奉存候得共、此度御願奉申上候、

この訴えは、幕府法に基づいてあらためて裁判をし、刑罰を科してもらいたいという要求である。幕府には召喚状を発して追放人を呼び出してもらい、取り調べの際に自分たちの思いの丈を存分に陳述したならば、どのような判決が出されてもそれに従うというのである。つまり、追放人の願いは「如何様曲事ニ被仰付候共、於　御公儀様御仕置被為仰付被下置候様偏奉願上候、」という点にある。幕府の裁判により、自分たちの不名誉を挽回し、ひいては農業稼ぎに戻りたいのである。重罪の者が賄賂を送ることにより平穏無事の生活を送っているのに、軽罪の自分たちは穢多非人の手による処刑という幕府にも見られない執行方法で「たゝき」に処され、その汚名のために日々困窮しているのは「心外残念」だというのである。また、幕府吟味ののち、身柄を岩村田藩に引き渡されたならば、どのような無慈悲の仕打ちに遭うか知れないとも訴える。

つづいて幕府裁判を受ける段取りにつき、次のように記して歎願書を締めくくっている。

然れ共、私共儀ハ追放以来、在所表之儀ハ一向ニ不奉存候処、利根川茂七儀以今郡代役相勤罷居候哉、此段難計

奉存候、然共、私共追放被申付候儀ハ皆人之能存知罷在候儀ニ御座候へハ、分て不及申上候といへ共、私共儀も当時其かせき仕、殊ニ病人も有之候ニ付、無拠延引仕候、何卒奉願上候通り、御差紙被下置候節ハ、右郡代役利根川茂七吟味之上、追放申付候者共と被　仰付候得ハ、此度奉願上候者不残罷出申候、若郡代方ニて不残差出不申候節ハ、罷出候者共ゟ御吟味節残リ候分可奉申上候、右願書差上候上ハ、在所表へ早ゝ罷越、無宿之者共へも申聞、御差紙被下置候ヲ奉待居候、何卒御仁恵之御慈悲ヲ以、右奉願上候通リ御取上ヶ被下置候ハヽ、大勢之者冥加至極難有仕合奉存候、以上、

ここでは、日々の暮らしに追われたことと病人もいたために箱訴がのびのびとなってしまったこと、歎願のもの全員が出頭すること、歎願書を箱訴したならば、追放人一同に歎願の旨を知らせ、在所に戻って幕府からの召喚状の到来を待つことなどを述べている。

三　岩村田藩の「たゝき放」

上記の歎願書は興味深い内容を数々含んでいるが、本章では「たゝき放」という岩村田藩の刑罰につき、二つの事柄に注目する。第一は、歎願書が「是迄ついほふ被申付候者共、他領ぇ罷越候て養子、入婿又ハ水呑百姓と罷成渡世仕候」と述べる点である。江戸時代においては、幕府をはじめ多くの諸藩が追放刑を採用し、これを主要な刑罰としていた。小藩の場合は領分内で処理する追放刑は採りがたく、領分外追放を用いるのが一般的である。嘆願書に「他領ぇ罷越候て養子、入婿云々」と述べているから、岩村田藩にあってもその追放刑は領分外追放であったとみてよい。追放に処された者は無宿の身分となり、領分外の他郷にあっては路頭に迷い、その結果、盗みや博奕の犯罪に走り、

あるいは身寄りを頼って立入禁止の「構地」にこっそり戻ってくるというのが、追放刑のもたらす大方の結末であると考えられている。(6) ところが歎願書によると、追放者であっても他領において養子、入婿、水呑百姓となって生計の道が成り立ったというのである。このような状況が佐久地方特有の様相なのか、他の地域にも見られるのか、今後注意をはらう必要がある。

井ヶ田良治氏は、丹波国何鹿郡の十倉領における追放刑について、興味深い報告をしておられる。十倉領は、山家藩谷家の分家である旗本谷家二千石の知行所であり、その知行所十ヶ村のうち五ヶ村は本家山家藩やその分家梅迫などとの相給知行所であった。相給知行村の者が村払・知行払という追放刑を科された場合は、同じ村の他領分の地面に移ればそれでよかったらしく、「入り組み支配地の追放・所払がかならずしも流離を生み出さず、どうやら特定の狭い範囲への立ち入りを禁止する効果を生じたにとどまった」という。この事実は、「追放を無宿の流浪人の増大とのみ短絡的に結び付ける常識に一定の修正を迫る」というのである。(7)

岩村田藩一万五千石の場合も、その領域は二十三ヶ村の狭い地域である。岩村田の人々の生活範囲からすれば、藩外の近隣にも親類縁者や知人が少なからず暮らしていたとおもわれる。したがって、岩村田藩から領分外追放に処されたとしても、近隣の縁戚知友を頼ることができたのであり、地域の労働力として迎え入れられたのであろう。岩村田藩の場合も、「追放を無宿の流浪人の増大とのみ短絡的に結び付ける常識に一定の修正を迫る」一つの事例に数えることができよう。(8)

注目すべき第二は、歎願書に「穢多非人共ニ被申付た、き放被申付候ニ付、近村是ヲ知リ候ニ付、養子、入婿、水呑百姓と罷成リ候儀、其所ニて承知不仕候ニ付出来不仕、無拠江戸表ぇ罷出、日ゝ日雇かせぎ仕渡世仕候」と述べる箇所である。「た、き」の打役《うちやく》は、「穢多非人共」が勤めたのであり、それが他領の近村にまで知れ渡り、そのために養子、入婿、水呑百姓として受け入れてもらえないというのである。つまり、賤民身分の者に刑を執行されたことが障害となっているわけである。幕府においても磔、獄門、死罪、火罪などの死刑、引廻、晒などの附加刑、あるいは入墨などの刑罰執行に賤民身分の非人が枢要な役割を果たしている。しかしながら、こと「敲」に関しては、賤民身分のものは執行に関わらない。打役ならびに打数をかぞえる数取《かずとり》は大小を帯刀する牢屋同心が担当し、受刑者を押さえる四人の押役《おさえやく》は牢屋下男が勤めた。牢屋下男は牢屋敷内の戒護補助、火気取締、炊事、運搬その他雑務に従事する人員である。(9) 幕府が「敲」という刑罰に非人を関与させなかったのは、受刑者の社会復帰を期待していたからと考えられる。(10) ところが、岩村田藩の郡代利根川茂七の執行する「たゝき」は、賤民を執行に関与させなかった幕府の意図を汲み取っていないのである。

隣接する小諸藩（譜代、牧野氏、一万五千石）においては、寛政十一年（一七九九）の歎願から二十五年後の文政七年（一八二四）に「敲」刑を採用する。その「敲」は五十敲と百敲の二種類であり、追放刑に併科する刑として用いた。採用にあたっては幕府や他藩に執行方法や用具の拵え方を問い合わせたという。その結果、打数を数える数取こそ町同心が勤めて幕府と同じく士分の役割としたが、打役一人と押役四人については、これを穢多の役割としている。(11) 岩村田藩の「たゝき」が問い合わせの対象となったか否かはさだかでないが、打役を賤民身分が勤める点は同じである。

岩村田藩の南側に位置する奥殿藩佐久領でも「敲」刑を用いている。天保四年（一八三三）を初見として文久元年（一八六一）までに五件の執行例を確認するにすぎないが、その「敲」は五十敲と百敲の二種類であり、いずれも追放に併科するいわゆる二重仕置である。奥殿藩佐久領の場合、打役は穢多身分の牢守が勤めた。(12) 岩村田藩の「たゝき」や小諸藩の「敲」を参考としているかも知れない。

むすび

ここに紹介した歎願書は、江戸時代の刑罰に関し、大きな示唆を与えている。第一は、追放という刑罰は無宿という徘徊の民を生み出すにすぎないというのが従来の見解であるが、この見解では律しきれない追放刑も存するということが、より明確になったことである。第二は笞打ち刑の執行人に関することである。岩村田藩の追放人は、「軽罪ニて穢多非人之手ニ懸」ったことを屈辱に感じているのであり、またそのことによって近隣の人々に忌避されたのである。笞打ちの刑罰は多くの藩が採用したが、幕府と同様に賤民身分の者を打役に用いなかった藩もあれば、逆に用いた場合も存する。[13] 江戸時代における笞打ち刑の意義を考察する場合、その執行に賤民が関与するか否かを考慮する必要があろう。

註

(1) 『明治大学刑事博物館年報』Ⅲ、三五〜三六頁、昭和四十七年。
(2) 岩村田藩の「たゝき」は「敲」と表記するのが正しいのかも知れないが、正式な刑名を確認できないので、歎願書にしたがって「たゝき」と表記しておく。
(3) 註(1)の翻刻は、宛名と差出人の順序が逆になっている。以下、歎願書の引用にあたっては、翻刻文を参照しつつ原文に依拠した。
(4) 幕府は、目安箱への書状に差出人の記名を求めている(大平祐一『目安箱の研究』七七頁、平成十五年、創文社)。
(5) 『佐久市志』歴史編(三)近世二九四頁佐久市志編纂委員会編、平成四年、佐久市発行。

（6）名古屋藩の追放刑の場合、まさにそのような様相を呈していた（平松義郎「名古屋藩の追放刑」『江戸の罪と罰』昭和六十三年、平凡社）。

（7）井ヶ田良治「相給知行所の追放刑」平松義郎博士追悼論文集編集委員会編『法と刑罰の歴史的考察』昭和六十二年、名古屋大学出版会。

（8）また、和歌山藩田辺領（付家老安藤氏、三万八千八百石）の追放刑については、宇佐美英機氏の報告がある。田辺領では二十里外追放、十里外追放、領分追放、田辺組追放、田辺城下追放、居町払があり、これらの追放刑に処された者のなかには、田辺組や領分の近くに居住して日雇稼ぎに類する仕事をして生活する者もおり、追放者は必ずしも「無宿の流浪人」に陥ることはなかったというのである（宇佐美英機「近世田辺城下町の追放刑」安藤精一編『都市史の研究――紀州田辺――』平成五年、清文堂出版）。

（9）辻敬助『日本近世行刑史稿』上、六〇頁、昭和十八年、刑務協会刊（昭和四十八年、矯正協会覆刻）。

（10）幕府の「敲」刑については、高塩博「江戸幕府における敲と入墨の刑」（小林宏編『律令論纂』平成十五年、汲古書院）、同「「敲」の刑罰における身元引受について」（『國學院大學日本文化研究所紀要』九八輯、平成十八年）〔以上の拙文は本書第一部所収〕参照。

（11）斉藤洋一「小諸藩における「敲」刑の始源と被差別民」『学習院大学史料館紀要』六号、平成三年。

（12）高塩博「奥殿藩佐久領における「敲」の刑罰」『國學院法學』四六巻一号、平成二十年〔本書第一部所収〕。なお、奥殿藩佐久領の領民に対する追放刑には、居住地を拠点とする五里四方追放、十里四方追放と、領分外追放（三州信州御領内相構）とが見られ、いずれの追放にも城下ならびに陣屋元への立ち入りを禁じている。

（13）諸藩の採用した笞打ち刑のうち、士分が打役を勤めるものに二本松藩の笞刑（町同心）、熊本藩の笞刑（昇の者）、高島藩の敲（常番足軽）、島原藩の敲（はじめは中間、後に穢多）、丹後田辺藩の敲（同心、但し他領者に対する敲払は与次郎）、浜松藩の敲（組同心）、松代藩の敲（職同心、但し、無宿に対する敲は穢多）などがあり、賤民が打役を勤めるものに福井藩の敲（誓願寺村のもの）、新発田藩の杖罪（穢多）、庄内藩亀崎における敲（丁離頭）、山形藩の敲（穢多）、津山藩の敲

（穢多）、水戸藩の他領者に対する敲（非人）などがある。打役の身分をまだ突き止めていないものに弘前藩の鞭刑（鞭取）、亀岡藩の敲（番人）、福山藩の敲（牢屋番人）、延岡藩の「敲（杖打ともいう）」（牢番）などがある。なお、山形藩については吉田正志氏のご教示による。

附録第二　丹後国田辺藩の「敲」について

はじめに
一　「敲」の初見
二　京都町奉行所への照会
三　「敲」の執行方法
四　「御仕置仕形之事」の制定
五　再び京都町奉行所への照会
六　執行方法の変更
むすび

はじめに

幕府が「敲」という刑罰を初めて執行したのは、享保五年（一七二〇）のことである。同年四月十二日、数寄屋町平兵衛店の勘右衛門という者が「三笠附乍致、其場所ぇ罷越、色々之儀申依科」って、「五十敲追放」となったのがそれである。(1) この時、「敲」の執行手続きにつき、南北町奉行は連名で次のような通達を出した。

享保五子年
敲御仕置仕形之伺書被仰渡候書付
科人を敲候儀、肩尻ぇ懸ケ、背骨を除き、絶入不仕様五十程敲可申候、但、足腰なと痛候て、漸々宿ぇ帰候程ニ可仕候、右御仕置之場所ハ、牢屋門前ニて牢屋同心ニたゝかせ可申候、其節ハ為検使与力同心差出可申候、以上
子四月
中山出雲守
大岡越前守

右の書付の指示は次の六項目にわたる。(1)殴打の部位は肩から尻にかけてであり、背骨を打たないこと、(2)打数は五十であること、(3)殴打の強さは、気絶しないようにかつ足腰が痛んでも自力でなんとか自宅に戻れる程度であること、(4)執行場所は牢屋門前であること（公開処刑を意味する）、(5)打役は牢屋同心が担当すること、(6)これらの執行手続きに遺漏なきを確認するために検使の与力同心を派遣することである。四月十二日の「敲」刑はこの通りに執行され、「此書付之趣向後可相用事」という指令がなされた(2)。

それから程なくの同月二十一日、徳川吉宗は御側御用取次の有馬兵庫頭（氏倫）を介して、執行手続きにつき、
敲御仕置之節ハ、其もの之家主幷名主呼出、敲候を見せ可申候、宿ぇ相返候節ハ、右之もの共ぇ可渡遣候、此御仕置ニ付てハ、永々右之通可相心得、
との指示を出した(3)。この指示は身元引受人の出頭を命じたものである。すなわち、受刑者の家主あるいは名主を呼び出して執行の様子を見学させるとともに、釈放に際してはこれらの者に身柄を引き渡すのである。

ついで、同年十月二十六日になって吉宗は、御側御用取次加納遠江守（久通）を通じ、「自今重キハ百敲、軽キハ五十ニ相極置可申」という指示を出した(4)。将軍自らが執行の具体的方法を指令したのである。

それから二十二年後の寛保二年（一八四二）、「公事方御定書」を制定するにあたり、この事案とそれに関わる吉宗の指示などを成文化して「敲」の刑罰を定めた。すなわち、第百三条御仕置仕形之事に「敲」の刑罰とその執行法について次のように定めたのである。(5)

享保五年
一敲　　　数五十敲
　　　　　重キハ百敲

牢屋門前にて科人之肩背尻を掛ケ、背骨を除、絶入不仕様、検使役人遣、牢屋同心ニ為敲候事、
但、町人ニ候得は、其家主名主、在方ハ名主組頭呼寄、敲候を見せ候て引渡遣、無宿ものハ、牢屋門前にて払遣、

幕府が採用した「敲」という刑罰は、そこに左のような近世刑罰史上の意義を見出すことができる。

(1)「見懲（みごり・みごらし）」つまり公開処刑による威嚇をもって犯罪の一般予防を期待するとともに、殴打による肉体的苦痛と恥辱による精神的苦痛とを味合わせることによって、受刑者に二度と罪を犯すまいという悔悟の念をおこさせ、再犯の防止を期待した。それ故、再犯率の高い盗犯に適用する刑罰として「敲」を採用したのである。ここには犯罪の特別予防の考え方の萌芽が看てとれる。

(2)受刑者のすみやかな社会復帰を目指したことである。判決の当日に刑を執行してただちに釈放し、生業への復帰が迅速にできるように配慮している。自力で帰宅できる程度に手加減して殴打せよとの指示は、この点を考慮してのことであろう。

(3)再犯の防止という消極的効果のみならず、受刑者の心根を立て直して社会復帰を果たさせるという改善主義の

意図が存した（執行に非人を関与させなかったのは、この点と関係する）。それ故、名主・組頭といった人々を身元引受人として出頭させて、就業の世話と釈放後の保護観察を命じているのである。

(4)　死刑と追放刑を中核とする江戸時代の刑罰は、犯罪者という不都合な存在を共同体から排除することを旨とする。かつ火罪（火焙りの刑）、磔、獄門などの残虐な死刑は刑罰を公開しており、これらは一般予防主義の刑罰観に立脚する。一方、「敲」という刑罰には、犯罪者を共同体内部で処遇し、これを改善して社会復帰を目指すという考え方が含まれている。つまり、「敲」という刑罰の採用は、江戸時代の刑罰制度が特別予防主義の色彩を持ち始める契機をなすのである(6)。

幕府が江戸の小伝馬町牢屋敷の表門を刑場として、公開で執行し始めると、幕府の各奉行所をはじめとして、全国各地の数多くの藩が笞打ち刑を採用する。しかし、その執行方法について、明瞭に知られている事例はほとんどない。したがって、諸藩の笞打ち刑がどのような意味内容をもつのかも未解明であると言って過言ではない(7)。

本章は、丹後国田辺藩の「敲」について知り得たところを公表して、大方の御批正を仰ぐものである。

一　「敲」の初見

田辺藩は、譜代大名牧野氏が丹後国加佐郡に三万五千石を領有した小藩である。田辺藩が幕府と同じ「敲」という名の笞打ち刑を採用するのは、第七代藩主牧野豊前守以成《もちしげ》の治世下、すなわち文化年間のことである。管見によれば、田辺藩が「敲」を初めて執行したのは、文化四年（一八〇七）四月四日のことである。田辺藩の刑事判例集である「刑罪筋日記抜書」盗賊の第五十五「町方ニて衣類盗取候在方之者」に、「重キ敲キ」を申し渡した判例が採録されてい

るので、左に示そう。(8)

文化四丁卯年四月四日　　　　　　　　　　　　上東村
一　　　　　　　　　　　　　　　　　　　　　　入牢　与八
其方儀、去ル二月十四日夜、職人町治助後家勢幾方ニおゐて衣類六品盗取候品両度ニ差戻候之旨、御吟味之上及白状、不届至極ニ付、急度厳重之御仕置可被仰付候処、格別之以御憐愍、重キ敲キ被　仰付者也、
　但、郡奉行・御目附立合、牢屋囲内ニおゐて敲之上、村役人ぇ相渡ス、

これは、盗みの犯罪に重敲を適用した事例である。刑場は「牢屋囲内」である。したがって非公開の執行であろう。検使としての立会は郡奉行と目附がこれを果たし、身元引受人として村役人を呼び出した。

二　京都町奉行所への照会

右の刑罰執行直前の同年三月、田辺藩は同心一人を京都に派遣した。それは、牢舎人の処遇法、敲の執行法ならびに刑具の規格と入手方、手鎖の執行法等、「刑罪筋品と」を京都町奉行所に照会するためである。東町奉行所同心の櫛橋平蔵(9)がこれに応対した。その問合せと回答が「刑罪筋問合」と題する簿冊に収録されている（一御仕置筋品と問合之事(10)）。そのうち、「敲」に関する部分は左のようなものであり、二箇条の質問を発している（傍線は引用者、以下同じ）。

　　警鞭御仕置御座候節之事

一敲キ五十敲百敲ニて、科人之脊尻を懸ヶ脊骨を除、絶入不致候様敲候事之由、及承居候得とも、或は罪人裸身

ニて如何居へ置、脊筋如何之所を敲候事哉不相分、尤老人病人究竟之者敲方、手之内敲加減強弱等之次第御座候哉、

敲之儀、五十敲百敲ニ限り、右敲方人足四人懸り両手両足を押へ、右之外ニ両人ニて尻之たぶらを両方ゟ右数之半分宛敲キ申候、勿論重病ニて敲かたきものは、全快迄悲田院年寄へ預ヶ遣置、快気之上敲申候、
但、老若且軽キ病気之ものニても、敲方強弱差別は無之候、勿論数不同も無御座候、右敲杖之儀は、長三尺三寸程之竹、細かニ割、丸ミ三寸位ニ水縄ニて巻申儀ニ御座候、

（朱書）「口伝ニて
或は五十敲之者ハ、裸ニて前附札之通差置、片尻かぶ廿五ツヽ、両方ゟ両人ニて敲候、刑鞭竹細かに割はなし節を取り、苧水縄ニて本ゟ末迄巻立候、巻上ニては丸ミ三寸位ニ相成、尤末ゟ巻初メ、本ニて巻終、但、尻かぶいたみ皮等むけ、又は気付等用候事ハ、京都ニてハ一向無御座候由、敲人ハ悲田院と小屋との間タ之者敲候由、」

一右警鞭之儀、品〻御座候哉、又ハ太サ何程、長サ何程と申儀も不相分候間、乍御面倒御内〻ニて警鞭御求メ被下候様奉頼候、尤警鞭ニ品〻御座候は品〻御求メ被下度、且又科人を敲候ニ、軽重ニ仍て警鞭異り候ハヽ、委ク御書付ニて奉頼候、

（朱書）
「聞書　品〻無之、元ゟ相求候品ニは無之候由、」

田辺藩は、質問の第一条においては受刑者の据え方、殴打の部位、病人老人を殴打するときの手加減について照会し、第二条においてはムチの規格を問いただし、その入手を依頼している。京都町奉行所の同心櫛橋平蔵は、これらの問合せについて要領よく答えている。

右の問答において注目すべき第一は、京都町奉行所の執行する「敲」が、殴打方法と刑具とが江戸におけるのと大きく相違することである。まず殴打の部位が異なる。江戸では、「公事方御定書」に定めるように、受刑者の背肩尻を交互にたたくのである。打役は一人であり、それは牢屋同心が勤める。ところが右の回答によると、京都町奉行所においては「両人ニて尻之たぶらを両方ゟ右数之半分宛」を殴打するのである。また、口伝による回答には、「敲人ハ悲田院と小屋との間タ之者敲候由」と記されている。江戸における刑具は「敲箒」と称し、それは選りすぐった藁を観世縒りで巻いたもので、長さは一尺九寸（約五七糎）、太さは円周にして四寸五分（約一三・五糎）のムチであった[11]。京都町奉行所の場合は、刑具を「敲杖」と称し、「長三尺三寸程之竹、細かニ割、丸ミ三寸位ニ水縄ニて巻」いたムチを用いた。名称をはじめとして材質、寸法ともに江戸と異なっているのである。打数のみは江戸に同じであった[12]。

注目点の第二は、田辺藩の問合せが「公事方御定書」の法文に基づいてなされていることである。問合せ冒頭の「敲キ五十敲百敲ニて、科人之脊尻を懸ヶ脊骨を除、絶入不致候様敲候事之由」は、「公事方御定書」の前掲法文を引用したものである[13]。法文は承知しているが、殴打の具体的方法とムチの規格とを知りたかったのである。注目点の第三は、田辺藩がムチを「警鞭」と称していることである。「警鞭」という呼称からすると、田辺藩は「敲」をいましめの刑罰と捉えていたことをうかがわせる。

要するに、田辺藩は「敲」を採用するにあたって、殴打法と刑具について京都町奉行所に照会し、その回答に基づいて翌月四月四日の「敲」を実施したと考えられる。

三　「敲」の執行方法

田辺藩はその四年後の文化八年（一八一一）七月三日、再び「敲」を執行した。この事案は、他国生まれの無宿政吉と伝蔵が諸所にて盗みを働いた罪により、「敲之上御領分追払」の判決を受けた一件である。「刑罪筋日記抜書」盗賊の第五十八「所々ニて盗いたし候無宿之者とも」は、その判決とともに執行の様子についても記すので、左に全文を引用しよう。

一　文化八辛未年七月三日

生国青山下野守様御領分
丹波多喜郡栗柄村百姓
茂兵衛悴
幼名六蔵
当時無宿
政　吉

生国信濃国木曽路和田駅
友右衛門悴
当時無宿
伝　蔵

右之者共、当五月諸所ニて盗賊いたし候ニ付、両人共敲之上御領分追払被仰付候ニ付、今朝正六時豊蔵罷越ス、御目附木寺勘右衛門被罷出候、下役共両人・公事方之者両組ゟ五人罷出候、敲人は同心両人、左右ゟ驚（警）鞭片手ニ持、尻タフノ処を敲候、罪人共頭之方ニ同心両人罷出、数取致候、手足持并莚敷、着物為脱、裸ニ致候儀は、番人共四人申付罷出候、場所之儀は宮津口御番所脇、北之方浜寄之処ニ申付、申渡左之通、

生国丹波当時無宿
入牢　年廿四　政　吉

其方儀、上漆原村幸七、大川村政八方ニて致盗賊、召捕及吟味候処、当五月十四日宮津辺ゟ御番所ぇ罷越、上漆原村幸七方ニて浅黄木綿壱丈八尺弐ツ・布風呂敷壱ツ・財布銭三拾文盗取、夫ゟ大川村ぇ罷越、政八方ぇ忍入、木綿壱反・銭三百文盗取候段及白状、不届ニ付、敲之上御領分追払被　仰付者也、

生国信濃
当時無宿
入牢　年廿六　伝　蔵

其方儀、盗賊之聞有之ニ付、召捕及吟味候処、倉谷村天神堂守留守ぇ忍入、袷壱ツ・はつち壱ツ・袋壱ツ盗取、丹波辺ニて売払、代銭遣捨候段及白状、不届ニ付、敲之上御領分追払被　仰付者也、

右之通下役共申渡候上、数五十宛為敲候上、両人共由良御境へ為追払候様、番人小屋頭又七ぇ下役共ゟ為申付候、

右の傍線部に「敲人は同心両人、左右ゟ驚（警）鞭片手ニ持、尻タフノ処を敲候」と記されるように、殴打の方法は、――京都町奉行所の回答のとおり――打役二人が尻の両たぶを左右から半数ずつ殴打した。したがって、数取も二人であり、受刑者の頭の方に立ってかぞえた。打役および数取は同心であるから、その身分は士分である。〔補註1〕この点は「公事方御定書」の規定に準拠したのであろう。「番人共四人」とは、大野辺の番人小屋に住む非人と思われる。彼らが受刑者を裸とし、その両手両足を押える役をつとめた。ムチについては、ここでも「警鞭」と称している。右の記事はムチについて語らないが、おそらく京都町奉行所の「敲杖」に準じた規格にて製作されたのであろう。刑場は「宮津口御番所脇、北之方浜寄之処」である。宮津口番所は宮津街道の見張番所のことで、その傍らの北側の海辺寄りが刑場となった。それ故、今回の執行は公開でなされたとみるべきである。刑場が牢屋でないのは、受刑者が他国

生まれの無宿であって、領分外追放を併科するためであろう。執行後ただちに田辺藩領の西側の境界である由良境へ連行し、そこから追い払った。なお、判決の申渡は刑場においなされ、下役二人が読み聞かせている。

次に紹介するのは、文化十二年五月二十八日、丸太村の常四郎が衣類反物などを盗んだ罪により、「重キ敲キ」の判決を受けた事例である。その判決は、「刑罪筋日記抜書」盗賊の第六十二「致盗其品売払幷買取候者とも」に、左のように見えている。

文化十二乙亥五月廿八日　丸太村水呑
四郎左衛門弟
二月十六日入牢　常四郎

一　其方儀、中山村仁右衛門方ニ奉公相勤候節、土蔵ぇ米出シニ参り候処、二階有之長持錠おろし無之ニ付、借銀返済之手当ニ可致と存付、衣類反物等盗取候段、不届ニ付、重キ敲キ申付ル、

この判決を裁判役所で申し渡すと、ただちに牢屋に連れ戻して刑を執行した。そのことが同判決の末尾に、

右申渡相済候後、牢屋ぇ連行、牢屋外ニて百敲之上、村役人ぇ相渡、但、下役壱人差遣ス、御目附ゟも下横目壱人被差出候、

と記される。刑場は「牢屋外」である。したがって、公開処刑である。執行が済むと村役人に身柄が引き渡された。判決、執行、釈放がその日のうちになされた訳である。

四　「御仕置仕形之事」の制定

田辺藩は文化十三年（一八一六）閏八月、「御仕置仕形之事」を制定して刑罰の種類と執行法を定めた。この刑罰法規集は、「御仕置之儀、江戸之御定ニ准取計」という方針に基づき、幕府の「公事方御定書」下巻の第百三条御仕置仕形之事に定める刑罰体系をほぼそのままに踏襲したものであって、執行法の細部を田辺藩に適用できるように改正したにすぎない。[14]「御仕置仕形之事」の全体は別途に紹介しようと思うが、[補註2]ここには「敲」の規定のみを掲げよう。

一　敲　軽ハ五十敲　重ハ百敲

牢屋門前ニて科人之肩背尻を懸、背骨を除、絶入不仕様、検使役人遣し、同心ニ為敲候事、

但、町人ニ候得は年寄・組頭、在方は庄屋・年寄呼寄、敲候を為見候て引渡遣、

（朱筆）「是は右同断、」

この規定と前掲した「公事方御定書」の規定とを比較すると、但書末尾の「無宿ものハ、牢屋門前にて払遣」という文言が見られないだけで、その他はほぼ同文である。[15] 朱書の「是は右同断」は、編者の注記である。「入墨」の朱書注記に「是は男女ニよらす、多分盗人之御仕置ニ可申付候」とあって、これに同じという意味である。田辺藩は、「入墨」および「敲」の両者を、男女の差別無く盗犯に適用する刑罰であると認識していたのである。

「御仕置仕形之事」は、「公事方御定書」と同様に二重仕置の規定を設けている。それによると、「敲」に併科するのは、「追放」、「所払」、「入墨」である。[16] 二重仕置の事例を「刑罪筋日記抜書」に探すと、「御仕置仕形之事」制定の翌文化十四年三月二十五日の判決に出合う。寺内町の白杉屋喜兵衛悴、与三之助が盗みの罪により「敲之上重キ追放」となった事例である。[17]

五　再び京都町奉行所への照会

田辺藩は、文政四年（一八二一）十一月、刑罰の執行に関して再び京都町奉行所に照会した。照会事項の第一は、「入墨之上敲」という刑罰につき、これを男女の差別無く適用してよいものかということである。おそらく、「敲」の適用は男女の差別無しという考えに疑問が生じたのであろう。第二は、老若とくに七十あるいは八十以上の高齢者に対しては、刑罰を軽減することがあるかということである。前述した照会と同様、この問合せと回答も「刑罪筋問合」に記録されている（一女致盗候者御仕置之次第并老若ニ依て御仕置差別等問合之事）。左の通りである。

一文政四辛巳年十一月、京都御頼方同心森孫六へ問合、左之通り、

一盗賊いたし候もの、入墨之上敲キ相当之節、男女ニ不限可申付儀ニ御座候哉、或は女盗いたし、入墨之上敲キ相当ニ御座候得とも女之身分ニよつて男トハ御差別御座候て、凡て敲キニ可成女は過怠牢ニても可被仰付儀ニ御座候哉、

附札

御書面女盗いたし入墨敲相当之ものは、入墨之上過怠牢申付候儀ニ御座候、尤当表ニては敲ト申は五十敲、重敲と申は百敲之儀ニ付、右之振合ニて敲は五十日、重敲は百日過怠牢申付候之仕来ニ御座候、

前記本文ニ下札ニシテ左之通申遣ス、

本文男女無差別、敲被仰付候節、敲方之儀は女ニても男同様丸裸ニいたし、手足を為持置、何レ之所を敲候事哉、此段も委敷承知いたし度候、

附札　御書面女敲之儀は、当表ニて無御座、前下ヶ札ニ申上候通之儀ニ御座候、

一凡て御仕置之儀、老若ニよつて七十以上或は八十以上之ものは、御仕置相当ゟ一等も軽ク被仰付候儀ニ御座候哉、

附札　御書面十五歳以下之差別は有之候之処、御本文差別之儀、精と相糺候得とも難相分御座候、

京都町奉行所の森孫六（東町同心）が回答するように、この当時、幕府は女性に「敲」の実刑を科さず、これに換えて過怠牢を科していた。寛政元年（一八八九）、女性に科すべき敲、重敲、入墨之上敲、入墨之上重敲をそれぞれ過怠牢五十日、同百日、入墨之上過怠牢五十日、入墨之上同百日に換えることにしたからである(18)。

第二の回答は、十五歳以下については差別のあることを明言するが、高齢者についてては不明であるとしている。「公事方御定書」は下巻第七十九条に「拾五歳以下之もの御仕置之事」という条文を立て、十五歳以下の幼年者の犯した殺人、放火、盗みの罪について、その刑罰を大人よりも軽くしている。幼年者の犯罪に対しては、この規定を「拡張して、一般に刑罰を一等減軽するのが原則であった」という(19)。幕府は、高齢者に対する刑事上の特例を定めていない。「敲」刑の殴打は、「不絶入」るようにするのだから、高齢を理由として「敲」を別の刑に換えることはなかった(20)。

田辺藩は、幼年者の扱いについては「公事方御定書」を通じて承知していたが、「公事方御定書」に規定の存しない女性と高齢者について、幕府がどのように扱っているかを確認したかったのである(21)。

六　執行方法の変更

「御仕置仕形之事」の制定後、田辺藩は「敲」刑の執行法を京都方式から江戸方式へと変更している。変更の正確な時期は明瞭でない。だが、文政十二年（一八二九）十二月における「敲」の執行は、江戸のそれに同じく打役、数取各一人が殴打を担当している。「御仕置仕形之事」の規定通り、肩背尻を交互に打ったと思われるのである。この事案は、水間村の百姓和三郎が盗みの罪により「重キ敲」に処された一件である。「水間村和三郎盗賊一件吟味」に取調べから刑の執行までの一連の手続が記録されている(22)。この「盗賊一件吟味」によると、同年十二月二十五日、関係者一同（被害者、村役人を含めて十三人）を白洲に呼び出し、掛りの郡奉行寺田退蔵が和三郎に対して次のような判決を申し渡した。呼び出しは朝の六時である。

申　渡

水間村
百姓仙右衛門弟
和三郎

其方儀、山稼ニ罷越候節、村内的右衛門樵置候薪弐荷取帰り売払、上福井村そよ方ニ泊り罷在候中、遣ひ候て外ニ忘レ置候𠂆頭取帰隠置、村内佐十郎・忠三郎は朋友ニ候迚、留守之間ニ部屋へ罷越、手元ニ有之銀札盗取、又は村内弥右衛門居宅、中山村忠次郎部屋ニては、建寄有之戸を明這入、弥右衛門家内は寝入罷在、忠次郎は不居合ニ付、麦反物小切レ数々盗取、右麦幷反物弐反風呂敷五ツハ売払、其外之品々隠置候段、不届ニ付、差（空）剃之上重キ敲申付ル、申渡が済むと、牢屋に戻って執行を待った。「盗賊一件吟味」は執行に携わる人々の名前とその服装を記し、見取り図によって執行の様子を示す。まずは見取り図を掲げよう。

検使役の小頭関根守衛門は羽織立付、同じく公事掛り片山仙蔵は羽織股引で立ち会う。下横目は中沢幾平である。受刑者の三方に同心が配置されているが、手明きの同心が残らず股引姿にて出席した。絵図には打手山口龍蔵、数取塩野五一と見えているので、「御仕置仕形之事」の規定通りに士分の同心がこれらの役に就いたことが判明する。受刑者の押役は、非人身分の番人がこれに当たった。絵図には見えないが、牢医心得の森俊次が控えていた。これら執行に携わる一同が揃った段階で、和三郎は髪結の手によって「空剃《からぞり》」すなわち頭を丸坊主に剃り上げられる(23)。それが済むと「牢屋敷囲外」に引き出されて裸とされ、いよいよ執行となるのである。「盗賊一件吟味」は最後に、

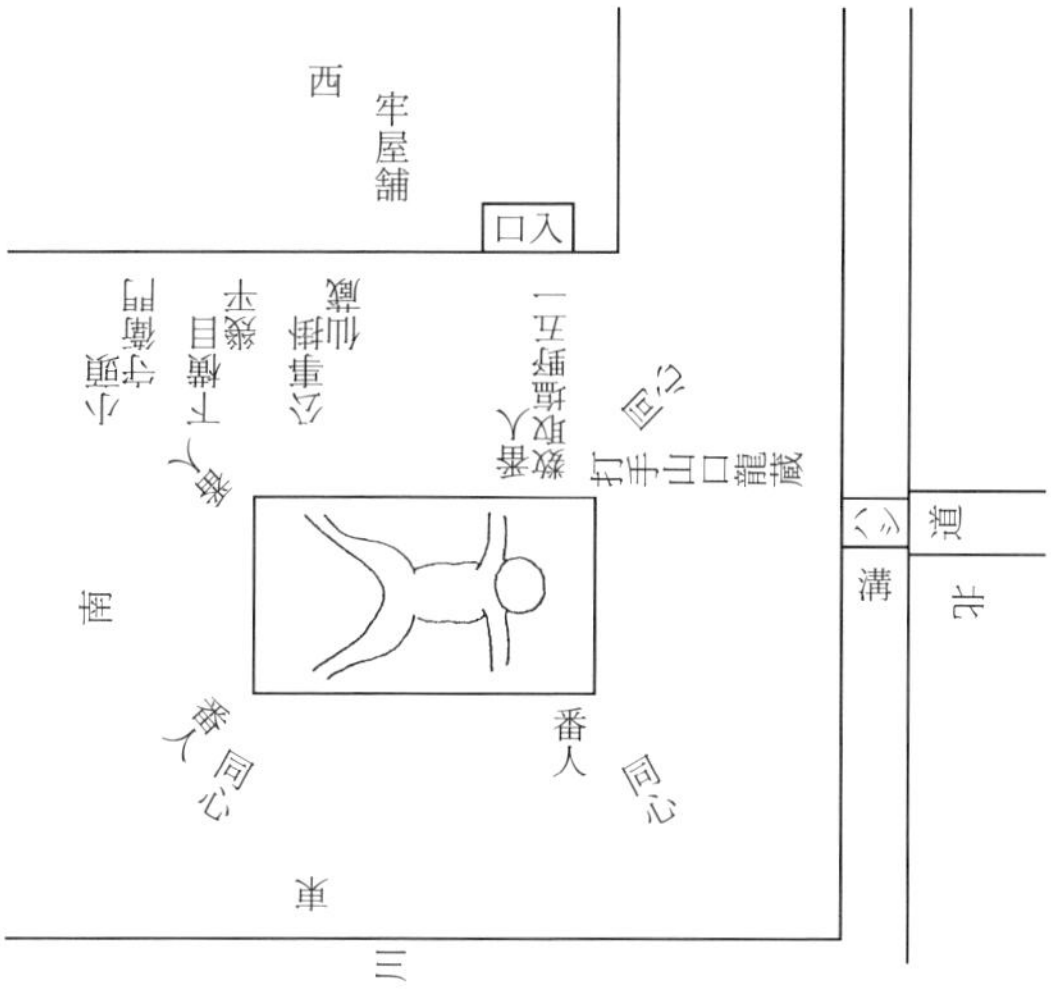

「敲」刑執行の見取図（文政 12 年 12 月）

右之通同心幷番人小屋頭又七共罷出、和三郎裸ニいたし、図之通莚弐枚重ね俯臥ニいたし、百敲相済候上、牢屋敷内え引入レ、水間村役人ともへ引渡、守衛門・仙蔵・下横目共引取、

と記す。執行が済むと和三郎の身柄が水間村役人に引き渡され、これをもってこの一件が終了である。判決の申渡から刑の執行、釈放までがその日のうちになされている。水間村役人は年寄の太郎兵衛で、この日彼は白洲における判決申渡にも列席し、終

始和三郎と行動を倶にしている。

右に見た執行の様子は、江戸の小伝馬町牢屋敷の門前で展開される「敲」にほとんど同じである。かつて江戸の「敲」について五つの特徴を指摘したが[24]、第四の特徴である執行の担い手に関し、唯一の違いが存する。それは押役である。田辺藩は非人身分の番人が担当するが、江戸では牢屋召し抱えの下男が担当した。江戸では執行の担い手として非人に何らの役割も与えていない。これは受刑者の社会復帰に配慮しての措置なのである。

むすび

限られた事例からではあるが、田辺藩の「敲」について幾つかの事柄が確認できる。第一は、「敲」が盗犯（窃盗犯罪）を処罰する刑罰として採用されたということである。「御仕置仕形之事」はその事を朱書によって注記した。盗犯の罪状如何により敲、重敲、敲之上所払、敲之上追放および入墨之上敲の段階があった。

「敲」を採用する以前、田辺藩は盗犯に対し、それが強盗の場合は「死罪」、窃盗の場合は「から剃御領分追払」を科した。両方の判例を一例ずつ掲げておこう。天明二年（一七八二）三月の判決は、中山村の吉郎兵衛の強盗犯罪に「死罪」を申し渡したものである[25]。

天明二壬寅年三月廿七日　　中山村
吉郎兵衛

一
其方儀、兼ゝ盗賊之企を渠是ぇ進メ込、去ゝ子年十二月廿三日夜、丸田村嘉右衛門申合、水間村森隠居家ぇ立入、宿主を蒲団ニ巻置、有合候雑物盗取致配分、去丑十一月十八日夜、水間村善左衛門、中山村市右衛門を相進メ、下東村宗七後家方ぇ立入、宿主足を縄ニて巻、下女を押ぇ置、盗物亦取出心得之処、後家強勢ヲ相働候故、早ゝ逃帰候段及白状候、右之次第重ゝ不届之至、依之行死罪者也、

同日、共犯の丸田村嘉右衛門、水間村善左衛門、中山村市右衛門の三名に対しては、従犯として「から剃御領分追払」の刑を申し渡した。

つづいて、窃盗犯罪に「から剃御領分追払」を適用した判決の一例として、安永三年（一七七四）五月十八日の判例を紹介しよう。(26)

安永三甲午年五月十八日

倉谷村
長三郎

一

其方儀、吉田藤九郎家来利助所持着類盗取、本町味噌屋仁兵衛方ぇ質ニ入、銀札借り候趣相顕候ニ付、御吟味被仰付候処、去月廿七日、築地御蔵米詰替有之節、出人相勤、右之帰懸、門長屋ぇ這入盗取、直ニ質屋ぇ持参仕、偽り申聞、銀札借り候儀相違無之旨、委細及白状候、第一御上不恐入次第、重ゝ不届至極、依之急度御仕置可被　仰付者ニ候得共、以御憐愍、から剃追払被　仰付者也、

このように窃盗犯罪には「から剃追払」（「から剃御領分追払」「から剃御領分追放」とも表記）を適用した。しかしながら悔悟の念著しい場合、判決は「先非を悔、奉誤入」あるいは「先非を悔、恐入奉誤」などと表現し、「から剃」を免除して「御領分追払」とした。(27)又、女性の窃盗犯罪も「から剃」を科さずに「御領分追払」としている。(28)なお、無宿の犯罪についても強盗は「死罪」、窃盗は「から剃御領分追払」を科した。(29)

以上に見たように、「敲」採用以前の田辺藩は、盗みの犯罪者を不都合な存在として死刑もしくは追放刑を科すことにより共同体から排除したのである。しかしながら、文化四年の「敲」刑の採用は、――その適用が窃盗犯罪に限

定されはするが――犯罪人という厄介な存在を共同体から排除するという政策から、共同体の内部で処遇するという政策に切り替えたことを意味する。この事は、刑事政策上の大転換と言えよう。

ところで、田辺藩は文化七年（一八一〇）正月、「徒罪」という刑罰制度を創設した。「徒罪」は主として博奕犯罪に適用する刑罰で、所定の期間を徒人小屋に拘禁して強制労働に従事させ、その間に収容者の人間性を改善して社会復帰させることを目指している。(30)「敲」の採用から三年後の創設である。窃盗犯罪に対してこの「徒罪」を適用した事例が存する。たとえば長左衛門厄介の熊次郎の場合、文化十一年（一八一四）六月十一日の判決により、「徒罪」の申渡を受けた。その際の判決文は、「敲」にあらずして「徒罪」を科す理由を、「敲可申付処、手離候ては追〻悪事増長可致趣ニ付、徒罪」と述べている。(31)「敲」は執行が済めば即座に釈放である。熊次郎の場合は、釈放して社会に戻したならば「追〻悪事増長」するのが目に見えているのである。それ故に「徒罪」に処して人間性を立て直そうとしたのである。この事から、田辺藩が「敲」という刑罰をどのように捉えていたかを窺い知ることができる。すなわち田辺藩は、釈放者が再び罪を犯さないことを前提とし、あるいはそのことを期待して「敲」刑を用いていたということであろう。ムチの呼称を「警鞭」としたのは、その故かも知れない。

江戸の町奉行所の執行する「敲」について、冒頭に近世刑罰史上の意義を四点指摘した。田辺藩の「敲」についても執行方法の変更後は、それらの意義をおおむね認めることが出来るように思う。ここに「おおむね」と述べたのは、次の理由からである。第一は、すでに指摘したように、非人身分の「番人」を押役として執行に関与させていることである。第二は、身元引受人の役割に関することである。江戸においては、判決申渡に身元引受人を白洲に呼び出して、被告人ともども判決を読み聞かせた。その際、身元引受人には釈放後の面倒を見るようにと申し渡したのである。つまり、江戸においては保護観察の役割を身元引受人に担わせていることが明瞭に看て取れるのである。(32)田辺藩においても身元引受人に同様の役割を期待したと推察されるが、「水間村和三郎盗賊一件吟味」を見るかぎり、判決文の中には、身元引受人に保護観察を命じる文言を見出すことはできない。ともあれ、第七代藩主牧野以成の文化年間は、刑罰制度の刷新に意欲的であったということができよう。

註

（1）蜂屋新五郎「刑罪大秘録」（内閣記録局編『法規分類大全』第五十七巻、治罪門⑵所収四九七頁、明治二十四年、昭和五十五年原書房覆刻）。
この事案は、博奕改の山川安左衛門（忠義）が扱った事件で、老中戸田山城守（忠真、下野国宇都宮藩主）の差図によって処理された一件である。
なお、「刑罪大秘録」は、小伝馬町牢屋敷において執行される拷問と刑罰の執行手続きについて、文章と絵図にて記録した書である。著者は、江戸の北町奉行所与力の蜂屋新五郎である。蜂屋は、親子二代にわたって牢屋見廻与力を勤めた経験からこれを記したもので、文化十一年（一八一四）四月の編集である。

（2）『徳川禁令考』後集第四、二六六～二六七頁。『徳川禁令考』後集は、創文社版（司法省蔵版・法制史学会編、石井良助校訂、平成二年第五刷）を用いた。

（3）『徳川禁令考』後集第四、二六七頁。

（4）『徳川禁令考』後集第四、二六七頁。

（5）「棠蔭秘鑑」亨、『徳川禁令考』別巻所収一三三頁。

（6）高塩博「江戸幕府法における敲と入墨の刑罰」小林宏編『律令論纂』所収、平成十五年、汲古書院、同「「敲」の刑罰における身元引受について」『國學院大學日本文化研究所紀要』九八輯、平成十八年〔以上の拙文は本書第一部所収〕参照。

（7）左記の拙文により、熊本藩、会津藩、奥殿藩佐久領、岩村田藩の笞打ち刑について考察を加えたことがある。

・「熊本藩刑法の一斑――笞刑について――」『國學院大學日本文化研究所紀要』七二輯、平成五年

・「会津藩「刑則」とその刑罰」『江戸時代の法とその周縁――吉宗と重賢と定信と――』平成十六年、汲古書院、初発表は平成十二年

・「奥殿藩佐久領における「敲」の刑罰」『國學院法學』四六巻一号、平成二十年〔本書第一部附録所収〕

・「追放人の幕府老中宛の歎願――信濃国岩村田藩の「た、き放」をめぐって――」『國學院法學』四六巻三号、平成二十年〔本書第一部附録所収〕

また林紀昭氏は、左記の論考により宇和島藩の「敲」について分析を加えておられる。

・「宇和島藩「刑罰掟」を廻る諸問題」藩法研究会編『大名権力の法と裁判』所収、平成十九年、創文社

（8）「刑罪筋日記抜書」は、罪種ごとに類集した刑事判例集であり、享保十年（一七二五）から文政五年（一八二二）までを収録する。田辺藩の郡奉行役所に備え付けられていたもので、「盗賊」一冊、「博奕」一冊、「掟背」四冊、「偽カタリ」一冊、「雑記」四冊など十種十七冊と「総目録」一冊とが伝えられる（京都府立総合資料館寄託谷口家資料）。

なお、田辺藩の裁判資料については、科学研究費補助金研究成果報告書『丹後田辺藩裁判資料の研究――英・独の裁判制度との比較を通じて――』（研究代表者井ヶ田良治、平成五年）、井ヶ田良治「丹後田辺藩郡奉行代官の地域支配――天保改革期における代官吟味記録――」（同志社大学人文科学研究所『社会科学』七二号、平成十六年）などを参照されたい。

（9）同心櫛橋平蔵が京都東町奉行所に所属することは、『京都武鑑』上下（平成十五・十六年、京都市歴史資料館編刊）に依る。

（10）「刑罪筋問合」（京都府立総合資料館寄託谷口家資料）もまた田辺藩の郡奉行役所に備え付けの簿冊で、「刑罪筋日記抜書」と同じ藍色の表紙をもつ。「一御仕置筋品と問合」の冒頭には、「文化四丁卯年三月、京都町同心櫛橋平蔵方ぇ為問合、同心一人差遣」と記される。

（11）高塩博「「敲」の刑具について――「敲箒」と「箒尻」――」青木美智男・森謙二編『三くだり半の世界とその周縁』所収、平成二十四年、日本経済評論社〔本書第一部第三章所収〕。

（12）京都町奉行所では、この刑罰を採用した享保年間以来、櫛橋平蔵の回答する殴打法と刑具を用いて執行していたようであ

る。それは、「重軽御仕置手続書」の享保二十年京都牢屋敷御仕置之件等に、左のように記されるからである（辻敬助『日本近世行刑史稿』上、五九三頁、昭和十八年、刑務協会編刊、読点は引用者）。

敲

一御役所ニて被仰渡相済候後、牢屋敷ぇ連帰、門前ぇ莚壱枚しき、御役人方御出、下雑色立合、囚人名前等も御糺之上、囚人いたし居候細帯を解、着衣為脱、莚之上ぇ敷き、東向キニて俯ニ為寝候上、敷き有之着衣ニて両手足を纏ひ、悲田院手下四人ニて為押ヱ置、下雑色より御役人方ぇ敲之数承、悲田院(年)寄え相達候得ハ、割竹を苧縄ニて巻詰メ候具を敲杖と唱、小屋頭両人向イ合ニて尻を替々たゝき申候、右相済、小屋頭壱人付添、洛中境迄送リ申候、右取扱悲田院年寄手下召連申候、

この記事には「割竹を苧縄ニて巻詰メ候具を敲杖と唱、小屋頭両人向イ合ニて尻を替々たゝき申候」と見え、殴打方法およびムチの呼称と材質とが、櫛橋平蔵の回答に同じである。判決は町奉行所で申し渡され、牢屋敷に戻ってその門前で執行される。打役は非人身分の小屋頭が担っている。右が信をおける記事であるならば、京都における「敲」は、すでに享保二十年（一七三五）には始まっており、殴打の仕方、打役、ムチについて江戸と相違していたのである。しかも、この執行法を少なくとも文化三年（一八〇六）に至るまでは実施していたということになる。「公事方御定書」の制定は寛保二年（一七四二）である。京都町奉行所は「公事方御定書」の規定に頓着することなく、その後半世紀以上の長期にわたって従来からの執行法を継続していた訳である。

(13) 田辺藩はこの時、「公事方御定書」上下巻を所持していた。「厳秘録」乾坤と題する二冊本がそれで、裁判を担当する郡奉行役所が文化元年（一八〇四）に書写して役所に備えたものである。「厳秘録」は現に、京都府立総合資料館寄託谷口家資料中に存する。

(14) 「御仕置仕形之儀ニ付奉伺候書付 申上候書付」（香川大学附属図書館神原文庫蔵）。

(15) 田辺藩「御仕置仕形之事」が「敲」の規定において、「公事方御定書」の「無宿ものハ、牢屋門前にて払遣」という法文を継承しなかった理由は、無宿に対しては「敲」刑を執行した後、領分外に追い払う措置を執ったからである。

(16) 田辺藩「御仕置仕形之事」は、追放刑として重追放、中追放、軽追放、御領分追放、田辺払の五段階を設けたから、「敲」に併科する追放刑は五種類が存したと思われる。

(17) 「刑罪筋日記抜書」盗賊の第六十三「御船小屋ニて大工道具盗取、其外ニても米盗取候者幷引合之者とも」（京都府立総合資料館寄託谷口家資料）。

(18) 「寛政元酉年九月　入墨重敲又ハ敲ニ相当之女御仕置段取之事」『徳川禁令考』後集第四、一八九頁（平松義郎『近世刑事訴訟法の研究』九七三頁、昭和三十五年、創文社）。

(19) 平松義郎『近世刑事訴訟法の研究』九七六頁。なお、幼年者の刑事責任については、中田薫「徳川刑法の論評」（『法制史論集』第三巻上、昭和十八年、岩波書店、初発表は大正五年）以来、高柳眞三「江戸時代の幼年者の刑事責任」『江戸時代の罪と刑罰抄説』昭和六十三年、有斐閣、初発表は昭和十六年）、石井良助「わが古法における少年保護」『日本刑事法史』法制史論集第十巻、昭和六十一年、創文社、初発表は昭和十九年）などが考察している。

(20) 平松義郎『近世刑事訴訟法の研究』九七七〜九七八頁。

〔補記〕　十五歳以下および病人、老人に適用する「敲」刑につき、寛政四年（一七九二）の幕府評定所の評議は、

敲ハ五拾、重敲は百敲ニ候得共、拾五歳以下ニ不限、病人・老人等之差別も有之、其もの之強弱ニ随ひ、敲候……

と述べている（『御仕置例類集』古類集一九二一、司法資料別冊第二二号二六四頁、昭和十八年）。また、町奉行所の吟味方与力の経歴をもつ佐久間長敬は、実務の方面から、

刑人症身、又は老年にして、尋常の打撃を与へは、或は別条あらんと察する時は、打役の心得にて、寛に打つこともあるへし、然れとも其数に至ては、決して恣に、増減を為すこと能はす

と述べている（『刑罪詳説』徳川政刑史料前編第三冊、一五頁、明治二十六年、南北出版協会）。

ちなみに高崎藩（大河内松平氏、譜代、八万二千石）は、享和元年（一八〇一）八月、八十一歳の高齢者に対して、博奕犯の主犯であるとの理由をもって「敲」の実刑を科している。その執行については「絶入等不致様、老人之義敲方之勘弁有之様」にと指示している（「高崎藩・御仕置例書」藩法研究会編『藩法集』5諸藩、四六〇頁、昭和三十

九年、創文社）。

(21)「刑罪筋書抜」（香川大学附属図書館神原文庫蔵）に「婦人仕置伺之事」という項目が存し、ここには仙石美濃守（正美、但馬国出石藩主）から江戸の町奉行永田備後守（正道、北町奉行）の用人関丈之進への照会事項七箇条が列記されている。その日付は文化十三年（一八一六）正月五日である。その第七ヶ条目に、「婦人たゝきニ当候科、たとへハ五十敲と申所ハ百日牢舎被　仰付候事之由」と記されている。京都町奉行所に照会する以前、田辺藩は不正確ながら、「敲」の適用が男女で差異の存することに気づいていたかも知れない。

(22)「水間村和三郎盗賊一件吟味」は、綾部市資料館（京都府）が所蔵する田辺藩裁判資料群のなかの訴状及判決書簿冊二〇五冊のうちの一冊である。井ヶ田良治氏を代表とする裁判史研究会が、このうちの十七件を翻刻しておられ、「水間村和三郎盗賊一件吟味」の翻刻は山田勉氏が担当しておられる（裁判史研究会「丹後田辺藩裁判資料」（二）、『同志社法学』三八巻一号一一九〜一四一頁、昭和六十一年）。

(23)「空剃《からぞり》」が坊主頭であることは、高塩博「丹後国田辺藩の「徒罪」について」（『近世刑罰制度論考――社会復帰をめざす自由刑――』六九頁、平成二十五年、成文堂）参照。

(24) 高塩博「江戸幕府法における敲と入墨の刑罰」小林宏編『律令論纂』所収一四〇〜一四二頁。〈本書第一章八〜一〇頁〉

(25)「刑罪筋日記抜書」盗賊の第三十三「盗賊之企渠是へ進候者并加り候者とも」。

「刑罪筋日記抜書」盗賊の冊中、強盗犯罪を「死罪」に処した判決はこの他に左の二件が存する。

・明和八年（一七七一）十二月十八日判決の、無宿、元西町の者甚太郎が所々に盗賊に這入った一件（第二十八「欠落後罷帰、所々ニて致盗候者」）

・天明八年（一七八八）三月二十九日判決の、無宿の新次郎が立帰りの上、盗賊を働いた一件（第三十九「致盗賊追放後御構之地へ立入、所々ニて致盗候者」）

(26)「刑罪筋日記抜書」盗賊の第二十九「御中間相勤罷在、御家中門長屋へ忍入、衣類盗取候者」。

「刑罪筋日記抜書」盗賊の冊中、窃盗犯罪に対して「から剃追払」「から剃御領分追払」を科した判決は、その他に左の五件が存する。

・明和二年（一七六五）九月十三日判決（第二十六「御茶道坊主相勤罷在、御召物盗取候者」）
・安永五年（一八七六）正月二十二日判決（第三十「御家中屋鋪内へ忍入、木綿幷股細盗取候者」）
・天明二年（一七八二）六月二十二日判決（第三十四「若州領幷御当地ニて致小盗候者」）
・天明三年（一七八三）十一月二十七日判決（第三十五「町方船大工小屋へ這入致盗候者」）
・寛政三年（一七九一）九月二十一日判決（第四十一「御鷹之餌指相勤罷在、在方ニて致盗候者」）

(27) 先非を悔いたために「から剃」を免除した事例として、「刑罪筋日記抜書」盗賊の第五十四「土蔵ぇ忍入衣類品ゝ盗取候者」という判例を紹介しよう。

文化二乙丑年九月廿八日　　丹波町　入牢　伊助

一　其方儀、閏八月十二日、居町糀屋三郎右衛門方ぇ忍入、土蔵ニ有之品盗取候旨相聞、御吟味被　仰付候処、困窮ニ差詰り与風悪心出、宵之内忍入、衣類三拾餘品盗出候旨及白状候、尤其品は売払或は隠置候得共、能ゝ相考候得は恐鋪存、盗取候内、少ゝは返置候旨雖申之、盗賊ニ紛無之、不届至極ニ付、急度可被仰付者ニ候得共、悔先非御憐愍奉願候ニ付、一等御宥免を以、御領分追払被仰付者也、

(28) 窃盗犯の女性に「御領分追払」を科した事例として、「刑罪筋日記抜書」盗賊の第二十五「御家中奉公致シ罷在、致盗候女」という判例を紹介しよう。

明和元甲申年十二月十六日　　大内町　入牢　いさ

一　其方儀、去月六日夜、主人之衣服花のほうしを盗取候次第、御吟味之処、相違無之及白状候、殊ニ盗賊這入候之由偽を申、主人を驚かし、兼て色ゝ之工ミ事を仕置候事、重ゝ不届至極ニ候、依之重御仕置可被仰付候得共、一統御慈悲之御宥免を以、御領分追払被仰付者也、

(29) たとえば、「刑罪筋日記抜書」盗賊の第十六「在方氏神社へ忍入候盗賊無宿之者」という左の判例は、無宿の窃盗犯罪に「から剃追払」を適用した事例である。

宝暦九己卯年十一月十二日　　盗賊無宿　半六

一　其方儀、御領分ぇ立入、北有路村氏神社ぇ這入盗賊いたし候条、不届至極ニ候、然共、村方之者召捕、尤盗取候品と取戻、尚又遂吟味候処、右之外於御当地盗賊之仕業も無之ニ付、から剃追払申付候、重て御領分ぇ於立入は急度死罪可申付者也、

但、悲田院甚蔵、手下之者三人召連罷出、右手下之内ニてから剃致候事、

また、同書第五十一「在町ニて衣類盗取候無宿之者」という判例は、強盗犯罪により「死罪」を適用すべきところ、「悔先非、恐入奉誤」という理由により、死刑を減軽して「からそり御領分追払」に処した事例である。

享和三癸亥年十一月晦日　　無宿　入牢　徳三郎

一　其方儀、当月二日夜、寺内町泉屋喜左衛門宅ぇ立入、及盗賊、衣類品と盗取、翌三日夜、福来村理左衛門宅ぇも同様立入候処、被捕、番人ぇ相渡、遂吟味候上奉行所へ引出、尚又遂糺明候処、右弐ヶ所ぇ盗賊ニ立入、喜左衛門方ニて品と盗取候段及白状、飢寒之不堪苦難、不図悪業仕候段雖申之、盗賊之次第紛無之、不届之至、依之急度御仕置可被仰付者ニ候得共、悔先非、恐入奉誤、何分御憐愍奉願候ニ付、格別之御慈悲を以、被助一命、からそり御領分追払被　仰付者也、

但、片眉片鬢からそり、京橋先ぇ小頭壱人為見届差遣ス、徳三郎壱銭も無之及渇命可申ニ付、欠所銀之内ゟ銭百文、送り之者ゟ心付ニて御堺ニて為取候、

(30) 高塩博「丹後国田辺藩の「徒罪」について」『近世刑罰制度論考――社会復帰をめざす刑罰制度――』平成二十五年、成文堂。

(31) 同右、八〇頁。

(32) 高塩博「「敲」の刑罰における身元引受について」『國學院大學日本文化研究所紀要』九八輯、平成十八年〔本書第一部第

二章所収）。

〔補註1〕「敲」刑の受刑者が他所者の場合、打役は「与次郎」と称する非人が担当する、という史料が存する。田辺藩の町・郡・寺社の三奉行に関する重要事項を記した「三政規範」という史料の第十項罪科御仕置之例のなかに、

一たゝき払之儀ハ、たゝき人ハ御中間相勤申候、他所ものニ候得は、与次郎相勤可申事、（読点は引用者）

と記されているのである（『三政規範』七三頁、平成十八年、〔舞鶴市〕古文書勉強会編刊）。打役についていつしか変更が生じたのであろうか。記して後考に備える。

〔補註2〕「御仕置仕形之事」は、その後「丹後国田辺藩の「御仕置仕形之事」について—譜代藩における「公事方御定書」参酌の一事例—」と題する論考によってこれを紹介し（『國學院法學』五一巻四号、平成二十六年）、さらにこの論考を拙著『江戸幕府法の基礎的研究』論考篇（平成二十九年、汲古書院）に収載した。

附録第三　奥殿藩佐久領における「敲」の刑罰

はじめに
一　幕府における「敲」の刑罰とその特徴
二　奥殿藩佐久領における「敲」
（1）　関係人の出頭と判決の申渡
（2）　「月代申付」と「申渡書」の手交
（3）　「敲」刑の執行
三　奥殿藩佐久領の「敲」と幕府法
むすび

はじめに

まずは奥殿藩についての説明が必要である。奥殿藩は、大給松平氏が一万六千石を領有する家門の極小藩である。大給松平氏の三代目の乗真《のりざね》の正徳元年（一七一一）、三河国額田郡奥殿《おくどの》に陣屋を構えて、奥殿藩が成立した。その領地は三河国加茂・額田両郡に四千石、残りの一万二千石が丹波・摂津・河内の三国九郡に分散していた。これらの分散領地は、宝永元年（一七〇四）になって信濃国佐久郡の上海瀬村以下二十八箇村にまとめられた。したがって、信濃国佐久郡の領地は三河国の三倍の石高を持つが、飛地ということになる。幕末となり、第八代藩主松平乗謨《のりたか》は、統治の拠点を奥殿の陣屋から佐久領田野口の陣屋に移した。文久三年（一八六三）九月のことである。これによって藩名が奥殿藩から田野口藩に変わった。

本章は、奥殿藩時代の佐久領における「敲」の刑罰に一瞥を加えるものである。佐久領を支配するために、陣屋が田野口（現、長野県佐久市臼田）に置かれ、この田野口役所の日誌である「日記」（以下「陣屋日記」と称す）が今日に残されている。この「陣屋日記」は、欠損部分が若干見られるが、宝永三年（一七〇六）から慶応三年（一八六七）までの一六〇年間に及び、厖大な分量である[1]。この「陣屋日記」は佐久領で執行した刑罰についても記録しており、「敲」刑の記事も幾例か存する。その記事に依拠し、極小藩が用いた「敲」刑の実態をかいま見ることにする。

一　幕府における「敲」の刑罰とその特徴

江戸幕府は、享保五年（一七二〇）、「敲」という名称の笞打ち刑を初めて実施し、この刑罰を寛保二年（一七四二）制定の「公事方御定書」下巻の第百三条御仕置仕形之事に、

享保五年
一敲　　数五十敲
　　　　重キハ百敲
牢屋門前にて科人之肩背尻を掛ケ、背骨を除、絶入不仕様、検使役人遣、牢屋同心ニ為敲候事、
　但、町人ニ候得は、其家主名主、在方ハ名主組頭呼寄、敲候を見せ候て引渡遣、無宿ものハ、牢屋門
　前にて払遣、

と定めた。「敲」は重敲（百敲）と軽敲（五十敲）の二等級となっており、この刑を適用するのは軽微な盗みをはじめとして、不正に財物を取得する犯罪である。「入墨」や追放刑を併科する、いわゆる二重仕置として科す場合も存する。幕府が江戸で執行する「敲」には、執行方法上、次のような特徴をみてとれる(2)。

第一は、小伝馬町牢屋敷の表門の往来に面したところが執行場であり、衆人環視の中での公開処刑であったということである。

第二は、受刑者を裸としたことである。裸の肩背尻にかけて殴打されるのだが、その間中、受刑者は往来の方に顔を向けることを強いられた。

第三は、身元引受人を出頭させてその執行を見学させたことである。

第四は、牢屋同心が打役《うちやく》および数取《かずとり》（かぞえ役）、牢屋下男が押役《おさえやく》を勤めており、執行の担い手に賤民身分の者が加わっていないということである。

第五は、執行方法が仰々しく儀式張っているということである。牢屋敷の最高責任者である石出帯刀、牢屋見廻与力、町奉行所から派遣される検使与力、それに徒目付、小人目付の五人が牢屋表門の屋根の下に勢揃いする。しかも石出帯刀と検使与力は裃袴着用である。門の左右には牢屋敷の鍵役、交代要員の打役、当番医師等が立ち並んで執行を見守った。

「敲」の判決は、町奉行所において申し渡されるが、本人のみならず、身元引受人も出頭して聴いた(3)。寛政六年（一七九二）、幕府は博奕犯を処罰する刑罰を重くし、それまで手鎖と過料とであったのを軽敲と重敲とに変更した。それ故、「敲」の刑罰はその時より執行数が著しく増えた(4)。

幕府が「敲」の刑罰を実施すると、笞打ちの刑を採用する藩が時の経過とともに増えていった。その笞打ちの刑は、幕府と同じく「敲」と称する藩が多い一方、「笞刑」「笞罪」「杖」「杖刑」「杖罪」「杖打」「鞭刑」「鞭打」など、別の名称も見られる。したがって、打数や刑具についても、幕府に同じ場合が多いとは思われるが、違いの存する場合も少なからず見られるであろう。各藩における笞打ち刑の執行方法について、その詳細は必ずしも明らかとなっていない。執行方法の子細が判明すれば、笞打ち刑における刑罰の目的や意義もおのずと明確になる。

二　奥殿藩佐久領における「敲」

郷土史の研究家市川武治氏は、田野口役所の「陣屋日記」を主な材料とする『田野口藩歴史年表』（昭和五十六年、櫟）を著しておられ、同書から佐久領におけるむち打ちの刑罰を五例ほど見いだすことができる。その初見は天保四年（一八三三）であり、「敲」刑が「公事方御定書」に定められてからおよそ九十年後のことである。刑罰の名称は幕府に同じく「敲」、五十敲と百敲の二種類とするのも幕府に同じである。しかし、「敲」刑を単独で科す場合はみられず、追放刑に併科する二重仕置の刑罰としてのみ用いられている点が異なる。

「陣屋日記」によって確認すると、この五例は左の通りである。

①　天保四年（一八三三）九月二十日、田野口村瀧兵衛が「百敲之上田野口村ゟ拾里四方相構」、同村茂左衛門が「五十敲之上居村より五里四方相構」となった一件(5)

②　天保五年（一八三四）十月十五日、下小田切村卯兵衛が「百敲之上三州信州御領内相構追払」となった一件(6)

③　嘉永五年（一八五二）十月二日、三分村太助が「百敲之上三分村ゟ拾里四方相構」となった一件(7)

④　嘉永五年十二月十六日、甲州無宿駒吉が「重敲之上御領分払」となった一件(8)

⑤　文久元年（一八六一）七月十一日、入沢村の圏入人庄太夫が「重敲之上入沢村ゟ拾里四方相構」となった一件[9]

『田野口藩歴史年表』によるに、追放刑はおよそ三十年間に五例を数えるに過ぎず、その前後にも見えない。それ故、奥殿藩佐久領における「敲」刑の執行数はきわめて少なかったといえよう。少ない事例ながら、「陣屋日記」は判決申渡から刑罰の執行に至る過程を具体的に書き残しているので、これによって譜代小藩における刑事手続きの一端をながめてみる。

奥殿藩佐久領やその後の田野口藩について、数多くの研究を公表しておられる尾崎行也氏は、刑罰に関する論文をも発表しており、その中で③の事例を紹介している。[10] そこにおいて、(1)百敲が重敲であること、(2)敲ののち追放を申し付けていること、(3)銭五百文を与えていること、(4)執行がただちに行われていること、(5)打ち役は牢守の担当であること、(6)陣屋役人が検使として立ち会い、陣屋下役が警固にあたること、(7)医師も立ち会うことなどを指摘された。本章は他の事例からもこれらの指摘をあらためて確認し、佐久領における「敲」刑の実態をより明瞭ならしめたい。

（1）関係人の出頭と判決の申渡

刑罰執行の前日、田野口役所は関係人に出頭命令書を送付する。事例①においては、前日の天保四年九月十九日条に関係人に対する召喚状送付のことが、

一田野口村入牢人瀧兵衛・茂左衛門、江戸伺之処夫ゝ御下知有之候ニ付、今日剪紙差出候事、

と記されており、執行当日の条には、

一田野口村入牢人瀧兵衛・茂左衛門、其外剪紙一同罷出候ニ付、御下知書を以夫ゝ申渡、請書取之、御下知書并
請書其外申渡書共、写左之通、

と見えている。どのような関係人が「剪紙」をもって出頭を命じられたのか、右の記事からは判明しない。そこで事例③を見ると、執行当日条の記事に、

一三分村入牢人太助、吟味詰、江戸表ぇ相伺、先日中御下知有之候ニ付、三分村太助親類・組合・村役人一同罷出候様、昨日剪紙差出候処則罷出、太助幷外一同呼出し御下知書を以夫ミ申渡左之通、

と記されており、事例⑤においては執行前日の条に、

一入沢村庄太夫、明日御仕置筋申渡候ニ付、同人親類・組合一同、村役人一同差添五ッ時（午前八時）呼出申遣候、

と見えている。事例③⑤における出頭人は親類、組合、村役人一同である。また、事例②においても執行前日の条に、

一下小田切村牢舎人卯兵衛養父栄助、同人親類惣代壱人、同人組合総代壱人、（中略）明十五日五ッ半時（午前九時）可罷出旨、
剪紙差出ス、

と記されており、この場合は養父、親類代表、組合代表の三人が出頭人である(11)。

関係人の出頭時刻は、事例⑤においては「五ッ時（午前八時）」、②では「五ッ半（午前九時）」となっている。時間の差は、季節による違いであろうか（⑤は七月、②は十月）。これらの時刻に出頭した関係人は受刑者ともども判決を申し聞かされた。このことは、①に「剪紙一同罷出候ニ付、御下知書を以夫ミ申渡」、③に「昨日剪紙差出候処則罷出、太助幷外一同呼出し御下知書を以夫ミ申渡左之通」、⑤に「庄太夫親類・組合・村役人一同罷出候間、庄太夫一同呼出し、御下知之趣申渡候」とそれぞれ記されている。

判決申渡の場所は、田野口役所の白洲である。このことは、事例③に「右相渡畢て牢守作右衛門御白州口ぇ為覗、御仕置之次第申聞」と見え、⑤に「庄太夫申渡相済節、作右衛門白州口へ呼出」と記されていることにより判明する(12)。

さて判決は、奥殿藩の江戸藩邸から中老二名の連名をもって佐久領の代官衆に宛てた「御下知書」がすなわち判決

書であって、これを読み聴かすことによって申し渡した。左に田野口村の瀧兵衛、茂兵衛に申し渡した事例①の「御下知書」を掲げよう[13]（史料中の□は判読できなかった文字、以下同じ）。

申渡

田野口村　百姓
瀧兵衛

其方儀、平日行状不宜、去辰（天保三年）十一月廿一日夜、佐久郡伊名古村百姓主馬吉と申合、村方弥平次宅之前小屋ニ入置候衣類拾八品盗取、猶亦当七月晦日夜、甚左衛門後家方物置キぇ藤九郎弟捨五郎と申合這入、衣類廿壱品と金弐分盗取、尤右品其後当人方ぇ被取戻候候（ママ）趣ニ相聞、且又近所人家台所或は水車屋ぇ、村方茂左衛門と申合、三度入、米麦六俵半盗取、茂左衛門と配分いたし、右様度ゝ盗致候段旁不届至極ニ付、死罪可申付ものニ候得共、格外之以憐愍、百敲之上田野口村ゟ拾里四方相構、田畑家財共闕所申付もの也、

但、行先之儀、城下并陣屋元は徘徊致間敷候、

同村　百姓
茂左衛門

其方儀、平日不行跡ニて同村瀧兵衛と申合、近所水車屋又は人家ニ有之候米麦等三度ニ六俵半盗取、或は枝郷丸山地内ニて桑抔盗伐取候始末、旁不届ニ付、五十敲之上居村より五里四方相構もの也、

但、田畑家財共闕所可申付ものニ候得共、格別之憐愍を以母ぇ差遣ス、行先之儀、城下又は陣屋元ハ徘徊致間敷候、

右之通可被申渡候、

巳九月　田代為右衛門　印

伊予田小兵衛殿
川村□次兵衛殿
田　原　継　次殿
川村鋭吉郎殿
伊　豫　田　邦　輔殿

右之通之御下知書を以申渡ス、

右の判決が申し渡された後、瀧兵衛と茂左衛門は判決に承服する旨の「請書」を「御役所」宛に提出した。判決文を鸚鵡返しにしたような文面だが、左に転載する。(14)

差上申御請書之事

田野口村　百姓
瀧兵衛

私儀、平日行状不宜、去辰(天保三年)十一月廿一日夜、当郡伊名古村百姓主馬吉と申合、村方弥平次宅前小屋ニ入置候衣類拾八品盗取、猶又当七月晦日夜、甚左衛門後家方物置ぇ藤九郎弟捨五郎と這入、衣類廿壱品と金弐分盗取、尤右品其後当人方ぇ被取戻、且又近所人家台所或は水車屋ぇ、村方茂左衛門と三度入、米麦六俵半盗取、茂左衛門と配分いたし、右様度ミ盗致候段旁不届至極ニ付、死罪可被仰付処、格別之御憐愍を以、百敲之上田野口村ゟ拾里四方御構被成、田畑家財闕所被仰付候段被　仰渡候、

同村　百姓
茂左衛門

私儀、平日不行跡ニて同村瀧兵衛と申合、近所水車屋又は人家台所ニ有之候米麦六俵半三度ニ盗取、或は枝郷丸山地内ニおゐて桑抔盗伐取候始末、旁不届ニ付、五十敲之上居村ゟ五里四方之内御構被
仰付候、且又田畑家財共闕所可被仰付候処、格別之御慈悲を以、母ぇ被下置候段被　仰渡候、
右銘〻ぇ被　仰渡之趣、承知奉畏難有仕合奉存候、且又御構之場所ニ無之候共、行先御城下并御陣屋許は徘徊仕間鋪段、被　仰渡、是又奉畏候、為其御請証文差上申処、仍而如件、

天保四癸巳年九月廿日

右
瀧兵衛　爪印
茂左衛門　爪印

御役所

右は瀧兵衛・茂左衛門両名が一紙に認めた「請証文」である(15)。これに続いて「前書瀧兵衛・茂左衛門両人ぇ被　仰渡候趣、私共一同罷出承知仕候、為其奥書印形差上申候、以上」という文言があり、出頭した関係人一同が連署・連印している。それらは、田野口村名主が三名、同村年寄が九名、茂左衛門親類一名、同人組合四名、瀧兵衛については親類がなく、同人組合四名の都合二十一名である。「剪紙」をもって呼び出されたのは、かくも大勢だったのである。なお、事例③⑤の場合は受刑者が各一人で出頭者もそれぞれ十三人であった。

（2）「月代申付」と「申渡書」の手交

「請書」の提出が終わると関係人一同は退席し、本人には身だしなみを整えるように命じた。事例②には「夫〻請書取之、一同相下ケ、右卯兵衛儀月代申付」と見え、事例③には「請書取之、太助髪月代申付」と記されている。他の事例においても同様であろう。身だしなみが整うと再び白洲に呼び出し、銭五百文と立入禁止区域を記した書面を

手渡した。銭五百文は当座の生活資金である。「陣屋日記」は、この書面を「申渡書」あるいは「書付」と言っている。瀧兵衛に交付した「申渡書」の文面は、

松平石見守領分
信州佐久郡
田野口村　百姓
瀧兵衛

其方儀、致盗候依咎、百敲之上田野口村より拾里四方相構、田畑家財闕所申付、尤行先城下陣屋元徘徊致間敷もの也、

巳九月　田野口
役所　押印

というものであり、茂左衛門に対する「申渡書」は、次のようである。

松平石見守領分
信州佐久郡
田野口村　百姓
茂左衛門

其方儀、致盗候依咎、五十敲之上田野口村より五里四方相構、尤行先城下陣屋元徘徊致間敷もの也、

巳九月　田野口
役所　押印

「陣屋日記」は事例②④についてこの書面を記さないが、追放刑者すべてに手渡したと思われる。事例⑤の記事には、百敲の上入沢村より十里四方追放に処した庄太夫に、「桐油紙巴麻縄からけ」にしてこの書面を手渡したとある。後生大事に所持しなさいという意味であろう。幕府では「申渡書」のことを「御構状」と称し、これを追放刑者に交

付した[16]。

（3）「敲」刑の執行

「申渡書」の交付が済むと、いよいよ「敲」の刑罰を執行し追放に処すのである。したがって、執行は午前中である。執行場所は「制札場」である。瀧兵衛・茂兵衛の一件である事例①においては、「書付ニ銭五百文ツヽ、相添相渡、御制札前ニおゐて敲之上云々」と記されている。事例④の甲州無宿駒吉の場合も「月代相済候趣申出候ニ付、御制札前ニおゐて為敲候」とあり、やはり「制札場」が執行場所である。それ故、「敲」の刑場は「制札場」であったとみてよい。「制札場」は、田野口役所の西側隅の往来に面した場所に設置されていた[17]。つまり、「敲」刑は幕府法に同じく公開の処刑だったのである。

打役について、事例①は何も語らない。しかし、事例②に「牢守作右衛門御白州口へ為覗、其段申渡等閑敲様無之様申付」、事例③に「牢守作右衛門御白州口ゑ為覗、御仕置之次第申聞、等閑敲様無之様申付ル」と記されるように、打役は牢守の作右衛門が担当した。牢守作右衛門は、事例④に「穢多作右衛門ニ敲申付、等閑敲不申候様申渡ス」と記されるように、その身分は穢多である。「敲」刑執行の中核的役割を、賤民身分の牢守が担ったのである。

「敲」刑の執行には、受刑者の異変に対処するために医師が立ち会った。事例①には「三分村医師弥右衛門呼寄置候事」と記される。また、事例③では「医師高柳友松召呼置、敲節為立合候」、事例④では「村方医師池田宗栄召呼置候」と記されている。民間の医師が動員されたものと思われる。事例②⑤には医師立会の記事が見えないが、これは「陣屋日記」に記録されなかっただけであり、「敲」刑の執行に際しては医師が必ず立ち会ったとみてよいのではなかろうか。

「敲」刑には二名の検使が立ち会って、その執行に落度なきを見届けた。事例①には検使役が記されていないが、事例②以下を見ると検使の役割は田野口役所の代官が勤めている[18]。そのいでたちは野袴に羽織を着用し、従者として若党と草履取りを召連れ、鎗と挟み箱を持たせた。

その他、警備のために下役二名が出張っており、執行を見守ったと同時に、執行終了後は受刑者を領分境まで連行した。召喚状を受けて出頭し、「請書」に連署連印した関係人一同も執行の様子を見守ったであろうことはいうまでもなかろう。

「敲」刑の執行が済むと、領分境まで連行して追い払うのであるが、事例①の瀧兵衛は上海瀬村、茂左衛門は太田部村から追放となった。事例②の卯兵衛、③の太助、⑤の庄太夫もそれぞれ太田部村からの追放であり、卯兵衛の場合は「太田部村之方参り度」、太助も「越後之方ぇ罷越度趣」という希望が聞き入れられて太田部村から追い払われたのであった。

三　奥殿藩佐久領の「敲」と幕府法

奥殿藩佐久領における追放刑は、居村を起点とする五里四方追放と十里四方追放、および三河・信濃両国の奥殿藩領を立入禁止とする領分払とが見られ、五里四方追放に五十敲、十里四方追放ならび領分払に百敲を併科した。支配領域の狭い小藩の場合、領分の範囲内で済ます追放刑は実際上不可能なのであるが、五里四方、十里四方といえば奥殿藩佐久領のはるか外側も立入禁止区域に含まれる。それのみならず判決は、他領であっても城下と陣屋の場所は徘徊を禁ずると申し渡している[19]。したがって、追放刑に処された者は繁華な場所には立ち入ることができないのであって、暮らしの手だてが立たなかったというのが実情であろう。なお、他領の無宿に対しては、百敲の上領分払とする追放刑を科している。

ところで、「敲」刑執行に至る手続きとして、関係人の召喚、本人とともに関係人一同を前にしての判決の申渡、「請書」の作成、「申渡書」の交付という経過をたどったが、これはおよそ幕府における手続きに同じであった。[20]

「敲」刑の執行法に関しても、第四の特徴を除くならば、おおむね幕府法に同じである。まず、刑場に関して小伝馬町牢屋敷の門前と田野口役所の制札場との違いはあるけれども、公開処刑であったという第一の特徴は同じである。受刑者を裸とする第二の特徴について「陣屋日記」は何も語らない。しかし、幕府の場合に同じく受刑者を裸としてその肩背尻もしくは尻を殴打したと推測される。身元引受人を出頭させて執行を見学させるという第三の特徴も似ている。佐久領の場合は身元引受人ではなく、関係人として親類・村役人・組合が出頭し、判決に対する「請書」に連署連印すると共に、執行にも立ち会ったのである。

執行法が儀式張っているという第五の特徴も同様であろう。奥殿藩佐久領では、田野口役所の代官二名が検使の役割をはたすが、その衣装は野袴に羽織着用であり、それぞれに若党と草履取を連れ従わせ、鑓と挟箱を持たせている。これは、幕府の大検使、小検使のいでたちに似ている。寺社奉行掛の受刑者を「敲」に処す場合、大検使・小検使を小伝馬町牢屋敷に派遣した。大検使は裃を着用し、供馬を連れ、若党二人、草履取を従え、この従者に鑓・挟箱を持たせた。小検使は羽織袴を着用し、小頭同心二人、草履取に挟箱を持たせて召しつれていた。[21]医師の立会も儀式張るのに一役買っている。

第四の特徴に関してはおおいに異なる。幕府の小伝馬町牢屋敷門前における「敲」は、打役を牢屋同心つまり士分の者が勤めた。また、受刑者の手足を押さえつける役目の四人の押役は牢屋下男つまり牢屋に雇われている一般人である。この両役に賤民身分の者が関与しないのである。一方、奥殿藩佐久領では打役を穢多身分の牢守が勤めたのである。[22]「敲」という刑罰の意義を考える場合、この差異に注意しなければならない。「敲」という刑罰を追放刑に併科する刑罰としてのみ用いること、賤民身分の者が打役を勤めるということ、この二つの事柄は大いに関連することである。

幕府が「敲」刑を公開処刑としたのは、「見懲《みごらし》」によって犯罪の一般予防を意図したからにほかならない。そして、その執行法が仰々しく儀式張っているのは、一般予防の効果を大ならしめるための演出なのである。また、受刑者本人に対する懲戒として、殴打による肉体的苦痛と公衆の面前で辱めることによる精神的苦痛とを味あわせて、再犯の防止を意図しているのである。つまり、「敲」刑は、犯罪に対する一般予防と特別予防との両者を加味した刑罰なのである。しかし、「敲」刑を終えた後に追放に処すならば、再犯防止の効果は期待できない。

「敲」を単独で科す場合、再犯の防止という消極的効果のみならず、次のような積極的効果をも期待していたと考えられる。それは、受刑者の心根をたて直して社会復帰を果たさせるということである。それを手助けするために身元引受人の制を設けたのである。「敲」刑を考案した徳川吉宗は、殴打による痛手を自力で自宅に戻れる程度に加減せよと指示しているが、これは、生業への速やかな復帰を考慮したからであろう。[23]このように、「敲」という刑罰には改善主義の考え方が含まれているのである。[24]

磔、火罪、死罪などの死刑、死刑に付加する晒や引廻、重追放以下の追放刑や入墨刑、幕府のこれらの刑罰においては、執行の担い手として非人が重要な役割を演ずる。しかし、「敲」刑のみは、賤民身分の者が関わらない。改善主義の考え方を含む新規の刑罰として「敲」刑を位置づけたからこそ、その執行に非人を関与させなかったのだと考えられる。

奥殿藩佐久領の「敲」刑は公開で執行しており、これは一般予防主義の考え方に基づくものである。しかし一方、受刑者の社会復帰を目指すという考え方は皆無である。「敲」刑によって懲戒を加え、その後ただちに追放に処すことにより、自分たちの社会から厄介者を排除したにすぎない。要するに、奥殿藩佐久領の「敲」刑は、幕府法が意図したもっとも重要な意義については継承しなかったのである。

むすび

奥殿藩佐久領にほど近い小諸藩においても、追放刑に併科する二重仕置の刑罰として「敲」を採用している。小諸藩は、譜代大名の牧野氏が信濃国佐久郡・小県郡に一万五千石を領有する小藩であり、「敲」の採用は文政七年（一八二四）十一月のことである[25]。奥殿藩佐久領に先んずること十年、やはり五十敲と百敲の二種類である。「敲」刑採用の理由は次の様なことである。小諸藩の刑罰は、従前は死刑と追放刑のみであったらしい。そのため、死刑では重きに失し、さりとて追放では軽すぎるという事案に適用する刑罰として、あるいはまた先に追放に処した者の犯罪に加重する刑罰として、追放に併科する「敲」を採用したのである。採用にあたっては、執行方法や用具などの拵え方を幕府および他藩に問い合わせたというが、打数を数える数取こそ町同心が勤めて幕府と同じく士分の役割としたが、打役（一人）と押役（四人）についてはこれを穢多の役割としている[26]。したがって、小諸藩の場合もまた、幕府が「敲」の刑罰に込めたもっとも肝要な――受刑者の社会復帰を考慮するという――意義については継承しなかったのである。

奥殿藩佐久領が「敲」の刑罰を採用する際は、このような小諸藩の「敲」刑をも参考としたことと思われる。ともあれ、信濃国の小諸藩および奥殿藩佐久領は、単独で科す「敲」の刑罰については採用しなかったのである。[27] 笞打ちの刑罰は多くの藩が採用したが、その仕方は幕府の意図を忠実に継承した藩もあれば、[28] そうでない場合も見られるであろう。今後は各藩の事例を数多く集め、江戸時代における笞打ちの刑がどのような機能を果たしたかを考察する必要がある。[29]

註

(1) 尾崎行也「奥殿（田野口）藩佐久陣屋日記について」（『佐久』三三号、昭和五十年、佐久史談会）。
(2) 高塩博「江戸幕府法における敲と入墨の刑罰」（小林宏編『律令論纂』一四〇〜一四二頁、平成十五年、汲古書院〔本書一〇頁〕）。
(3) 高塩博「「敲」の刑罰における身元引受について」（『國學院大學日本文化研究所紀要』九八輯、平成十八年〔本書第一部所収〕）。
(4) 高塩博「江戸幕府法における敲と入墨の刑罰」（小林宏編『律令論纂』一六一頁〔本書三一頁〕）参照。
(5) 「陣屋日記」天保四癸巳年七月ヨリ九月迄（佐久市教育委員会蔵）。
(6) 「陣屋日記」天保五甲午年十月朔日ヨリ十二月迄（佐久市教育委員会蔵）。
(7) 「陣屋日記」嘉永五壬子年従十月至十二月（佐久市教育委員会蔵）。
(8) 同右
(9) 「陣屋日記」文久元辛酉年五月八月迄（佐久市教育委員会蔵）。
(10) 尾崎行也「奥殿藩佐久領の刑罰の実態」（『佐久』一八号、昭和四十一年、佐久史談会）。
(11) 事例④は甲州無宿駒吉が「重敲之上御領分払」となった一件であり、出頭人は親類総代・村役人・組合に代わって、割元と郷宿とであった。割元と郷宿については、尾崎行也「奥殿藩佐久領の割本と郷宿」（『信濃』一六巻八号、昭和三十九年、信濃史学会）参照。

(12) 田野口役所の白洲は、市川武治氏執筆の「田野口陣屋日記による想像図」にも描かれている（『大給藩から田野口藩へ――田野口藩陣屋日記拾い話(二)――』八三頁、昭和五十八年、櫟）。

(13) 「陣屋日記」は事例①について、「御下知書并請書其外申渡書共、写左之通」として、一件書類を転記している。以下、事例①を中心に据えて、足らざる点は他の事例に求めながら説明する。
田野口役所は、追放刑の事案については判決案を江戸藩邸に送付し、決済を仰いだ。「陣屋日記」はこの点について、事例①の執行前日条に「江戸伺之処夫ゝ御下知有之候」と記し、事例③においては執行当日条に「三分村入牢人太助、吟味詰、江戸表ぇ相伺、先日中御下知有之候」と記し、事案④においても「甲州無宿駒吉儀、遂吟味江戸表伺之上云々」と記す。たとえば、事例③の判決文は、太助の罪状について実に詳細な内容を備えている。その訳は、田野口役所の起案した判決案の文面がそのまま「御下知書」となったからであろう。

(14) 「陣屋日記」は事例②③⑤についても「請書」を転記するが、その文面は判決文よりもかなり簡略になっている。

(15) 幕府法では「請書」を「落着請証文」といい、「有罪、無罪を問わず、主たる被糺問者および一件の者すべてから提出せしめるのが原則である」という（平松義郎『近世刑事訴訟法の研究』八九六頁、昭和三十五年、創文社）。

(16) 佐久間長敬『刑罪詳説』徳川政刑史料前編第三冊、二二一頁（明治二十六年、南北出版協会）。「百箇条調書」によって、幕府の御構状の一例を左に示しておく。封書の表書きに「御構場所書付」と記し、本文は、

甲州上万力村
長百姓　十兵衛

中追放
御構場所

江戸拾里四方　　但、日本橋ゟ四方へ五里ツヽ、

甲斐国

右之場所徘徊すへからさる者也

安永十辛丑年　二月廿七日

というものである（『百箇条調書』巻六十七、布施弥平次編『百箇条調書』第十三巻四四六八頁、昭和四十三年、新生社）。

(17)　田野口役所の跡地に「制札場」の遺構が現在も残っている（市川武治『大給藩から田野口藩へ――田野口藩陣屋日記拾い話(二)――』八一～八三頁、昭和五十八年、櫟）。

(18)　検使役は、事例②においては伊豫田小兵衛・川村□次兵衛、事例③は田原直助・川村惣五郎、事例④は田原直助・柳川東馬、事例⑤においては川村右門・田原俊助が担当しており、いずれも「御下知書」の名宛て人のなかの二名である。

(19)　幕府は享保七年（一七二二）、領分外に追放する刑を制限する法令を出し、これを「公事方御定書」に収載して幕府の基本法としたが（上巻五十二、追放之儀ニ付御書付）、領分外追放を廃さなかった小藩は多かったようである。

(20)　「百箇条調書」巻六十七の「宝暦十三未年、無宿与八敲御仕置検使一件」の項は、判決から執行にいたる次第を検使の動静に焦点をあてて記録している。それによると、朝九時ごろ、「無宿与八其外一件之者共」が法廷に呼び出されて判決を受ける。その後大検使・小検使が法廷に出て検使のことが命じられ、退出すると牢屋証文を受け取る。九時過ぎに与八が小伝馬町牢屋敷に向かうが、検使両人は与八の二三百メートルあとをついて歩き、牢屋敷へは十時前に到着する。執行の準備が整うまで、牢屋敷において小憩をとりつつ、南北町奉行所の与力および囚獄石出帯刀に挨拶をし、牢屋証文を石出帯刀に提出する。やがて囚獄石出帯刀以下の一同は牢屋敷表門に出て、執行の様子を見届けるのである。すべて終了して退出するのは十二時前である（布施弥平治編『百箇条調書』第一三巻四四七八頁）。このように、判決後ただちに執行し、その後即座に釈放となるのが、「敲」刑の特徴である。

(21)　右の「宝暦十三未年、無宿与八敲御仕置検使一件」の項は、検使のいでたちについて次のように記す。すなわち、「出役之節、大検使時之上下、小検使羽織袴着用、其外供看板着也」、「大検使、供馬、若党両人鑓・挟箱、草り取茶弁当・合羽・籠弐荷、小検使、小頭同心両人、草り取、挟箱」と（読点は引用者、前掲書四四七九頁）。

(22)「陣屋日記」に押役についての記述は見られないが、打役に同じく牢守が担当したのであろうか。記して後考を俟つ。
(23)もっとも、「敲」刑ののち追放に処す場合であっても、自力で歩行できなくてはならない。
(24)高塩博「江戸幕府法における敲と入墨の刑罰」前掲書所収、同「「敲」の刑罰における身元引受について」前掲誌（共に本書第一部所収）。
(25)斉藤洋一「小諸藩における「敲」刑の始源と被差別民」（『学習院大学史料館紀要』六号、平成三年）。斉藤論文によると、小諸藩における「敲」刑の執行を四回見いだすことができる。①文政七年（一八二四）十一月二十九日、②文政十年（一八二七）十二月二十一日、③天保十年（一八三九）十一月五日、④同年十二月十五日である。これらの事例によるに、判決は領内の無宿に申し渡す刑には「御領分御構　百敲之上追放」というように「御領分御構」の文言が入り、他領の無宿に申し渡す刑は単に「百敲之上追放」というものである。これらの判決を見るかぎり、小諸藩の追放刑は自藩の領分を追い払うのみで、他領に属する区域について徘徊を禁ずることはなかったようである。また、追放刑者に与える銭は小諸藩の場合は二百文にすぎず、これを「草鞋銭」と称している。
(26)「刑罪大秘録」（内閣記録局編『法規分類大全』五七巻、治罪門⑵所収）の「敲之図」や佐久間長敬『刑罪詳説』（徳川政刑史料前編第三冊、明治二十六年、南北出版協会）の「敲刑小伝馬町旧牢屋門前ノ真景」図などによって確かめられるように、幕府の「敲」刑における打役、数取は、ともに小伝馬町牢屋敷に所属する牢屋同心（士分）が担当した。
(27)小諸藩に隣り合う上田藩（家門、藤井松平氏、五万三千石）でも、追放刑に併科する二重仕置としての「敲」を採用している。上田藩の刑事判決集というべき「罪状留」（藩法研究会編『藩法集』5諸藩、昭和三十九年、創文社）によると、天明六年（一七八六）から二重仕置による「敲」が見られる。五十敲追放と百敲追放の二種類であり、「敲」を単独で科す事例は見いだせない。打役、押役は未詳である。
　また、小諸藩と奥殿藩佐久領の間に位置する岩村田藩（譜代大名、内藤氏、一万五千石）も、追放刑に併科する笞打ち刑を用いている。精確な採用年次は未詳であるが、寛政十一年（一七九九）をすこしさかのぼる頃であろう。五十敲と百敲の二種に追放を併科する「たゝき放」の刑で、打役は賤民身分の者であった（岩村田宿文書「乍恐書附を奉願上候」『明治大学刑事博物館年報』Ⅲ、三五頁、昭和四十七年)。〔なお、岩村田藩の「たゝき放」については、本書第一部附録第一を参照されたい。〕

(28)　熊本藩と会津藩とが採用した笞打ちの刑罰は、幕府の「敲」刑の意図をおよそ忠実にくみ取っている。外様大名細川氏の熊本藩は、宝暦五年(一七五五)施行の刑法典「御刑法草書」に「笞刑」という名の笞打ち刑を定めた。この「笞刑」は十に始まって十刻みにふえて笞百に至る十等級の刑罰であり、名称や等級こそ異なるが、「敲」の執行に見られる五つの特徴をすべて備えている。「御刑法草書」を編纂した堀平太左衛門は、「笞刑」をはじめとする刑罰の創設について、

笞は有徳廟之御製を擬し、刺墨は公辺に用ひらる、形に同しからさる様に定め置、徒は眉毛を去り、年限中常人と異り候様に仕、明律又は前ゝより罪に処せらる、留書之趣、彼是を斟酌にて、答数、或刺墨、或徒之年数、或死刑等之事、重畳衆議之上、簡約に記録成り候、

と語っている(「益田弥一右衛門上書堀平太左衛門返答之書付」小林宏・高塩博編『熊本藩法制史料集』一一七〇頁、平成八年、創文社)。すなわち、熊本藩の笞刑は徳川吉宗の考案した「敲」の刑罰になぞらえ、且つ明律や熊本藩の判例等をも考えあわせて創設したのであり、「敲」刑の意図する犯罪の一般予防と特別予防、および受刑者の速やかな社会復帰を考慮している。熊本藩の「笞刑」は、単独で科し、あるいは入墨や徒刑に併科する刑罰であり、追放刑に併科することはない。熊本藩「笞刑」の詳細は、拙稿「熊本藩刑法の一斑――笞刑について――」(『國學院大學日本文化研究所紀要』七二輯、平成五年)を参照されたい。

かたや保科正之を藩祖とする会津藩は、寛政二年(一七九〇)制定の刑罰法規集「刑則」に「笞刑」五等級(五・十・十五・二十・二十五)と「杖刑」五等級(三十・四十・五十・六十・七十)を定めた。会津藩の笞打ち刑も、熊本藩と同様に追放刑を併科する二重仕置は存しない。「笞刑」「杖刑」の執行法の詳細は不明であるが、幕府「敲」と同じ趣旨を有していたと考えられる。生業の妨げを除くことと再犯防止の効果を期待したことは、会津藩の正史「家世実紀」が「刑則」制定の条に、左のように明記している(家世実紀編纂委員会編『会津藩家世実紀』一三巻四〇二頁、吉川弘文館、昭和六十二年)。

百姓町人ハ日々之渡世有之、押込・牢舎申付候へハ、渡世之道を失ひ、又々不心成犯科ニも至候義、仍てハ於公儀た、

き放と申刑有之、上代和漢専ら取行候刑ニ候へハ、笞杖之刑二等御設被成、壱等ハ細き笞、一等重キハ杖ニて、何れも臀を打候ハ、煩雑ニも無之、笞刑ハ恥しめニ懲り、杖刑ハ其痛ニ懲り、再犯之者も少く可相成、

なお、会津藩の「笞刑」「杖刑」については、手塚豊「会津藩「刑則」考」（『明治刑法史の研究（中）』手塚豊著作集第五巻二六四～二六五頁、昭和六十年、慶応通信）、前掲拙稿ならびに同「会津藩における『大明律例訳義』の参酌」（池田温編『日中律令制の諸相』四五三頁、平成十四年、東方書店）、同「会津藩「刑則」とその刑罰」（拙著『江戸時代の法とその周縁』六三～六六頁、平成十六年、汲古書院）においても言及されている。

(29)　最近、林紀昭氏は「宇和島藩「刑罰掟」を廻る諸問題」という論考を発表され（藩法研究会編『大名権力の法と裁判』平成十九年、創文社）、その中で、伊予国宇和島藩（外様大名、伊達氏、十万石）における笞打ちの刑についても考察を加え、次の諸点を指摘しておられる。刑名は幕府に同じく「敲」であり、その採用は天保二年（一八三一）七月のことで、同年九月以降に実施が確認されること。基本となる「敲」の打数は三十、六十、九十の三種であること。情状により減刑するときはこれらに十もしくは二十を減じ、加重するときは十、二十もしくは五十を加えるが、上限を百とすること。したがって、実際の打数は十から百までの十等級であったこと。領分外追放および領分内追放に併科する二重仕置として「敲」を採用したこと等である。

林論文に引用する史料（桜田数馬親敬編纂「記録書抜」『宇和島藩庁・伊達家史料7～11』昭和五十六～五十八年、近代史文庫宇和島研究会）によると、「敲」刑の執行場所は城下の新町御門外であるから、公開処刑である。打役は牢番、押役は掃除番である。両者はおそらく賤民身分のものであろう。ともあれ、宇和島藩の「敲」刑もまた小諸藩や奥殿藩佐久領に同じく、受刑者の社会復帰に関しては少しも配慮されていない。本人懲戒と犯罪の一般予防とをもっぱらとした刑罰とみなしてよい。

なお、天保二年七月の「刑罰掟　追加」を見ると、刑具の規格について「杖は荊を以作るべし、尤節を削り平にして長三尺五寸也、大頭経（径）り三分二厘、小頭経（径）り二分二厘也、是以罪人の臀を打也」と記されている（林論文二四五頁）。寸法ならびに材質が節を削った木であることは、明律の杖刑の刑具に同じである。したがって、宇和島藩の「敲」は、幕府の「敲」

刑のみならず、「明律」の笞杖刑をも参考とした刑罰であったと言えよう。「敲」の打数が十から百までの十等級であることも、明律を参考とした証左に数えられる。「刑罰掟　追加」には「例無之事は律令要略、又は唐明の律等為見合、的当の吟味可為肝要事」という記事が存するが、「唐明の律等為見合」の一端が、刑具の規格や打数に看てとれるのである。

〔附記〕　本章を草するにあたり、佐久市教育委員会文化財保護係高橋浩一氏ならびに臼田町誌編纂事務局の相澤俊之氏・平林利一氏には、奥殿藩佐久領の「陣屋日記」をはじめとする諸史料の調査と利用に関して便宜をはかっていただき、様々なご教示にもあずかった。末尾ながら、ここに記して深謝の意を表すものである。

附録第四　《講演録》江戸時代の笞打ち刑について

――幕府の「敲」と弘前藩の「鞭刑」――

はじめに
一　幕府の敲
（1）　刑罰の特徴
（2）「敲」刑の体系とその刑罰思想
（3）「敲」刑の意義
（4）「敲」の字義と刑具
二　弘前藩の鞭刑
むすび

はじめに

わたくしは、國學院大學法学部におきまして日本法制史という講座を担当しております。江戸時代の刑罰制度がどのような変遷を遂げて近代の明治時代に至ったかという、きわめて無粋な事柄を近年の研究テーマとしております。それですから、本日も江戸幕府の「敲《たたき》」と弘前藩の「鞭刑《べんけい》」という二つの笞打ち刑を比較して考えてみようというわけです。貴重な時間を拝借しながら、まことに退屈な話になりはしないかと恐れているのですが、配付資料の絵などを御覧頂きながら、耳を傾けていただきますれば幸いです。

一 幕府の「敲」

笞打ちの刑罰は、日本古代の大宝律令・養老律令がこれを採用しています。ご承知の通り、笞杖徒流死つまり五罪の笞罪十～五十の五等級と、杖罪六十～百の五等級がそれに当たります。しかし、律令が行われなくなりますと、五罪もおのずと行われなくなりました。

近世の江戸時代になりまして、笞打ちの刑罰を最初に採用するのは、外でもありません、幕府です。「敲」という名称で、五十回殴打する軽敲《かるきたたき》と百回殴打する重敲《おもきたたき》を採用しました。一般には五十敲、百敲と呼ばれることが多いようです。二重仕置と言って追放刑や入墨に敲を併科することもあります。この笞打ち刑は、江戸の町におきましては、小伝馬町牢屋敷の表門のところで執行するのであります。執行の様子を絵にしたものを、三種類ほど確認しておりますが、本日はそのうちの二種類を用意しました（**口絵４５参照**）。牢屋敷表門全体を描いたのが「敲刑小伝馬町旧牢屋門前ノ真景」というものです。この絵は、江戸の南町奉行所の吟味方与力を勤めた佐久間長敬（通称弥太吉）が幕府の刑罰の実態を説明する手助けのため、画家に描かせたものです。ですから、おおかた真実を伝えているとみてよいでしょう。これは幕末の様子ですが、もう一枚の絵はこれよりおよそ五十年をさかのぼった文化十一年（一八一四）、北町奉行所与力の蜂屋新五郎という人の絵です。この人は親子で小伝馬町牢屋敷の見回り役を勤めた経験から、牢屋敷が担当する刑罰の執行方法について、絵を添えて詳細に書き遺しました。その記録を「刑罪大秘録」といいます。

幕府評定所備え付けの伝本が、今日、国立公文書館内閣文庫に所蔵されています。

牢屋敷の表門は江戸町民が行き来する往来に面しております。つまり、「敲」という刑罰は、人々が見物できる公開処刑だったのです。「牢屋門前ノ真景」に見物人は描かれていませんが、十五という番号がふってある「牢屋門番棒突」は見物人を警備する役割の人員です。「敲」は、公衆の面前において受刑者を下帯一丁の裸として肩から背中、尻にかけてむちで打つのですから、今日から考えると、人権を無視した野蛮きわまりない刑罰ということになります。ところが、「敲」という刑罰をその時代に即して考えてみますと、きわめて進歩的な考えを含んだ刑罰であるということが、だんだんと分かって参りました。

（1）刑罰の特徴

執行方法から次のような五つの特徴を指摘することが出来るように思います。第一は、すでに述べたように、執行場所が小伝馬町牢屋敷の表門前であり、公開処刑であったということです。第二は、受刑者を裸としたことです。脱いだ着物を筵の上にしいて腹這いとさせ、むちで打つ時は苦痛にゆがむ顔を往来の方に向くことが強いられたのです。第三の特徴は、身元引受人を出頭させて執行の様子を見学させたことです。十四の番号の人々が身元引受人です。第四は、執行人に関する事柄です。江戸時代においては、幕府をはじめとして諸藩においても穢多あるいは非人とよばれる被差別の人々が刑罰の執行に重要な役割を担っております。ところが、「敲」に関しては被差別の人々は役割を与えられていないのです。打役《うちやく》および数取《かずとり》は牢屋同心、つまり刀を指した武士の役目であり、受刑者の手足を押さえるのは、牢屋敷召し抱えの下男《しもおとこ》が勤めています。

のちに述べますように、五十敲、百敲はおもに軽微な窃盗犯罪に科す刑罰です。第五の特徴は、そのような軽微な犯罪に適用する刑罰なのにもかかわらず、執行がきわめて仰々しく儀式張っているということです。牢屋表門の屋根の下には、牢屋敷の最高責任者、いわゆる牢屋奉行の石出帯刀、町奉行所が派遣する牢屋見廻与力、同じく町奉行所が派遣する検使与力、それに徒目付、小人目付が勢揃いしています。石出帯刀と検使与力は、武士の正装である裃袴姿です。徒目付、小人目付は、執行を担う各人が間違いなく職務を遂行しているかを監視する役割を担ったことと思われます。これらの人員のほか、打役・数取の交代要員、鍵役、当番医師が立ち並んで執行を見守っています。医師は気絶に備えて気付け薬を用意しているのです（口絵45参照）。

（2）「敲」刑の体系とその刑罰思想

幕府は、寛保二年（一七四二）制定の「公事方御定書」に「敲」の刑罰を定め、「敲」を適用する犯罪も設けております。ご承知の通り、「公事方御定書」は幕府の刑法の役割を果たしたものですが、「盗人御仕置之事」という条文を置いて、盗みの罪とそれに適用する刑罰を定めています（第五十六条）。五十敲を単に「敲」、百敲を「重敲《おもきたたき》」と表記しています。五十敲に該当する犯罪として、「軽キ盗いたし候もの」と定めていますが、これではどのぐらいの金額の盗みか判明しません。しかし、「湯屋《え》参、衣類着替候もの　敲」という例示的規定があります。つまり、銭湯の客が自分のよれよれの着物をおいて、他人のましな着物を着て帰り去ったという罪です。この程度の盗みが五十敲にあたるのです。百敲にあたる犯罪として、「御定書」は「橋之高欄又ハ武士屋敷之鉄物外シ候もの　重敲」という例示的規定をおいています。今日、鉄をはじめとして金属の値段が上昇したため、住宅街のアルミの門扉が一晩で軒並み消えてしまったり、側溝の鉄のふたが持ち去られたりという事件が、テレビや新聞をにぎわしたことがありましたが、これが江戸時代の出来事であったとすれば百敲が適用されたことでしょう。盗みの金額がさらに大きくなると、

「入墨之上敲」となり、十両以上を盗むと「死罪」という名の死刑に処すことになります。

このように、幕府法は軽微な盗みの犯罪に「敲」という刑罰を採用したのでした。五十敲に始まり、盗んだ金額が増えるにしたがって百敲、入墨敲、死罪というように刑罰が順次重くなったのです。盗みの犯罪と刑罰との関係について、もう一つ興味深い原則がみられます。それはこういうことです。軽微な盗みで五十敲もしくは百敲に処された者が再び軽微な盗みを犯したならば、「入墨」の刑が科され、その入墨者がもう一度盗みの罪を犯すと死罪となるという原則です。この原則は、「御定書」の第五十六条の「一旦敲ニ成候上、軽盗いたし候もの　入墨」という規定と、第八十五条の「入墨ニ成候以後、又候盗いたし候もの　死罪」という規定によって導かれます（なお、敲之上追放という二重仕置の刑は、盗み以外の犯罪に適用されています）。

江戸幕府の「敲」という名の笞打ち刑は、中国において古くから存する「笞刑」の刑罰思想に示唆を得て考え出された刑罰です。その刑罰思想とは、音通《おんつう》をもって表現した「笞《ち》は恥《ち》也」という考え方です。和歌山藩の高瀬喜朴（号は学山）という学者は、将軍吉宗の命をうけて「大明律例譯義」という書物を著します。これは中国の明律という刑法典を逐条和訳した注釈書ですが、笞刑を注釈して「笞は恥也。人を恥かしめ、こらすために設たる者なり。」あるいは「犯人《とがにん》ノ臀を撻て、恥辱をかゝせ、こるゝやうにす。」と述べております。つまり、笞刑とは恥辱によって懲戒を加える刑罰だというのです。明律のもととなった唐律という刑法典は七世紀に成立しますが、唐律を解釈した国家の公式注釈書「律疏」は笞刑を注釈して、「笞トハ撃ナリ、……笞ハ訓ジテ恥ト為スト。言フココロ、人ニ小愆（小さな過ち）アリ、法須ク懲戒スベシ。故ニ捶撻ヲ加ヘテ以テコレヲ恥カシム」と述べています。小さな過ちを戒めるためにムチをもって撻ち、辱めるのだと言うのです。公式注釈はまた、中国の四書五経の一つである「尚書」の「扑ヲ教刑ト作ス」と言う言葉も引いております。「扑」とは、ムチで軽く打つこと、あるいは教師が誡めのために持つムチを意味します。教鞭を執るというときの鞭もまた、教師が誡めのために持つムチであることは先刻承知のことです。つまり、ムチは小さな過ちに対し、恥辱を加えて懲戒するという目的と、教育的な誡めの目的をもって用いることとがあるのです。幕府が採用した「敲」という刑罰は、中国律の笞刑に込められたこれらの意味を加味していると思われます。

（3）「敲」刑の意義

最初に、盗みの刑に笞打ち刑を用いることの理由を考えてみましょう。盗みという犯罪は、今と昔とを問わず、また洋の東西を問わず、最も数多く犯される罪であって、「犯罪の王様」と呼ばれています。盗犯のもう一つの特徴は再犯、三犯、四犯というように、罪をかさねる傾向が強いということです。そこで、累犯に陥りやすい犯罪に公開処刑の笞打ち刑を適用することによって、再犯を防止しようと言うわけです。裸の肩、背、尻にムチをあてることによる肉体的苦痛と、公衆の面前で恥辱を味あわせることによる精神的苦痛、この二つの懲戒によって二度と罪を犯すまいとの悔悟の念をおこさせることが刑罰の目的であったと思われます。

刑罰の目的のもう一つの大切な点は、見せしめによる犯罪予防の効果をねらったということです。刑罰執行の様子を一般大衆に公開することにより、自分はあのような目に逢うことはまっぴら御免だという気持ちを持たせることをねらっているのです。儀式張った執行法は、犯罪予防の効果を大ならしめるための演出なのです。

しかし、「敲」刑の意義はこれだけにとどまらないというのが、私の考えです。「敲」という刑罰にはもっと積極的な意味が含まれていると私は考えています。その第一は、受刑者の速やかな仕事への復帰を目指したことです。「敲」は町奉行所で判決申渡をした後、ただちに小伝馬町牢屋敷に移動し、刑を執行します。執行が済むとその場で身元引受人に引き渡されるのです。すなわち、判決即執行即釈放というわけです。また、ムチの打ち方について、「公事方御定書」は、「背骨を除、絶入不仕様」と定めています（第百三条御仕置仕形之事）。これは、「敲」刑を創設する際に将軍吉宗が「足腰なと痛候て、漸々宿え帰候程」に加減して打つようにと指示したのに基づいています。つまり、受刑者の痛手は自分の足で自宅に戻れる程度なのですから、数日も静養すれば仕事に復帰できたであろうと思われるのです。従来であれば、ごく軽微な犯罪については「手鎖《てじょう》」「戸〆」「押込」といった自宅謹慎を内容とする刑罰を科しました。しかし、これらの刑罰は懲戒の効果が薄いばかりでなく、何十日間も謹慎するのですから、一家の働き手がこれらの刑罰に処されたのでは生活が成り立たないのです。つまり、謹慎を内容とする拘束刑には懲戒の効果が薄く、生業の妨げが大きいという短所がありますが、「敲」はこれらを克服する刑罰であったということが出来ます。

積極的な意義の第二は、身元引受人の制度に看て取ることができます。名主、組頭あるいは親などの身元引受人は、判決の当日に奉行所に出頭し、受刑者ともども判決の申渡を受けます。その判決のなかで、「以来不届之儀無之様可心付」とか、「以来不埒之儀無之様可致」などという文言を身元引受人に申し渡していることに注目する必要があります。つまり、身元引受人は釈放者の社会復帰を手助けすること――それは仕事にありつくための世話であったり、真人間に戻るための説諭であったり――が期待されているのです。「敲」刑における教育的な一面がここに認められるのです。以上を要するに、「敲」という刑は受刑者の改善を目指すという、改善主義の考え方を内包する刑罰であったと言えましょう。刑の執行に賤民身分の者を関与させずに、武士身分をもって打役《うちやく》としたのは、受刑者の名誉を配慮したからにほかなりません。

（4）「敲」の字義と刑具

「敲」という漢字は、日本ではほとんど使用しない字です。音ではコウ、意味を諸橋大漢和辞典で調べますと、①うつ、たたく、②たたくおと、③むち、短い杖、④すてる、ふりすてると出てきます。熟語は二十六ほどが載っていますが、「敲門」「敲棊（碁石を打ち下す）」「敲石（火打ち石をうつ）」「敲背（按摩する）」「敲梆（拍子木をたたく、日本語読みなし）」などの熟語に注目しました。これらの熟語をみると、「敲」という文字は、思いきり強打するのではなく、目的にあわせて適度にたたくという意味をもっているようです。「敲」の熟語で現代の日本人が知っているのは、文章を何度も練り直すことを意味する「推敲」ぐらいなものです。すでにご承知のように、この熟語は唐の詩人が月夜の晩に友人を訪ねるときの様子を漢詩に読もうとして、「僧推月下門（僧は推す月下の門）」という一句ができたが、「推」字を「敲」にするかどうかでさんざん迷ったという故事に由来します。この句に出てくる「敲」字は、来意がわかる程度に手加減して門をたたくのです。刑罰の「敲」もまた、自分の足で自宅に戻れる程度に手加減して受刑者の肩背尻をたたくのです。

そのためのムチを幕府では「敲箒《たたきぼうき》」と称し、藁を束ねてその上を麻苧でまいて作りました。長さは一尺九寸、太さは四寸五分廻りと書いてあります。長さ約五七センチで缶コーヒーの太さです。短くてやや太めという印象をうけます。「刑罪大秘録」の絵（**口絵4**）を見ますと、打役はムチが短いために片膝をついて敲箒をふりおろしております。ムチはもっと長いほうが打ちやすいのですが、なぜか一尺九寸という中途半端な長さなのです。これは稲藁の長さに基づくのだろうと思います（敲箒は、後に材質が竹に変化し、長さはそのままで細身になり、箒尻とも呼ばれるようになります）。

幕府が日常においてほとんど用いることのない「敲」という文字をあえて採用したのは、第一には適度に殴打するという意味と、第二には「短い杖」という意味（諸橋大漢和の三番目の意味）とを併せ持たせるためであったろうと、わたしは考えています。これまで述べてきたことが、私の深読みでないならば、幕府の「敲」という名の笞打ち刑は、中国律の笞刑・杖刑に示唆を受けながら、じつに様々に考えを廻らせて創設された、当時としてはきわめて斬新な刑罰であったことがお分かりいただけたことと思います。

二　弘前藩の「鞭刑」

幕府が初めて「敲」を用いたのは、享保五年（一七二〇）のことで、寛保二年（一七四二）制定の「公事方御定書」に敲の刑罰を定めました。一方、弘前藩の笞打ち刑は「鞭刑《べんけい》」と称し、その採用は明和九年（一七七二）十一月以降のことです。その頃制定された「御仕置ヶ条」という刑法典には軽鞭刑　鞭刑之上村追放　軽鞭刑追放　鞭刑之上重追放　重キ鞭刑之上追放　重鞭刑五里追放　重鞭刑之上十里追放という刑罰が見られます。つまり、鞭刑は軽鞭刑と重鞭刑との二種類が存し、鞭刑を単独に科す場合と、五種類の追放刑（村追放、追放、重追放、五里追放、十里追放）に併科する場合とが見られるということです。このように、「御仕置ヶ条」の定める「鞭刑」は軽重の二段構えとなっており、単独に科す場合と追放刑に併科する二重仕置の場合とが存するのです。こうした刑罰の構造は幕府の「敲」に同じです。

続く安永四年（一七七五）八月制定の「安永律」は、「御仕置ヶ条」の鞭刑を整理し――軽重の二段構えと二重仕置の構造を保ちつつ――「鞭刑」「重鞭刑」「鞭刑追放」「重鞭刑追放」の四種類に簡素化しております。

鞭刑の打数は幕府の「敲」よりはるかに少なく、最少が三鞭で最多が三十鞭でした。打数が少ないのは、ムチとして鯨の鰭を用いたからです。このムチは平鞭で、その寸法は長さ四尺（約一二〇糎）、元幅一寸二三分（四糎弱）、末幅一寸ぐらい（約三糎）です。したがって、「鞭刑」という呼称も鯨の鰭を刑具としたことから採られたと考えられます。このムチで二三回殴打するだけで皮膚が破れ、力一杯に二十鞭・三十鞭も殴つならば死にも至ってしまいます。そのために打役が手加減を加えるので刑罰の軽重が「打手ノ心次第」となっている状況が生じていました。

そこでこの弊害を除去するため、寛政七年（一七九五）にいたりムチの規格を次のように改正しました。同年六月三十日のことです。ムチの製法は樫を芯木として身厚の唐竹にて両面を包み合わせ、麻をもってむら無く巻いてその上を漆をもって塗り固めるというものです。滑りにくくするためと思われますが、握りの部分のみは革で巻くこととしました。寸法は長さが三尺五寸（約一〇五糎）、手元の直径五分（約一・五糎）、先端の直径三分一厘（一糎弱）です。一円玉の直径が二糎ですから、改正後のムチはかなり細い棒ということになります。

刑具改正の約二年後、弘前藩はより本格的な刑法典である「寛政律」を完成させました。寛政九年（一七九七）三月のことです。ここでも単独に科す「鞭刑」と、追放刑に併科する「鞭刑追放」とを定めています。「鞭刑」は三、六、九、十二、十五の五等級、「鞭刑追放」も十八鞭所払、二十一鞭三里追放、二十四鞭五里追放、二十七鞭七里追放、三十鞭大場御構の五等級です。「寛政律」はこれに加えて徒刑に併科する鞭刑も採用しています。半年、一年、一年半という三等級の徒刑に各三十鞭を併科するというものです。弘前藩の徒刑は銅鉛山において苦役させることによって懲誡を加える刑罰です。「寛政律」において鞭刑の役割が広がったと言えるでしょう。

次いで弘前藩は、文化七年（一八一〇）三月、「寛政律」を改訂して「文化律」を制定しました。「文化律」は「鞭刑」を「敲」と改称し、「敲」「敲之上追放」「敲之上徒罪」という三種類の笞打ち刑を定めました。「敲」は五、十、十五の三等級、「敲之上追放」は十八敲之上所払、二十一敲之上三里追放、二十四敲之上五里追放、二十七敲之上七里追放、三十敲之上十里追放大場構の五等級、「敲之上徒罪」は「敲之上追放」より重い刑罰であり、それは三十敲之上徒半年、三十敲之上徒一年、三十敲之上徒年半の三等級でした。

「敲」は「鞭刑」と同じ刑罰であり、五等級を三等級に整理したのにすぎません。刑具も従前に同じです。「敲之上追放」「敲之上徒罪」も刑罰の名称を改めただけです。「文化律」は幕府の「公事方御定書」下巻に依拠しつつ「寛政律」を改訂しましたので、刑罰の名称についても幕府に同じ「敲」を採用したものです。

鞭刑は、町端、村端もしくは取上刑場で執行されました。取上刑場では徒刑に併科する鞭刑を執行し、町端、村端においては鞭刑および追放刑に併科する鞭刑を執行したようです。これらの場所は一般の人々が執行の様子を見学できる処でしたから、弘前藩の笞打ち刑もまた幕府に同じく公開処刑であったのです。判決申渡は執行場において御徒目付が行ない、足軽目付、町同心警固、町同心が執行に立ち会います。刑の執行は鞭取と縄取とが担当しますが、執行人の身分を明らかにすることができませんでした。また、医師の立会、身元引受人の出頭についても不明です。諸賢のご教示をお願いするところです。

以上にながめたように弘前藩は四度にわたって刑法典を編纂しましたが、笞打ち刑はそのいずれにも見ることができました。そこで次に、弘前藩が笞打ち刑をどのような犯罪に適用したのかを確認しておきましょう。「御仕置ヶ条」において、鞭刑を単独で科すのは次の一箇条のみです。すなわち、それは盗伐の木材を日帰りで背負って持ち帰る犯罪に対し、軽鞭刑を適用する場合です。二重仕置として追放刑に併科する鞭刑は、様々な犯罪に適用しています。それは殺人、放火、盗み、博奕、公印公文書偽造、追放刑者の立帰に関する犯罪です。つぎに「安永律」における鞭刑の適用は次の通りです。鞭刑を単独に科す場合は、――盗みの目的で町方の人家に忍び入った者に鞭刑を科し、橋その他金物を盗む罪に重鞭刑を科すなど――盗みに関する犯罪に限られます。追放刑に併科する二重仕置の場合は、

「御仕置ヶ条」と同様に、殺人、放火、盗み、博奕、立帰などの犯罪に幅広く適用しています。

「寛政律」における鞭刑は、すこし様子が変わります。それは鞭刑を単独に科す犯罪の種類が盗犯にとどまらないということです。すなわち、殺人、毒薬買、傷害、収賄、田畑隠匿、田畑質入、納税遅延、失火等、様々な犯罪に鞭刑を適用しているのです。徒刑に併科する鞭刑についても同様です。注目すべきは、追放刑に併科する鞭刑が誣告罪に限られていることです。

「寛政律」の法文を見るかぎり、追放刑を極力制限しようとしているように思われます。〔補註〕「寛政律」の施行下、鞭刑追放が実際にどの程度適用されているかは、判例に徴する必要があるでしょう。

「文化律」の「敲」「敲之上追放」「敲之上徒罪」は、様々な犯罪に適用されています。特定の犯罪に適用する特別の刑罰という意味合いは持っていないようです。

弘前藩の笞打ち刑である「鞭刑」および「敲」は、「寛政律」「文化律」においてより大きな役割を与えられているようにおもわれます。

むすび

幕府の「敲」と弘前藩の「鞭刑」「敲」とを比べてむすびといたしましょう。弘前藩の「鞭刑」が「軽鞭刑」と「重鞭刑」の二段構えとなっていること、単独に科す鞭刑と二重仕置の鞭刑追放との二種類を有したことは、幕府の「敲」を参考としたためと考えられます。弘前藩は「寛政律」において、徒刑に併科する鞭刑も採用しましたが、これは明律に倣ったものでしょう（明律の徒刑は笞打ち刑の杖刑を併科します）。

刑具としてのムチに鯨の鰭を用いたことは、弘前藩独自の考えに基づくものです。おそらく、当時の弘前藩は鯨の鰭をたやすく入手出来たのでしょう。これを改正したムチ（樫を芯木としてこれを竹で包んだムチ）は、実は明律の笞刑で用いるムチを規準としています。すなわち、明律の笞刑十を鞭刑一に相当するように、長さと太さを決めたものです（「要記秘鑑」三十二御仕置之部）。ムチについて、弘前藩は幕府の敲箒の規格を用いず、最初は独自に考案し、改正するについては明律を参考としたのです。

弘前藩は「鞭刑」を町端、村端あるいは取上刑場で執行し、これを公開しましたから「笞ハ恥也」という刑罰思想を体現していたといえましょう。また、累犯に陥りやすい盗犯に適用する刑罰として笞打ち刑を採用したのは、「安永律」であって、この点は幕府に類似します。しかし、「寛政律」「文化律」に至ると、盗犯に限らず様々な犯罪に笞打ち刑を適用しております。

なお、幕府は女性に対しては敲を適用しませんでした。五十日牢舎、百日牢舎に代えたのです。しかし、弘前藩の「寛政律」は、女性にも鞭刑を適用しました。しかし、その適用は男性よりも優遇されており、打数の上限は十五で、襦袢の上から殴打することになっています。「文化律」においても女性に対して敲を用いております。

弘前藩は、幕府の「敲」という笞打ち刑に触発され、「鞭刑」を採用したに違いありません。しかしながら、「敲」を単に模倣したという訳ではありません。弘前藩は、刑具や刑場など自藩の事情に応じた独自の方法を考案した場合もあれば、明律を参考とした場合もあったのです。もっとも重要な事柄は、弘前藩の「鞭刑」は幕府が「敲」の刑罰に込めた改善主義の考え方を継承していたかどうかということです。殴打を担当する鞭取の身分や身元引受人の制が未確認の現在、この点については明確な答えを出すことが出来ませんでした。今後の課題としなければなりません。いささか中途半端な結論に終わりましたが、最後までご清聴いただきまして有難うございました。

《主要参考文献》

・黒瀧十二郎『津軽藩の犯罪と刑罰』昭和五十九年、北方新社
・黒瀧十二郎『日本近世の法と民衆』平成六年、高科書店
・黒瀧十二郎『弘前藩政の諸問題』平成九年、北方新社
・橋本久「弘前藩の刑法典」（一）〜（一二）大阪経済法科大学『法学論集』六〜四二号、昭和五十七年〜平成十年
・高塩博「江戸幕府法における「敲」と「入墨」の刑罰」小林宏編『律令論纂』平成十五年、汲古書院〔本書第一部第一章所収〕
・高塩博「「敲」の刑罰における身元引受について」『國學院大學日本文化研究所紀要』九八輯、平成十八年〔本書第一部第二章所収〕

〔補註〕　「安永律」施行下の寛政六年（一七九四）閏十一月、弘前藩刑罰としての鞭刑の役割がより大きくなりました。それはこの時、刑罰は「悪き者之懲」のためにあるのだから、「其悪ヲ懲候程ニ罪を加」えてできるだけ「家業田宅」に離れないようにすべきであるという考えのもと、「流浪之者多相成、御国政之害」になる「追放」「鞭刑追放」をなるべく適用しないで、「鞭刑」のみで済ませることに決したからです（京都大学日本法史研究会編『藩法史料集成』三二一〜三三頁、昭和五十五年、創文社）。「寛政律」において「鞭刑追放」が誣告罪に限定されるのは、この決定が反映したものと思われます。

第二部　人足寄場

第一章　熊本藩徒刑と幕府人足寄場の創始

はじめに
一　熊本藩の徒刑制度
二　二人の越中守——細川重賢と松平定信——
三　松平定信と熊本藩
（1）白河藩立教館教授本田東陵
（2）熊本藩家老堀平太左衛門との会見
（3）「肥後物語」の閲読
むすびにかえて

はじめに

幕府の人足寄場は、寛政二年（一七九〇）二月、隅田川河口の石川島に建設した無宿の収容施設である。江戸市中に徘徊する無宿をここに収容し、教化改善して社会に復帰させることを目的とした。開設より三十年八箇月後の文政三年（一八二〇）十月には江戸払以上の犯罪人をも入所させることにしたので、自由刑の執行場としての性格も帯びることになった。石川島の人足寄場では、大工、左官、髪結、彫り物、鍛冶屋など「手業」と称する作業や蛤粉製造、炭団製造などをさせた。幕府は同年、常陸国筑波郡に荒地起反しをして農地を開墾する上郷村寄場も開設している。こちらは農業を主とする寄場である。すなわち、人足寄場の制度は無罪の無宿に対する授産更生のための社会政策であるとともに、犯罪を未然に防ぐための刑事政策として発足したと考えられる。

さて、幕府人足寄場は老中松平定信が構想を練り、これを下僚に発議したところ、火附盗賊改加役の長谷川平蔵が引き受けたのである。そこで平蔵が実施の具体案を定信に上申し、この二人の間に書面・口頭での応酬が繰り返されてようやく開設にこぎつけ、当初の寄場運営も長谷川平蔵があたったのである(1)。

人足寄場には次のような五つの近代的な特色が存するという(2)。第一は、有償の作業である。寄場における人足の労働を有償として労働量に応じて賃金を支払ったのである。なお、この報酬は必要経費を差し引いた後に本人に給付するが、一定の割合を強制的に積立させて釈放の際の生業資金に充当した。第二は、教育である。月三回の休業日に心学者を招いて心学道話を聴聞させた。収容者の改善を促すために積極的に教育を施したわけである。第三は、不定期刑の理論の実行である。寄場への収容期間は三年を目安としたが、改悛の情の顕著な者は三年以内であっても随時寄場を差し免じた。第四は、優級処遇的な階級制度の採用である。収容した人足には最初水玉を多く染め出した柿色の衣服を着用させ、二年目には水玉の数を減らしたものを着せ、三年目には水玉の染め抜きのない柿色無地のものを着せている。第五は、社会復帰の予行演習として「外使」の制度を採用したことである。赦免の近づいた人足を江戸市中に出し、寄場の製品を販売させたり、買い物をさせたりした。

したがって、こうした近代的要素を備えた幕府人足寄場の制度については、「日本における『近代的自由刑の誕生』にほかならない(3)」とか、「日本の近代的自由刑の主な端緒を江戸石川島の人足寄場に求めることは常識に近い(4)」

との評価がなされてきた。また、人足寄場は刑罰の執行場としてではなく、無罪の無宿の収容施設として発足したので、日本法制史上における人足寄場の意義については、左の見解が今日もっとも支持を得ていると思われる。

人足寄場の成立は保安処分の成立といえるが、後にはここに追放刑に処せられた者も収容されるに及んで、刑罰執行場的な面が強く出てきた。そしてそれが明治初年の監獄の制に連なるのであり、その意味で、人足寄場は日本における近代的自由刑の源流と呼ぶこともできるのである。(5)

しかしながら、「近代的自由刑の誕生」という名誉は、実は熊本藩の徒刑制度にこそ与えられるべきであり、その徒刑制度が幕府人足寄場の構想に少なからず参考にされたというのが筆者の考えである。後述するように、熊本藩徒刑は六代藩主細川重賢《しげかた》治政下の宝暦五年（一七五五）に始まっている。しかも幕府人足寄場と同様に作業有償制、元手の制、更生保護の施策などを備え、犯罪人を改善して再び社会に復帰させることを目的とした処遇がなされている。こうした熊本藩徒刑についての先駆性を指摘したのは、管見では小宮山綏介氏が最初である。小宮山氏は明治二十九年、後掲「銀台遺事」の記事に基づいて、徒刑を用いたのは「肥後の細川越中守重賢こそ、其先鞭なるべけれ」と述べ、(6)ついで昭和五年、時の検事総長小山松吉氏が小宮山氏の論文を承けて、「人足寄場の制度に先鞭を著けた名誉は細川侯に帰すべきものであらう」と記した。(7)その後の昭和十二年、金田平一郎氏は、藩法上の懲役制度にして最も整備しかつ早期のものとして、熊本藩の徒刑制度を挙げなければならないと述べている。(8)翌十三年、元大阪刑務所長の辻敬助氏は「銀台遺事」「肥後物語」「落栗物語」等の記事をもとに、熊本藩徒刑の内容を前記三氏よりもやや詳しく紹介した上で、その徒刑に対して「近代的自由刑の萌芽を見」「近代的自由刑の組織形態を具ふるに至つた最初のもの」との評価を与えた。(9)昭和三十九年、石井良助氏もまた「近代的自由刑の萌芽」という表現を用いて、「熊本藩の徒刑ははじめより自由刑であり、ただそれが単に自由の束縛だけを目的とするものでなく、作業、給養、釈放後の保護についても十分考慮している点において、近代的自由刑の萌芽と称することができるであろう」と指摘した(10)。その後、鎌田浩氏は「徒刑を単なる苦役としてではなく、全く更生のための教育期間としてとらえ、特別予防的配慮を強く打ち出している」として、熊本藩徒刑の創始を「日本における近代的自由刑の誕生」と位置づけた(11)。

このように、一部の研究者は熊本藩徒刑をわが国における近代的自由刑の「萌芽」「誕生」と捉えるが、いまだにこれが広く認められるには至っていない。幕府人寄場をもって近代的自由刑の先駆けとする傾向が依然として強いのである。したがって、熊本藩徒刑と幕府人足寄場との関係について、――筆者が一度考察を加えた(12)以外には――本格的に論及されたことはいまだかつてない。わずかに石井良助、平松義郎、鎌田浩の三氏が若干の言及を行なったが、その見解は三氏三様である。石井氏には二度の発言があるが、第一回目は「人足寄場類似の制度は、すでに熊本藩の徒刑場にその先例があり、荻生徂徠の著書にも類似の思想が見えていることは前に述べたとおりですから、かれ（松平定信）はこれを聞知っていたかも知れません(13)」というものであり、両者の関係についてやや肯定的な語調で伝えている。第二回の発言は、松平定信が「肥後藩の徒刑の制を知っていたか否かは不明であるが、知っていたという可能性がないわけではない(14)」というものである。熊本藩徒刑の存在を無視するわけにもゆかず、とりあえず言及したという感じを受ける。

また平松氏は「熊本藩の徒刑あるいはその他の藩の制度の（人足寄場への）影響については、いまのところわたくしは何ともいえない。将来の問題として留保しておきたい(15)」、熊本藩に代表される「徒刑制と人足寄場との比較、それらと近代的自由刑との関連については、後考に俟つこととしたい(16)」と述べている。平松氏は熊本藩徒刑と幕府人足寄場との関係について充分な注意を払いつつも、当時としてはこれに言及するだけの材料を持ち合わせていなかったらしい。

一方、鎌田氏は右の両氏とは対照的な見解を表明している。すなわち、熊本藩における「徒刑の採用は、幕府の寛政の改革での人足寄場の採用や、幕末期の各藩での徒刑採用に大きな影響を与えている[17]」というのである。鎌田氏は熊本藩徒刑と人足寄場との関係を積極的に認めるのだが、残念なことにその根拠については何ら言及しない。

以上に見たように、熊本藩徒刑の先駆性が広く認められるには至っておらず、また熊本藩徒刑と幕府人足寄場との関係についても何ら明らかになっていない。その最大の原因は、熊本藩徒刑の内容が具体的かつ詳細に紹介されたことがないからであろう。そこでまずは熊本藩の徒刑制度の内容について、とくに幕府人足寄場に類似する点に焦点をあてながら略述しよう。

一　熊本藩の徒刑制度

熊本藩の徒刑制度は、幕府人足寄場の創設に先立つ三十五年前の宝暦五年（一七五五）に始まっている。同年四月、熊本藩は「御刑法草書」という刑法典を制定し、追放刑を廃止すると共にここに五等級の徒刑を定めた。一年、一年半、二年、二年半、三年である。この時の徒刑は「眉なしの刑」というのが正式な刑名である。徒刑囚の目印として眉毛を剃ったのである。熊本藩は程なくしてこの刑法典を改正し、より体系的に整備して八編九五条目一四二条から成る「刑法草書」を編纂し、これを宝暦十一年頃から施行した。この刑法典の刑罰は笞刑、徒刑、死刑の三種が基本刑であり、徒刑はいずれも笞刑を併科することに改訂されている。すなわち、笞六十徒一年、笞七十徒一年半、笞八十徒二年、笞九十徒二年半、笞百徒三年、刺墨笞百徒三年、額刺墨笞百徒三年、額刺墨笞百雑戸の八等級である（雑戸刑は身分を賎民に落しめる刑罰であるが、宝暦十一年施行の「刑法草書」では「額刺墨笞百雑戸」を徒刑中の最も重い刑罰と位置づけている）。笞刑の併科は、中国の明律の制に倣った結果であろう。はじめに笞刑を科し、その後に徒刑に服させるのである。

熊本藩徒刑の初期の様子をもっとも詳細かつ具体的に伝えているのは、「肥後物語」の左の記事であろう(18)。

徒刑ノ事

徒刑トハ軽キ罪人遠島追放ナトニナルヘキヲ、或ハ一年或二年三年ト極メ牢ニ入ヲキ、城普請溝サラヘナト（サセ）、或ハ米ヲ搗セ薪ヲワラセ、或ハ細工ナトヲサセルコトニテ、古来ヨリ唐土ニテ執行《トリ》シ刑ナリ、肥後侯改制以後、右ノ徒刑ヲ始メ玉フ、其仕法ハ罪ノ軽キ重（キ）論定ル上牢舎ヲ申付、軽罪ハ一年、重罪ハ三年ニモ及フ、右ノ罪人ハ眉ヲソリ前髪ヲ立、誰カ見テモ知レルヤウニシヲキ、取出シ召使フトキハ、紺色ノ上着ニテ是（モ）一同ニ目立ヤウニシ、足軽支配シテ朝牢ヨリ出シ普請場へ連越シ、終日働カセ、暮方ニ連カヘリ又牢ニ入ル、毎日右ノ通リナリ、サテ右ノ罪人ハ毎日米壱升ヲ給リ、内五合ハ食ニ残シテ、五合ハ公義ニ預カリ、其内ニテ鬢付・草履ノ類ヲ弁シ、其残リハタメヲキテ罪人年数ミチ牢ヲ出ルトキ、積リテ何程ト算用シ、銭ニテ其者ニ渡シ玉ハリ、町人ナレハ町方役人、郡ノ者ナレハ郡代直ニ呼付テ、以後急度相慎ムヘキ由念比ニ申付ルナリ、右相渡サル（、）銭僅ノコトナカラ、出牢ノ砌相応ニ遣銭トナリ、三年モ歴テ全ク勤メタルハ有付ノ本手トモナレハ、恩恵ヲ感シ罪ヲ悔ルユへ、人柄ヲ改ルモノ多シトナリ、且十人ニ一人ハ今一（二）年牢舎仰付ラレ度ト願、其通リニシテヤハリ召使ハル（、）ノ《モノ》モコレアルヨシ、面白キコトトモナリ、サテ又了簡違ヒシテ普請場ヨリ逃失タル者ハ、何方ニテモ其面体ヲシルシニ捕へ出シテ、牢ノ前ニテ刎首ニ行ハルトナリ、臣彼国ニ遊シトキ、遙先ヨリ惣髪ニテ一様ニ出（立）タルモノ大勢来ルユへ、同道ノ人ニ彼ハ角力士ト見ヘシカ、何方ニ芝居ニテモコレアルヤト問シニ、同道人笑イテ、彼ハ即徒罪ノモノナリ、イカサマ普請場へ連越ニテアリケント申ス内、追〻近ヨリ見レハ、成程

足軽ト見ヘテ刀ヲ指タル一人先ニ立参ル、右(徒)罪ノモノハ縄ヲモカケス、手ハナシニテ十人餘リ刀指ニツヒテ通リシナリ、

「肥後物語」は福岡藩の儒者亀井南冥の著すところで、天明元年（一七八一）冬の序を有する。南冥は宝暦年間より熊本にたびたび遊学した[19]。その見聞にもとづいて、宝暦改革を経た熊本藩の政治・制度等のすぐれた点や家臣の善行等を三十七箇条にわたって記録したものが本書であり、右の「徒刑ノ事」はその第十一条にあたる。南冥は本書を藩主黒田治之に奉呈し、福岡藩政治に役立ててもらいたいと思って執筆したのである。本書は筆写本をもって流布し、熊本藩政治を広く世に知らしめるのに貢献した[20]。

熊本藩の徒刑は、毎朝、徒刑囚を作事所という役所にひきわたし、その役所が徒刑囚に城普請、溝浚えその他の作業をさせ、一日の仕事が終わると再び高麗門新牢囲内にある徒刑小屋[21]（定小屋ともいう）に戻るのである。後述の「銀台遺事」によれば、作業時間は辰ノ刻（午前八時）より未ノ中刻（午後三時）であった。この強制労働に対して賃金を支給していたことが、「肥後物語」の前掲記事に記されている。それによれば、一日の労働に対して米一升を支給し、そのうち五合を日々の食糧とした。五合は役所が預かり、その中から鬢付油や草履などの生活必需品を購入させ、残った分を強制的に積立てさせた。釈放のときに積立金をまとめて渡し、これを生業に就くための元手に充てるのである。「肥後物語」よりも前の明和三〜五年（一七六六〜一七六八）頃に成立した「肥後経済録」は、作業の報酬に関し、「一日ニ六分宛之銭給り申候、尤毎日〳〵三分相渡し、酒ニても餅ニても望ニ給させ申候、又三分ハ役所ニ預ケ置、出牢之節相わたし申候」と記している[22]。

また、寛政二年（一七九〇）成立の「銀台遺事」は、徒刑の賃金について具体的な金額は示していないが、次のように述べている[23]。

一日の賃銭をさだめ置きて、其内三ツの二ツは、其日〳〵にあたふ、今一ツは止め置きて、其者の年季満ちてゆるさるゝ時、都合してさづく、小屋のうちにてくつをうち、むしろを織るなど、己々が業をして、市にうることをゆるされ、年限満ちて帰る者は、さづけ給ふ賃銭と、己が手業の代をたくはえもち、是を本にして、かたのごとく世渡るわざにつき、前非を悔いて、良民となるものおほし、

「銀台遺事」は、時習館教授の高本紫溟の撰述するところで、細川重賢の事績に関する熊本藩の公式記録とでも称すべき書である。ここで注目すべきは、一日の徒刑作業以外に、定小屋の中でつくった草履・草鞋や莚などの藁細工製品を市中に売ることを許され、その代金もまた積立てて生業資金に充当させたということである。熊本藩では文化二年（一八〇五）正月から同十一年（一八一四）七月までの約十年間、徒刑を中断するが、その前後の頃の徒役の法定賃金は銭三十文である。十文を本人に渡し、二十文を積立てるのである(24)。

以上に見たように、熊本藩徒刑は——時代によって支給額と積立の割合に変化があるようだが(25)——その労働に対して少額ながらも報酬を与え(26)、そしてその報酬の中から何割かを積立てて、釈放時の就業資金に充当させたのである。しかのみならず、定小屋内における自主労働による藁細工製品の売却代金もまた自己のものとして積立てることができたのである。

徒刑の判決を受けた者は早速に眉毛を剃られ、入墨併科の者には入墨をも早速に施し、その上で徒刑囚を勢揃いさせ、昇小頭又は昇頭より「慎之儀」を申し渡し、それより定小屋に収容した。判決後三日目より徒刑に就くことになっていた(27)。定小屋入所時の申渡しについて、安永年間（一七七二〜一七八〇）頃成立の「隈本政事録」は次のように伝えている。刑法奉行がその席に臨み、徒刑囚に対して「只今迄之悪業即相改、良民ニ相成可申」ことを深く教え戒め、収容期間中の徒役には「四分ツ、之賃銀、其日数溜り有之候分御渡被下、是を以何レ成共、家業ニ取付申候様」

にと申渡した(28)。この申渡は、実に幕府人足寄場がその創設時の寛政二年二月に定めた「寄場人足共へ申渡書」に「旧来之志を相改、実意ニ立かへり、職業を出精いたし、元手ニも有附候様ニ可致候」と述べるの(29)と、その趣旨をまったく同じくする。また、文政二年（一八一九）の「肥後熊本聞書」によると、「心得条目」なるものを徒刑囚に毎月読み聞かせていた（『熊本藩法制史料集』一二二六頁）。「心得条目」がどのような内容であったかは不明であるが、推測するに、定小屋入所時の「慎之儀」と似た趣旨を読み聞かせたのであろう。

なお、徒刑の作業内容について「肥後経済録」は「大かた之罪人は昼は出し置、細工などいたし覚え候事を致させ、在ともものなと無藝之ものニハ縄成となわせ」と記し、「隈本政事録」は「其本人藝能細工等之儀を心得候者ニハ相応之細工等、又ハ無能之者ニハ土持等之雑作被　仰付候」と伝えている（『熊本藩法制史料集』一一八七・一一九三頁）。この点も人足寄場に似ている。人足寄場においても腕に技能をもつ人足には、大工、左官、鍛冶屋、屋根屋などの「手業」と称する作業をさせ、特段の技術をもたない人足には、藁細工、船頭ならびに敷地内の清掃や土持、堀浚等の作業を宛がった(30)。

刑期が満了して釈放される徒刑囚の身元引受と釈放時の教諭について、徒刑を創設した宝暦五年（一七五五）の規定(31)に次のように見えている。すなわち、釈放者は親類に引渡すことを原則としたが、引渡すべき親類が無い場合は生所の者に引渡した。その折に「向後心底相改、屹ト相慎」むべき様にとの教諭を加え、また親類はもちろん五人組からも釈放者の「慎方之儀」について心を配るようにとの指示が出された。つまり、釈放後の保護観察を命じたわけである。生所の者に引渡す場合は、惣庄屋、村役人あるいは町別当を呼び出して教諭を加え、釈放者の保護を命じた。

安永元年（一七七二）十二月、右の規定を廃し、釈放者の社会復帰をより可能ならしめるために次のような法令(32)を発した。この法令は、釈放時教諭の強化、生業に就くための世話（生業仕付）、釈放後の保護観察について定めている。

すなわち、この安永元年法によれば、釈放者が町方出身の場合、その釈放者を町方役所に呼出し、同時に釈放者の居住する町の別当、丁頭、親類、五人組の各一人を出頭させ、町奉行臨席の上で町方根取から一同に「教育之趣」を申渡した。町奉行退席の後、根取から「教育之趣」をさらに委細に申聞かせ、生業に就くための世話を出頭人に指示した。しかのみならず、町別当以下の出頭人には釈放者のその後の暮しぶりを観察させ、毎月のはじめに前月の暮し方を報告させるようにしたのである。

このような措置に対し、何ら効果が無いではないかという批判が起った。安永三年、徒刑制度の創設者で当時家老の堀平太左衛門は、この批判を次のように反駁した。笞刑、徒刑の釈放者に向って従来は一通りの教諭を加えるだけであったが、安永元年よりは、奉行所より教示書を渡して釈放後の心得について委細の教諭を施すことにした。これは釈放者が善良な人になろうとする心を少しでも呼起すことを期待してのことである。教示書が有益ならば申分ないが、よしんば無益であっても有害ではなかろうと。(33) なお、釈放者の生業仕付に関し、「落栗物語」に、

一日の料として、少の鳥目を給ひ、是を積置て数年の後、人毎に貯出来ぬる時、始の罪をゆるして彼新にひらける田畠を分ちあたへ、めぐりに小き家を作り、鋤鍬なんど取揃へて、耕作の業に附しめし程に、国の中米穀夥く出来、人の数多く成て富み賑ひける、

と見えている。「落栗物語」は朝廷の内大臣、右大臣を歴任した大炊御門家孝の著した見聞録で、安永八年（一七七九）以前の見聞を載せているという。(34) 右の記事は熊本藩徒刑についての見聞の一節である。熊本藩では、釈放者に家屋とともに耕作すべき開墾地や農具を支給することがあったらしい。幕府人足寄場においても、寛政二年二月の「寄場人足共へ申渡書」を見ると、「百姓素生之者ハ相応之地所を被下、江戸出生之者ハ出生之場所ぇ店をもたせ、家業可為致候」という一節がある。(35) 寄場を出場する際に百姓には農地を支給し、江戸出生の町人には店を持たせるという

ことを人足共に読聞かせているのである。

熊本藩の徒刑制度は、右に一瞥した如く、犯罪人を教化改善して社会に復帰させることを目的としている。そこに見られる作業有償制、作業報酬の強制積立とそれを生業資金に充当する元手の制、自主労働（自己労作）の採用、身元引受と生業仕付、入所時や釈放時の教諭と毎月読み聞かせる「心得条目」などの教育的配慮、釈放後の保護観察、これらの諸施策はいずれも教化改善と授産更生の趣旨に則ったものである。このように、熊本藩の徒刑制度には教化改善主義の思想が濃厚にみられ、社会復帰のための授産と更生の施策が盛り込まれている。したがって、この徒刑は「近代的自由刑」(36)と称して差支えない。宝暦五年（一七五五）、我が国における近代的自由刑が九州の外様大名細川氏の熊本藩に誕生したのである。同時に、釈放者に対する更生保護という見地から熊本藩の行刑をみるならば、わが国における更生保護事業もまた熊本藩に誕生したという評価を与えることができるのである(37)。

幕府人足寄場の制度もまた、収容者に改善のための教育を施し、社会に復帰させることを目的とするから、熊本藩徒刑とその趣旨を同じくする。その上、熊本藩に見られる右の諸施策は、人足寄場においても殆ど採用されている（釈放後の保護観察についてのみは確認できなかった）。このように、熊本藩の徒刑制度と幕府人足寄場とはその趣旨を同じくし、根幹となる施策がきわめて類似しているのである。人足寄場の構想を練った松平定信は、はたして熊本藩の徒刑制度について何らかの知識を持ち合わせていたのだろうか。

二　二人の越中守――細川重賢と松平定信――

細川越中守重賢と松平越中守定信、この二人の越中守の間には交流浅からぬものがあった。定信は宝暦八年（一七五八）十二月、江戸の田安邸に生まれた。田安宗武の子すなわち八代将軍徳川吉宗の孫である。細川重賢はこの時三十九歳、熊本藩主として宝暦の藩政改革を推進している真最中であった。つまり、重賢は定信より三十八歳年長の先輩なのである。

松平定信は、安永三年（一七七四）三月、十七歳の春に奥州白河城主松平定邦の養子となり、天明三年（一七八三）十月、二十六歳のときに白河藩十一万石を襲封して第九代藩主となった。この年より天明五年までの三年間、奥羽地方はひどい飢饉にみまわれている。定信の藩主としての初入部は天明四年六月のことで、翌五年六月には参勤のために江戸に戻っている。定信の子孫にあたる松平定光氏は、「天明五年再び参勤するや、心ある諸侯にしてその門を叩き、経国の方策、修養等につきて教を乞ひ、又共に研究するもの少くなきに至つた」と述べているが[38]、細川重賢もまた定信にとって相談相手、否、教を乞う師とでも言うべき一人であった。定信は、老中を退いた寛政五年（一七九三）の頃に執筆した自叙伝「宇下人言」の中で、

このとき細川故越中守・松平越後守などにいとねもごろに交りて経済の事などかたりあふ。たび〳〵予が亭へも来り給ふ。

と述懐している[39]。「このとき」とは天明四年の春、白河入部直前のことである。「細川故越中守」が細川重賢である。「松平越後守」は美作国津山藩五万石の五代藩主松平康致《やすむね》のことで、定信よりは六歳年長である。松平康致もまた細川重賢を尊敬し、重賢に教を乞うた一人であった[40]。右の記事により、重賢と定信の二人は昵懇の間柄であって、重賢が定信邸をしばしば訪れたことが知られるのである。二人の話題が「経済」であったということが重要である。いうまでもなく、「経済」とは「経世済民」のことで、どのようにして国を治め、民を寧んぜしめるかという意味である。

重賢と定信とはまた、この頃互いに書簡のやりとりもしていたようである。前掲の松平定光氏は、「双鯉集」とい

う定信宛の書簡集を用いて、昭和十四年、「松平定信を中心とする諸侯の教養」という論文を発表した(41)。同論文によると、その頃定光氏のところに「双鯉集」が伝えられていたわけだが、「双鯉集」は諸侯を中心とする一二四通の定信宛の来信を三巻・別巻一巻に整理編集した書簡集である。定信は三十歳の天明七年（一七八七）六月十九日に老中に就任するが、「双鯉集」には老中就任以前の来信ばかりが収載されていて、細川重賢の書簡も含まれているという。「双鯉集」には書簡の主の人物評や定信との交友事情等が簡略に記されており、重賢についての短評もその書簡の冒頭に次のように記されている。

細川越中守重賢、為㆑人寛仁而容㆑衆、功業日新、名声冠㆓于世㆒。同㆑時紀公亦有㆓盛名㆒、故世人論㆓諸侯㆒者、必称㆓紀越㆒。後患㆓中風㆒、不㆑能㆑操㆑毫。此書亦口占使㆓人筆㆒㆑之者也。

「双鯉集」に重賢の書簡が何通収められているのか、またどのような内容であるのかは知る由もない。しかしながら、重賢と定信との間に書簡が往復していたことを推測させるのである。右の寸評に「世人論㆓諸侯㆒者、必称㆓紀越㆒」と見えているが、「紀」は紀伊中納言すなわち和歌山藩主徳川治貞のことで、「越」が細川越中守重賢である。この両人は、当時「紀州に麒麟、肥後に鳳凰」と並び称され(42)、名君の誉れが高かったのである。重賢は最晩年に足痛を癒すために熱海に湯治にでかけたりしているが(43)、右の記事によると、重賢は中風のために筆を執ることもかなわなかったようであり、「双鯉集」に収める彼の書簡は口述筆記によるものであった。

細川重賢と松平定信の交流は、重賢が定信をその屋敷にたびたび訪問しただけではなく、定信自身が龍口にある熊本藩邸に出向き、「政務の要」について教を乞うことがあったらしい。宇野東風著『細川霊感公』（明治四十二年、熊本、長崎書店）に、次のような記述が見られる（四二一〜四二二頁）。

或時公（重賢）、白銀邸の世子の許へ行き給はんとて、随伴者皆用意調ひ居たるに、たま〳〵白川の松平定信侯来邸ありて、親しく政務の要を質問せらる、按松平定信公の白川侯の跡を襲かれしは天明三年にて二十六歳の時なり、其翌年始て封地に就かる、又霊感公の卒去は天明五年なり、故に此の来邸は天明三四年の間なるべし、其の辞去の後、公家臣に向ひ、今日白川侯、政務の要を問はれしに、優閑なる時ならば、如何にとも答ふべし、されど差当りて答へむこと、思ひ煩ひつれど、さて黙止すべきにあらねば、自分の物好をせず、兎にも角にも、人を得させ給ふべきかと答へたり、此れ果して当れりや如何、折角の質問に、不当のことを答へなば、甚心痛なりとあれば、竹原玄路を初め皆々御答適当なるべし、何か之れに加へむと申上けゝれば、公汝等も然思はゝ、予も安心せりとて、喜び給ひきとなり、

重賢がまさに出掛けようとしているところに、定信がやって来て「政務の要」を問い質したのである。あまりに急なことで確かな返答ができかねるので、生半可な返事をしないで、相応に返答できる人を紹介しましょうと重賢は応対した。右の記述は確かな史料に基づくものと思うが、宇野氏は右の出来事を天明三・四年の間と推定している。

以上に見たように、重賢と定信とは互いの屋敷を訪問し合い、また書簡の往復もしたのである。二人は共に八代将軍吉宗を敬慕していたから、共通する話題も多かったと思われる。そして話題の中心は何といっても、為政者の立場からする「経済（経世済民）」「政務の要」であった。松平定信は、熊本藩の宝暦改革を成功させた大先輩細川重賢からさぞ多くのことを学んだことであろう。したがって、熊本藩で現に実施し、相応の実績をあげている徒刑制度[44]にも話が及んだことは、想像に難くないのである。

三　松平定信と熊本藩

（1）白河藩立教館教授本田東陵

白河藩主松平定信は、寛政三年（一七九一）に藩校立教館を創設し、初代教授として熊本藩出身の本田東陵を起用した。

本田東陵、名は常安、通称は弁助、後に龍蔵と改めた。別号を蘭陵という（享保十年〔一七二五〕～寛政八年〔一七九六〕）。熊本藩家老有吉氏の家臣である。東陵は秋山玉山の門に学び、はじめ徂徠学を修め、後に程朱学に帰した。白河藩に仕えたのは東陵四十七歳の明和八年（一七七一）のことで、使番格、百五十石十人扶持であった。「経済」に長じ、民政に関する「地方要集録」「治地略考」などの著書があったと伝える(45)。寛政八年（一七九六）三月十六日没、享年七十二(46)。東陵は定信の白河藩世子時代の師をつとめ、定信が襲封して白河に入部すると、それに従って白河に赴き諸生を教えた(47)。立教館初代教授に就任する前年の身分は、「御次《ママ》番格」の儒者で百五十石五人扶持である(48)。

立教館の竣功なった寛政三年十月、東陵は「学館記」を著してそこに藩校創設の目的や藩校の機構等を述べている。それによると、立教館は談経所、講書所、句読所、習字所、習容儀所、集計数所の六つの教場をもち、これらの建物の北側には講武場を併設して各種の武道を鍛練し、文武両道を目指した。東陵は立教館を構想するにあたって、熊本藩の藩校時習館を参考としたようである。東陵の師秋山玉山は、時習館初代教授をつとめ、「時習館学規」を著して藩校の規模や内容を定めた人物である。深谷賢太郎氏は、「時習館学規」と立教館の「学館記」を比べて、繁簡の別こそあれ、機構に於て相通ずるものがある。蓋し定信公の立教館を創設するに当つて、範を時習館に資るところがあつたによるものであらう。況んや公は世子時代から細川重賢に私淑せらるゝに於てをやである。

と指摘している。[49]

以上のことから、松平定信は本田東陵という人物を通じて、藩校の制度をはじめとする熊本藩の諸制度について様々な情報を入手することが可能であったと考えてよいであろう。

（2）熊本藩家老堀平太左衛門との会見

寛政元年（一七八九）、熊本藩の家老堀平太左衛門は、時の将軍徳川家斉からお褒めの言葉をたまわった。この事について、『細川越中守重賢公伝』所収の平太左衛門の伝には、

同年（寛政元年）九月十九日、幕府執政松平定信、命を伝ふ曰、将軍家斉堀平太左衛門の勲功を聞及び、堀平太左衛門は宜者との褒詞ありと、斉茲公使を馳せて之を勝名に伝ふ、

と記されている。[50] この記事には、「勲功」に対する「褒詞」とある。「勲功」とは、熊本藩政における平太左衛門の治績とみてよいであろう。藩主細川斉茲《なりしげ》は、早速に使を遣してその褒詞を熊本の平太左衛門のもとに伝達した。その様子が「銀台附録」に、

一寛政元年十月廿四日、為御使者橋本惣左衛門、江戸より平太左衛門宅え来着、申聞候　御意の趣、
其方儀従　公辺　御褒詞之　御意候段、松平越中守殿被申聞、冥加の至、於我等も難有事候、此段申遣候、

と見えている。[51] 将軍家斉の褒詞を熊本藩に伝えたのは、老中で将軍補佐を兼ねる松平定信である。したがって、平太左衛門の「勲功」を十七歳の将軍家斉の耳に入れたのも定信であったと考えてよいであろう。いずれにしても、陪臣

が将軍より褒詞をたまわるというのは異例のことであったと思われる。

堀平太左衛門、名は勝名、字は君綽、隠居ののち巣雲と号した。三十七歳の宝暦二年（一七五二）、用人から大奉行に抜擢されて各奉行を統轄し、同六年には大奉行兼帯の中老に任命され、明和三年（一七六六）には家老職に陞った。七十七歳の寛政四年（一七九二）にようやく隠居をゆるされるが、彼は実に四十一年間の長期にわたって熊本藩政の中枢にあった。藩主重賢のもとに、宝暦の藩政改革を推進し成功に導いた第一の功臣である。無論、「刑法草書」を編纂制定し、徒刑制度を創始したのも平太左衛門の功績の一つに数えられる(52)。

熊本藩政に発揮した平太左衛門の手腕は、天明寛政の交には他の諸藩にも聞こえていたらしい。

其方儀、先々代（重賢）以来、政務の根本を掌り、其勲功国中は不及申、他邦にも普く相聞、精忠之至誠、不堪感心候、

この文は、寛政元年（一七八九）正月七日、藩主細川斉茲が平太左衛門に千五百石を加禄して都合五千石高を命じた際の書付の冒頭である(53)。推測するに、松平定信は細川重賢をはじめとして儒臣本田東陵その他を通じて、堀平太左衛門の人となりや熊本藩政における彼の業績をくわしく聞いていたものと思われる。

お褒めの言葉に接した平太左衛門は、その後江戸に参府した際、御礼言上のために定信のもとを訪ねている。寛政二年か三年の頃のことと思われるが、その会見の時のやりとりの一端が「堀大夫行跡略記」に見えるので、やや長文ではあるが全文を掲げよう(54)。

一平太左衛門殿、台詞を蒙られ候御礼として、寛政年中参府致されし時、松平越中守様に召て、御目見仰付られ、段々御尋の末、郡政の儀は如何に取計候ぞと御尋有之候処、此儀兼て郡代に任せ置候間、御用の儀御座候はゞ、郡代を召上せ可申と御答申上られ候に付、去ば町方の儀は如何にと有之候へば、是又町奉行に任置候間、御用

の儀有之候はば、町奉行を召上せ可申候と申上られ候により、然らば其方は何事を取計申候ぞと仰られければ、容貌を引正され、兼て老人役を務申候間、越中守より申付候儀、宜からず候へば私手切に差返申候と御答申上られけるにぞ、公手を打て大に我折られ、聞しに益たる老人なり、吾天下の大老として小事に目を付、平太左衛門に腸を見られたりと、甚御慚愧成れ候となり、

定信は様々な質問を発した末、熊本藩においては在方や町方の統治がどのようになされているかということを質したところ、平太左衛門は、それらは郡代や町奉行に任せてあるので、必要とあらば彼らを熊本から呼寄せましょうと答えた。そこで定信は再び、それではお前の役目は何かと問うた。この質問に対して平太左衛門は威儀を正し、「兼て老人役を務申候間、越中守より申付候儀、宜からず候へば私手切に差返申候」と応答している。つまり、主君の命が不適切な場合には自分の一存でその命を拒絶するのだというのである。この返答に接した定信は「吾天下の大老として小事に目を付、平太左衛門に腸を見られたり」と恥入ったと伝えている。

「堀大夫行跡略記」は平太左衛門を顕彰した記録であるから、右の記事はやや誇張を含んでいると見なければならないが、右のような会話が定信と平太左衛門の間に交わされたことは恐らく事実であろう。定信は、白河藩世子時代より熊本藩政には少なからぬ関心と興味を持っていたと思われる。したがって、定信は熊本藩政について相当の知識を持ち合わせており、また家老堀平太左衛門の功績や手腕もよく承知した上で、彼に様々な質問を浴びせかけたのであろう。この会見の時期は幕府においても人足寄場の制度が始まっていたから、熊本藩徒刑の実施状況について定信から質問が発せられたかも知れない。

（3）「肥後物語」の閲読

松平定信は、人足寄場の創設以前に亀井南冥著「肥後物語」を閲読していた可能性が高い。前掲したように「肥後物語」には熊本藩の徒刑制度の実態がある程度詳しく記されている。現在、國學院大學図書館は「肥後物語」の一写本を所蔵するが、この写本には注目すべき左の奥書が見られる（架号三三二、一九―H八七）。

此本は、秋元但馬守様御家老岩田彦助蔵本にて御座候処、江戸日本橋南四丁目岩倉町居住医師目黒道琢もらひ申候由、当正月、右之本道琢方より借用仕候間、道琢方へは私書写仕候本を差返、右蔵本所望仕候、江戸中にも方〻流布仕候様見聞仕候、道琢は白川侯御出入之者にて御座候間、彼方にも差出申候由承申候、此本は筑前亀井主水著述にても可有之哉と評判仕候、以上

六月十五日　中山市之進

この写本は、先年、永青文庫所蔵の「刑法草書」を調査するために熊本を訪れた際、市内の古書肆の店頭でたまたま眼にとまり、國學院大學図書館に早速に購入を依頼したものである。

右の奥書は、中山市之進という人物が自分の入手した「肥後物語」写本の来歴を書きつけたものである。それによると、この写本は最初は出羽国山形藩秋元但馬守永朝の家老岩田彦助の所蔵本であったが、これを江戸日本橋南四丁目岩倉町に住む目黒道琢という医者がもらい受け、中山市之進が目黒道琢からその本を借りて筆写し、道琢へは自分の筆写した本を返却して借りた本は市之進がそのまま譲り受けたというのである。

ところで、中山市之進なる人物は熊本藩の学者である。家老有吉氏の家臣で、名を昌礼、字を公幹、黙斎と号した（宝暦十一年〔一七六一〕～文化十二年〔一八一五〕）。市之進は藩校時習館に学んでその塾長も勤め、「井田衍義」三十五

巻、「度支彙函」二十巻という大部な編纂書を遺している。[55] 市之進は、二十九歳の寛政元年（一七八九）三月十五日、江戸に遊学して龍口の熊本藩邸内に起居し、翌二年六月五日に熊本に戻っている。[56] したがって、「肥後物語」を目黒道琢より借用した「当正月」とは寛政二年正月のことであり、右奥書を書きつけた「六月十五日」という日付は同年六月十五日のことである。すなわち、市之進は帰熊後まもなくこの奥書を記したのである。[57] 國學院大學図書館所蔵「肥後物語」は中山市之進が目黒道琢より貰い受けた本の転写本であるが、現在、永青文庫（熊本大学附属図書館寄託）にはその原本が襲蔵されており、そこには伝本の由来を記した奥書は中山市之進の自筆付札となっている（架号四・五・一〇八―一、なお『熊本藩法制史料集』一一八頁参照）。そもそも中山市之進は、「東遊の志は、元来白河公の賢なるを慕われての事」であったから、白河藩近習頭の南合彦左衛門と親しくなり、その許に出入りしていた。[58] おそらく、そのような関係で、後述するように定信ときわめて近しい目黒道琢に面識を持つようになったものと考えられる。

さて、前掲奥書で注目すべきは、「道琢は白川侯御出入之者にて御座候間、彼方にも差出申候由」とある箇所である。目黒道琢は、会津柳津に生まれ、若くして江戸に出て医学を学んだ市井の医者である。しかし同時に、当時は幕府医官多紀氏の運営する医学教育機関である躋寿館で医経を講じていた。道琢は、森鷗外の史伝小説で著名な伊沢蘭軒の医学上の師でもある。名は尚忠、字は恕公、飯渓と号した。道琢も字の一という（享保九年〔一七二四〕～寛政十年〔一七九八〕）。「白河侯御出入之者」とあるが、目黒道琢は定信の信任厚く、江戸市中の様々な情報を蒐集して定信に提供していたようである。[59] 天明末年、会津藩は藩政改革によって兵学を河陽流から長沼流に変更するについて、老中松平定信と会津出身の目黒道琢とのこのような関係を利用し、道琢を通じて定信に幕府の意向を打診することがあった。[60] 定信の引き立てによるのであろうか、道琢は市井の医者としてはただ一人、寛政三年（一七九一）設立の幕府医学校医学館の助教に就任している。[61]

この目黒道琢が「肥後物語」を筆写し、定信のもとに提出したのである。提出の時期は寛政二年正月より前のことであるから、定信が人足寄場の構想を練っている頃か、あるいはそれよりも少しさかのぼる頃であろうと思う。定信は熊本藩政治について少なからぬ関心を抱いていたから、必ずや「肥後物語」を閲読したと思われる。しかも、福岡藩の儒者亀井南冥が細川重賢の政治をどのように捉えているか、興味津々の思いで読んだことであろう。従って、定信は「肥後物語」を通じても熊本藩徒刑制度の知識を仕入れることができたのである。

松平定信は寛政五年（一七九三）七月に老中を退くが、その後も熊本藩との交流は続いている。同八年四月六日、定信は熊本藩の犬追物の催しに招かれ、彦根、徳島、鳥取の各藩主と共に、白金台の熊本藩別邸に出掛けた。「退閑雑記」は老中引退後に著した随筆の一種であるが、定信はその巻之四にこの時の様子を詳記している(62)。この時の印象がよほど強かったのか、定信は「銀台犬追物図記」と題する絵巻物にも描いている程である(63)。ちなみに、熊本藩の犬追物は、註（58）に記した境野凌雲、斎藤芝山らの努力によって天明末年に再興されたものである。

むすびにかえて

以上に見てきたように、松平定信は若い頃から熊本藩政には少なからぬ関心を払っており、それについての知識を得るための環境にも恵まれていた。したがって、定信は熊本藩の政治や諸制度について多くの情報を入手し、白河藩政を執る上で参考としたばかりでなく、老中として幕府の寛政改革を推進する上においても資するところがあったと考えられる。とりわけ、石川島に創設した人足寄場の構想には、熊本藩の徒刑制度が大きな示唆を与えたと考えて大過なかろう。

松平定信は「宇下人言」の中で、人足寄場の創設について

享保之比よりしてこの無宿てふもの、さまぐ〳〵の悪業をなすが故に、その無宿を一囲に入れ置侍らばしかるべしなんど建議もありけれど果さず。その後養育所てふもの、安永の比にかありけん、出で来にけれどこれも果さず。こゝによつて志ある人に尋ねしに、盗賊改をつとめし長谷川何がしこゝろみんといふ。

と述べている(64)。享保のころの建議とは、享保六年（一七二一）と同八年の二度にわたって評定所一座が上申した、いわゆる新規溜案のことである。これは、新たに溜を設置してこれを無宿収容所とする構想である。収容者には得意な手業や藁細工をさせ、あるいは江戸城外の普請人足に使役させ、その製品や労働は有償として、なるべく収容所の維持費を支弁させるとともに、収容者の授産をも考慮するという内容を含んでいる(65)。しかし、これは構想に終わった。又、安永のころの養育所とは、安永九年（一七八〇）十月、南町奉行牧野成賢が深川茂森町に設立した無宿収容施設「無宿養育所」のことである。無宿養育所は天明六年（一七八六）五月、わずか七年足らずで消滅した。したがって、この施設の詳しい内容はわかっていない(66)。

右の記事によれば、定信は幕府の過去の無宿対策である享保期の新規溜案や安永期の無宿養育所のことはしかと承知しており、その上で現在の無宿対策をいかにすべきかの考えを巡らしたのである(67)。いうまでもなく、「宇下人言」は熊本藩の徒刑制度についてまったく触れていない。それは幕府首脳の立場にある定信が、人足寄場を考案するのに外様大名の制度からおおいに学んだなどとは言うべくもないからである。

定信は、その著「資治精要」の巻頭近くに「凡国家の制度法律のたぐひ、皆能熟視して、深く考れば、世務に応じて時宜に戻らざるべし」という記事を抄出している(68)。定信が「国家の制度法律」について「能熟視して深く考」えるという態度を実践にうつしていたとすれば、人足寄場の制度を創始するについても、参考とすべき材料を集めて熟考

を重ねたに違いない。実施されなかった新規溜案、短期間で廃止の憂き目にあった無宿養育所についても充分な調査を行ない、実施に移されなかった理由、失敗に終わった原因をさぐったことであろう。定信は「政談」に展開する荻生徂來の徒刑論(69)についても、当然のことながら知っていたと思われる(70)。定信はこうした予備知識をもった上に、その当時現に実施されて相応の効果を挙げている熊本藩徒刑についても調査を行ない、そこに幕府の無宿対策にも応用できる基本精神と諸施策を見出したのだろうと思う。

定信は、人足寄場の開設に先立って、寛政元年八月十六日、溜預けになっている無宿の中から五・六人を下げ渡してもらい、試みに自藩の白河藩で農作に従事させたいと申請し、十月十七日、町奉行より五人の無宿を貰い受けた(71)。この時、徳川治保《はるもり》の水戸藩で七人、幕府の側用人本多忠籌《ただかず》の陸奥国泉藩で三人の無宿を引き受けたらしい(72)。定信の無宿貰受は人足寄場創設を念頭に置きつつ、無宿を訓練して社会に復帰させる実験的な試みであったと考えられる。人足寄場を創設するについて、定信が周到に準備を進めていたことが窺えるのである。

熊本藩の徒刑制度と幕府の人足寄場制度を比較すると、規模の点で大きな差がある。人足寄場は幕府の施設だけあって、熊本藩よりも格段に大きい。開設当初の人足寄場は、全体の敷地面積が一万六千坪余で、そのうち寄場そのものは三千六百坪であった。大田蜀山人の「一話一言」に収載する「加役人足寄場絵図」に寄場の見取図が詳細に描かれているが、寛政三〜四年頃の様子を示していると見られる(73)この絵図によると、役人庁舎は一棟で建坪八十二坪余、人足を収容したり手業を行なう長屋が幅二間半に長さ八間のものが三棟、幅二間半に長さ七間半のものが二棟、都合五棟である。その他に、炭団製造場、蛤粉製造場があり、別棟として病人置場、女置場が存した。収容者数は六百人を限度としていたというが、設立当初の人数を定信は「つねに二百人計なり」と述べている(74)。収容者数の判明するのは、寛政五年（一七九三）と文化十四年（一八一七）の両年の一日平均が百三十二人、文政五年（一八二二）九月が百四十六人である。天保年間は収容者数が激増して四百〜五百人以上に達した(75)。

一方、熊本藩徒刑の収容施設は「定小屋」と称し、熊本城下の高麗門新牢囲内（熊本市新町三丁目の市立一新小学校の位置）に設置された。設置当初の「定小屋」の具体的な様子は未詳である。しかしながら、「肥後熊本聞書」に収載する絵図面によって、文政二年（一八一九）頃の様子が判明する（『熊本藩法制史料集』一二二一頁参照）。前述したように、熊本藩では文化二年（一八〇五）正月より同十一年（一八一四）七月までの九年六箇月の間、徒刑中断のやむなきに至った。したがって、右の絵図面は徒刑再開後のものであるが、定小屋は依然として高麗門町にあった。この絵図面によると、定小屋の敷地は表口十八間、奥行二十三間四百十四坪である。その敷地は縦に仕切られており、正面から見ると左手に定小屋の建物一棟が建てられている。ここに役人の詰所と徒刑囚を収容する部屋とが存する。徒刑囚の部屋は、「徒刑住居所」と「盗いたし徒刑住居所」の二部屋に分かれており、いずれも畳敷である。「徒刑住居所」は東小屋とも称し、「不届之儀」によって服役する者を収容する部屋である。広さは三間に十一間の三十三坪である。一間に三間の土間が附属している。「盗いたし徒刑住居所」は文字通り盗犯による徒刑囚を収容する部屋であり、これを西小屋と称した。広さは三間に五間の十五坪で、そこに土間が存した。簡単ながら分類拘禁を実施していたのである。ただし、寛政十年（一七九八）の定小屋の見取図(76)では建物に仕切りが見られないので、分類拘禁は徒刑再開後に始まったのかもしれない。

定小屋の収容者数について、これも徒刑制度の発足当初の頃のことは未詳である。しかし、徒刑中断の前後の頃の収容者数は確認することができる。徒刑廃止の建議がなされた際に徒刑に要する経費を調べたことがあり、その折の調査によると、徒刑中断直前の五年間の年平均の収容者数は四十九人であった(77)。徒刑中断を実施した年（文化二年）の七月には収容中の徒刑囚を一斉に釈放したが、その時の釈放者は三十人程であった(78)。徒刑再開後、熊本藩は刑罰の効果を確かめるために釈放者の動向を調査した。この調査によると、文化十一年（一八一四）七月より文政八年（一八二五）までの約十一箇年の間に定小屋より釈放された者は、東小屋から六十人、西小屋から百二十一人、併せて百八十一人であった[79]。したがって、この間の年平均の釈放者数は十七人弱ということになる。

その他に、収容者数を推測する材料に、安永元年（一七七二）から文化十年（一八一三）に至る四十二年間の行刑統計がある。この統計は笞刑と徒刑を併せた数、および死刑数とを年ごとに示している。笞刑・徒刑の合計数について、前半の寛政四年（一七九二）までの二十一年間の年間平均は百三人強である。後半の寛政五年以降の平均は百七十三人強である[80]（もっとも、文化二年以降は徒刑の中断期なので笞刑のみの数である）。

このような数字を見ると、定小屋への収容者数はどんなに多数のときでも百人を越えることはなかったと思われる。徒刑中断直前の五年間の平均四十九人というのでさえ、収容者数が比較的多かった時期の数と考えてよさそうである。以上に略述したように、熊本藩徒刑と幕府人足寄場とでは規模の上において大きな差異が存するのである。

なお、幕府人足寄場は熊本藩徒刑よりも新しい制度であるだけに、収容者の処遇に関し、より進歩した点がいくつか見られる。たとえば第一に、改善著しい人足に対しては所定の収容期間に満たなくても釈放するという不定期刑の考え方を採用したこと、第二に、収容者の改善を促すために心学道話を採り入れて積極的に教育を施したこと、第三に、収容者の着衣に工夫を凝らし、収容年数ごとに水玉の数を減らすという進級制を採用したこと、第四に、社会復帰の予行演習のための「外使」の制度を取り入れたことなどである。管見では、この四点は熊本藩の徒刑制度の上に確認することはできない。

とは言うものの、熊本藩徒刑に見られる作業有償制、報酬の強制積立と元手の制、自主労働の採用、技能（手業）保持者とその他の者の作業を区別すること、身元引受と生業仕付、入所時の申渡をはじめとする教育的配慮等は、いずれも人足寄場の制度に継承されているのである(81)。

ところで、人足寄場の開設以前、熊本藩以外にも近代的自由刑を採用した藩が存した。それは鍋島氏三十五万七千石の佐賀藩（外様大名）である。人足寄場を六年余り遡る天明三年（一七八三）十二月、佐賀藩は徒罪方という役所を設置するとともに、二十八箇条から成る「徒罪之法」を制定した。徒罪は盗犯と博奕の再犯以上とに適用する自由刑である。盗犯に対して佐賀藩は、旧来は所払以上の追放刑を適用していたが、これをやめて百五十日から七年に至る七等級の徒罪を科すことにした。又、博奕の再犯以上には二百五十日、一年、一年半の徒罪を科すことにしたのである。徒罪は、「不所存之者共、悪業不致、趣意善心ニ相移候」ことを目的とし、それを達成するために「極悪之者も何卒善念ニ翻候様可相諭(82)」こととしている。つまり、佐賀藩の徒罪もまた教化改善主義の考え方に立脚しており、熊本藩徒刑に同じく、作業有償制、賃金の強制積立と元手の制を備えていた(83)。

人足寄場の開設と同じ時期に近代的自由刑を採用した藩も存する。それは松平氏二十三万石の会津藩（親藩）である。人足寄場開設の翌月の寛政二年三月、会津藩は「刑則」という七十一箇条の刑罰法規集を制定し、ここに士人に対する揚座敷と庶人に対する徒刑とを定めた。揚座敷は一年、二年、三年、永居の四等級で、強制労働はともなわない。徒刑は半年、一年、一年半、二年、二年半の五等級で「辛苦煩辱」の徒役が課された。従来の追放刑に換えてこれらの自由刑を適用することにしたのである。「刑則」には序文が存するが、その序文は徒刑について「農商之類亦《モ》皆寘《ク》ニ之《ヲ》囹圄《ノ》中《ニ》一、而《シテ》役《ス》ニ煩辱之事《ニ》一、又教《ユ》レ之《ニ》、有《ハ》下悔《ヒ》レ非《ヲ》改《メ》レ過《ヲ》能《ク》勤《ムル》ニ役事《ヲ》一者上、及《テ》レ期《ニ》帰《シ》レ家《ニ》、与《エ》ニ米穀幾許《ヲ》一、令《ム》レ無《ヲ》レ失《コト》レ産《ヲ》」と述べている。又、これを註釈した文には、「犯科ノ次第ヲ告諭シテ本心ニ立カヱルヨウニ教ユルコトナリ」「教諭ニヨリ我先ノ非ヲ悔ミ、過《シソコ》ネタルコトハ夫マテニシテ、思ヒカヱテ善ニ移ルヲ、悔レ非改レ過ト云フナリ」と見えている(84)。つまり会津藩の徒刑もまた教化改善主義の趣旨で貫かれており、犯罪人の更生を目的としている。そのために作業有償制を採り、積極的に教育を施し、改善著しい収容者は刑期満了の前であっても釈放するとしている。会津藩の徒刑は熊本藩よりも先進の内容が盛り込まれているのである。このような会津藩の自由刑の構想は、同藩家老田中三郎兵衛玄宰《はるなか》が天明七年（一七八七）二月に表明した藩政改革の大綱の中にすでに示されており、この意味で会津藩の自由刑は、幕府人足寄場の開設より三年程度早い(85)。

佐賀藩の徒罪、会津藩の揚座敷・徒刑は、右に見たように近代的自由刑の要素を具備している。そして佐賀藩、会津藩は共に、その自由刑を制定するにあたって熊本藩徒刑を参考とした(86)。したがって、熊本藩徒刑は幕府の人足寄場に影響を与えただけでなく、それ以前において諸藩の自由刑にも影響を及ぼしていた訳である。まさに、わが国における近代的自由刑は熊本藩の徒刑制度が出発点となったのである。

最後に、「草茅危言」の人足寄場に及ぼした影響について検討を加えて稿を閉じたいと思う。「草茅危言」は、大阪の懐徳堂学主の中井竹山（名は積善、通称善太、享保十五年〔一七三〇〕～文化元年〔一八〇四〕）の著した経世論である。天明八年（一七八八）六月、松平定信は大阪を巡視した折に竹山を招いて会見し、政治・経済・社会上の当面する問題について竹山の意見を徴した。この時、定信が竹山に時務を諮問し、竹山がこれに応じて著述し、定信に奉呈した書が「草茅危言」十巻である。序文の末に「寛政紀元己酉之冬　竹山居士　中井積善拝撰」とある。定信は寛政改革を行なうにつき、本書を大いに参考としたと言われている。

竹山はその巻之九の「盗賊ノ事」の稿において、弟履軒の「恤刑茅議」に説く永牢の論を引用しつつ、徒刑についての論を展開している(87)。竹山の徒刑論には、改善主義の考え方、作業有償制、賃金の積立と元手の制、藁を用いた作業、各人の得意な作業等が見えており、人足寄場制度の根幹となる内容を含んでいる。そのために、平松義郎氏は「草茅危言」が人足寄場設立に重大な影響を与えたことについて、「中井兄弟の言説の定信への影響については、定信に無宿養育施設設立につき、決断に踏切らせ、とくにそれに儒教的正当性を与える効果をもったと考えられる」と述べている。[88] 同時に、石井良助氏は「（人足寄場の）元手の制はその起りを直接には草茅危言に求めてさしつかえない」と指摘する。[89] このように、「草茅危言」の徒刑論が人足寄場の創設とその施策に大きな影響を及ぼしたとするのが、今日の通説的見解である。[90]

ところで、右の見解は、人足寄場の開設以前に定信が「草茅危言」を読んだということが前提となっている。つまり、平松・石井両氏は、本書の序文の日付を根拠として、本書が寛政元年（一七八九）の十月から十二月の間に定信に奉呈されたと理解しているのである。[91] しかしながら、この根拠はきわめて不確実である。それは次のような理由による。すなわち、序文の日付は寛政元年冬であるが、竹山が「草茅危言」十巻全部を脱稿したのは、その二年後の寛政三年冬なのである。[92] 小堀一正氏の「中井竹山の生涯」によれば、竹山は天明八年十一月に最初の一巻を定信に献上して以来、本書を次々に書き継ぎ、寛政三年になって一応の完成をみた。また井上明大氏作成の「竹山・履軒年譜」を見ると、天明八年中には全十巻中の五巻ができたと記してある。[93] このような次第であるから、「盗賊ノ事」を含む巻之九が、人足寄場開設よりも前に定信の許に提出されていたかどうかは判らない。たとえば、巻之四「学校ノ事」には、定信のいわゆる寛政異学の禁に対して論評した箇所が存するので、この箇所の執筆時期は寛政二年五月以降ということになる。つまり、「草茅危言」には人足寄場の開設以後に執筆した箇所も含まれているのである。したがって、松平定信は人足寄場を創設するにあたって、「草茅危言」の徒刑論を参酌したかも知れないし、あるいは参酌がかなわなかったかも知れないのである。[94]

註

（1）平松義郎「人足寄場の成立㈠㈡㈢」（名古屋大学『法政論集』三三〜三五号、昭和四十〜四十一年）、同「人足寄場の成立と変遷」（人足寄場顕彰会編『人足寄場史——我が国自由刑・保安処分の源流——』所収、昭和四十九年、創文社〔同氏著『江戸の罪と罰』所収、昭和六十三年、平凡社〕）。

（2）瀧川政次郎『長谷川平蔵——その生涯と人足寄場』昭和五十年、朝日新聞社、平成七年に中公文庫所収。中公文庫版二二〇〜二三二頁。

（3）平松義郎「人足寄場の成立㈢」（『法政論集』三五号、五〇頁、昭和四十一年）。

（4）平松義郎「刑罰の歴史——日本（近代的自由刑の成立）——」（荘子邦雄・大塚仁・平松義郎編『刑罰の理論と現実』所収三一頁、昭和四十七年、岩波書店）。

（5）石井良助「日本刑罰史における人足寄場の地位」（人足寄場顕彰会編『人足寄場史』所収五四〜五五頁）。

〔補記〕　この論文はその後、同氏著『日本刑事法史』（法制史論集第一〇巻、昭和六十一年、創文社）に収録されるが、本章に引用した部分を含む第七節が省かれている。

なお、『人足寄場史』には「我が国自由刑・保安処分の源流」という副題が添えられており、所載の諸論文はこの論調で貫かれている。

（6）小宮山綏介「古刑法の一班　再追加」『皇典講究所講演』一六七冊四八頁、明治二十九年、後に國學院編纂『法制論纂』所収、明治三十六年、大日本図書。

（7）小山松吉「我国に於ける懲役の沿革」松井和義・牧野英一編『行刑論集』所収六四五頁、昭和五年、刑務協会。

（8）金田平一郎「近世懲役刑小考——熊本藩刑法研究序章——」九州帝国大学法文学部『十周年記念法学論文集』一四七頁、昭和十二年。

（9）辻敬助「我国に於ける近代自由刑の発祥㈠」『法律新聞』四二二〇号、三頁、昭和十三年。

（10）石井良助『江戸の刑罰』一九九頁、昭和三十九年、中公新書。

(11) 鎌田浩「熊本藩における刑政の展開」世良晃志郎教授還暦記念『法と権力の史的考察』所収六二六頁、昭和五十二年、創文社（同氏著『熊本藩の法と政治』所収三〇〇頁、平成十年、創文社）。
(12) 高塩博「近代的自由刑の成立と展開――熊本藩徒刑と幕府人足寄場――」『明治聖徳記念学会紀要』復刊九号、平成五年。
(13) 石井良助「江戸時代の刑罰論のこと」『第四江戸時代漫筆』二〇〇頁、昭和三十九年、井上図書。
(14) 石井良助「日本刑罰史における人足寄場の地位」『人足寄場史』所収四四頁（『日本刑事法史』一八九頁）。なお、『人足寄場史』には人足寄場に関連する十六の論文が収載されているが、熊本藩徒刑に言及するのはこの箇所が唯一である。
(15) 平松義郎「人足寄場の成立(二)」『法政論集』三四号、一三〇頁、昭和四十一年。
(16) 平松義郎「人足寄場起立考」石井良助先生還暦祝賀『法制史論集』所収一四六頁、昭和五十一年、創文社。
(17) 鎌田浩「日本における刑罰と行政罰の分離――熊本藩の刑政改革をモデルとして――」『専修法学論集』五五・五六合併号、一八五頁、平成四年。鎌田氏は『日本法制史』二二五頁（牧英正・藤原明久編、平成五年、青林書院）の中でも同様の見解を示している。
(18) 「肥後物語」小林宏・高塩博編『熊本藩法制史料集』一一九七頁、平成八年、創文社。
(19) 亀井南冥が「肥後物語」を著す以前に熊本を訪れたのは、井上忠氏の見解（『亀井南冥昭陽全集』第一巻所収「『肥後物語』解説」、昭和五十三年、葦書房）によれば、宝暦十一年、同十二年、安永六年の三回、また荒木見悟氏作成の南冥「略年譜」（『亀井南冥・亀井昭陽』叢書・日本の思想家27所収、昭和六十三年、明徳出版社）によれば、宝暦十一年、明和八年、安永三年の三回である。
(20) 「肥後物語」の伝本は、『国書総目録』『古典籍総合目録』にあわせて五十一本が著録されている。
(21) 徒刑小屋（定小屋）の設置された場所は、「万覚」（永青文庫蔵、架号一二・七・三）に、「笞刑眉無等之御刑法、宝暦五年亥四月、初て被仰付候、高麗門新牢囲内ニて擲放シ被仰付、眉無は同所ニ定小屋え建置被入置、昼之内ハ御作事所日雇代ニ被召仕候」と見えている。

(22) 大村庄助著「肥後経済録」『熊本藩法制史料集』一一八七頁。

(23) 高本紫溟撰「銀台遺事」『肥後文献叢書』第一巻（明治四十二年、隆文館）所収八頁、『熊本藩法制史料集』一二一二頁。

(24) 「参談書抜」二九徒刑被差止候儀ニ付詮議之事（『熊本藩法制史料集』八五〇頁）、「肥後熊本聞書」『熊本藩法制史料集』一二一七頁。

「肥後熊本聞書」には「銘ゝ藁細工をいたし、覚悟宜ものハ免され候て、直に相応の渡世に仕付候位に貯へ有之候由ニ御座候」とも記されている。

(25) 寛政二年（一七八〇）より以前の成立の「隈本政事録」は、徒役の賃金について「賃銀或ハ日ゝニ弐匁宛と相定り罷在候を、八分計ヅヽニ被成、内四分ハ其者雑用ニ被致、残る四分ハ役所ニ留被置」と記す（『熊本藩法制史料集』一一九三頁参照）。

(26) 文化年間における徒刑の報酬三十文という額は、当時の日雇賃金の相場をかりに百文前後と考えるならば、一般人の日当の三分の一弱ということになる。

(27) 「御刑法方定式」『熊本藩法制史料集』九五五頁。

(28) 「隈本政事録」『熊本藩法制史料集』一一九三頁。

(29) 司法省蔵版・法制史学会編、石井良助校訂『徳川禁令考』後集第一、五九頁、昭和三十四年、創文社。

(30) 高塩博・神崎直美「矯正協会所蔵『寄場人足旧記留』——解題と覆刻——」所収第一〇文書（『國學院大學日本文化研究所紀要』七六輯、一六四頁、平成七年）、森山孝盛「蜑の焼藻の記」（『日本随筆大成』新版第二期22、二五〇〜二五一頁、昭和四十九年、吉川弘文館）。

なお、原胤昭「我邦古代の免囚保護事業」（同『出獄人保護』四六九〜四七一頁、大正二年、天福堂）、丸山忠綱「加役方人足寄場について㈡」（『法政史学』八号、二八〜二九頁、昭和三十一年）参照。

(31) 「御刑法方定式」『熊本藩法制史料集』九五九頁、「雑式草書」藩法研究会編『藩法集7熊本藩』所収八九六頁、昭和四十一年、創文社。

(32) 「雑式草書」前掲書八九六頁。

(33)「益田弥一右衛門上書堀平太左衛門返答之書付」『熊本藩法制史料集』一一六二、一一七一頁。
(34)大炊御門家孝著「落栗物語」『百家随想』巻一所収、大正六年、国書刊行会。なお、『熊本藩法制史料集』「史料解題」一一九～一二〇頁参照。
(35)『徳川禁令考』後集第一、五九頁、昭和三十四年、創文社。
(36)「近代的自由刑」の概念については、澤登俊雄「「近代的自由刑」の起源」(『人足寄場史』所収)、同「石川島人足寄場開設二〇〇周年に寄せて――処遇思想にもとづく矯正教育の実践――」(『刑政』一〇一巻一〇号、平成二年)参照。
(37)熊本藩は人足寄場創設と同年の寛政二年、除墨の制度を定めた。これは入墨者が釈放の後、暮しぶりを改め、善良な民として生業に就いて生活していたならば、釈放後五年以上経過したことを条件として入墨を抜き去ってやるというものである。除墨制度は入墨者の更生をより容易ならしめるための施策なのである。詳しくは『熊本藩法制史料集』「史料解題」一一〇～一一二頁参照。
なお、更生保護の観点から幕府人足寄場に言及した論考に、原胤昭「我邦古代の免囚保護事業」(同『出獄人保護』大正二年、天福堂)、守山正「わが国における更生保護事業の歴史的展開過程――刑事政策における公衆参加の視座――」(早稲田大学大学院『法研論集』二二号、昭和五十五年)、西岡正之「日本における更生保護の歩み」(『日本の矯正と保護』第三巻保護編、昭和五十六年、有斐閣)等がある。
(38)松平定光「『宇下人言・修行録』解題」四頁、昭和十七年、岩波文庫。
(39)『宇下人言・修行録』五八頁、昭和十七年、岩波文庫。
(40)稲垣武十郎「堕涙口碑」『津山温知会誌』第壹編所収二二・二五頁、明治四十一年、矢吹金一郎編輯兼発行。
(41)松平定光「松平定信を中心とする諸侯の教養――双鯉集を中心として」徳川公継宗七十年祝賀記念『近世日本の儒学』所収、昭和十四年、岩波書店。
(42)宇野東風『細川霊感公』六頁、明治四十二年、熊本、長崎書店。
(43)細川藩政史研究会編『熊本藩年表稿』天明四年四月・十月条、同五年二月条など(昭和四十九年)。

(44) 熊本藩の徒刑が天明末年(一七八八)以前においてどれほどの効果を上げていたかを、更生者の数字を示して具体的に指摘することはできない。しかしながら左の記録は――いずれも熊本藩政を賛美した記録であるから、幾分差し引いて考える必要があるが――相当に実効のあったことを伝えている。

○誠ニ貧之盗ニて牢入申ものハ、ミなく暫く入牢いたし候上ニて銭を貰ひ、村中之世話も在之、却て初より慎宜しく相成候もの多く御座候、

（大村荘助「肥後経済録」『熊本藩法制史料集』一一八八頁）

○右相渡サル(、)銭僅ノコトナカラ、出牢ノ砌相応ニ遣銭トナリ、三年モ歴テ全ク勤メタルハ有付ノ本手トモナレハ、恩恵ヲ感シ罪ヲ悔ルユへ、人柄ヲ改ルモノ多シトナリ、且十人ニ一人ハ今一(二)年牢舎仰付ラレ度ト願、其通リニシテヤハリ召使ハル(、)ノ《(モノ)》モコレアルヨシ、面白キコトトモナリ、

（亀井南冥「肥後物語」『熊本藩法制史料集』一一九七頁）

○徒役を勤たる年限の間、日雇代を積ため置て、免し遣ハす時、一所にあたへ遣すと也、それゆへ、いかなる貧窮無宿なる者も、それを元手として家業をはしめ、身上にとりつかするとなり、

（河村秀頴「通俗徒刑解」『熊本藩法制史料集』一二〇三頁）

○年限満ちて帰る者は、さづけ給ふ賃銭と、己が手業の代をたくはへもち、是を本にして、かたのごとく世渡るわざにつき、前非を悔いて、良民となるものおほし、

（高本紫溟「銀台遺事」『熊本藩法制史料集』一二一二頁）

「銀台遺事」を撰述した高本紫溟は、自藩の徒刑制度をはなはだ誇りに思っていたので右の記事では飽足らなく、次のように語っている(「銀台遺事の事に付高本敬蔵紙面之写」『肥後文献叢書』第一巻所収七一頁、明治四十二年、隆文館)。

御刑法一条の儀も、笞墨徒は律書にも有之、誰も存候事に御座候へ共、御国の如く、徒刑の者共、往々良民に成候様に、委細の御徳被レ立候所は、他国には不レ及二承申一候、然処荒々書置候は、残念の事に御座候、惣而此御遺事は、御徳義を述候迄にても無二御座一、諸国の法にも成候し様に有二御座一たく奉レ存候、

(45) 以上、本田東陵の伝は、「桑名前修遺事」(武藤巖男編『肥後先哲偉蹟』正続合巻所収五五〇頁、明治四十四年、隆文館)による。

〔補記〕「治地略考」の伝本は、今日、駒井乗邨「鶯宿雑記」所収本（国立国会図書館蔵）と高塩所蔵本との二本が確認されている。また、本田東陵に関しては、その後、高塩博「立教館初代教授本田東陵の墓碑銘」（『江戸時代の法とその周縁――吉宗と重賢と定信と――』平成十六年、汲古書院）、小林宏「白河藩初代教授本田東陵について――「治地略考」「北越官舎学矩のことなど――」（『國學院法學』五三巻二号、平成二十七年）が発表された。

(46)「桑名前修遺事」は本田東陵の享年を四十八歳とするが、深谷賢太郎氏の後掲著書所引の墓誌銘（七〇頁）に基づいて七十二歳とする。
(47) 深谷賢太郎『松平定信公と敬神尊皇の教育』七〇頁、昭和十六年、北海出版社。
(48)「（定信公御代／寛政二戌九月改）分限帳」『桑名藩史料集成』所収三五九頁、平成二年、桑名市教育委員会。
(49) 深谷賢太郎『松平定信公と敬神尊皇の教育』八三頁。
(50) 中野嘉太郎『細川越中守重賢公伝』一三六頁、昭和十一年、熊本、長崎次郎書店支店。
なお、この件については、「堀大夫行跡略記」（『肥後先哲偉蹟』正続合巻所収一一三頁）にも、「寛政元年　斉茲公より御使者を以、忝も将軍家堀平太左衛門は能き者なりと聞召れ候由、御噂有之候由、執権松平越中守様より御申有之段仰下され候、」と見えている。
(51) 高本紫溟撰「銀台附録」武藤厳男・宇野東風・古城貞吉編『肥後文献叢書』第一巻所収九三頁、明治四十二年、隆文館。
(52) 堀平太左衛門の伝については、『肥後先哲偉蹟』正続合巻一〇六～一三〇頁、森田誠一「細川重賢と堀平太左衛門――宝暦の改革――」（『日本人物史大系』第四巻、昭和三十四年、朝倉書店）等参照。
(53) 高本紫溟撰「銀台附録」『肥後文献叢書』第一巻九一頁。
(54)「堀大夫行跡略記」『肥後先哲偉蹟』正続合巻所収一一八頁。
堀平太左衛門と松平定信の会見について、宇野東風著『細川霊感公』（明治四十二年、長崎書店）は、「堀大夫行跡略記」とほぼ同様の記事を、「茯氏記録」所引として紹介している（同書五〇四頁）。
(55)「井田衍義」「度支彙函」は、藩法研究会編『藩法集』7熊本藩（鎌田浩氏担当、昭和四十一年、創文社）に抄録による翻刻がなされている。

(56) 以上、中山市之進の伝は、『肥後先哲偉蹟』正続合巻の「中山黙斎」の項による（二四八～二五九頁）。

(57) 中山市之進は、江戸遊学中の寛政二年二月、「隈本政事録」と題する熊本藩政治に関する聞書もまた筆写している（『熊本藩法制史料集』一一七頁、一一九三頁参照）。

(58) 「山家の嚢」『肥後先哲偉蹟』境野凌雲の項所収二一〇頁。同書は南合《なんごう》彦左衛門を「南郷」と記すが、「南合」が正しい。南合彦左衛門は、名を義之といい、蘭室または東郭と号す白河藩の儒者である。寛政二年九月の「分限帳」によると、小納戸で百石取であった。彦左衛門は藩校立教館の創設時、教授本田東陵のもとで学頭に就任し、文政元年（一八一八）から同五年までは教授を勤めた（「（定信公御代／寛政二戌九月改）分限帳」前掲書三五九頁、深谷賢太郎『松平定信公と敬神尊皇の教育』一八九頁、『三百藩家臣人名事典』第二巻一二五～一二六頁、昭和六十三年、新人物往来社）。

なお、熊本藩士境野嘉十郎（名意明、号凌雲）は、寛政二年正月、松平定信が妾を召抱えたことを非難した上書を、中山市之進を通じて南合彦左衛門に提出したことがあった（「山家の嚢」『肥後先哲偉蹟』二一〇頁）。又、年次不明であるが、境野嘉十郎の同僚斎藤権之助（名高寿、号芝山）も松平定信に富国、倹約、寺社統制、長崎商船等についての意見封事を行なったことがある（上妻博之『肥後文献解題』新訂版一〇四頁、昭和六十三年、舒文堂河島書店）。右二通の上書は、熊本県立図書館にその写本が所蔵されている（上妻文庫三二一「井上久助遺漏文」）。

(59) 松平定信は白河藩を襲封した天明三年（一七八三）三月、「資治精要」と題する書を著している（瀧本誠一編『日本経済大典』一三巻所収、昭和四十二年、明治文献復刊）。書名にも示されているように、本書は定信が読書の際に政治に資するための精要となるべき記事を抄出した小冊子である。そこには「政をするは、民の情に能通ずる事を専要とすべし」という一節が存する。市井の医者目黒道琢をもって民情探索をさせたものと思われる。定信はまた側近の水野為長にも情報収集活動を命じ、幕府役人周辺の様々な情報、幕府、世情についての見聞等を日々報告させ、これを施政上の参考とした。水野為長の報告書が「よしの冊子」である（『随筆百花苑』八・九巻所収、中央公論社、昭和五十五～六年）。

(60) 会津藩の正史「家世実紀」は、松平定信と目黒道琢の間柄について、天明七年十一月二十八日条において次のように伝えている（『会津藩家世実記』一三巻、九五頁、昭和六十三年、吉川弘文館）。

道琢は御老中松平越中守様別て被懸御目、御扶持等も被下候儀、殊越中守様御役被仰付候後ハ、御遠慮ニて御相手いたし候者とも以前と違候へ共、此者は不相替毎夜之様ニ御伽ニ罷出候故、他ゟ相頼候儀不苦筋は御咄も致候由、

(61) 目黒道琢については、森潤三郎『多紀氏の事蹟』（昭和八年初版、昭和六十年、思文閣出版復刊一二三〜一二四頁）、中島康伸「目黒道琢の事蹟について」（『日本医史学雑誌』二九巻二号、昭和五十八年）、海老名俊雄「忘れられた名医目黒道琢」（『歴史春秋』三一号、会津史学会、平成二年）等参照。

(62) 松平定信『退閑雑記』一一九〜一三〇頁、江間政発校合、明治二十五年、鈴木正之助発行。

(63) 反町茂雄『一古書肆の思いで』3古典籍の奔流横溢、二六〇頁、昭和六十三年、平凡社。

(64) 『宇下人言・修行録』岩波文庫版一一八頁。

(65) 平松義郎「人足寄場の成立と変遷」（『人足寄場史』所収九二〜九四頁（『江戸の罪と罰』一七七〜一八〇頁））参照。平松氏は同論文において「享保期の新規溜案は、後年の人足寄場の構想が兆した端緒として重要な意味をもつ」と指摘する（同書九四頁）。

(66) 無宿養育所については、瀧川政次郎『日本行刑史』三一七〜三二一頁（昭和三十六年、青蛙房）、石井良助「日本刑罰史における人足寄場の地位」（『人足寄場史』二八頁（『日本刑事法史』一七三頁））、平松義郎「人足寄場の成立と変遷」（『人足寄場史』九五〜九八頁（『江戸の罪と罰』一八〇〜一八五頁））等参照。

(67) 平松義郎「人足寄場の成立と変遷」前掲書一〇四頁（『江戸の罪と罰』一九一頁）。

(68) 「資治精要」『日本経済大典』一三巻所収三八二頁。

(69) 『政談』巻之四刑罰の事、辻達也校注、昭和六十二年、岩波文庫。

(70) 小川太郎氏は「人足寄場が制度として成り立ったことについては松平定信や長谷川平蔵の功を没することは出来ぬ。しかし定信の政策は徂徠の「御隠密御役」をつとめた吉宗に範を採つたものでこの吉宗前後の思想家の影響は極めて大きいとしなければならぬ」と述べて、人足寄場に対して「政談」が思想的影響を及ぼしたことを積極的に捉えている（「徳川時代に

於ける自由刑思想の形成」『犯罪と自由刑』二〇一頁、昭和二十七年、一粒社）。

松平定信の政策を考察する上に、左のような当時の評言には注意を払う必要があろう。

一越中様ハ御一躰徂徠学ニ御ざ候へ共当時ハわざ〳〵朱子学ニ表向をなされ候よし。全躰ハ徂徠学じやとさた仕候よし。

（水野為長「よしの冊子」寛政二年八月条、『随筆百花苑』第九巻所収一八七頁）

(71) 「安永撰要類集」十一『東京市史稿』産業篇第三十三、一八四～一八九頁所引、平成元年。

(72) 水野為長「よしの冊子」『随筆百花苑』第九巻所収二七頁、昭和五十六年、中央公論社。

(73) 平松義郎「人足寄場の成立㈢」『法政論集』三五号、五四頁。

(74) 『宇下人言・修行録』岩波文庫版一一八頁。

(75) 以上、人足寄場の規模と収容者数については、原胤昭「我邦古代の免囚保護事業」『出獄人保護』四三〇～四三二頁、辻敬助『日本近世行刑史稿』上、八七〇～八七一頁、丸山忠綱「加役方人足寄場について㈡」『法政史学』八号二三～二七頁等による。

(76) 「万覚」永青文庫蔵、架号一二・七・二三（『熊本藩法制史料集』「史料解題」一二二～一二三頁参照）。

(77) 「参談書抜」『熊本藩法制史料集』所収八五〇頁。なお、鎌田浩「熊本藩における刑政の展開」前掲書六二六頁（『熊本藩の法と政治』三一〇頁）参照。

(78) 「万覚」文化二年条（永青文庫蔵、架号一二・七・二三）に「文化二年丑七月十三日、定小屋ニ被入置候者共三十人程本所へ被差返候」と見えている。

(79) 「除墨帳」『熊本藩法制史料集』所収一〇五四～一〇六一頁。

ちなみに、西小屋より釈放された百二十一人のうち、半数の六十人はその後正業に就いてまともな生活を営んでいる。その他、二十六人が逃亡、二十三人が病死、十二人が再犯となっている。西小屋収容者は盗犯によるものであるが、病死者数を考慮するならば、半数以上が更生したことになる。一方、東小屋より釈放された六十人のうち、大半の五十二人が更生しており、五人が病死、一人が行方不明、再犯の者はわずかに二人である。盗犯以外の「不届之儀」によって徒刑を科された者は、その大部分が更生に成功して社会復帰しているということである。

(80)「参談書抜」本書八六二〜八六四頁。なお、この数字は鎌田浩「熊本藩における刑政の展開」（前掲書六二三頁〔『熊本藩の法と政治』三〇七頁〕）に一覧表として示されている。

(81) 大村庄助「肥後経済録」によると、熊本藩では収容中の徒刑囚に正月と盆の二度、父祖の墓参の意味で熊本城下のそれぞれの宗旨の寺に参詣させている（『熊本藩法制史料集』一一六、一一八八頁参照）。一方、人足寄場では寛政二年の創設時、人足共の願いを聞入れて寄場内に稲荷社を建立し、これを人足寄場の鎮守とした。毎年二月の初午はこの稲荷社の祭礼である。この日は寄場を休業とし、人足には赤飯、汁、菜をふるまった。いずれの措置も収容者に精神的慰安を与えるという趣旨に出でたものであろう。熊本藩徒刑と人足寄場とでは、こうした共通面もまた持ち合わせているのである。なお、寄場稲荷については、瀧川政次郎「人足寄場の稲荷社」（『朱』一八号、昭和五十年、伏見稲荷大社発行）参照。

(82)「（天明三年／神埼代官所）教諭御書附」（『佐賀藩法令・佐賀藩地方文書』鳥栖市史資料編第三集所収二一九頁、昭和四十六年、鳥栖市役所）。

(83) 佐賀藩の徒罪については、城島正祥「佐賀藩の徒罪」（同『佐賀藩の制度と財政』昭和五十五年、文献出版）、池田史郎「佐賀藩の刑法改正――徒罪方の設置――」（『史林』五一巻六号、昭和四十三年〔『佐賀藩研究論攷』所収、池田史郎著作集刊行会編、平成十年、出門堂〕）、同「鍋島藩政の展開」（『佐賀市史』第二巻近世編、昭和五十二年、佐賀市）等参照。

(84) 会津藩「刑則」の寛政二年の序文とその註釈は、高塩博「会津藩「刑則」の制定をめぐって」（『國學院大學日本文化研究所紀要』七一輯一三八〜一四一頁、平成五年）参照。

(85) 会津藩「刑則」とその自由刑については、手塚豊「会津藩「刑則」考」（同『明治刑法史の研究』（中）手塚豊著作集第五巻、昭和六十年、慶應通信）、高塩博「会津藩「刑則」――解題と翻刻――」（同『日本律の基礎的研究』昭和六十二年、汲古書院）、同「会津藩「刑則」の制定をめぐって」前掲誌等参照〔その後、高塩博「会津藩「刑則」とその刑罰」が発表された（『江戸時代の法とその周縁』所収、平成十六年、汲古書院）〕。

(86) 熊本藩徒刑が佐賀藩、会津藩に及ぼした影響については、前掲の池田、手塚、高塩の各論文参照。

(87)「草茅危言」巻之九盗賊ノ事は、『日本経済叢書』第十六、四五七〜四六一頁（大正四年、同書刊行会）、『中井竹山集』近世社会経済学説大系二一九〜二二三頁（昭和十年、誠文堂新光社）等参照。

(88) 平松義郎「人足寄場の成立と変遷」『人足寄場史』所収一〇二頁（『江戸の罪と罰』一八九頁）。

これより先、平松氏は「草茅危言」の人足寄場への影響に関し、「中井兄弟の著書の影響は必ずしも大きなものではなく」と述べ（「人足寄場の成立(二)」『法政論集』三四号、一二八頁、昭和四十一年）、ついで昭和四十二年執筆の論文の中では、「人足寄場は享保、安永の系譜に連なることは前述したが、その構想には中井竹山ないしその著書草茅危言が何らかの影響を与えたことは、ほぼ動かぬところである」と述べている（「人足寄場起立考」石井良助先生還暦祝賀『法制史論集』所収一四三頁）。平松氏の考えは、時間の経過とともに、「草茅危言」との影響をより重く視るように変化したようである。

(89) 石井良助「日本刑罰史における人足寄場の地位」『人足寄場史』所収三九頁（『日本刑事法史』一八四頁）。

(90) 人足寄場と「草茅危言」との関連について初めて言及したのは、おそらく辻敬助『日本近世行刑史稿』上、八二八頁（昭和十八年）であろう。その他、団藤重光氏は、「履軒の永牢の構想が定信の人足寄場創設の計画に影響をあたえたであろうことは、想像にかたくない」とする（「人足寄場の性格と特長――刑法学者の立場から――」『人足寄場史』所収六一頁）。

(91) 平松義郎「人足寄場起立考」前掲書一四四頁、同「人足寄場の成立と変遷」前掲書一〇二頁（『江戸の罪と罰』一八九頁）、石井良助「日本刑罰史における人足寄場の地位」前掲書三六頁（『日本刑事法史』一八一頁）。

(92) 稲垣国三郎「中井竹山小伝」（同編『中井竹山と草茅危言』二頁、昭和十八年、大正洋行）、菅野和太郎「寛政の改革と中井竹山」（本庄栄次郎編『近世日本の三代改革』所収一三九頁、昭和十九年、龍吟社）、幸田成友「楽翁公と中井竹山」（『幸田成友著作集』第五巻、五三頁、昭和四十七年、中央公論社、原載は『青淵』三一号、昭和二十六年）。

(93) 以上、『中井竹山・中井履軒』叢書・日本の思想家24所収一〇四〜一〇九頁、三二九頁、昭和五十五年、明徳出版社。

(94)「草茅危言」の徒刑論の内容は、熊本藩徒刑の実際とその大部分が似ている。中井竹山は熊本藩と関係浅からぬものがあったから、熊本藩徒刑の知識を持ち合わせていて、それを参考としつつ徒刑論を執筆した可能性も否定できない。なお、竹山が亀井南冥の「肥後物語」を読んだ可能性も否定できないであろう。

竹山は熊本藩の時習館第二代教授藪孤山（茂二郎）とは親交があり、熊本藩の儒者大城壺梁（多十郎）や脇愚山（儀一郎）とも交流があった。とりわけ愚山は竹山に師事している（『肥後先哲偉蹟』正続合巻三三五頁、井上明大「竹山・履軒年譜」前掲書所収、頼惟勤「藪孤山と亀井昭陽父子」『徂徠学派』日本思想大系37所収、昭和四十七年、岩波書店等）。竹山にはまた、熊本藩より「重禄を以て招かれたが応ぜず」という事態も存したようである（稲垣国三郎「中井竹山小伝」前掲書）。

第二章　幕府人足寄場の収容者について
——武家奉公人と有宿を中心として——

はじめに

一　「無罪之無宿」の寄場収容

（1）　刑餘の無宿

（2）　刑餘にあらざる無宿

二　「年期を定」めた寄場収容——武家奉公人——

三　有宿の寄場収容

四　「年限申送者」と「良民之害ニ相成候」もの

むすび

はじめに

寛政二年（一七九〇）二月、幕府老中松平定信は、火附盗賊改長谷川平蔵を指揮して隅田川河口の石川島に人足寄場を建設した。ここには主として「無罪之無宿」を収容し、彼らに授産と教化改善の処遇を施して社会復帰を目指した。収容すべき「無罪之無宿」とは、敲、入墨、敲の上入墨などの刑に処した無宿、および逮捕して取り調べた結果、何らの罪を犯していない無宿であって、いずれも身元引受人の見つからない者を指した。寄場収容者の多くは刑餘の無宿であるが、刑餘にあらざる文字通りの無罪の無宿についても収容の対象としていたことは、塚田孝氏が注意を喚起するところである(1)。

寄場開設から三十年餘を経た文政三年（一八二〇）十月、重追放から江戸払にいたる追放刑の判決を受けた者をも――「無罪之無宿」に併せて――収容することとした。したがって、収容者の観点からながめるならば、創設からの約三十年間とそれ以後と、大きく二つの時期に分けて考えることが出来る(2)。幕府の人足寄場を考察するにあたり、どのような人々が収容者であったかは最重要問題の一つであると言っても過言でない。収容者を議論した先行研究とその問題点は、坂本忠久氏の論文「江戸の人足寄場の性格とその変化をめぐって」が整理しておられる(3)。

人足寄場の収容者については、三浦周行氏(4)以来、議論が重ねられてきたが、いまだ解明されていない点が残されている。本章は、人足寄場差遣の判例を紹介することにより、従来着目されることの少なかった武家奉公人と有宿の寄場収容について考察を加え、もって幕府人足寄場の本質を考える一助としようとするものである。大方のご批正がいただければ幸いである。

一　「無罪之無宿」の寄場収容

松平定信は人足寄場開設から九日後の寛政二年（一七九〇）二月二十八日、三奉行に次の指令を発した(5)。

（朱書）「寛政二戌年二月廿八日
松平越中守殿丹阿彌を以御渡、備前守請取」

三　奉　行　え

無宿者召捕候節、悪事有之、入墨敲等御仕置相済候は勿論、吟味之上悪事無之ものも、以来都て加役方人足寄場え《え》可遣事、

松平定信はそれまで、刑餘の無宿だけを収容の対象と考えていたが、ここに刑餘にあらざる無罪の無宿をも収容対象者に含めたのである(6)。

(1)　刑餘の無宿

敲、重敲あるいは入墨、入墨之上敲などの刑罰に処し、その上で人足寄場に収容するという判決を幾例か紹介しよう。寛政四年（一七九二）八月、無宿十兵衛が南町奉行池田筑後守（長恵）により、重敲のうえ人足寄場に差遣と申し渡された判決は、左の通りである(7)。

無宿
十兵衛

寛政四子年八月
池田筑後守掛

右之者儀、無宿ニ成、給続兼候迚、当八月十二日夜神田明神下通掛り、往来人も無之候ニ付、不斗悪心出、同所武士屋敷表長屋腰板鉄物十・針九本盗取、猶又外鉄物こち外し可盗取と致し被捕、右始末不届ニ付、重キ敲

申付、人足寄場遣、

また、寛政十二年（一八〇〇）十月、無宿三五郎が北町奉行小田切土佐守（直年）により、敲のうえ人足寄場に差遣と申し渡された判決は、左の通りである。(8)

寛政十二申年十月
小田切土佐守掛

無宿
三五郎

右之者儀、武州多摩郡上高井戸宿旅籠屋吉兵衛方ニ居候当時、欠落十蔵より売払之儀被頼候衣類ハ、身分不相応之品にて盗物と乍心付、世話料可貰請と、徳用ニ泥ミ売捌遣、未礼物ハ不貰受候得共、右始末不届ニ付、敲之上、人足寄場へ差遣ス、

次に、入墨のうえ重敲に処された後、人足寄場収容となった事例を紹介しよう。享和二年（一八〇二）四月某日、出羽無宿太助は盗みの罪により町奉行（担当奉行は不明）から左の判決を受けた。(9)

出羽無宿
太　助

其方儀、無宿ニ成難給続候迚、当正月中浅草東仲町壱町目、名住所不存町家見世先ニ脱有之雪駄弐足盗取所持致し居、猶又同三月十日中野監物方門明有之、人不居合候間立入、玄関脇ニ干有之木綿袷壱ッ、同所中之口ニ脱有之雪駄盗取、逃去候砌被捕押候段、不届ニ付、入墨之上重敲申付、御仕置相済候後、人足寄場ェ遣ス、

右に掲げた三件の判決に共通しているのは、人足寄場の収容期間を示していないことである。

（2）　刑餘にあらざる無宿

逮捕して罪状を取り調べた結果、何らの罪も犯していないことが判明した無宿につき、その者に身元引受が無い場合に人足寄場に収容した。刑餘の無宿とくらべてはるかに少数であったが、刑餘にあらざる無宿もまた寄場収容の対象であったのである。後述の「后赦録（寄場）」と題する判決録によると、寛政九年（一七九七）十二月二十七日、上州無宿の新七は「無構」との判決を以て人足寄場に収容された。左の通りである。(10)

手限
寛政九巳年十二月廿七日
一人足寄場ぇ差遣候者　　上州無宿　新七
右之者、盗悪事も不相聞間無構旨申渡、無宿之儀ニ付、人足寄場ぇ差遣、

また、同じく「后赦録（寄場）」によると、享和元年（一八〇一）四月、無宿三次は取調べの間、溜に収容されていたが、処罰されるべき悪事を犯していないことが判明したため、人足寄場に収容されることとなった。

手限
享和元酉年四月五日
一人足寄場ぇ差遣候もの　　無宿　三次
右之者、無罪無宿ニ付、支配勘定格岸本武太夫方ゟ宿継を以差出候ニ付、遂吟味候処、外ニ子細も無之間、出溜之上、人足寄場ぇ差遣、

「后赦録（寄場）」は刑餘にあらざる文字通りの無宿を人足寄場に収容するという判決を、そのほか七件収載している。これらの判決すべてが、収容期間を記していない。

以上に見たように、刑餘の無宿および刑餘にあらざる文字通りの無罪の無宿を人足寄場差遣とする判決は、いずれも収容期間を記さない。それもその筈である。松平定信は収容期間をあらかじめ定めるということをしなかったのである。このことは、収容の際に人足共に申し渡した寛政二年二月の「寄場人足共へ申渡書」が次のように明言している。(11)

其方共儀、無宿之者ニ付、佐州表ぇ可差遣処、此度厚き御仁恵を以、加役方人足ニ致し、寄場ぇ遣し、銘々仕覚候手業を申付候、旧来之志を相改、実意ニ立ちかへり、職業を出精いたし、元手ニも有附候様ニ可致候、身元見届候ハヽ、年月之多少ニ無構、右場所を免し、百姓素生之者ハ相応之地所を被下、江戸出生之者ハ出生之場所ぇ店をもたせ、家業可為致候、尤公儀よりも職業道具被下候歟、又ハ其始末ニより相応之御手当可有之候、若又御仁恵之旨をも弁へす、申付ニ背き職業不精いたし候歟、或ハ悪事等於有之は、重き御仕置可申付者也、

すなわち、「身元見届候ハヽ、年月之多少ニ無構、右場所を免し」と人足共に宣言しているのである。この文言は寛政十年（一七九八）二月、文化二年（一八〇五）六月、文政三年（一八二〇）十月の各「申渡条目」においても踏襲されている。(12)つまり、「無罪之無宿」として寄場送りとなった人足は、信頼に足る身元引受人による引渡申請があれば、いつでも出場できたのである。(13)

身元引受人が現れない場合は、労働による「溜銭」が所定の金額に達すれば、寄場役所が身元引受人を世話して引き取らせるのである。また、改善の兆しが顕著であって社会復帰が可能であると判断されれば、「溜銭」が不足していても不足額を補充して出所させるのである。初代寄場奉行村田鉄太郎は、寛政四年（一七九二）十二月四日、引渡手続きにつき人足共に左のように告げた。(14)

申　渡

其方共、手業拵候品相払、元入用幷一日諸掛り之内半減引落し、相残分は不残呉遣候、其業ヽ出精可致候、尤呉遣候内、割合を以役所ぇ預、溜銭可致事、右溜銭拾貫文ニ至り候ハヽ、譬引取人無之とも赦免申付候事、

但、常ヽ手業出精致候者は、溜銭拾貫文ニ不至候共、為褒肐（美）拾貫文高手当致、赦免申付候事、

一纔成手業、或は藁細工、船頭幷地所内掃除土持、又は堀浚等手業ニ無之分も、其日之御手当被下候間、右ニ准し溜銭致し、三貫文以上ニ至り候ハヽ、赦免可申付候、

但、常ヽ出精致し溜銭候者は、譬三貫文以上不至候共、為褒肐（美）別段手当致し、一（三）貫文以上之高ニ致し、赦免可申付候、

「手業」に従事する人足は、日々の労働による手当の何割かを蓄え、その溜銭が十貫文に達すると、たとえ名乗り出る身元引受人がいなくともこれを世話して放免するのである。また、単純労働や力仕事などで稼ぎの少ない人足の場合は、溜銭が三貫文以上をもって出所させるのである。注目すべきは但書である。すなわち、いずれの労働に従事する人足も、仕事に日々精励しているならば、溜銭が所定の額に達しなくとも不足分を寄場役所が充当して放免するという点である。要するに、改善著しく社会に戻しても差支えなしとみなした人足については、随時放免するのである。(15) 寛政四年（一七九二）十一月に、大名領出身で生所の判明した人足二十三人を放免したが、それらの人足の収容期間は一箇月未満の短期から、最長であっても足掛け一年八箇月であった。(16)

寛政七年（一七九五）三月、初代寄場奉行の村田鉄太郎は、従来より執り行ってきた人足の引渡手続きを十箇条に認めて報告した。その「寄場人足共引渡方之儀」の第一・第二条は、

一身寄之者引取申度段願出候得は、願人身元相糺、相違も無之候は、町役人呼出し為立合引渡申候、

一身寄之者引取之儀、長谷川平蔵方ぇ願出候得は、同人方ニて願人身分相糺、相違無之趣申越候得は、右同様引

渡申候、

というものである。(17) 引受人の身元をとくと確認したうえで人足の身柄を引き渡すのであり、その際、人足の収容期間はとりざたされることはなかったとみてよい。(18)

二　「年期を定」めた寄場収容——武家奉公人——

ところが、人足寄場に収容する旨の判例を諸史料に求めていると、収容期間を三年と定めて寄場送りとする判決が存するのに気づいた。以下に、いくつかの事例を掲げよう。寛政三年（一七九一）八月、稲葉丹後守（正諶、山城国淀藩主）抱えの陸尺又八、戸田因幡守（忠寛、下野国宇都宮藩主）抱えの陸尺林蔵の両人は、乱暴狼藉の廉により、初鹿野河内守（信興、北町奉行）からそれぞれ「敲之上三ヶ年之内人足寄場ゑ差遣ス」という判決を下された。又八に対する判決は、

稲葉丹波（ママ後）守陸尺
又　八

寛政三亥年八月
初鹿野河内守掛

右之者儀、当二月廿日、板倉周防守（勝政、備中国高梁藩主）雇陸尺ニて畳町伊兵衛店十蔵方ゑ罷越、金子無心申掛候処、貸呉不申、一旦同人方立出、酒屋ゑ立寄、酒調給酔候上、十蔵方ゑ立戻、妻みのゑ猶又金子貸呉候様申候得共取敢不申候ニ付、心外ニ存、雑言申罷在候処、戸田因幡守陸尺林蔵参、致荷担、倶とみのを相手取致悪

口候節、同人親伝八儀、林蔵を外ぇ引出し、其節相店之もの共駈参候体ニ付、両人共逃去り、同廿五日、主人致供大手腰掛ニ相詰候内、其辺売歩行候酒を調給酔、兼てかさつ之儀致間敷旨申渡之趣弁乍罷在、十蔵儀金子貸呉不申、其上林蔵を伝八手荒ニ致候儀とも存出し心外ニ相成、十蔵を致打擲遺恨晴可申と林蔵ぇ相勧、供先を外し桜田下馬ぇ罷越、十蔵を捕打擲いたし候処、右周防守陸尺喜助儀引分、十蔵ハ逃去り、尚又喜助を致打擲候儀共、旁不届ニ付、敲之上三ヶ年之（ママ）間人足寄場ぇ差遣ス、

というものであり、林蔵に対する判決は、

寛政三亥年八月
　初鹿野河内守掛

戸田因幡守陸尺
　林　蔵

右之者儀、当二月廿日酒ニ給酔罷在候節、因幡（ママ稲葉）丹後守陸尺又八儀、板倉周防守雇陸尺にて畳町伊兵衛店十蔵妻みのと致口論候体及見、又八ぇ致荷担、みのぇ雑言申罷在候節、同人親伝八立帰、此ものを外ぇ引出し候節、相店之もの共駈寄候体ニ付逃去、同廿五日、主人之供いたし大手下馬ニ相詰候内、又八儀、右遺恨にて十蔵を打擲可致旨申勧候間、伝八手荒ニ取扱候儀を心外ニ存、兼てかさつ之儀致間敷旨申渡之趣弁乍罷在、供を外し桜田下馬ぇ罷越、又八儀、十蔵髪を捕致打擲、其方ハ腰ニ挟居鯨ニて真入有之手拭を以、同人を致打擲候処、右周防守陸尺喜助儀引分、十蔵ハ逃去、猶又喜助を致打擲逃去候始末、旁不届ニ付、敲之上三ヶ年之内人足寄場ぇ差遣ス、

というものである。陸尺とは駕籠をかつぐ人足のことである。つまり又八、林蔵は大名家抱えの武家奉公人であり、

陸尺仲間の十蔵に借金を申し入れたが断られ、その際のいざこざを遺恨に感じて乱暴狼藉におよんだのである。
翌寛政四年十二月、丹羽加賀守（長貴、陸奥国二本松藩主）抱えの中間徳次郎外一人もまた、乱暴狼藉を働いた罪により、右の陸尺二人と同様に、「敲之上三ヶ年之内人足寄場ぇ遣ス」という判決を受けた(19)。左の通りである。

丹羽加賀守中間
徳次郎
外壱人

右之者共儀、供先往来込合候ハ、別て可心附処、右池田筑後守中間八助声高ニ相答候を心外ニ存候迚、弥吉儀八助髪を摑、拳を以敲、徳次郎義ハ脇差を鞘之儘抜、伝五郎儀ハ長柄傘を以挟、倶ニ八助を及打擲候段、兼てかさつ法外致間敷旨、主人并請人より堅申付も有之処、御場所柄をも不憚致し方、不届ニ付、敲之上三ヶ年之内人足寄場ぇ遣ス、

寛政四子年十二月
小田切土佐守掛

「幕朝故事談」（著者不詳）という書は、乱暴を働いた中間が人足寄場に三年収容された出来事について左のように記している(20)。

間部退出の節、桜田を出候節、平岡美濃守御預りの御馬、徒者に突当り候て、徒者と中間と、御馬の口中間を打擲いたし候に付、牢舎被仰付、徒者江戸追放、武家奉公構ひ、徒頭の行届かざる致し方故、役義取上げ押込、主として打擲いたし候中間は、無宿島にて三年徒となす、是は新政なり、都て御馬口は、御中間が差引候法也、此日無其義て、不及其沙汰也、

都て五十年来の仕くせは、直す事ならぬ事也、

この事件は、相手の「馬の口中間」を殴打した「徒者」が江戸払、「徒頭」は監督不行届により役を解いたうえ押込、殴打の中心人物の「中間」が「無宿島にて三年徒」に処されたのである。「無宿島」とは人足寄場のことであり[21]、人足寄場にて三年間の労役に処すことは「新政」なのだという。

この「新政」は寛政三年（一七九一）三月、町奉行に通達された左の書付によって開始された[22]。

寛政三亥年三月

町奉行え

一手廻り中間等不埒致候供之内、重立候者役儀取上押込、

一入口之ものは過料五貫文、度々ニおよひ候は、株取放或は江戸払、

一不埒致候手廻り之者は、敲又は手鎖之上、年期を定、人足寄場ぇ可差遣候、

亥三月

乱暴狼藉の行為に及んだ陸尺に対する「敲之上三ヶ年之内人足寄場ぇ差遣ス」という判決は、この書付の第三条に基づくのである。第三条には「年期を定」とあって収容期間を具体的には記していない。しかしその収容期間は、右の判例や記事に見えるように三年である。「無罪之無宿」の場合と異なり、身元引受人の有無を問うことなく寄場送りとするのである。三年を「年期」と定めた収容者の釈放手続きについては、寛政七年（一七九五）三月、寄場奉行村田鉄太郎が人足共の引渡手続きを箇条書きにして報告した「寄場人足共引渡方之儀」の第九条に、

一御仕置ニて三ヶ年之内寄場ぇ差置候旨ニて引渡候者は、四ヶ年目春ニ至り、其掛りぇ差戻申候、

と記されている[23]。つまり、三年の年期をもって収容された人足は、収容四年目の春を迎えることによって釈放された

のである。したがって、収容期間の実質は二年以上三年未満ということになる[24]。

「不埒」を働いた武家奉公人を「三ヶ年之内」人足寄場に収容する措置は、右の引渡手続きが「御仕置ニて三ヶ年之内云〻」と記すように、寄場奉行はこれを刑罰と捉えている[25]。その故であろう、この制度を開始した当初、年限を定めて収容した人足には他の寄場人足とは異なる処遇を施した。それは頭髪の片鬢を剃り落としたことである。寛政四年（一七九二）十一月の日付を持つ「寄場御仕置之事」は第二十三条にこのことを、

一片鬢剃落、年限之定有之もの、遣方之儀は、年限中ハ平日片鬢剃落置、赦免之日数五ヶ月以前より鬢為立可申候、

と記している[26]。「寄場御仕置之事」は、寄場取扱を退任した長谷川平蔵が寄場人足の違反行為とその処罰を箇条書にして松平定信に提出した書面であり、全二十六条から成る。年期を定めた人足については、収容中は片鬢を剃り落とし、他の人足と区別したのである。しかし、このような異形の身なりの処遇法は長続きしなかった。それは寛政九年（一七九七）、南北町奉行の提案によってこの処遇法が廃されたからである[27]。

ところで、「不埒」を働いた武家奉公人を「年期を定」めて人足寄場に収容することを町奉行に命じたのは外でもない、寄場を創設した松平定信その人である。このことは、左の判決の「御仕置付」が明記している[28]。

麹町二丁目万右衛門店
秀八方ニ居候
瀧　蔵

享和元酉年十二月廿九日入牢
同二戌年二月四日落着
牧野備前守殿御差図
根岸肥前守掛

鉄次郎

同所隼町茂兵衛店
丈助方ニ居候
良　八

右之者共儀、供先ニてかさつ法外之儀致間敷段、前々度々御触も有之処不相用、去酉十二月廿八日、寄合花房大膳供致し西丸大手御門外ニて、小田切土佐守陸尺園兵衛・長右衛門儀頼候旨声掛、駕籠之先棒舁参候節、瀧蔵儀も頼候旨声掛、土佐守駕籠之棒へ手を掛押除候節、園兵衛儀手ニて払候を心外ニ存候迚、及雑言、瀧蔵・鉄次郎・良八三人ニて長右衛門・園兵衛を打擲いたし候始末、御場所柄をも不憚かさつ成致方、不届ニ付、三人共、敲之上三ヶ年人足寄場へ差遣、

〔御仕置付〕右寛政三亥年、松平越中守殿御渡之御書付ニ、供先ニて不埒致し候手廻り中間、敲又ハ手鎖之上、年期を定、人足寄場へ可差遣と有之、此者共も雇徒士之儀ニ付、右御書付ニ見合、三人共、敲之上三ヶ年寄場へ差遣、

「御仕置付」は判決の法的根拠を示したものであり、ここに寛政三年三月の前掲の書付第三条を引用し、そこに「松平越中守殿御渡之御書付」と明記している[29]。瀧蔵、鉄次郎、良八の肩書は「居候」となっているが、「御仕置付」に「此者共も雇徒士之儀ニ付」と記されるから、この三人は陸尺などの武家奉公人である。

寛政三年三月以来、乱暴狼藉を働く武家奉公人を三年と年限を定めて人足寄場に収容したのだが、旧幕府引継書（国立国会図書館所蔵）の「后赦録（寄場）」という判決録に年限を定めた寄場入の判決若干を見出せるので紹介しよう。「后赦録」は二十六冊から成る町奉行所の判決録で、追放（十四冊）、寄場（四冊）、流罪（二冊）、非人（一冊）、佐州（二冊）、雑（三冊）に類聚したものである。「后赦録（寄場）」は、寄場収容者の判決一四七件を登載する。その期間は

寛政九年（一七九七）から文化八年（一八一一）までの十五年間である。年限を定めた寄場差遣の判決は、一四七件中のわずか七件に過ぎない。それ故、「無罪之無宿」とくらべるならば、その寄場収容はよほど少なかったと言えよう。七件の判例は寛政九年、同十一年、同十二年に各二件、享和二年（一八〇二）に一件である。そのうち、享和二年の判例は麹町二丁目瀧蔵・鉄次郎、同所隼町良八に対する判決で、右の判例に同じである。寛政九年の判決は同年八月二十九日に手廻中間吉五郎ほか二名に下したもので、
松平伊豆守殿御差図
寛政九巳年八月廿九日
一重敲候上、三ヶ年之内人足寄場ェ差遣候もの
小出信濃守
元手廻中間
吉五郎
粂之助
吉　蔵
右之者共、於供先かさつヶ間敷儀致間敷旨度ミ御触も有之、近来別て厳敷被仰渡も有之、主人ゟも申付置候義ニ有之処、当七月十一日主人信濃守供致し、青山通ニて西丸御小納戸岡部五左衛門と行違之節、同人狭箱邪魔ニ相成候迚、傍輩妻助突除候故、五左衛門草履取角平彼是申、妻助と互ニ摑合、此者共儀も一同取懸り、角平を致打擲候上、妻助儀は鎗を可取と手を掛、其外一同鎗持ェ取掛り候節は供頭其外声掛相制、五左衛門も馬乗戻し候ニ付、其儘ニて立別候得とも、妻助儀鑓ェ手を懸、一同右躰及法外候始末不届ニ付、三人共重敲候上、三ヶ年之内人足寄場ェ差遣、

というものである。寛政九年のもう一つの判決は、同年十月三日に松平甲斐守元中間の入墨吉兵衛に申し渡したもので、それは次のようである。吉兵衛は盗みの罪によって入墨の上敲に処され、その後中間奉公を勤めていたとき、「桜田下馬ニて口論致し候不届ニ付、敲之上、三ヶ年之内人足寄場ェ遣」わされたが、寄場収容中に「酒狂之上惣囲丸

太矢来を乗越逃去」り、酔いが醒めて後悔し自首して出たのである。その結果、寄場入墨のうえ重敲に処されて元の如く人足寄場に収容されたという判決である。

寛政十一年の判決は、同年三月二十三日に掃除中間善吉に申し渡したもので、

西丸大手御門当番
井上河内守
元掃除中間
善　吉

右之者、かさつ法外之儀無之様主人ゟも平日厳敷申付有之処、去午十二月廿九日、西丸大手下馬ぇ、煮肴荷ひ参商ひ候南鍛冶町壱町目清左衛門店辰右衛門方ニ居候久米吉と、肴代銭之儀ニ付申争候砌、土屋但馬守鑓持久七罷越候処、猶又同人共及口論、乍少分面部ぇ疵請候節、松平能登守鑓持忠平引分ヶ候ニ付、右久七ぇ棒を投付候処あやまち、忠平頭之内ぇ中り疵付候始末、御場所柄をも不恐仕方不届ニ付、敲候上、三ヶ年人足寄場ぇ差遣、

一敲候上、三ヶ年之内人足寄場ぇ差遣候もの
寛政十一未年三月廿三日
太田備中守殿御差図

というものである。また、同日に鎗持の久七に対しては左の判決が下されている。

土屋但馬守元鑓持
久　七

右之者、去午十二月廿九日、主人登城之節、西丸大手下馬ニ供待致し居候砌、同所御門当番井上河内守掃除中間善吉儀、煮肴荷ひ商ひ居候南鍛冶町壱町目清左衛門店辰右衛門方ニ居候久米吉と、代銭之儀ニ付申争居候間、善吉は知人ニも無之候得共、酒狂之紛過言申之引分ヶ候処、右善吉儀立腹致し及口論、有合候竹切を以同人面部ぇ乍少分疵付候段、御場所柄をも不恐仕方不届ニ付、手鎖之上、三ヶ年人足寄場ぇ差遣、

一手鎖之上、三ヶ年之内人足寄場ぇ差遣候者
寛政十一年未年三月廿三日
太田備中守殿御差図

以上の五件の判例はいずれも武家奉公人を対象とした判決であり、判決を受けた九人の武家奉公人は供先における「かさつ」あるいは「かさつ法外」の行為をとがめられ、その結果、手鎖、敲、重敲の刑罰に処され、その上で年限を三年と定めて人足寄場に収容されたのである。

ところで、「后赦録（寄場）」に存する全七件の判例中、寛政十二年の二件は、武家奉公人に申し渡した判決にあらずして、江戸の町人つまり有宿に申し渡した判決である。以下、節を改めて有宿の寄場収容についてながめてみよう。

三　有宿の寄場収容

寛政十二年（一八〇〇）三月十六日、南飯田町弥太郎元店の藤五郎ほか二名に申し渡した判決は、

手限
寛政十二申年三月十六日
一入墨之上、三ヶ年之内人足寄場ぇ差遣候者

南飯田町
弥太郎元店
藤五郎

南小田原町弐町目
佐兵衛店道心者西円方ニ元居候
喜四郎

当時無宿
仙太郎

右之者共、身持放埒ニて金銭ニ差支、去春以来、壱人立或は両三人申合、兼て質入致置候品無代ニて押て借請、右品外ぇ致質入、其外所ゝ町家知人共方ぇ参、金銭無心申掛、及断候得は彼是事六ヶ敷申、口論仕懸押借、又

はねたり事致し、右金銭銘ト酒食雑用ニ遣捨候始末不届ニ付、三人共入墨之上、三ヶ年之内人足寄場ヱ差遣、

というものであり、入墨に処した後、三ヶ年という年限を定めて寄場収容としている。同日の南小田原町弐町目佐兵衛元店の平兵衛ほか二名に対する判決は、

手限
寛政十二申年三月十六日
一入墨之上、三ヶ年之内人足寄場ヱ差遣候者
南小田原町弐町目
佐兵衛元店
平兵衛
吉五郎
上柳原町金兵衛元店
吉五郎

右之者共、身持放埒ニて金銭ニ差支、去春以来、壱人立或は両三人申合、兼て質入致し置候品無代ニて押て借請、右品外ヱ致質入、其外所ト町家所ト知人共方ヱ参、金銭無心申掛、及断候得は彼是事六ヶ敷申、口論仕懸押借、又はねたり事致し、右金銭銘ト酒食雑用ニ遣捨候始末不届ニ付、三人共入墨之上、三ヶ年之内人足寄場ヱ差遣、

というもので、こちらも入墨ののちに三ヶ年の人足寄場収容である。右六人のうち仙太郎ただ一人は無宿であるが、藤五郎、平兵衛、吉五郎、同名吉五郎の四名は元店というから、かつて店子であった人々という意味であろう。もう一人はかつて居候をしていた喜四郎である。両判決はこれら六名を「身持放埒ニて金銭ニ差支」えた町人と断じ、「口論仕懸押借、又はねたり事致し」た罪によって入墨に処し、「三ヶ年之内人足寄場ヱ差遣」を命じたのである[30]。

この判決から一年五箇月後の享和元年（一八〇一）八月、南北町奉行（根岸肥前守鎮衛、小田切土佐守直年）は、人足の身元引受に関して栗田喜兵衛（第三代寄場奉行）に左の申入をしている[31]。

小田切土佐守
栗田喜兵衛様

根岸肥前守

近頃無宿其外、途中ニおゐて手荒之致盗候者多く有之趣御沙汰も有之、今度召捕候者共、無宿ハ勿論、宿有之分も、其所業ニ寄御仕置相済、当分寄場ェ遣シ候積伺相済候間、有宿無宿共引請之もの有之願出候共、引請可申趣意有之者ハ格別、容易ニ御引渡無之、其節は拙者共掛り之分へ御掛合有之様存候、依之此段申達候、以上、

（享和元年）八月

下ケ札

「御書面御達之趣承知仕候、

酉八月　粟田喜兵衛

右の申入は、有宿も無宿も身元引受の申請がなされたならば、安易に引き渡さず、寄場収容の際の掛奉行へ照会するように要請したものである。ここに「宿有之分も、其所業ニ寄御仕置相済、当分寄場ェ遣シ候積伺相済候間」という文言が見えるので、有宿の人足寄場収容はこれ以前からなされていたのである。そしてこの文言中、「当分寄場ェ遣シ候積」と述べる点に注意する必要がある。それは、有宿を寄場に収容する判決に、右のように三ヶ年と年限を明記する場合と、後述するような年限の定めのない場合とが見られるからである。前者の判例は右の二件を確認するだけである（後述するように、年限を定めた有宿の寄場収容は天保年間にも実施されていたようである）。一方、後者の判例はこれを多く見出すことができる。

そこで次に、年限を定めずに有宿を寄場に収容する判例を紹介しよう。まず、法務省法務図書館所蔵資料から左の判例を掲げよう。(32) それは前掲した南北町奉行の要請より一年前の寛政十二年（一八〇〇）九月の判決で、浅草北馬道町嘉七店に住む針医稲都の悴甚兵衛が「入墨之上敲」を科されたのち人足寄場差遣となった一件である。

寛政十二申年九月
小田切土佐守懸

浅草北馬道町
嘉七店
針医稲都悴
甚兵衛

右之者儀、先達て親稲都より久離請候処、同人宅床下ぇ度ヽ這入臥り罷在候不埒ニ付、急度叱り置、人足寄場ぇ差遣候、以後舟松町壱町目次兵衛店喜市引取世話致呉候得共、不得居掛猶又寄場ぇ被引戻候処、気詰ニ存候迚、寄場囲を乗越逃去候不届ニ依て死罪可相成処、御法事之御赦ニ出牢之上、喜市ぇ引渡遣候ニ付、同人より尚又親元ぇ被引渡、浅草田原町壱町目家主善四郎方ぇ奉公目見ニ罷出居候内、手元ニ有之候鼻紙入盗取、内之金弐両弐朱取出、紙入ハ庭内ニ隠置、善四郎ぇは病気之由ニ申立、下宿いたし候後、右金子は調もの又は遊興ニ遣捨、右買取候衣類等、母ませぇ預置、又ハ同人より質入いたし貰ひ候儀とも不届ニ付、入墨之上敲申付、人足寄場ぇ差遣ス、

甚兵衛はかつて親から久離をうけて無宿の身であった際に人足寄場に収容されたことがあったが、その後曲折を経て親稲都に引き渡され、有宿の身に戻ったのである。しかし、盗みを働いて再び人足寄場収容となったのである。

続いて「后赦録（寄場）」からいくつかを紹介しよう。文化元年（一八〇四）十二月二日の判決は、新両替町弐町目弥助元店の清次と休伯屋敷新七店茂七の悴吉五郎に左の如く申し渡した。

新両替町弐町目
弥助元店
清　次

手限
文化元子年十二月二日
一敲候上、人足寄場ぇ差遣候者

此清次・吉五郎儀、人足寄場堀割普請等格別出精相働、且此度
於東叡山御赦も有之砌ニ付、文化三寅年九月朔日、牧野備前守殿
依御差図、寄場差免シ、銘ゝ宿幷家主等ぇ引渡遣シ、消之、

休伯屋敷
新七店
茂七悴
吉五郎

右之者とも組（ママ）火消人足致し居、清次儀当九月廿二日暮時頃、酒ニ給酔、新両替町ニて、知人弓町五人組持店円蔵弟金次郎ニ行当候儀ゟ及口論、其節吉五郎も参合、両人ニて金次郎を打擲可致と致し候処、所之もの取支引分、金次郎儀申分有之候ハ、宅ぇ可参旨申立帰り候を憤り、銘ゝ鳶口を持、円蔵方ぇ罷越、家内之ものともは逃出し壱人も不居合候ニ付、右鳶口を以家作諸道具存分ニ打こわし、衣類夜具迄も引裂、あばれ候始末不届ニ付、両人共敲候上、人足寄場ぇ差遣、

「敲候上、人足寄場ぇ差遣」との判決を受けた両人の行為は、火消道具の鳶口をもって相手の借家と諸道具をいやというほどに破壊し、そのうえ衣類や布団まで引き裂くという暴れようであった。同日、新両替町弐町目弥助元店の平七ならびに白魚屋敷佐七店初五郎の悴千太郎の両人は、この事件の内済に関わる取扱人共を「捧木切等を用意致シ」て尋ね歩いた行為をとがめられて、「手鎖之上、人足寄場へ差遣」との判決を受けた。

また、文化六年（一八〇九）三月九日、飯倉町五町目平兵衛店に住む勝右衛門の悴で寄場人足の豊次郎は、左の判決を受けた。

（朱書）「土井大炊頭殿御差図」
文化六巳年三月九日
一重敲候上、猶又人足寄場ぇ差遣候者
寄場人足
飯倉町五町目平兵衛店
勝右衛門悴
豊次郎

右之者、先達て不届有之、重敲之上人足寄場ぇ差遣、当正月廿九日買物使ニ出、寄場渡船ニ乗、帰候砌、鉄砲洲川中ニて、右船と深川相川町吉右衛門店太郎兵衛方ニ居候船乗権蔵漕参候船と当り合、此者相咎候節、詫不致を心外ニ存候迚、荷棒を持、右船ぇ乗移、権蔵と及口論候処、御船手立花大吉組水主同心古賀栄五郎罷越、右棒を取上可申と引合候節、同人額ぇ当り乍聊疵付、此者も疵受候始末、かさつ成致シ方不届ニ付、重敲候上、

猶又人足寄場ぇ差遣、

この判例によるに、豊次郎はれっきとした有宿である。以前何らかの行為がとがめられ、今回と同様、重敲に処されて人足寄場に収容され、その寄場収容中に荷棒をもって口論におよび、仲裁に入った水主同心の額を疵付けた「かさつ成致シ方」がとがめられた。その結果、重敲に処された上、再び寄場差遣となったのである。(33)

次に、「元居候」という肩書をもつ者を寄場差遣とする判例をながめてみよう。「后赦録（寄場）」には「元居候」という肩書を持つ者を人足寄場差遣とする判例が八件存する。享和元年（一八〇一）八月二十二日、神田花房町喜右衛門店の「伊兵衛方ニ元居候」の冨五郎は、盗みの罪により敲に処され、人足寄場差遣となった。

神田花房町
喜右衛門店
伊兵衛方ニ元居候
冨五郎

手限
享和元酉年八月廿二日
一敲候上、人足寄場ぇ差遣候者

右之者、両国橋広小路又ハ上野山下辺ニて、往来人込合候節態と行当、其紛ニ帯ニ挟居候羽織一ツ或は鼻紙袋抜取、内ニ有之南鐐銀一片其外腰銭袂銭度ヽニ壱貫三百文程盗取、羽織壱ツは往来古着買ぇ四百五拾文ニ売払、壱ツは遊女揚代之代りニ遣候始末不届ニ付、敲候上、人足寄場ぇ差遣、

判決の肩書に「元居候」とあるのは、「無宿」と同一ではない。いうまでもなく、「后赦録（寄場）」には「無宿」

という肩書をもつ者の判決が圧倒的に多い。左に示す文化八年（一八一一）の判例は「元居候」と「無宿」とが同一ではないことを語っている。
手限
文化八未年六月十三日
一入墨重敲候上、人足寄場ェ差遣候者
小日向第六天前町
佐助店甚助方ニ元居候
庄右衛門事
久兵衛
右之者、東湊町壱町目家持弥三郎方ニ元相勤候節、八丈縞弐反取逃致し、往来古着買ェ代金壱両弐分ニ売払、其後右始末は押隠し、元飯田町吉兵衛店平兵衛方ェ奉公済致し、同人方ニても売掛ヶ銭五貫文余取集欠落致し、右金銭不残酒食ニ遣捨候始末不届ニ付、入墨重敲候上、人足寄場ェ差遣、

右の久兵衛は小日向第六天前町の佐助店甚助方に「元居候」ものであり、東湊町壱町目家持弥三郎方に勤め、その後は元飯田町吉兵衛店の平兵衛方に奉公勤めをしたが、それらの奉公先から金品を持ち逃げして酒食に使い果たしてしまった罪に問われ、入墨のうえ重敲に処され、さらに人足寄場差遣となったのである。つまり、久兵衛は居所も生業も持っていたのである。「元居候」の判例をもう一例示しておこう。
手限
寛政十一未年九月十六日
一敲候上、如元人足寄場ェ差遣候者
本郷新町屋
庄五郎店
伝助方ニ元居候
半　六
右之者、無罪無宿ニ付、先達て人足寄場ェ遣置候処、其後御用地掃除人足ニ出居候砌、働等難儀ニ付、小用達候躰ニ致し逃去、在方知人方ニて商ひ致し居候処、右始末及後悔自訴致し候得共、一旦欠落致し候段不届ニ付、敲候上、如元人足寄場ェ差遣、

半六は先頃、「無罪無宿」つまり刑餘にあらざる文字通りの無宿として人足寄場に収容された。ところが寄場作業に嫌気を起こし、外役に出た際に逃走した。そののち知人方で商売をして生計を立てていたが、逃走したことを後悔して自首して出たのである。その結果、敲の刑に処され、再び寄場収容となったのである。自首したとき、半六は一定の居所を持って生業に就いていたのであり、これが「無宿」ではなく「元居候」という肩書となったのであろう。「后赦録（寄場）」は、「元居候」を人足寄場差遣とする判例をこの外に五件収載する。その罪状は、盗みの罪により入墨重敲が二件、盗品の質入仲介による敲、寄場逃走ののち自首による入墨敲、宿元の素生を偽った罪による敲が各一件である。「元居候」という肩書は、これを有宿と捉えてよいと思う。

刑餘の無宿の収容者数と比べ、これら有宿の収容者数はごく少なかったと思われるが、有宿をも人足寄場に収容する場合があったことは注意しなければならない。有宿の寄場収容は、判例により確認すると、遅くとも寛政十一年には始まっている(34)。

四　「年限申送者」と「良民之害ニ相成候」もの

天保十二年（一八四一）十月、寄場奉行尾島三十郎は収容者に関する左の書面を北町奉行遠山左衛門尉景元に送った(35)。

寄場奉行

町奉行衆

寄場ぇ人足共引渡方之儀、以来江戸払以上追放もの幷年限申送りもの、且御府内無宿、野非人共之内、寄場ぇ入不苦分は引渡ニ可相成候間、去ル戌年以前之振合ニ相心得、三奉行衆ぇ御談可仕候旨、摂津守殿被仰渡候間、此段御達仕候、以上、

丑十月

幕府人足寄場は天保九年（一八三八）十二月、江戸払以上の追放刑の判決を受けた者の収容を停止したが、これは一時的な措置であり、二年十箇月後の天保十二年十月には追放刑者の収容再開を決定した。その際、収容者として寄場が引き受けるべき者を町奉行に告げたのが右の書面であり、収容対象として「江戸払以上追放もの」「年限申送りもの」「御府内無宿、野非人共」の三者を示している。(36)このうち「年限申送りもの」とあるのが、期間を三年と定めて寄場に収容する者のことである。さらに時期がくだって文久元年（一八六一）十二月、南北町奉行（黒川備中守盛泰・石谷因幡守穆清）は、寄場人足を佐渡水替人足に差遣する際の手続きにつき、寺社奉行、勘定奉行に宛てて左の通知をだした。(37)

三奉行掛ニて人足寄場え差遣候もの之内、佐州水替人足ニ差遣候節、以来江戸払追放又は年限もの等ニ不拘、一般ニ差立以前元掛ぇ問合候様、一座ゟ達之儀御相談相済候ニ付、別紙之通申上置候上相達可申と存候、依之申上書達書案相添、猶又及御相談候、

酉十二月

ここに「年限もの」とみえるのが、三年と期間を定めて収容された人足である。これらの史料によるに、三年と「年期を定」めた寄場収容は天保期にも文久期にも見られるのであり、寛政三年（一七九一）に始まって以来、七十年間にわたってとぎれることなく実施されていたであろうことが判明する。

さて、右の二つの史料に「江戸払以上追放もの幷年限申送りもの」あるいは「江戸払追放又は年限もの等」と見えるように、追放刑による寄場収容者と「年限申送者」とは区別して表記されている。両者が区別されるべきであることは、坂本忠久氏がつとに指摘されたところであり、筆者もまた指摘したことがある。(38)「年限申送者」について坂本

氏は、つぎのように解釈しておられる。すなわち、「年限申送者」とは有罪か無罪かの基準以外の「良民之害ニ相成候」という基準に添って「年期を定」めて寄場に収容された者のことであり、「「良民之害ニ相成」程度に応じて、たとえば一年、あるいは二年とその「年期を定」めて収容されたと思われる」というものである(39)。

しかし、前述したように「年期」は三年であり、収容四年目の春に釈放したのである。三年以外の「年期」は存在しない（その後、「年期」の三年の扱いについて、南北の町奉行所間で差異が生じ、文化九年（一八一二）にこれを満三年に統一した。註24参照）。「年限申送者」の対象は、供先においてがさつな行為に及んだ武家奉公人である。寛政三年の松平定信の書付によると、これらの武家奉公人は「敲又は手鎖」という刑罰に処した上で人足寄場に送るとするが、判例からもこの点を確認できる。さらに、有宿についても三年と「年期」を定めて寄場に収容する場合が存する。この事例は寛政十二年の判例をわずか二件見出したにすぎないが、これらの判例は脅迫あるいは強要によって金銭をむさぼる行為に対し、入墨の刑に処した上で寄場に三年収容を命じたものである。武家奉公人、有宿とも、刑罰に処した上での寄場収容である。年期を定めて収容するのは、刑罰を科したのち即座に放免したのでは「良民之害ニ相成候」という憂いを覚えるからこそ、寄場において三年間にわたる教化改善の処遇を施し、この憂いを除去しようというものである。

ところで、「良民之害ニ相成」という表現は、天保年間にいたって定着するらしい。文政三年（一八二〇）八月、勘定奉行石川主水正忠房と松浦伊勢守忠の両名は、江戸払以上の追放刑の者をも人足寄場に収容すべしと提案し、その提案書の一節に、「水替働等いたし候年齢ニ無之、佐州ェ難遣候間、……三五年之内は元居村徘徊為致候ては、良民之迷惑ニ可相成者等も有之候間、勘弁仕候処、江戸払以上御仕置追放ニ相成候者ニても、人足寄場ェ差遣、」と述べている(40)。天保九年（一八三八）十二月、評定所一座は江戸払以上の追放刑者の寄場収容の廃止を決するが、その評議にお

いて右の一節を引用し、左のように言い表している。(41)

文政三辰年、石川左近将監・松浦伊勢守御勘定奉行勤役之節、江戸払以上追放等之御仕置申付候もの共之内、手放置候ては良民之害ニ相成、年頃ニ寄佐州ぇも難差遣類は寄場ぇ引渡、凡五ヶ年程も差置候積伺済之趣、

文政三年の「元居村徘徊為致候ては、良民之迷惑ニ可相成」ものを、天保九年の評議はこれを「手放置候ては良民之害ニ相成」と言い換えている。つまり、「良民之害ニ相成」という語句は、江戸払以上の判決を申し渡した者のうち、追放刑をそのまま適用して野放しにしたのでは「良民之迷惑」になる者を指す表現なのである。また一方、追放刑の収容者のみならず、年期を定めた収容者に対しても、「良民之害ニ相成」という語句を用いている。たとえば天保十二年（一八四一）十月、北町奉行遠山景元は、「市中良民之害ニ相成候者ハ、有宿にても年期を定、寄場又は佐州水替人足ニ差遣し」と述べ、(42)天保十四年十二月、寺社奉行、町奉行（鍋島内匠頭直孝）、勘定奉行の評議においては、「無罪無宿は勿論、手放し置、良民之害ニ相成候故を以、年限等相定、寄場入申付候もの」と見えている。(43)このように、「良民之害ニ相成」という語句は、天保年間以降、年限を定めて寄場差遣とする武家奉公人・有宿、および寄場差遣とする追放刑者の両者を形容してこれを用いるのである。

なお、天保十四年の評議に「年限等相定」とあり、前掲の文久元年の寄場奉行の書面に「年限もの等」とあるが、その「等」の文字の意味を解明する必要がある。安政六年（一八五九）に寄場人足を佐州水替人足に差遣する手続き(44)が問題となったとき、第十一代寄場奉行安藤伝蔵は現行の差遣手続きを、

御構もの又は年限等之者は、是迄御掛合仕、……御構もの年限等ニ無之もの共は、前〻ゟ手限ニて取計来候、

と記している。(45)つまり、寄場人足を佐州水替人足に差遣する際に元掛に照会するのは、「御構もの」と「年限等之者」についてだけであるというのである。ここにも「年限等之者」とあり、「等」字が存する。「御構もの」が追放刑

の判決をうけた人足を指すことは言うまでもない。一方の「年限等之者」は、三年と年期を定めた人足（武家奉公人と有宿）を指すとともに、「等」字を加えることによって、年期を定めないで収容した有宿をも含ませたと考えられる。寄場人足の佐州差遣は、「無罪之無宿」については寄場奉行の権限をもって手続きを進めるが、それ以外の人足すなわち追放刑者、年期を定めた武家奉公人・有宿、および年期を定めない有宿については、収容の際の元掛への照会が必要であったという訳である(46)。

要するに、有宿の寄場収容は、年期を定める場合もまた定めない場合であっても、ともに「良民之害ニ相成」る

「所業」を防ぐための措置なのである。以上のことから、「良民之害ニ相成」という事由を要件として寄場に収容するのは、（1）江戸払以上の追放刑者、（2）三年と年期を定めた武家奉公人と有宿、および（3）年期を定めぬ有宿の三者である。

むすび

以上に述べたことから、幕府人足寄場の収容者について次のことが判明した。すなわち、「無罪之無宿」と比べてはるかに少数とはおもわれるが、寄場人足のなかには収容期間を三年と定めた武家奉公人および有宿、それに年期を定めない有宿とが存在したということである。武家奉公人は寛政三年（一七九一）三月、有宿の場合は遅くとも寛政十一年（一七九九）八月には収容が始まっており、それ以降明治を迎えるまでこれらを収容したとみてよい。今後、幕府人足寄場を考察するにあたってはこれらの収容者の存在も考慮する必要があろう(47)。

最後に、江戸払以上の追放刑の判決をうけて人足寄場送りとなった者の収容期間について確認しておこう。文政三

年八月、追放刑者の寄場差遣を提案した勘定奉行は、収容期間について「凡五ヶ年も相立候上ニて、御構場所外之もの ゟ引受相願候ハヽ、引渡遣候様仕度」と述べる。[48] しかし、評定所一座は同年十月、この件の決定を目付に通告した書面に「右躰御構有之ものも、品ニ ゟ年限を定、寄場ぇ遣」と記し、収容年限を一律とせずに「品ニ ゟ年限を定」めるとした。[49] そのため、収容後三年が経過した際に、収容期間についての議論が起こったらしい。文政六年（一八二三）十二月二十二日、町奉行所に宛てて「江戸払以上追放等之者、人足寄場ぇ差遣候年限之儀、三ヶ年と被仰聞候儀も有之候処、以来五ヶ年と相心得、是迄之分も同様相直置候様」という通達が出され、ここに収容期間が五年と定まった。[50] 五年と決めるに当たっては、武家奉公人や有宿の三年という年限と比較考量したであろうことは容易に想像できる。その後天保十五年（一八四四）三月に至り、南北の町奉行は収容期間に関して次のことを申し合わせた。それは、追放刑者の収容期間は五年が原則であるが、その例外として（1）「手業等格別出精」した者、（2）「部屋内役附等申付置、精実」に勤めるなど「無余儀子細」のある者については、満三年を経過したことを条件として、寄場奉行よりの釈放申請を認める場合があるということである。[51] この申し合わせは、万延元年（一八六〇）十月にも南北町奉行があらためて確認している。[52]

追放刑者の寄場収容は、天保年間に二年十箇月の中断がみられたが、その後は明治を迎えるまで間断なく続いたと思われる。明治を迎える直前における寄場差遣の人数が平松義郎氏の調査により判明している。[53] それは、文久二年（一八六二）から元治元年（一八六四）までの三年間と、慶応元年（一八六五）の五月から十二月までの八箇月間とについての人数である。文久二年は追放刑の判決を受けた九十九人のうちの七十二人が、文久三年は六十六人のうちの六十三人が、元治元年は四十七人のうちの三十六人が、慶応元年の八箇月間は八十五人のうちの六十五人がそれぞれ人足寄場差遣となっている。すなわち、三年八箇月の間に江戸払以上の追放刑者二九七人のうち、二三六人が人足寄場に収容されたのである。この数は追放の判決を受けた者のほぼ八割に達する。すなわち、このころは追放刑をただちには執行せず、一旦寄場収容とするという措置が一般的なのである。

追放刑者を寄場収容とすることの法的意味について、「追放刑の執行の延期」と捉える見解[54]と、「一時的変則的な追放刑の執行」と捉える見解[55]とが存する。いずれの見解を是とすべきか、あるいは他の解釈が成り立つのかについては後考に俟つとして、追放刑者も収容することにより、人足寄場は「事実上自由刑的な性格を帯び、実際上変質した」[56]のはまちがいない。ここでは追放刑者を寄場に収容することの趣旨を確認しておきたい。すなわち、追放刑者を即座に適用して野放しとしたのでは「良民之害ニ相成」る者について、これを五年と定めて人足寄場に収容することにより懲戒と教化改善の処遇を施して「良民之害ニ相成」る虞を除去することにあるのである[57]。

武家奉公人や有宿を寄場に収容する趣旨もこれに同様である。敲や入墨などの刑に処した後、即座に釈放したのでは「良民之害ニ相成」る武家奉公人や有宿を三年と定めて寄場に収容し、「良民之害」にならないように教化改善するのである[58]。人足寄場の性格は文政三年（一八二〇）十月、追放刑者をも収容することによって質的変化がもたらされたが、その淵源は武家奉公人の収容に存したといえよう。つまり、寄場変容の萌芽は、寄場開設からわずか一年ほど後の寛政三年（一七九一）三月、松平定信が発した指令に求めることが出来るのである。

註

（1）塚田孝「人足寄場収容者について」『身分制社会と市民社会――近世の社会と法――』平成四年、柏書房、初発表は昭和五十五年、同「近世の無宿と人足寄場」『身分論から歴史学を考える』平成十二年、校倉書房、初発表は平成七年。

（2）もっとも、天保九年（一八三八）十二月から同十二年（一八四一）十月にかけて二年十箇月ほどは江戸払以上の追放刑者の寄場収容を中断した。しかし、これは一時的な都合によるものであるから、二つの時期に分けて人足寄場を捉えようとするものである。

（3）坂本忠久「江戸の人足寄場の性格とその変化をめぐって」『天保改革の法と政策』一九〇〜一九三頁、平成九年、創文社、初発表は平成四年。

坂本論文は天保十二年（一八四一）に油絞り作業を開始したことが、人足寄場の性格に変化をもたらしたと指摘しておられる。人足寄場の性格については、収容者の観点と油絞り作業の観点との両面から、これを有機的に考察する必要のあることを主張される。重要な視点であると思われる。

（4）三浦周行「追放刑論」『法制史の研究』大正八年、岩波書店、初発表は大正五年。

（5）「棠蔭秘鑑」貞「御書付類」六十三（『徳川禁令考』別巻二一四頁）。この通達は、『御触書天保集成』下、七六三頁（百 御仕置者之儀ニ付被仰渡之部、六三三二）、および「三奉行取計書」（『徳川禁令考』後集第四、一七三頁所引）にも収録されている。

（6）石井良助「日本刑罰史における人足寄場の地位」『日本刑事法史』法制史論集第一〇巻、一八六頁、昭和六十一年、創文社、初発表は昭和四十九年。

刑餘の無宿および刑餘にあらざる無罪の無宿のすべてを寄場に収容した訳ではない。身元引受人のある場合はそれに身柄を引き渡したのである。松平定信は同月、三奉行に対して「無宿もの召捕候節、引受人有之、渡し遣候儀、以来引受人より親類又は由緒等之訳認、証文為差出候上引渡」とも指令し（前掲「御書付類」六十四、前掲書二一四頁）、寛政四年十一月四日にも、寄場奉行に対して、

御仕置相済候無宿、引取人有之候ハヽ、糺之上相渡、引取人無之時は寄場ぇ可差遣事ニ候、近頃寄場ぇ差遣候無宿、早速引取人有之者甚多きよし相聞候、猶又心付糺方猥にならさる様、入念可被申事、

と指令している（高塩博・神崎直美「矯正研修所所蔵「寄場起立御書付其外共」——解題と翻刻——」『國學院大學日本文化研究所紀要』七七輯一七四頁、平成八年）。

なお、このことに関し、塚田孝「人足寄場収容者について」（前掲書八〇～八一頁）、藤井康「人足寄場収容者に関する基礎的考察」（『駒沢史学』五三号四五頁、平成十一年）を参照されたい。

刑餘の無宿が身元引受人に引き渡された判例については、拙稿が幾例かを紹介している（「「敲」の刑罰における身元引受について」（『國學院大學日本文化研究所紀要』九八輯二一～二五頁〔本書六八～七一頁〕）。

（7）法務省法務図書館所蔵「「徳川裁判事例」「徳川禁令考」編纂資料」（『「徳川裁判事例」「徳川禁令考」編纂資料目録』Ⅱ―一三、平成二十年、法務図書館編刊）。

（8）『徳川時代裁判事例』続刑事ノ部、四八〇頁（司法資料二七三号、昭和十七年、司法省調査課編刊）。本書ならびに『徳川時代裁判事例』刑事ノ部（司法資料二二一号、昭和十一年、司法省調査課編刊）は、あわせて一五〇〇件餘の幕府刑事判例を収録するが、これらの判例は司法省が引き継いだ幕府評定所旧蔵書類の判決録から抄録したものであって、信頼に足る史料である。『「徳川裁判事例」「徳川禁令考」編纂資料目録』に登載した判例もまた、『徳川時代裁判事例』を編纂するため、幕府評定所旧蔵書類の判決録から抄出したものである（『「徳川裁判事例」「徳川禁令考」編纂資料目録』所収の拙文解題参照）。

（9）「手限申渡」三十三（京都大学日本法史研究会編『近世法制史料集』第二巻、三七六頁、昭和四十九年、創文社）。「手限申渡」は、享和二年（一八〇二）の一年間の江戸の町奉行所の判決録であり、町奉行の専決した中追放以下の判決一三二件を収める。このうち、敲、入墨、入墨之上敲などに処した無宿を人足寄場に収容する判決が一五件存する。

（10）「后赦録（寄場）」国立国会図書館所蔵「旧幕府引継書」（架号一八二三―四）。

（11）「人足寄場法度之事」『徳川禁令考』後集第一、五九頁所引「憲法類集」。

（12）「寄場人足共へ申渡条目」『徳川禁令考』後集第一、五九～六一頁所引「寄場人足御仕置幷心得書」、および「寄場人足取扱方手続書」本書三七六頁。

又、寄場奉行（桜井隼三郎）が認めた享和三年（一八〇三）二月付の文書においても、「一躰寄場之儀は、無罪無宿之者請取置、身元見届、年月之多少ニ不限引渡候儀ニ御座候」と述べられている（高塩博・神崎直美「矯正協会所蔵「寄場人足旧記留」――解題と翻刻――」『國學院大學日本文化研究所紀要』七六輯一九八頁、平成七年）。

(13)「無罪之無宿」を寄場に収容するについては、あらかじめ期間を定めなかった。このことは先刻承知のことがらとも思われるが、先学の諸説のなかには「一定の年限を定めた」と説く論考も見られる（細川亀市「徳川幕府の教育刑政策——人足寄場を中心として——」『刑政』四七巻五号一七頁、昭和九年）。

(14) 高塩博・神崎直美「矯正協会所蔵「寄場人足旧記留」——解題と翻刻——」『國學院大學日本文化研究所紀要』七六輯一六四頁、平成七年。『丸山忠綱遺稿——「加役方人足寄場について」——』二五、三八頁、昭和五十六年、丸山忠綱先生追悼集刊行会編刊、初発表は昭和三十年〜三十二年。

(15) しかし一方、作業に消極的で仕事も覚えず、改心の兆しの見られない人足については出所を認めなかった。松平定信はこのことにつき「本心になりて、手業なんど覚え侍らねば、いつまでも寄場を出る事なし」と述べている（「宇下人言」『宇下人言・修行録』松平定光校訂、岩波文庫一一九頁、昭和十七年）。

(16) 高塩博・神崎直美「矯正協会所蔵「寄場人足旧記留」——解題と翻刻——」前掲誌一六〇〜一六三頁。

(17) 高塩博・神崎直美「矯正研修所所蔵「寄場起立御書付其外共」——解題と翻刻——」『國學院大學日本文化研究所紀要』七七輯一七八頁、平成八年。

　松平定信もまた、寛政四年十一月四日、「一体無宿躰之者は引取人有之候ハヽ、可相渡儀ニ候得共、夫迚も同類躰之者可有之哉難計候間、引取候趣意并引受人身元等も、糺之上可引渡旨寄場奉行ェ可被達事」と述べて、人足の引渡には引受の趣旨と引受人の身元をよく確認せよとの注意を寄場奉行に指示している（高塩博・神崎直美「矯正研修所所蔵「寄場起立御書付其外共」——解題と翻刻——」前掲誌一七四頁）。

(18) 寄場人足が実際どの程度の期間を収容されたかについて、これまで定説がなかったようである。丸山忠綱氏は、「「日本近世行刑史稿」には「概ね五年」とあるが一般には三年であったらしい」と述べられる（『丸山忠綱遺稿——加役方人足寄場について——』五一頁）。

　その後の研究でも定説を見ていない。すなわち、平松義郎氏は、「改心の実が挙がればいつでも出所させるのが原則であるが、有罪の者は通常三年を期限としたようであり、事情により五年、長くても七年までであった」とされ（「人足寄場の成立と変遷」『江戸の罪と罰』二二二頁、昭和六十三年、平凡社、初発表は昭和四十九年）、また瀧川政次郎氏は、「原則として三年三ヶ月」であるが、「成績のよい者は、期限内と雖も出所を許し、改悛の情の見えない者は、期限が来ても寄場に留めて置く」とされる（『長谷川平蔵――その生涯と人足寄場――』はじめに二頁、昭和五十年、朝日新聞社）。なにを根拠として「長くても七年まで」とか「三年三ヶ月」という期間を記したかは不明である。

ただ、江戸時代の文献には、左に見るように収容期間を三年あるいは両三年とするものがある。溜銭が所定の金額に達する期間が三年程度であったのだろうか。

・「持前手業三ヶ年の間出精に致候ものへは、人足島差免し、其業道具幷元手として七貫文乃至五貫文差遣すなり」（山田桂翁「宝暦現来集」巻之四佃島人足寄場之事、『続日本随筆大成』別巻、近世風俗見聞集六、一一六頁、昭和五十七年、吉川弘文館）

・「両三年も御見届ヶ、本心ニ立帰候へハ、町へ御出し被為遊、職分之渡世致候やうニ被為仰付候と申儀ニ御座候」（「寛政二年、絹紬晒直段書上幷ニ呉服物直段引下ヶ方被仰付候節願書一件」白木屋文書『東京市史稿』産業篇第三三、七一五頁、平成元年、東京都編刊）。

・日々賃銭を下され、衣食足り餘斗は御取置、凡三ヶ年も働き候はゞ必元手にも相成候積り、溜置……」（「千年草」（写本）、石井研堂「囚人赭衣の始」『（増補改訂）明治事物起源』一七一頁、昭和四十四年、日本評論社）

(19) 以上の三件の判例は、法務図書館所蔵「「徳川裁判事例」編纂資料」（『「徳川裁判事例」「徳川禁令考」編纂資料目録』Ⅱ――一四、平成二十年、法務図書館編刊）。

(20) 岸上操編『近古文藝温知叢書』第弐編、四二頁、明治二十四年、博文館。

(21) 創設時の人足寄場は「加役方人足寄場」が松平定信命名の正式な名称であるが、世上ではそのように呼ばず、しばしば「無宿島」と呼んでいる。たとえば、「よしの冊子」には「無宿島の事迚も続くまい。と此節はセ川平蔵評判甚あしきよし」「長谷川平蔵無宿島にハ此節至極困候由、中々無宿共手ニ乗不申候。初め見込之通ニハ参り不申候由」「長谷川、無宿島より無宿逃去候は、中々十人や廿人でハない。餘程大勢だ」などと見える（『随筆百花苑』第九巻、一三六・二二一・二八三頁、安藤菊二校訂・解題、昭和五十六年、中央公論社）。「よしの冊子」は、松平定信の「君側にあった水野為長が、日々、幕政、世情についての見聞、幕府の各部署を担当する人物の性格、善悪などを、見聞に任せて書きとめて、主君に呈覧した雑記」であって（安藤菊二氏叙言）、右の記事は寛政二年四月から同三年四月にかけてのものである。又、「假寝の夢」（文政四年〔一八二一〕序）を著した旗本諏訪七左衛門頼武は、「長谷川平蔵事」の項に「平蔵ハ寛政之頃御先手加役を勤。無宿島取立之義此人也。其勤功多し」と記す（『随筆百花苑』第七巻九二頁、安藤菊二校訂・解題、昭和五十五年、中央公論社）。

（22）高柳眞三・石井良助編『御触書天保集成』下、七六四頁（百　御仕置者之儀ニ付被仰渡之部、六三二七）。この書付は、『徳川禁令考』所引の「三奉行取計書」に「武家之家来供先ニて不埒致し候もの幷人宿御仕置之儀ニ付御書付」と題して採録されている（後集第二、四四一頁、法制史学会版）。

（23）高塩博・神崎直美「矯正研修所所蔵「寄場起立御書付其外共」――解題と翻刻――」前掲誌一七八頁。

（24）しかしながら文化年間の頃に至り、三年と年限を定めた人足の収容期間の扱いにつき、南北の町奉行所の間に差異が生じていた（北は満三年、南は足掛三年）。そのため文化九年（一八一二）二月、左に示すように南町奉行所は収容期間を北町奉行所に合わせて満三年に統一した。

年限を定、人足寄場え差遣置候者、年限相立、夫ゝ引渡遣候節、此方（南町奉行所―引用者註）ニてハ三ヶ年目春ニ相成候へハ引渡遣、向方（北町奉行所―引用者註）ニてハ期月ニ到引渡遣候由ニて、取計齟齬致し候趣ニ付、先達て向方相談之上、同所取計之通期月明ケ之積申合候へ共、其砌之書留も無之、尤確と致し候元極も無之処、文化九申年二月、吟味方より前書之趣問合ニ付、同月六日猶又横山七左衛門ぇ問合候処、北御役所ニてハ期月明ケ之趣ニ付、此方ニても同所之通取計可申候、尤右之段翌七日吟味ぇも相達候事、（「張紙留」『丸山忠綱遺稿――加役方人足寄場について――』七五頁所引）

なお、丸山氏は右史料を寄場収容者一般についての議論であると解釈されるが、史料冒頭に「年限を定、人足寄場え差遣置候者云ゝ」と見えるように、三年と年限を定めた寄場収容者についての議論である。

（25）丸山忠綱氏は、寛政三年三月の町奉行宛の書付第三条を引用し、「本来の無宿人と言う訳ではなく、軽罪者であるが、この場合は人足寄場を徴役（ママ懲）、教誡の場として利用しているのである」と指摘される（『丸山忠綱遺稿――加役方人足寄場について――』八頁）。

（26）『徳川禁令考』後集第一、六四頁所引「寄場人足御仕置并心得書」。

（27）寛政九年（一七九七）閏七月七日、南北町奉行（村上義礼、小田切直年）は連名にて「寄場御仕置改正之儀」を提案し、「人足御仕置之儀は、平蔵伺之上、取極候帳面御座候ニ付、右帳面を以、只今迄御仕置仕候得共、不相当之儀も有之候間、一躰御定書を元ニ仕、寄場御仕置組直し候方ニ可有之哉と奉存候」と述べ（「寄場人足御仕置并心得書」『徳川禁令考』後集第一、二四〜二五頁所引）、同日、二十箇条から成る「人足寄場御仕置書」を提出した。これは、同月二十四日付で承認された（「御仕置筋御書付留」『徳川禁令考』後集第一、六四〜六六頁所引）。この「御仕置書」に片鬢剃り落しを定めた条項が存しない。すなわち、片鬢の剃り落しは、寛政三年三月から同九年閏七月までの約六年半だけ行われた処遇であろう。

なお、これよりおよそ半世紀を経た天保十四年（一八四三）十二月、寄場人足の目印についての評議は、阿部遠江守（北町奉行）の「寛政度、年限を以寄場入申付候もの、年限中、片鬢剃落置候儀も有之候」という見解を伝えている（「榊原主計頭、御目付之節申上候寄場人足目印之儀ニ付、評議仕候趣申上候書付」『徳川禁令考』後集第一、三一一頁所引「新張紙」）。

（28）『徳川時代裁判事例』続刑事ノ部、一一五〜一一六頁。この判決は、「后赦録（寄場）」にも採録されている。

（29）年限を定めた寄場収容に関し、次のような見解がある。すなわち、松平定信は（年月の多少にかかわらず寄場を免すという――引用者補）絶対的不定期刑論に強く傾いていたが、「平蔵が有期拘禁にも執着していたことは、申渡の決定案には「年月之多少ニ構ひなく」とあるのに、実際の運用においては「年限之定」を付して収容し、期日満了とともに出所せしめる場合もあったことからこれを知りうる」という見解である（平松義郎「人足寄場の成立」（二）名古屋大学『法政論集』三四号一二五〜一二六頁、昭和四十一年）。しかし、年限を定めた寄場収容は、長谷川平蔵が寄場取扱として講じた臨機の措置ではなく、松平定信の指令に基づいて三奉行が判決を下した結果なのである。

（30）この二件の判例は、法務図書館所蔵の「徳川裁判事例」編纂資料にも存する（『「徳川裁判事例」「徳川禁令考」編纂資料目録』Ⅱ―一一二）。こちらは、「当時無宿」の仙太郎を除く五人を一つの判決としており、この判決が南町奉行根岸肥前守鎮衛の担当であったことを記す。また、判決を受けた者の肩書を「弥助元店」というようにではなく、「弥助店」というように表記する。

(31) 高塩博・神崎直美「矯正協会所蔵「寄場人足旧記留」――解題と翻刻――」前掲誌一八四頁。丸山忠綱氏もまたこの史料に基づき、有宿の寄場収容を指摘しておられる（『丸山忠綱遺稿――加役方人足寄場について――』一一・一八頁）。

(32) 法務図書館所蔵「「徳川裁判事例」編纂資料」前掲目録Ⅱ―三三。

(33) 寄場人足であるにもかかわらず、寄場収容の判決を受けたのは次のような理由によるであろう。豊次郎の「かさつ成致シ方」は、江戸市中に買い物に出た帰途の渡船においてである。外使に出られるということは、豊次郎は出所間近い人足なのである。つまり、寄場勤めをやり直せという判決なのであろう。

「后赦録（寄場）」には、外使の人足を再び人足寄場収容とした判例がもう一例存する。この判例は、同年十月二十七日、寄場人足の「飯倉町五町目藤助店元次郎方ニ元居候」千之助が、江戸市中に外使に出た際に金品を持ち逃げしたが、暮らしが成り立たなくなって自首して出た事案である。千之助はこれにより「入墨敲候上、猶又人足寄場え差遣」との判決を受けている。なお、千之助は「元居候」という肩書であるからやはり有宿とみなすべきであり、有宿の寄場差遣の事例に数えることができよう。

(34) 目下、有宿の寄場収容の初見として確認できるのは、「后赦録（寄場）」の判例に、麹町山元町吉兵衛店拾番組人宿勇八方に元居候の彦八が、寛政十一年八月五日に「入墨重敲候上、人足寄場え差遣」と見える事例である。

(35) 石井良助・服藤弘司編『幕末御触書集成』四八一五号、同書第五巻、三七二頁、平成六年、岩波書店。

(36) 「野非人」とは、「非人」の語をもって呼ばれるが賤民ではなく、物貰をする無宿を言う。賤民としての「非人」は、非人小屋頭の支配に服して抱人別という戸籍に登載される「抱非人」のことで、「野非人」はこれに対比される呼称である。北町奉行遠山景元は「野非人」を説明して、「野非人之儀は、穢多非人には無之無頼之無宿ニて、物貰致歩行候者」と述べ、すべてを人足寄場に収容すべしと主張する（天保十三年〔一八四二〕五月の老中水野忠邦宛上申書、南和男「幕政改革と無宿・野非人対策」『江戸の社会構造』一〇三頁、昭和四十四年、塙書房）。

(37)　高塩博・神崎直美「旧幕府引継書「新撰要集別録（安政・文久）」――解題と翻刻――」『國學院大學日本文化研究所紀要』八二輯二二七頁、平成十年。

(38)　坂本忠久「江戸の人足寄場の性格とその変化をめぐって」前掲書二一六～二一七頁。高塩博・神崎直美「旧幕府引継書「新撰要集別録（安政・文久）」――解題と翻刻――」前掲誌二〇九～二一〇頁。
「年限申送者」について、石井良助氏、塚田孝氏がすでに解釈を下しておられるが、いずれも採るべきでないとする坂本氏の見解を是とする。石井氏は「年限申送者」を敲・入墨等の御仕置済みの者と解し（「日本刑罰史における人足寄場の地位」『日本刑事法史』一九五頁、昭和六十一年、創文社）、塚田氏はこれを「江戸払以上追放もの」と実態はほとんど同一に近いものと解釈される（「人足寄場収容者について」前掲書八五頁）。

(39)　坂本忠久「江戸の人足寄場の性格とその変化をめぐって」前掲書二一六～二一七・二二二頁。

(40)　「江戸払以上追放等之もの、人足寄場え差遣候ニ付取計方之事」高塩博・神崎直美「旧幕府引継書「天保撰要類集（人足寄場之部）」――解題と翻刻――」『國學院大學日本文化研究所紀要』八三輯三八八頁、平成十一年。
又、文政四年十二月の評定所評議においても、前年八月の勘定奉行提案を引用して、

元居村徘徊為致候ては、良民之迷惑ニ可相成もの等は、其品ニ寄、江戸払以上御仕置追放ニ相成候ものニても、人足寄場え差遣、寄場外之稼不為致、凡五ケ年も相立候上、御構場所外之ものより引請相願建ハヽ、引渡遣候様仕度……

と述べている（文政四巳年御渡・火附盗賊改長井五右衛門伺、一江戸払以上追放申付候もの、人足寄場え差遣候儀ニ付評議『御仕置例類集』続類集一、四〇頁、昭和四十七年、名著出版）。

(41)　「寄場人足引渡方之儀、評議一件」高塩博・神崎直美「旧幕府引継書「天保撰要類集（人足寄場之部）」――解題と翻刻――」前掲誌三九四頁。

(42)　「無宿片付方之儀御尋有之申上并例書共」「市中取締類集（無宿片付之部）」（坂本忠久「江戸の人足寄場の性格とその変化をめぐって」前掲書二一六頁）。

(43)　「榊原主計頭、御目付之節申上候寄場人足目印之儀ニ付、評議仕候趣申上候書付」『徳川禁令考』後集第一、二二二頁所引「新張紙」。

（44）文化二年（一八〇五）および文政三年（一八二〇）の「寄場人足共へ申渡条目」には、「職業を精出さす、或ハ役人之申付方を用ひ不申ものハ手鎖、又ハ始末ニより折檻を加へ、猶不用ニおゐてハ、急度御仕置可申付事、」（『徳川禁令考』後集第一、六〇～六一頁所引「寄場人足御仕置幷心得書」「法曹後鑑」）という一条があり、その「急度御仕置」として「佐州水替人足」に発遣することがあった。このことが天保二年（一八三一）六月、内藤隼人正（矩佳・勘定奉行）の照会に返答した小田又七郎（寄場奉行）の書面に、「寄場人足共手業不精、役人申付を不用もの之類は手鎖、又は始末ニ寄折檻を加候儀、毎ゝ規定有之取計申候、其上ニも申付を背候もの又は難捨置悪もの之分ハ、文化二丑年、立花出雲守殿ヱ伺済之趣を以、佐州表ヱも遣候儀は、先規ゟ取扱来候」と見えている（「旧幕府引継書「新撰要集別録（安政・文久）」——解題と翻刻——」前掲誌二三二頁）。

（45）高塩博・神崎直美「旧幕府引継書「新撰要集別録（安政・文久）」——解題と翻刻——」前掲誌二三〇頁。

（46）もっとも、「無罪之無宿」の佐州水替人足差遣についても、文久元年（一八六一）に至り、評定所の評議はこれを元掛に問合せを要すると決めた（高塩博・神崎直美「旧幕府引継書「新撰要集別録（安政・文久）」——解題と翻刻——」前掲誌二二七頁）。

（47）塚田孝氏は、寄場収容者には有宿を含まないという認識に立って次のように述べられる。すなわち、「人足寄場は人返し政策の構造的一環を形成していた」のであって、「その意味では、人足寄場が主に無宿を対象にして、有宿を含まないのも当然である。有宿者は引取人もしくは帰るべき所を当然もっているのだから」というのである（「近世の無宿と人足寄場」前掲書一一〇～一一一頁）。しかし事実としては、有宿も収容したのである。寄場に収容した有宿や武家奉公人についてもまた、善良なる民として元の居住地に戻すという趣旨を有しており、これは「無罪之無宿」に対するのと同じである。これらの人々を人足寄場に収容するという政策は、これを他面からながめるならば、江戸の町の秩序と安全を保とうとする社会防衛の側面と捉えることができよう。

（48）「江戸払以上追放等之もの、人足寄場ヱ差遣候儀ニ付取計方之事」高塩博・神崎直美「旧幕府引継書「天保撰要類集（人足寄場之部）」——解題と翻刻——」前掲誌三八八頁。

(49)「江戸払以上追放等之もの、人足寄場ぇ差遣候儀ニ付取計方之事」高塩博・神崎直美「旧幕府引継書「天保撰要類集（人足寄場之部）」――解題と翻刻――」前掲誌三八八〜三八九頁。
前述したように、「無罪之無宿」を寄場に収容する際の「申渡条目」には、「身元見届候ハヽ、年月之多少ニ無構、右場所を免し云ゝ」の文言が見える。しかし、文政三年十月制定の追放刑者を対象とした「申渡条目」には、この文言が省かれている（『徳川禁令考』後集第一、六一頁所引「法曹後鑑」）。

(50)高塩博・神崎直美「旧幕府引継書「新撰要集別録（安政・文久）」――解題と翻刻――」前掲誌二〇四・二二一頁。
なお、平松義郎氏は「追放刑被宣告者が一律五年、あるいは五年以上収容されていたかどうかは明証を欠く」とされるが（「人足寄場の成立と変遷」『江戸の罪と罰』二〇七頁、昭和六十三年、平凡社、初発表は昭和四十九年）、文政六年十二月の通達をもって五年と定め、これを実施したのである。

(51)高塩博・神崎直美「旧幕府引継書「新撰要集別録（安政・文久）」――解題と翻刻――」前掲誌二二三〜二二四頁。
南北町奉行が収容期間についてこのような内規を定めたのは、以下の背景があったからである。それは天保八年（一八三七）八月、江戸十里四方追放の判決を以て収容した人足につき、収容期間がわずか一年十箇月餘であるにもかかわらず、「人足共世話等も行届、別て身分慎方も宜敷由、右躰之もの差免遣候へは、外人足共教諭勧善之一助ニも相成候旨を以引渡遣度段、寄場奉行見込之趣も無余儀次第」のために釈放を認めたという先例が存したからである（「年限を定、人足寄場ぇ差遣候もの赦免之儀ニ付、調之事」高塩博・神崎直美「旧幕府引継書「天保撰要類集（人足寄場之部）」――解題と翻刻――」前掲誌三八九〜三九三頁）。

(52)高塩博・神崎直美「旧幕府引継書「新撰要集別録（安政・文久）」――解題と翻刻――」前掲誌二二四〜二二五頁。

(53)平松義郎『近世刑事訴訟法の研究』一〇五九〜一九六〇頁、昭和三十五年、創文社。

(54)平松義郎「刑罰の歴史――日本（近代的自由刑の成立）――」荘子邦雄・大塚仁・平松義郎編『刑罰の理論と現実』四八頁、昭和四十七年、岩波書店。
追放刑者をも寄場に収容することにした文政三年の改正について、平松氏は「必ずしも寄場の変質とはいえない。法律的には一八二〇年以後も寄場収容が追放刑に代替したのではない。追放刑は執行を延期されたに過ぎない。実際にも追放刑被宣告者は出所に当って御構場所外の引請人に引渡されており、御構場所立入の禁を守って御構場所外に定住すべきものであった。寄場は依然として法律上は保安処分であったが、事実上自由刑的な性格を帯び、実際上変質したと理解すべきものである」と述べておられる（前掲書四八頁）。

(55) 石井良助「日本刑罰史における人足寄場の地位」『日本刑事法史』一九三頁。石井氏は文政三年の改正について、「江戸払以上の追放刑の換刑処分ではなく、人足寄場の保安処分的性格を利用した一時的変則的な追放刑の執行方法と解すべきであり、その意味で人足寄場が刑の執行場となった」と捉えておられる（前掲書一九三頁）。

(56) 平松義郎「刑罰の歴史――日本（近代的自由刑の成立）――」前掲書四八頁。

(57) 追放刑者を対象とする「寄場人足共へ申渡条目」においても、「無罪之無宿」に申し渡すのと同様の「旧来之志を相改、実意ニ立帰、職業出精いたし、赦免之上は元手ニも有付候様可致」という文言が見られる（『徳川禁令考』後集第一、六一頁所引「法曹後鑑」）。すなわち、追放刑者の寄場収容もまた、善良な民として社会復帰を目指すものなのである。

(58) 年期を定めた収容者に対しても教化改善の処遇を施すことにつき、天保十四年（一八四三）十二月、寺社奉行、町奉行（鍋島内匠頭直孝）、勘定奉行の評議中に、

一躰寄場之儀は、御仁恵之御趣意を以取建置候儀ニて、寛政九巳年戸田采女正殿御渡被成同所御仕置ヶ条之内、寄場ニ差置候内、心底改候上、引取人有之候ハヽ、引渡遣と有之候ニ見合、無罪無宿は勿論、手放し置、良民之害ニ相成候故を以、年限等相定、寄場入申付候ものニも、常ミ教諭を加へ、改心いたし候上、身分引受等相願候もの有之候得は、年限ニ不拘、引渡遣候程之儀ニ有之、

と見えている（「榊原主計頭、御目付之節申上候寄場人足目印之儀ニ付、評議仕候趣申上候書付」『徳川禁令考』後集第一、三一～三三頁所引「新張紙」）。年限を定めた収容者についても無罪の無宿と同様に「常ミ教諭を加へ、改心」を促すというのである。

第三章　寄場手業掛山田孫左衛門
――創設期人足寄場とその後についての管見――

はじめに
一　山田孫左衛門の任期と世評
二　「宝暦現来集」と山田孫左衛門
三　「宝暦現来集」の寄場記事
四　寄場役人と手業
五　紙漉と手業掛山田孫左衛門
六　「褒美銭」と「煙草銭」
七　寄場逃走者に対する措置
むすび

はじめに

創設期の人足寄場において、手業掛を勤めた者に山田孫左衛門という人物がいた。手業掛とは、技能を要する作業を人足に教習する役目をもった寄場役人である。寄場下役十八人のうちから選ばれた。本章は、手業掛山田孫左衛門が書き残した寄場記事を紹介して長谷川平蔵の運営した創設期寄場の一端を明らかにし、そうした創設期の実際がその後どのように変遷しあるいは継続したかを探ろうとするものである。(1)長谷川平蔵が寄場取扱として加役方人足寄場を運営したのは、創設日の寛政二年（一七九〇）二月十九日から解任された同四年六月四日までの二年四箇月ほどである。

一　山田孫左衛門の任期と世評

後述するように、寄場取扱長谷川平蔵のもとには部下として寄場元締役三人、寄場下役十八人が配属されていた。寄場下役は、寄場発足当初はこの役を「見張番人」と称している。寛政二年四月九日、老中松平定信は小普請組より佐藤吉蔵以下の十八人を見張番人に任命し、このことを長谷川平蔵に通達した。(2)この通達に接した長谷川平蔵は、一日六人勤務の三組体制を敷くこと、勤務に際しては十手を携行することなどを定信に伺っている。(3)「寄場下役」という役職は寛政二年中に置かれた。見張番人十八人のうちの一人である口田平吉が、同年十二月八日にこの役に任命されている。(4)この段階で「見張番人」十八人は「寄場下役」へと職名が変わったのであろう。(5)

小普請組の山田孫左衛門は、寛政三年九月十五日に「加役方人足寄場下役」に任命された。小普請組から同時に寄場下役に任じられたものに浅川三次郎、大竹金右衛門、駒野喜十郎の三人、藤田次助は黒鍬之者から寄場下役に転じた。またこの時、「加役方人足寄場元〆役」として浜御殿吟味役の直井甚十郎が任命されている。(6)

山田孫左衛門はしかし、寄場下役を一年間勤務しただけで、翌四年九月四日、新設された幕府医学教育機関の医学館へ「俗事取扱」として転出してしまった。松平定信が目付の中川勘三郎、間宮諸左衛門に申し渡した文面に、「山田孫右(ママ左)衛門義、御目付支配無役世話役増人ニ申渡、場所幷之通、御足高御足扶持被下候間、其段可申渡旨、寄場奉行ェ申渡候間、直ニ医学館ェ出役被申渡云々」と見えている。(7) 又、後述する「宝暦現来集」(巻之四医学館開発之事)においても、山田孫左衛門が医学館の開設と同時にその俗事取扱に就任したことが左のように見えている。(8)

○医学館、寛政四子年九月六日より公儀之御役所と成けり、(中略)寛政四未(ママ子)年より公儀御物入にて御役所となる、永寿院仕来之通り、町方不如意之者へは不絶百人宛御施薬被下ける、此御役所掛り若年寄堀田摂津守殿、御目付中川勘三郎・間宮諸左衛門、御徒目付杉崎惣兵衛・山本庄左衛門、俗事取扱之方へ山田孫左衛門・山上藤兵衛、此外御小人目付両人新規に被仰付、(中略)俗事取扱役は両人共役所詰にて、御長屋渡り孫左衛門・藤兵衛両人共定詰め相勤ける、

わずか一年間の寄場勤めではあったが、孫左衛門に対する世評が水野為長の「よしの冊子」に左のように伝えられている。(9)

一　人足寄場掛り山田孫左衛門ハ、長谷川平蔵至て気ニ入ものゝ由。孫左衛門一躰はまり、気根宜く人足共を能あいしらひ、何レも服し居候よし。紙漉、蠟燭抔も自分ニて拵へ、入用も是程掛り候へバ出来候と申事を、委しく教候て段々相仕立、町家へ売ニ参候へバ、跡より附参り、様子見候抔甚細かに心付候由。四五日程ヅヽ、寄場ニ罷有、宿へハ四五日に一遍程ヅヽ、一寸帰り、直ニ島へ参候由。殊外励敷勤ニ御ざ候よしのさた。

「よしの冊子」は、股肱の臣水野為長が幕臣に関する評判やうわさ話、あるいは江戸市中における様々な世評などを書きとめ、松平定信に日々報告した書である。定信は、この報告を施政上の参考にしたのである。今日に伝存する「よしの冊子」は、桑名藩士駒井乗邨(号鶯宿)が転写した抄出本であり、右の記事は寛政四年三月二十二日から同年四月八日にかけての間の記事である。その記事によると、孫左衛門は寄場勤務に精勤し、紙漉や蠟燭作りの手業を人

足どもに根気よく教習し、人足たちも孫左衛門の教えにおとなしく従っており、寄場の責任者長谷川平蔵の請けも際だって良いというのである。孫左衛門の勤務ぶりは寄場に四五日滞在したのち、自宅には少しだけ帰り、又しても四五日勤務しているという。長谷川平蔵が定信に伺った勤務の仕方とは違って、きわめて勤勉である。

二　「宝暦現来集」と山田孫左衛門

人足寄場創設期の様子を伝える記事は、「宝暦現来集」という見聞雑録に掲載されているのだが、その記事を紹介する前に、著者について少しばかり考察を加えておきたい。「宝暦現来集」は二十一巻二十一冊から成り、国立国会図書館に写本が所蔵されている[10]。本書は大正二年（一九一三）、『近世風俗見聞集』第三（国書刊行会）に翻刻されたのではやくから知られており、昭和五十七年（一九八二）に至り、『続日本随筆大成』の別巻として近世風俗見聞集六・七に再び収録されたから（吉川弘文館）、今日これらの叢書をつうじて本書を見ることができる。左に序文を抄出しよう。

宝暦十庚辰年二月予産れて、天保二辛卯年迄七十二年の間、世のさまの流行変化恒河沙《はまのまさご》なれば、中々木生毫《ふで》にも染がたく、唯礫《つぶて》のうちの黒白現全なるを集め、老の閑居の退屈を除がれんが為（中略）唯かたくなの言葉を以て綴り集めて、賢者知者の覗くを不ㇾ許、太（ママ大）田先生の集めにもとづき、珍事実事の蔵花を採り、吉凶の実秘を団《あつ》め、宝暦現来集と題し、予が懐宝の妾《たのし》みとしけり、（中略）于時天保二卯の歳旦

東都駒込　山田桂翁

遊名陀仏述

「宝暦現来集」の記事は、宝暦十三年（一七六三）に始まり、天保二年（一八三一）にいたる。この間に見聞した「世のさまの流行」「珍事実事」を書き綴ったもので、著者が七十二歳の天保二年に稿成ったものである。著者は江戸駒込の住人で、遊び名を陀仏と称する山田桂翁という人物である。大田南畝の「一話一言」を念頭に置きつつ本書を編述している。この著者について『近世風俗見聞集』の緒言は、「桂翁は幕士にして、陀仏と号し、天保二年七十二歳にして此書を著はし、由序文に見ゆるの外、其伝記未だ詳ならず」と記す。『続日本随筆大成』の解題（小出昌洋氏執筆）もまた、「その天保二年の自序によって、陀仏と号し、駒込に住んでいた幕士という外に、知るところがない」と記すばかりで『近世風俗見聞集』の記述を一歩も出ない。同様に『国史大辞典』の「宝暦現来集」の項も、「編者は駒込の住人である御家人と思われるが、詳細は明らかでない」と解説するのみである（第十二巻六五七頁、吉原健一郎氏執筆、平成三年、吉川弘文館）。

しかし、『日本古典文学大辞典』の「宝暦現来集」の項は、著者について一歩踏み込んだ解説を施している。すなわち、「山田桂翁の伝記は未詳であるが、本書中の記述によると、陀仏とも号したこと、江戸駒込に住んでいたこと、人足寄場また医学館に勤めたことが推定できる。蔵米百俵を売ったとある故、御家人であろう」というものである（第五巻四四二頁、朝倉治彦氏執筆、昭和五十九年、岩波書店）。『国書人名辞典』はこの記述をうけて、「江戸駒込に住む御家人か。人足寄場、また幕府の医学館に勤めていたと推定される」と記す（第四巻六二〇頁、平成十年、岩波書店）。

以上が、山田桂翁の伝について管見に触れたすべてであるが、山田孫左衛門の経歴は朝倉氏の推定された人物に一致する。「宝暦現来集」の著者山田桂翁と寄場手業掛の山田孫左衛門とは、同一人物とみなしてよいであろう。(11)

三　「宝暦現来集」の寄場記事

人足寄場創設期の様子を伝えるのは、「宝暦現来集」巻之四の「佃島人足寄場之事」という記事である。[12] 理解を助けるため、段落をもうけて左に掲げる。なお、『近世風俗見聞集』『続日本随筆大成』はともに読者の弁を考慮し、仮名を平仮名に統一し、濁点も施している。左の記事に限っていえば、読み違いも幾分か見られるので、あらためて国会図書館所蔵の原本に依拠し、できるだけ原文に忠実に翻刻した（前掲の「医学館開発之事」もまた原本に依拠した）。

寛政二戊年三月八日、松平越中守殿、人足寄場発端之儀、被仰渡候御書取、

（以下は「寄場人足共へ申渡書」「寄場御仕置書」……省略）

① 一、予此場所相勤候人足寄場と申ハ、加役方長谷川平蔵殿始られし事也、是ハ罪人之内かろき御仕置、又は敦（ママ敲）き追払なとの咎人、引取人の無之者ハ、又元の無宿と成候類を此寄場ぇ遣也、其時被仰渡ハ、何誰殿被仰渡寄場人足島ぇ被遣候との被申渡なり、

② 是ハ鉄砲洲向佃島続キ、此内ぇ役所を修理（ママ補）、元〆役三人、役上下ニて小普請世話役之格高五十俵三人扶持、又下役拾八人被仰付、高弐拾俵弐人扶持也、

③ 扨又咎人ハ部屋六カ所、壱番部屋より六番部屋迄、罪之軽重ニて部屋ヲ分置也、其内老人病人等ハ一部屋ニ入置事なり、部屋出入ハ下役之内鍵番有候て、入口へ錠を卸置、何も出勤之者四ケ時交代す、

④ 又此人足之内さま〱職人等も有之故、其職を吟味致シ、手業有之者ハ、其職の道具ヲ渡シ細工為致、品宜敷出来候得は、夫ゝに問屋共ヲ差紙ヲ以呼出し、好ミに応し差遣ス、其咎人ハ為褒美銭十四文ヲ高と致シ、毎日煙

草銭と名附差遣ス、持前手業三ヶ年の間出精致候ものへハ、人足島差免し、其業道具并元手として七貫文至乃（ママ）五貫文差遣すなり、又島にて細工致候品ハ、何品ニ依らす買遣シ、細工為致候て（以下脱字か？）

⑤　寄場を逃去候者ハ見当次第召捕、死罪申付る、此罪を申渡時ハ切縄ヲ掛、寄場人足共ぇ為見候て牢内ぇ差遣、死罪となる、

⑥　扨又此職あるを選ミ、預候役ヲ手業掛りと申て、二人被仰付候て、何も日勤ニて一人ハ和田郡平、一人ハ山田孫左衛門、何も七八十人位宛預り、細工小屋も二ヶ所にてさま〳〵の職人故面白役なり、乍去悪党ともを七八十人も手附置故、心支之役也、

⑦　寛政四子年春迄、開発ゟ平蔵殿之掛なるか、御役上り、夫ゟ寄場奉行と申役名ニて下奉行格ニ御徒目付村田鉄太郎被仰付、程なく御大工頭格ニて弐百俵弐拾人扶持、永代定高に御定メなり、

⑧　又寛政三年、隣島石川八左衛門島と申せしが、此地所も寄場添地となり、今町方真木（薪）炭等之置場是なり、

この記事は、初めての紹介ではない。『東京市史稿』の救済篇第弐（大正九年、東京市役所編纂発行）が、人足寄場開設記事の一つとして①以下を掲出しており（一九一～一九三頁）、また辻敬助氏の『日本近世行刑史稿』がこれを転載して収録している（上、八二一～八二三頁、昭和十八年、刑務協会編刊）。その後、丸山忠綱氏は人足寄場全般を網羅的に考察された論考「加役方人足寄場について」において段落③⑧を、瀧川政次郎氏はその著『長谷川平蔵――その生涯と人足寄場――』において段落⑦を利用しておられる[13]。『日本近世行刑史稿』収載の記事を参照したものと思われる。「宝暦現来集」所載の「佃島人足寄場之事」が寄場研究に参照されたのは、以上に尽きるのではないかと思われる。

「佃島人足寄場之事」は、寄場下役として人足寄場に勤務した山田孫左衛門の記した記事であり、人足寄場の創設期を知るうえで信憑性の高いものであろう。すでに知られた史料ではあるが、あえて紹介する所以である。

四　寄場役人と手業

「佃島人足寄場之事」によると、創設期における寄場役人は元締役三人と下役十八人とで構成されていた。いうまでもなく、その上司は寄場取扱の長谷川平蔵である。元締役は小普請世話役の格で五十俵三人扶持、下役は二十俵二人扶持である（段落①）。下役の場合はこのほかに手当金が年に三両支給され[14]、これに加えて勤務日一日につき一匁の雑用銀が支給され、その役人席次は「御駕籠之者之次、表御台所之上」とされた[15]。瀧川氏によると、元締役が初めて設けられたのは、寛政二年十月のことであるという[16]。

寄場発足の当初、下役は見張番人という名であったこと、見張番人の一人口田平吉が寛政二年十二月に下役に任命されたことは既に述べたところである。寄場役人はその後、元締役は三人のままで下役は二十九人に増えている。その折の下役二十九人の業務分担として、手業掛三人、見張鍵役三人、畑掛一人、油絞方八人、舂場掛三人、蠣殻灰製造掛一人、新見張番所掛二人、門詰八人があったという[17]。「佃島人足寄場之事」には、「部屋出入ハ下役之内鍵番有候て、入口へ錠を卸置、何も出勤之者四ケ時交代す」と見えているように（段落③）、「見張鍵役」というべき役は創設当初から設けられていたのである。なお、下役中に「油絞方八人」が見えるので、二十九人体制は油絞作業を採用した天保十二年（一八四一）以降のことであろう。さらにその後の天保十四年の時点では元締役が六人に増え、下役は右の業務分担に役所詰三人が加わって三十二人となっている[18]。なお、享和から文化年間の頃、寄場役人の日々の勤務形態は、元締役が二人、下役は役所詰、手業掛、舂場掛、鍵役、門詰が各二人、平詰が五人あるいは六人であり、総勢十七八人の体制であった[19]。

手業掛は創設当初から存し、その人員が二人であったことが、「佃島人足寄場之事」記事によって判明する（段落⑥）。和田郡平と山田孫左衛門の両人が手業掛を勤めていたのである。「宝暦現来集」の序文によると、山田孫左衛門は宝暦十年（一七六〇）に生まれているから、寄場下役に任命された寛政三年（一七九一）は三十二歳という年齢である。和田郡平と孫左衛門は各人七八十人ほどの人足を担当したというから、当時の収容者数の半数前後が手業に従事していたと見られる。[20] 長谷川平蔵が寄場取扱として人足寄場を切り盛りしていた創設期においても、多様な作業が採用されていた。寛政二年五月には竹笠細工、拵屋、百姓、笊、畳さし、仕立屋、経師屋、きせる張などの作業に従事する人足がいた。[21] 大田南畝の「一話一言」に掲載された「加役人足寄場絵図」にも各種の作業が記されている。[22] それによると、人足のほかに炭団、蛤粉、米つき、左官、大工、髪結い、たばこ、銭ザシ、ヤリ、百姓、縄細工、草履、元結、紙漉、かぢや、かご屋、やねや、竹笠、ほり物などの作業名が見えている。また、杉田玄白の日記である「鷧斎日録」は寛政二年五月六日条において、紙すき、ちんこ切、元結こき、鍛冶屋、大工、家葺、たがかけという七種の寄場作業を書き留めている。[23] その他、寛政九年に稿成った「親子草」という書は、「無宿島之事」という項を設けて寄場創設期の様子を、

寛政二戌年、火附盗賊改加役長谷川平蔵殿掛にて、世上に徘徊いたし候無宿、或は居候など召捕、佃島の脇に一ツの洲有之候を、無宿共へ被仰付、戌年五月、一島成就いたし候、役所幷長屋等出来、無宿共には、夫々の職業被仰付、或は紙漉、屋根や、たどんこしらひ、大工、豆腐屋、其外種々の職々有之候、一向に不職の者には縄をなはせ、おの〳〵出精に於ては、元手に取付、実意に相成候者は、御仁恵を以、其家業の道具を被下、出生の所ゑ店を為持、真人間となし被下、御丹誠の難有事言計なし、依て、此節世上に、菰かぶり、無宿者一人も無之に付、火事沙汰も薄く罷成候、

と書き伝えている。[24] ここには寄場作業として、紙漉、屋根や、たどんこしらひ、大工、豆腐屋が記されている。豆腐屋はこの記事にのみ登場する。これらのほか、蠟燭作りを孫左衛門が教習したことが、前掲の世評にみえている。

以上に見られる作業のうち、一通りの技術を必要とする手業は、笊、畳さし、仕立屋、経師屋、左官、大工、髪結い、紙漉、鍛冶屋、かご屋、屋根屋、たがや、竹笠、ほり物、豆腐屋、蠟燭作りなどであろう。山田孫左衛門が「さま〳〵の職人故面白役なり」といっているのも理解できる。「さま〳〵の職人」の仕事場は、二箇所の細工小屋であった（段落⑥）。単純作業も含め、人足寄場は多種類の作業を用意した。この点が人足寄場の特長のひとつである。

五　紙漉と手業掛山田孫左衛門

各種の作業のなかでも紙漉は——前掲のすべての記事に出ているように——よく知られていたようである。紙漉とはいっても、反古を漉き返して再生紙をつくる仕事である。勘定奉行所の書類が竹橋の蔵に堆積しており、その中から反古を選び出して寄場に運び、これを漉き返すのである。このことに関して、「寄場起立」の五月七日条に記事が見える。[25] この記事は、勝手方勘定奉行の連名（柳生主膳正久通・久世丹後守広民・久保田佐渡守政邦）をもって長谷川平蔵に宛てた文書である。柳生主膳正を通じてもたらされた文書の前半は、

竹橋御蔵内御勘定御預りの御用書物、此度取調候処、不用書物虫喰ニ候反古夥数有之候ニ付、其段越中守殿ぇ申上候処、右反古之儀貴様御懸り人足共之内、漉方心得候者ぇ申付為漉直候ハ、、人足共助成ニも可相成間、其段貴様ぇ可及御掛合候旨被仰渡候間、右之趣御取調被仰聞候様存候。

というものである。つまり、勘定奉行は竹橋御蔵から大量に出る反古について松平定信に相談したところ、寄場での

漉き返しを提案されたのである。後段は反古の渡し方とその代金の支払い方法について照会したものである。この照会に接した平蔵は次のように返答している。すなわち、反古は雉子橋外揚場より船積みで引き取ること、反古の価格に関しては「つふし紙壱貫目ニ付、銭五六百文ニ候。紙ニより候事故直段難定候」というものである。

この件につき、「よしの冊子」にも次の記事が見える[26]。

一　御勘定調方懸り、竹橋御蔵ニて日々相詰、古帳面しらべ候由。右御不用之分長谷川平蔵へ相渡、佃島の人足ニ漉せ可申旨柳生取計候よし。右御帳面類は至て大切の御書物も品々御坐候付、横竪細かにさき候て紙漉候ものへ相渡し申度、調方ニて申合候へ共、此度長谷川へ渡し候ニ付ては、餘り細かに裂候てハ先方ニて取扱ニ困り候ニ付、其儘渡すがよい抔と評義（ママ）も御ざ候て、丁寧ニ裂候様子抔ニは有之間敷由。尤未ダ長谷川へハ渡り不申候へ共、柳生申立候付、大方そふ成か知らぬが、どふぞ大切の御書付散ぬ様ニしたいと申合よし。

この記事は、寛政二年五月二十一日から同年六月十六日にかけてのものである。この頃、勘定奉行柳生久通の提案により、竹橋御蔵の古帳面のうち不用のものを長谷川平蔵にわたして寄場で漉き返すという計画が持ち上がっていたのである。つまり、柳生久通はこの提案を松平定信に持ちかけ、定信はそれを了承したというのが実情であろう。勘定奉行所では前年四月から「御帳しらべ」が日々行われていたのであり[27]、反古の分量もずいぶんと溜まっていたのだろう。この計画はまもなく実施に移されたらしく、「よしの冊子」の同年十月二十二日から十一月三日にかけての記事に、次のように見えている[28]。

一　長谷川平蔵無宿島にハ此節至極困候由。中々無宿共手ニ乗不申候。初め見込之通ニハ参不申候由。是ハ知た事だ。上でもアレニ御のり被成たハちと御麁相だろふとさた仕候由。土を運せ候ても、おれらハ公儀の御人足だと百姓共をいじめ候由。紙を漉せ候ても思ふ様ニ出来不申、内々江戸町素人をたのミ遣候て漉せ候よし。

この記事によると、手業として紙漉を採用した当初、ことは順調に運ばなかったらしい。紙漉のみならず、仕事を厭う人足を作業に就かせることがはなはだ難しかった状況が世評となっている。竹橋の蔵に反古を取りに行った人足についてもそのような様子が見られたようである。「よしの冊子」は右の記事に続けて次のように伝えている。(29)

一　寄場人足竹ばし内明地御蔵へ参り、御勘定しらべ候反古を切割候て寄場へもち運び候よし。同心壱人宰領参候由。反古をきり候節そばニて承り候へば、色々小言を申、どんな事をしても高々首が落る計だ。首の落るをこハがつてハならぬ、などゝ大言に申、傍若無人ニ御ざ候よし。成程あれでハ長谷川も手にあまるであろふ。ア、いふものだろふと申候よしのさた。宰領ニ参候同心も、大ニこまり候よし。

「土を運せ候ても、おれらハ公儀の御人足だと百姓共をいじめ候由」とか「どんな事をしても高々首が落る計だ。首の落るをこハがつてハならぬ」など、人足の荒くれぶりが語られており、創設当初の寄場運営の困難さが伝わってくる。紙漉作業も寄場人足では手に負えず、江戸の町人に頼んで漉いている状況だという。

しかし、山田孫左衛門に対する前掲の世評によると、人足たちは孫左衛門の指導に従順であり、紙漉や蠟燭作りなどの手業につき従っているというのである。孫左衛門の世評は、紙漉の採用からおよそ一年半後の寛政四年三四月のころの話である。また、孫左衛門の寄場下役就任から見ると約半年後のことである。孫左衛門自身が「悪党ともを七八十人も手附置故、心支之役也」と述べるように(段落⑥)、人足共に接するのは気苦労が多かったのであるが、半年間の教習を通じて人足をなんとか手なづけ、人足共も紙漉技術をようやく覚えたのであろう。こうして拵えた寄場の紙は、人足みずからが江戸市中に出かけてこれを販売することがあり、(30)孫左衛門はあとからついていって様子を見たという。

寄場の紙漉についてては幕臣森山孝盛もまた、その著「蜑の焼藻の記」に左のように書き留めている。(31)

（人足）共は仕業には米をつくもあり、大工もあり、小細工をするも紙をすくもあり、紙は漉返しにて、島紙とて是も世上に云ならはしたりしかど、名の正しからざるをきらひて、多くは江戸にては不用けり、本多霜台なんどは、反古をあつめて、島へ遣してすかせられけり。

寄場で漉く紙は、「島紙」と言われて世間に知られていたが、江戸の人々には好まれなかったようである。この記事は、漉き返しに用いる反古の供給が勘定奉行所だけでなく、本多霜台からも提供されていたことを伝える。(32) 本多霜台とは、陸奥国泉藩主で老中格の本多弾正少弼忠籌のことである。本多忠籌は人足寄場のよき理解者であり、協力者であった。反古の提供ばかりでなく、自藩邸の修復工事に寄場人足を使役している。(33)

寄場における紙漉作業は、その後しばらくは継続している。寛政十二年（一八〇〇）八月九日、元寄場人足の無宿新蔵は、「手鎖申付、如元人足寄場ぇ差遣」という判決を受けた。新蔵は、寄場渡船の船頭をしている最中に逃走し、それを後悔して自首したのである。新蔵は船頭に採用される以前の同年六月までは紙漉手伝いをしていたというから、(34) この頃も寄場では紙漉の手業が実施されていたのである。

寛政十二年一月二十一日、勘定奉行所の支配勘定大田直次郎（号南畝）は御勘定所諸帳面取調御用を命じられ、翌月より竹橋の蔵で書類の整理にあたった。(35) 南畝は古帳簿の整理にうんざりして、「五月雨の日もたけ橋の反古しらべ今日もふる帳あすもふる帳」という狂歌を詠んだというが、勘定奉行所はこの時期も人足寄場に反古を供給していたのである。(36) 手業掛山田孫左衛門は、わずか一年間の任期ではあったが、紙漉の手業を軌道に乗せた功績者というべきであろうか。(37)

六　「褒美銭」と「煙草銭」

「佃島人足寄場之事」の記事については、段落④にも注意を払うべきであろう。ここには以下の事が記されている。寄場の作業製品のうち、市販に堪えうる出来栄のものについては、問屋を寄場に呼び出して買い取らせたこと。また、寄場作業に対しては若干の対価を支給し、これを「褒美銭」と称したこと。その「褒美銭」のうちから十四文を限度として毎日与える銭を「煙草銭」と称したこと。三年間、手業に精を出したならば、生業に必要な道具とともに元手として銭五貫文ないしは七貫文をあたえて出場させたことなどである。

収容期間を三年間とするのは、この期間をもって溜銭が五貫文ないしは七貫文に達する目安としていたのだと思われる[38]。人足を寄場に収容する際には「寄場人足共へ申渡書」というのを言って聞かせたが、ここに「公儀よりも職業道具被下候歟、又ハ其始末ニより相応之御手当可有之候」と明言して、釈放にさいしては生業に必要な道具あるいは就業の元手を支給すると宣言している。また、「百姓素性之者ハ相応之地所を被下、江戸出生之者ハ出生之場所ぇ店をもたせ、家業可為致候」とも言っている[39]。家業を営むための店を持たせるのは、「親兄弟ハ不申及、諸親類等も無之もの」を対象とした[40]。寛政二年中、店を持たせたものに、鉄八という人物のいたことが確認できる[41]。

長谷川平蔵が寄場取扱を退任した後の寛政四年十二月、初代寄場奉行の村田鉄太郎は、寄場担当の目付間宮諸左衛門の立ち会いのもと、収容者全員を寄場役所に勢揃いさせて次のように申し渡した。すなわち、(1)日々の作業において拵えた製品は売却し、必要経費を差し引いた儲けをすべて支給すること。(2)支給額の何割かを強制的に役所が預かって貯蓄させ、その「溜銭」が十貫文に達したときはたとえ引取人が見つからなくとも釈放すること。また、稼ぎの少ない作業をする人足については溜銭が三貫文に達すれば、やはり引取人の有無にかかわらず釈放すること。(3)平生、作業に精を出して改善の著しい人足については、溜銭が所定の額に達しなくとも不足額を役所が補充して釈放することなどである。(42)寄場奉行のこの申渡は、平蔵時代の処遇法を継承することを収容者にあらためて宣言したことにほかならない。溜銭つまり褒賞銭の積み立て額について、山田孫左衛門はこれを五貫文ないし七貫文と記すのに対し、奉行の申渡が三貫文または十貫文とする違いはみられるが、作業が有償であること、強制積立をすること、積み立てが所定の金額に達したときに釈放するという処遇法の基本についてはなんら変わりがない。

「褒美銭」「煙草銭」という呼び方は、その後もそのまま用い続けられた。天保十五年（一八四四）六月、町奉行所の定廻が人足寄場の実態を調査した報告書「寄場人足之儀ニ付風聞承探申上候書付」に、左のような記事が存する。(43)

多葉粉銭と唱、月ゝ人足共ぇ銭遣候義、油製方は働之次第ニて廿文ゟ三拾文位之割合ヲ以、一ヶ月両度宛も相渡、赦免之節褒美銭と名付、煙草銭貰受候四分一程も働ニ寄相渡候由、油製方之外職業之人足ともは、多葉粉銭十日毎ニ相渡、弐百文以上は半分、同以下は三分一役所ぇ取上ヶ置、赦免相成候節遣候由、

天保年間のころの「多葉粉銭」は、油絞りの人足に対しては月に二度、他の作業に就く人足に対しては月に三度の支給であった。また釈放の際の「褒美銭」は、油絞り人足にはそれまでに支給した「煙草銭」総額の四分の一ほどを、他の人足には「煙草銭」の半分または三分の一を天引きして蓄えた額を支給した。作業有償制にもとづく強制積立と元手の制は、幕府人足寄場の根幹をなす処遇法であり、それが平蔵時代の創設期から開始され、天保年間に至るまで連綿として実施されているのである。

幕府人足寄場は明治時代に入り、同三年（一八七〇）二月に「徒場」と改称し、徒刑という刑罰の執行場へと変容を遂げた。しかしながら、「徒場」における処遇法は人足寄場のそれをおおく引き継いでおり、いうまでもなく作業

有償制とそれに基づく強制積立と元手の制もまたこれを備えている。徒刑という刑罰についてもその労役に対して賃金を与えているのであり、明治四年二月の「徒場規則」に強制積立と元手の制について左のように定めている。(44)

一徒人働賃銭之儀ハ毎月両度ニ取調、半高預リ置、年限済引渡ニ相成候節、御入用金ヨリ支払候事、

但、製油及ヒ諸製作商法ニ係リ候分ハ、夫々元金ヨリ仕払候事、

このように、人足寄場の創設期以来の方式が明治初年の刑罰制度に引き継がれていることに注意すべきであろう。

七　寄場逃走者に対する措置

寄場逃走の人足の措置につき、「佃島人足寄場之事」は「寄場を逃去候者ハ見当次第召捕、死罪申付る、此罪を申渡時ハ切縄ヲ掛、寄場人足共ぇ為見候て牢内ぇ差遣、死罪となる」と記す（段落⑤）。寄場開設の寛政二年中に六人の逃走者があり、そのうち三人が死罪に処されている。(45)逃走者に死罪をもって臨むのは、寛政二年二月の「寄場御仕置書」第三条に、「一寄場逃去候もの、同断（死罪）」と定める規定にもとづく。「寄場御仕置書」は寄場創設時に制定した六箇条の仕置書である。(46)また寛政四年十一月の「寄場御仕置之事」においても、第一条に「一寄場地所より逃去候もの、死罪、但、逃去候節之始末ニ不相構、死罪申付候」、第二条に「一寄場使先より逃去候もの、死罪」と定めており、この両条は「附」として死罪に処すにあたっての手続きを「人足寄場ぇ呼出、科之始末申渡、外人足共ニ為見置、切縄を懸ヶ、牢屋敷ぇ差遣ス」と記している。(47)寛政四年の「寄場御仕置之事」は、寄場取扱を退任した長谷川平蔵が松平定信に提出した報告書であり、違反者に対する措置等を二十六箇条にわたって列挙したものである。平蔵は実際、三人の逃走人足に対し、右の手続きにしたがって死罪を申し渡している。山田孫左衛門の右の記事は、創設

期の寄場の様子を誤りなく伝えているといえよう。

寄場逃走者に対する処罰は、その後つぎのように変遷している。寛政九年（一七九七）閏七月七日制定の「人足寄場御仕置書」は、寄場の囲いを破って逃走した場合を従前同様に死罪、片や構外作業先からの逃走についてはこれを重敲と改めた[48]。処罰を死罪から重敲へと大幅に減軽した理由は、

元御仁恵之趣を以御取立有之候場所ニて、是迄之定ニては、悪もの共ハ格別、中ニは無罪ニて無宿一ト通り之もの等、一旦之心得違ニて寄場より之使先抔より逃去候迚、直ニ死刑ニ被行候は、却て御仁恵之処薄く相成可申哉、

という考え方に基づくものである。この文言は、時の南北町奉行（村上肥後守義礼、小田切土佐守直年）が連名で老中に提出した書面に見えるものである[49]。それ故、翌寛政十年二月制定の「寄場人足共へ申渡条目」においては、「一寄場逃去候もの、始末ニ寄死罪」と定めるのである[50]。

つづいて寛政十二年二月二十四日制定の「寄場御仕置書」は、寄場内からの逃走についても死罪に処さないこととした。すなわちその第一条は「一囲を破り、又ハ乗越逃去候ハヽ、遠島、但、後悔致し立帰候ハヽ、重敲」、第二条は「一構外ヘ出罷在、逃去、又ハ使先より逃去候もの、初度ハ重敲、二度目ハ入墨重敲、但、後悔致し立帰候ハヽ、三十日手鎖」、第三条は「一右同断三度ニ及ひ候ハヽ、遠島、但、後悔致し立帰候ハヽ、重敲」というものである[51]。寛政十二年の「御仕置書」にいたり、寄場逃走者の処罰が格段に軽くなったわけである。また、自首規定を但書にて設けたのも特徴である[52]。

この度の「寄場御仕置書」の改正により、寄場逃走の罪はもっとも重い場合でも遠島である。ところが、人足を寄場に収容する際の申渡においては、「逃去候ものは死罪、其外重科ニ申付、其外手業等無精ニいたし候もの迄も、夫々咎申付候」と読み聞かせることとした[53]。その後、文化二年（一八〇五）六月制定の「寄場人足共申渡条目」に至り、

寄場逃走の違反に対しては「急度御仕置」を申し付けると言い渡すことに変更したのである。[54]寛政十二年以降、「御仕置書」が改正された様子は見られないが、この点については猶後考に俟ちたい。ともかくも、寄場逃走者に対する処罰は、平蔵時代は死罪という厳罰をもって臨み、その退任の後は寛政末年までに順次軽くなったのである。逃げ出す機会を見つけやすい構外作業からの逃走を重蔵とし、とりわけ軽くしたのである。[55]

むすび

山田孫左衛門が書き記した「佃島人足寄場之事」には、注目すべき記事がまだ残されている。たとえば段落③によると、人足部屋は壱番部屋から六番部屋までがあって、「罪之軽重」による分類収容を実施しているという。しかし、人足の分別収容については、他に徴すべき史料を見出せないので、注目すべき記事であることを指摘するに留める。ともあれ、「佃島人足寄場之事」は寄場下役として手業掛をつとめた人物が書き留めた記録であり、創設期の寄場を知る上に貴重な史料であることが諒解いただけたことと思う。

老中松平定信は、人足寄場という施設を創設するにあたり、徳川吉宗時代の新規溜案や安永九年（一七八〇）十月に深川茂森町に設けた無宿養育所など、先行する幕府の無宿対策を念頭に置いたことは勿論のことである。しかしながら、もっとも多くの示唆を得たのは、外様大名細川氏の熊本藩の刑罰制度であろう。[56]寄場創設より三十五年を溯る宝暦五年（一七五五）四月、熊本藩は徒刑という刑罰を実施した。この刑罰は犯罪人を施設に拘禁して収容中は強制労働を科すのである。収容期間は罪状により一年、一年半、二年、二年半、三年の五等級があり、強制労働にはいくらかの賃金を払い、そのうちのなにがしかを天引きして蓄えさせ、釈放の際に就業資金として渡すのである。つまり、作業有償制、強制積立の制、元手の制という一連の処遇法を備えているのである。このような処遇法を持つのは、刑罰の最終目的を犯罪人の社会復帰に置いていたからにほかならない[57]。したがって、その処遇には収容者を改善するための教育的な配慮も見受けられる。たとえば、徒刑判決の後に定小屋と称する拘禁施設に収容する際、「向後慎之儀」を申し渡している[58]。片や、こうした改善のための配慮に背いて定小屋を逃走した場合、逮捕ののち即座に「刎首」という死刑に処す[59]。構外作業の出先からの逃走も同様である。その処刑は、定小屋の敷地内においておこない、見せしめのために徒刑囚全員に見物させるのである[60]。徒刑を採用した宝暦五年から同十四年までの十年間に四人の逃走囚が処刑されている[61]。

幕府人足寄場にしてもあるいは熊本藩徒刑にしても、——無罪の無宿と犯罪人という違いはあるものの——その目的とするところは収容者を教化改善して社会復帰させようとすることにある。したがって、この目的を実現するために採用した諸施策に共通する点が多く見られるのは、不思議なことではない[62]。すでに見たように、熊本藩徒刑にみられる右の施策は、人足寄場においてもすべて採用されている。松平定信は、熊本藩徒刑に示唆を得て、人足寄場の根本精神と基本的施策については確たる考えを持っており、それらを実地に移すための具体策を長谷川平蔵に諮問したのであり、平蔵はこれによく応答し尽力したというべきであろう。これが、寄場創設をめぐる老中定信と火附盗賊改役平蔵との関係であろう[63]。

山田孫左衛門は平蔵お気に入りの手業掛である。一方の孫左衛門は平蔵を表記するに、敬愛の念を込めて「長谷川平蔵殿」としている。本章は、その孫左衛門が書き残した寄場記事を通じ、創設期寄場の一端を垣間見ただけであり、また、その垣間見た事柄がその後どのような変遷をたどったか、管見をもって眺めたにすぎない。諸賢の御批正を賜らば幸いである。

註

（1）人足寄場設置の経緯は、平松義郎氏の「人足寄場の成立」（一）（二）（三）未完（名古屋大学『法政論集』三三・三四・三五号、昭和四十・四十一年）に「寄場起立」（神宮文庫蔵）を用いて詳述されておりきわめて有益である。ただ残念なことに、その論述が「参　寄場施設の構築」で終わっていて、長谷川平蔵が運営した寄場創設期の実態の全般にまでは筆が進まなかった。しかしその後、同氏は「人足寄場の成立と変遷」（人足寄場顕彰会編『人足寄場史――我が国自由刑・保安処分の源流――』所収、昭和四十九年、創文社〔その後『江戸の罪と罰』所収、昭和六十三年、平凡社〕）ならびに「人足寄場起立考」（滋賀秀三・平松義郎編『石井良助先生還暦祝賀　法制史論集』昭和五十一年、創文社）を発表され、おもに「寄場起立」に依拠して平蔵時代の寄場について論じ、前稿の不足を補っておられる。本章は平松氏をはじめとする先学の研究をなぞることもあるが、山田孫左衛門の書き残した寄場記事を通じて、創設期寄場の実情をいくらかでも明らかにできれば幸いである。

（2）「越中守殿御渡被成候御書付」（神宮文庫蔵「寄場起立」、『東京市史稿』産業篇第三十三、八〇七〜八〇九頁所引、平成元年、東京都編纂発行）。

（3）「人足寄場出役番人勤方之儀奉伺候書付」（神宮文庫蔵「寄場起立」、『東京市史稿』産業篇第三十三、八一三〜八一四頁所引）。

（4）口田家蔵「口田平五郎由緒書」。

（5）長谷川平蔵が寄場取扱を退いた後、村田鉄太郎が初代寄場奉行に就くが、寛政四年七月、村田は平蔵支配の時と同様、寄場下役の十手携帯の許可をもとめ、諒承されている（「寄場下役之者十手為相用候儀申上候書付」高塩博・神崎直美「矯正研修所所蔵「寄場起立御書付其外共」――解題と翻刻――」『國學院大學日本文化研究所紀要』七七輯一六〇・一七六頁、平成八年）。

（6）国立公文書館内閣文庫蔵「小役人帳」（瀧川政次郎『長谷川平蔵――その生涯と人足寄場――』一八九〜一九〇頁所引、昭和五十年、朝日新聞社、中公文庫版は二〇七〜二〇八頁）。

（7）「寛政録」寛政四年九月四日条（『東京市史稿』市街篇第三二、一七八頁所引、大正三年）。
（8）山田桂翁「宝暦現来集」『続日本随筆大成』別巻、近世風俗見聞集六、一二四頁、昭和五十七年、吉川弘文館。
（9）水野為長「よしの冊子」『随筆百花苑』第九巻（安藤菊二氏解題）所収三八九頁、昭和五十六年、中央公論社。
（10）『国書総目録』（第七巻二九六頁）によると、「宝暦現来集」は国会図書館のほかには、岩瀬文庫に一冊からなる写本が所蔵されるのみであるという。
（11）後掲する「宝暦現来集」巻之四佃島人足寄場之事に山田孫左衛門が登場するが、国立国会図書館蔵の写本においては、上欄餘白に「此山田ハ当人ナラン」という朱筆の注記が存する。注記の主は不明であるが、正鵠を射た指摘である。
（12）『続日本随筆大成』別巻、近世風俗見聞集六、一一五～一一六頁、昭和五十七年、吉川弘文館。
（13）『丸山忠綱遺稿――加役方人足寄場について――』一九・二〇・三四頁、昭和五十六年、丸山忠綱先生追悼集刊行会編刊、初発表は昭和三十～三十二年、瀧川政次郎『長谷川平蔵――その生涯と人足寄場――』一二六頁、中公文庫版は一三九頁。
（14）長谷川平蔵は寛政二年三月、これから採用すべき見張番人に二人扶持の扶持方と「御役金」として「壱ヶ年金三両」とを支給することを求めている（「寄場起立」、『東京市史稿』産業篇第三十三、七九五～七九六頁）。寛政五年八月に寄場下役に採用された高橋安兵衛は、七十七歳の文政四年（一八二一）二月に致仕したが、その折の扶持方は二十俵一人扶持で「御手当金三両」が支給されている（「見合物勤仕留」辻敬助『日本近世行刑史稿』上、八三七頁所引）。したがって、平蔵の申請した年三両の役職手当が認められ、その後も引き続いて支給されていたとみられる。
（15）高塩博・神崎直美「矯正研修所所蔵「寄場起立御書付其外共」――解題と翻刻――」前掲誌七七輯一六九頁。
（16）瀧川政次郎『長谷川平蔵――その生涯と人足寄場――』一八二頁、中公文庫版は二〇二頁。
寛政二年五月八日、松平定信は向坂勘右衛門、藤本徳三郎という御徒の二人に「加役方人足寄場出役」を命じ、扶持方を五人扶持と定めた。長谷川平蔵は翌日、両人を受け取っている（「寄場起立」、『東京市史稿』産業篇第三十三、八二八・八三二・八三六頁）。御徒の寄場出役は元締役の前身というべきであろうか。記して後考を俟つ。
（17）辻敬助『日本近世行刑史稿』上、八三一～八三二頁。

(18)『丸山忠綱遺稿――加役方人足寄場について――』二一二頁。なお、高塩博・神崎直美「旧幕府引継書「市中取締類集（人足寄場之部）」――解題と翻刻――」（『國學院大學日本文化研究所紀要』七八輯一四二頁、平成八年）および高塩博・神崎直美「旧幕府引継書「天保撰要類集（人足寄場之部）」――解題と翻刻――」（『國學院大學日本文化研究所紀要』八三輯四〇二頁、平成十一年）参照。

(19) 神崎直美「江戸東京博物館所蔵「寄場」について――解題と翻刻――」『城西大学研究年報』人文・社会科学編二六号一八頁、平成十五年。

(20) 創設期の寄場人足の収容者数は、寛政二年四月一日に二百七人、同月二十一日に二百六十九人、翌五月二日に三百九十人と増え続けている（「寄場起立」『東京市史稿』産業篇第三十三、八〇三・八二一・八二五頁）。村田鉄太郎が初代寄場奉行を勤めた寛政五年の平均収容者数は百三十二人である（『丸山忠綱遺稿――加役方人足寄場について――』二二頁）。一方、松平定信はその著「宇下人事」において「つねに二百人計りなり」と回想している（『宇下人事・修行録』一一八頁、昭和十七年、岩波文庫）。

(21)「寄場起立」『東京市史稿』産業篇第三十三、八三三～八三五頁。

(22) 大田南畝「一話一言」『日本随筆大成』別巻五、二五四～二五五頁、昭和五十三年、吉川弘文館。「加役人足寄場絵図」は、「施設が極めてよく整っている点、恐らく同（寛政）三年か同四年のものではあるまいか」という（平松義郎「人足寄場の成立」（三）『法政論集』三五号五四頁）。

(23) 杉靖三郎校編『杉田玄白日記――鷧斎日録――』一五〇頁、昭和五十六年、青史社。

(24) 喜田有順「親子草」『新燕石十種』第一巻五二頁、昭和五十五年、中央公論社。この記事は平松義郎氏もまたこれを紹介しておられる（「人足寄場起立考」『石井良助先生還暦祝賀 法制史論集』一〇九頁）。

(25)「寄場起立」『東京市史稿』産業篇第三十三、八二七～八二八頁。人足寄場の紙漉については、平松義郎「人足寄場の成立と変遷」『江戸の罪と罰』一九七～一九八頁も参照されたい。

(26) 水野為長「よしの冊子」『随筆百花苑』第九巻一四九頁。

（27）同右。

（28）水野為長「よしの冊子」『随筆百花苑』第九巻二二三～二二四頁。なお、紙漉作業それ自体は寄場創設直後から採用されていたようである。それは、寛政二年二月ごろの寄場の様子を記した「公事余筆」の記事に、「紙すき等最中《（ママ早カ）》取懸罷在候由」と見え、また「寄場起立」の三月二十二日条に「紙漉候を見物いたし候」と見えるからである（ともに『東京市史稿』産業篇第三十三所引、七〇七・七九三頁）。

（29）水野為長「よしの冊子」『随筆百花苑』第九巻二二三～二二四頁。

（30）寄場人足が作業製品の納品や販売、あるいは仲間の人足達のための雑用などで、江戸市中に使いに出ることがあり、これを「外使」と称している。山田孫左衛門に対する世評は、人足の外使が寄場創設の当初より存したことを物語っている。

（31）森山孝盛「蜑の焼藻の記」『日本随筆大成』第二期二二、二五一頁、昭和四十九年、吉川弘文館。なお、平松義郎「人足寄場起立考」『石井良助先生還暦祝賀 法制史論集』一七一頁参照。

（32）反古の供給先については、前掲「親子草」にも「諸向にて不御用立反古を受取、鼠反切に為漉」と伝えている（同書五三頁）。

（33）水野為長「よしの冊子」『随筆百花苑』第九巻一六七・二一六頁。本多忠籌は寛政二年（一七九〇）六月十三日に屋敷替えがあって、龍口の牧野備前守上げ屋敷を藩邸とすることになったから（『東京市史稿』市街篇第三十、七六二頁）、その修復に寄場人足を用いたのである。寄場人足を使役した様子は、「縮地千里」（国立公文書館内閣文庫蔵）にも次のように伝えている（『東京市史稿』産業篇第三十三、七一八頁所引）。

彼の寄場人足之内、左官大工等職分致候ものハ本公（引用者註、本多忠籌のこと）屋敷えも被召呼、職分為致、毎日無宿島より四五人ツヽも参り候由、若途中ニて逃候てハ長谷川氏不念ニ成候とて組同心壱人ツヽ、差添、屋敷迄島より之送り迎為致候由、尤木めん柿色水玉の染出し半てん、同し股引、柿色三尺手拭之腰帯、同染之手拭ほうかふりニて往来いたし、同心は何之事もなく女芸者之送り迎ひのことし。

松平定信は、人足寄場開設にさきだち、無宿を百姓に仕立てる試みをおこなっているが、本多忠籌もこれに同調して無宿三人をもらい受け、陸奥国泉藩に送っている（高塩博「熊本藩徒刑と幕府人足寄場の創始」小林宏・高塩博編『熊本藩法制史料集』一二九四頁、平成八年、創文社〔本書二一七頁〕）。寛政改革をめぐる松平定信と本多忠籌との関係については、高沢憲一『松平定信政権と寛政改革』第二部第二章（平成二十年、清文堂出版）参照。

(34) 国会図書館蔵「后赦録（人足寄場之部）」（架号八一三―四）。

(35) 浜田義一郎『大田南畝』（人物叢書一〇二）二五八頁、昭和三十八年、吉川弘文館。

(36) 瀧川政次郎『長谷川平蔵――その生涯と人足寄場――』一六二頁、中公文庫版は一七七〜一七八頁。

(37) しかしながら、紙漉はその後いつの日か、勘定奉行所からの反古が供給されなくなったために中絶した。勘定奉行石川主水正忠房と松浦伊勢守忠は連名で、寄場では紙漉作業を今日でも出来るか否かについて照会した。文政四年（一八二一）、同五年、同六年のいずれかの四月のことである。この照会に対する寄場の回答は、手業は一種類でも多いのが望ましいので、反古さえ提供してもらえれば、紙漉を再開したいというものであった（高塩博・神崎直美「矯正研修所所蔵「寄場起立御書付其外共」――解題と翻刻――」前掲誌七七輯一七〇頁、平成八年）。紙漉の手業がこれを契機に再開されたかどうかは、未詳である。

なお、明治四年（一八七一）の「石川島徒場絵図」においては、二番駆役の作業場が紙漉場となっている（重松一義『日本獄制史の研究』二五〇頁、平成十七年、吉川弘文館）。石川島徒場は人足寄場の後身であるから、寄場の紙漉作業を継承したのであろう。

(38) 無宿を人足寄場に収容するに際して、収容期間をあらかじめ定めることはなかった（高塩博「幕府人足寄場の収容者について――武家奉公人と有宿――」『栃木史学』二三号二三頁、平成二十一年〔本書二四〇頁〕参照）。

(39) 司法省蔵版・法制史学会編『徳川禁令考』後集第一、五九頁、昭和三十四年、創文社。

(40) 「寄場起立」『東京市史稿』産業篇第三十三、八三九頁。

(41) 「寄場起立」『東京市史稿』産業篇第三十三、八四四頁。しかしながら、天保十三年（一八四二）に寄場奉行尾島三十郎が町奉行鳥居甲斐守（忠耀）に返答した書面によると、天保五年（一八三四）と同十二年（一八四一）の火災によって寄場書類が焼失したため、釈放者に店を持たせた事例は、寛政五年（一七九三）の肥後無宿玄碩、文化十三年（一八一六）の深川無宿浄玄、文政元年（一八一八）の丹後無宿佐兵衛の三例を確認できるにすぎないという。なお、翌天保十四年（一八四三）正月、職業をもたない釈放者に対し、寄場生産の油を卸してこれを販売させることによって生計を営ませる方策を採用した（高塩博・神崎直美「旧幕府引継書「市中取締類集（人足寄場之部）」――解題と翻刻――」『國學院大學日本文化研究所紀要』七八輯一三三～一三四頁、平成八年）。

付言するに、肥後無宿玄碩に医業を営ませるための店を持たせた記事は、「寄場人足旧記留」にもこれを掲載する（高塩博・神崎直美「矯正協会所蔵「寄場人足旧記留」――解題と翻刻――」『國學院大學日本文化研究所紀要』七六輯一六七～一六八頁、平成七年。）

(42) 高塩博・神崎直美「矯正協会所蔵「寄場人足旧記留」――解題と翻刻――」前掲誌七六輯一六四頁。なお、辻敬助『日本近世行刑史稿』上、九五七～九五八頁、および『丸山忠綱遺稿――加役方人足寄場について――』一二五頁参照。

(43) 高塩博・神崎直美「旧幕府引継書「市中取締類集（人足寄場之部）」――解題と翻刻――」前掲誌七八輯一五五頁。なお、辻敬助『日本近世行刑史稿』上、九四六～九五〇頁参照。

(44) 内閣記録局編『法規分類大全』第五十七巻治罪門（2）、四八頁、明治二十四年（昭和五十五年原書房復刻）。

(45) 「寄場起立」『東京市史稿』産業篇第三十三、七八九・七九一・八三九・八四二頁。なお、平松義郎「人足寄場の成立と変遷」『江戸の罪と罰』一九八頁、「人足寄場起立考」『石井良助先生還暦祝賀 法制史論集』一七六頁参照。

(46) この「寄場御仕置書」は松平定信がみずから起草する処であり、これを長谷川平蔵に申し渡すと共に、評定所一座の面々へも通達した（「御書付類」六十二、『徳川禁令考』別巻二一四頁）。

(47) 『徳川禁令考』後集第一、六二頁。

(48) 『徳川禁令考』後集第一、六五頁。寛政九年八月二十三日、寄場使先より逃走し、逃走中に盗みを働いた人足の太吉（肥後無宿）と治助（甲府無宿）の両人は、南町奉行村上義礼から「寄場入墨之上重敲」という判決を受け、再び寄場に収容された（高塩博・神崎直美「矯正協会所蔵「寄場人足旧記留」――解題と翻刻――」前掲誌七六輯一七八頁）。閏七月七日制定の「人足寄場御仕置之事」が速足適用された訳である。併科の「寄場入墨」は、逃走中の盗犯に対する刑罰であろう。

(49) 寛政十年二月晦日の日付をもつ「寄場御仕置之儀ニ付御尋之趣申上候書付」（『徳川禁令考』後集第一、二五頁）。

(50) 『徳川禁令考』後集第一、六〇頁。

(51) 『徳川禁令考』後集第一、六六頁。上記は寄場外からの二度目の逃走に対する処罰を「入墨敲」とするが、「御書付類」八十五（「棠蔭秘鑑」貞）の「寄場御仕置」にしたがって、「入墨重敲」とした（『徳川禁令考』別巻二三〇頁）。

(52) 前述したように、寄場を逃走した無宿の新蔵は、自首して出たことにより「手鎖申付、如元人足寄場ぇ差遣」という判決を受けた（「后敍録」（人足寄場之部））。これは寛政十二年八月九日の判決であるから、同年四月二十四日制定の「寄場仕置書」第二条の但書「後悔致し立帰候ハヽ、三十日手鎖」を適用したものである。

(53) 「御書付類」八十五、「棠蔭秘鑑」貞（『徳川禁令考』別巻二二九頁）。

(54) 『徳川禁令考』後集第一、六〇～六一頁。

(55) 違反者に対する措置については、辻敬助『日本近世行刑史稿』上、九二五～九五三頁、『丸山忠綱遺稿――加役方人足寄場について――』五四～六五頁にも詳述されている。

(56) 幕府人足寄場と熊本藩徒刑との関係については、拙稿「熊本藩徒刑と幕府人足寄場の創始」（小林宏・高塩博編『熊本藩法制史料集』所収解説〔本書第二部第一章〕）、「人足寄場の創設と熊本藩の徒刑制度」（『江戸時代の法とその周縁――吉宗と重賢と定信と――』平成十六年、汲古書院、初発表は平成十四年）を参照されたい。

(57) 高塩博「熊本藩に誕生した近代的自由刑」『江戸時代の法とその周縁――吉宗と重賢と定信と――』、初発表は平成八年。

(58) 「向後慎之儀」は、刑罰執行手続きなどの規定集ともいうべき「御刑法方定式」に、次のように見えている（小林宏・高塩博編『熊本藩法制史料集』九五五頁）。

一徒刑ニ被仰付候者ハ、御昇頭ゟ申渡済候上、早速眉を剃、或入墨いたし、御刑法相済揃置、畢て向後慎之儀御昇小頭ゟ申渡、左候て廻役ぇは御飛脚番小頭ゟ引渡候事、

〔付札〕「徒刑之者慎之儀、本行之通御昇小頭ゟ申渡来候処、御昇頭ゟ一同ニ被申渡候様、安永元年十二月ゟ極候事、

但、徒刑被仰付者人数多時ハ、先一人〳〵へ罪状之趣被申渡筈候事、」

なお、「向後慎之儀」の文面は確認していない。ご教示を乞う次第である。

(59) 定小屋から逃走した徒刑囚を死刑に処すことは、宝暦十一年施行の「刑法草書」雑犯第八条に「一徒刑之者、定小屋を逃出候ハ、刎首即決」と定める規定にもとづく（『熊本藩法制史料集』四〇四頁）。

(60) 逃走の徒刑囚を刎首即決に処す際、見懲として徒刑囚に見物させることは、「肥後経済録」（旧熊本藩士大村庄助著、明和四・五年ごろの成立）に左のように記されている（『熊本藩法制史料集』一一八七・一一八八頁）。

もし欠落仕候ものは早速召捕、除日之外は即日刎首ニ仕り候、（中略）刎首之場は牢屋ハ前ニ常に土壇を拵置、誅罰申付られ候節ハ、牢者残らす出し取扱いたさせ候、然れとも、殊之外恐れ候者ニは強ていたさせ不申、穢多とも替りニいたし申候ニ付、何れも其廻りニ居見物仕候、

右に「牢屋」というのは、定小屋のことである。定小屋の見取図は、寛政十年（一七八八）と文政二年（一八一九）の二図が知られており、いずれの図にも逃走の徒刑囚を刎首に処す場所が描かれている（『熊本藩法制史料集』一二二一・一二二一頁）。

(61) 「死刑一巻帳書抜」『熊本藩法制史料集』九八二～九九二頁。

なお、小林宏氏によると、「向後慎之儀」ならびに定小屋からの逃走者を死刑とすることは、その淵源を『周礼』に求めることができるという（「熊本藩と『大明律例譯義』」『日本における立法と法解釈の史的研究』第二巻近世、二二三～二二五頁、平成二十一年、汲古書院、初発表は平成元年）。

(62) 幕府人足寄場では無宿を収容するにあたって、「寄場人足共へ申渡書」ならびに「寄場御仕置書」を読み聞かせている。石井良助氏は、この点に着目して次のように述べておられる（「日本刑罰史における人足寄場の地位」『日本刑事法史』法制史論集第一〇巻一八五頁、昭和六十一年、創文社、初発表は昭和四十九年）。

江戸幕府は人民に対して、犯罪に対する刑罰を秘密にする建前をとっているのであるから、寄場人足に対して入場のときに、寄場内での悪事に対する刑罰を公開したことは特別の処置といわなければならない。（中略）寄場で「刑名を顕」

す掟書を作って人足共に示したことはきわめて違例なのであり、（中略）これによっても、人足寄場というものが、幕府のそれまでにない新しい姿勢を示すものであったことが知られる。

「寄場人足共へ申渡書」ならびに「寄場御仕置書」の読み聞かせは、「幕府のそれまでにない新しい姿勢を示す」「特別の処置」であるというが、この処置は熊本藩の徒刑制度における「向後慎之儀」に示唆を得た可能性が少なくないであろう。なお、幕府人足寄場は、人足収容時における「申渡書」「仕置書」の読み聞かせを幕末に至っても依然としてこれを実施している。このことは、嘉永二年（一八四九）二月の「与力同心務方書上帳」に、「同所（人足寄場）ぇ人足新入之もの有之候節、同所元〆役并見廻与力・御小人目付、私共一同立合御条目為読聞候」と見えることから判明する。ここに「私共」とあるのは、「人足寄場定掛り」をつとめる南北町奉行所の同心である（『原胤昭旧蔵資料調査報告書(1)――江戸町奉行所与力・同心関係史料――』一五九頁、平成二十年、千代田区教育委員会編集発行）。

(63)　人足寄場の創設にあたり、独創的な方策を長谷川平蔵が数々考案したように考えられているが、この点については改めて検証する必要があろう。

第四章　上州小舞木村郡蔵の寄場入り

——幕府人足寄場の機能に着目して——

はじめに
一　郡蔵の寄場入りに関する先行研究
二　郡蔵の寄場収容から放免までの経過
三　郡蔵の処罰に関する関東郡代伺と評定所評議
四　郡蔵の寄場入りと追放刑者の寄場収容
むすび

はじめに

郡蔵は上野国新田郡小舞木《こまいぎ》村（現、群馬県太田市小舞木町）の百姓である。[1] 彼は、三十歳の寛政十一年（一七九九）二月五日より三十四歳の享和二年（一八〇二）四月十三日まで、足掛け四年（満三年二箇月餘り）を江戸の石川島人足寄場に収容された。寄場での処遇を恩義に感じた郡蔵は、放免翌年の享和三年二月、江戸にやってきて人足差配人を介して礼状を提出するとともに、恩義を忘れないようにするため、「寄場人足之内百姓筋之者一両人」の身元を引き受けて世話をすることを願い出た。寄場はこれに応じて人足一人を引き渡している。

人足寄場の収容対象者はおもに無罪の無宿である。(2) 身元引受人が人足の引き渡しを願い出れば、収容期間の長短を問うことなく放免するのが原則である。ところが、郡蔵は百姓身分の有宿であって、老中の「御差図」によって送られてきた。しかもその際、身元引受人からの赦免願いが出されても引き渡しはまかりならぬとの通知も伝達された。その一箇月後、寄場を支配する若年寄からは、「五七年も過、心底相直り候趣ニ候ハヽ、差免之儀可被聞候」という指示が出された。収容時のこうした経緯からすると、郡蔵の寄場入りは特異な事例である。通常の寄場収容とは異なる何らかの特別な事情が存するのであろうか。

本章は、郡蔵の寄場入りの事情を探り、郡蔵の事案がその後の寄場に与えた影響について若干の考察を加えるものである。大方のご示教が得られるならば幸いである。

一　郡蔵の寄場入りに関する先行研究

『日本近世行刑史稿』の著者辻敬助氏は、人足寄場の制度が「少くも天保年間に至る迄は、風俗匡正犯罪予防上多大の効果を収め」たことを指摘し、それを証する史料として、「寄場人足旧記留」（矯正協会所蔵）(3)から享和三年（一八〇三）二月の日付を有する左記の文書を引用した。(4) 長文であるが、重要なので左に全文を掲載する。この時、寄場奉行は第四代桜井隼三郎、(5) 寄場を支配する若年寄は堀田摂津守（正敦）である。

此書面、帯刀殿ゟ摂津守殿え御直ニ
御上ケ、三月ハ不承知繁八申聞候、

寄場奉行

上州小舞木村
百姓
郡　蔵

右之者、五ヶ年以前未年(寛政十一年)二月五日、菅沼下野守(定喜、勘定奉行)掛りニて敲御仕置之上寄場え入、其節引取人有之候ても、掛合之上取計候様、同人方より書送り有之候ものニ御座候、然ル処、同村名主共引取候儀願出候ニ付、下野守えも掛合候処、右郡蔵儀、引取之儀願出候ても引渡難成もの之由、対馬守(老中安藤信成)殿伺済之趣申聞候間差置候得共、一躰寄場之儀は、無罪無宿之者請取置、身元見届、年月之多少ニ不限、引渡候儀ニ御座候得共、百姓ニ相違無之寄場ニ差置、取扱方も難致方候ニ付、下野守方へ差戻之儀掛合候処、難請取趣申聞候ニ付、外人足同様之心意(ママ)ニて、寄場ニ差置可申哉之儀、同月廿九日相伺候処、同三月七日、摂津守(若年寄堀田正敦)殿御書付を以、右郡蔵儀、寄場人足之通手業申付、手放置不苦候得共、御咎メ筋之者ニ付心附、五七年過候て心躰も相直り候ハヽ、差免之儀可奉伺被仰渡、夫と遣方等申付候、四ヶ年差置候処、追と実意ニも立戻り候様相見へ候ニ付、去戌(享和二年)二月栗田喜兵衛(寄場奉行)勤役中、赦免之儀申上、同四月十三日、中川飛驒守(忠英、勘定奉行兼関東郡代)え引渡赦免之上帰村仕、父跡相続仕罷在候趣ニて、同十月上旬、為御礼出府可いたし(す)心掛候処、類焼いたし取紛延引いたし候段、人足差配人迄礼状差越申候て、此節出府仕、奉蒙御高恩、身上取続、田畑等も取持仕候義、全永と御地所ニ罷在候御仁恵を以、父跡相続仕候段難有仕合、御厚恩之儀、末と忘却不仕様、為冥加寄場人足之内百姓筋之者、一両人も引請世話致度旨、人足差配人を以相願候間、外人足共一同心得ニも罷成、奇特成ものニ奉存候ニ付、心躰相直り候様罷成もの壱人、赦免引渡差遣申候間、此段御聴ニ入置度申上候、

亥(享和三年)二月

次いで石井良助氏は、辻氏の『日本近世行刑史稿』から右の記事を引用し、寄場収容に関しての議論を展開された(6)。

すなわち、石井氏は「敲、入墨等の刑の済んだ者を受け入れる場合、のちには、年限をきめて、受け入れることになったこと」を証する史料としてこの記事を引用し、次のように述べられた。

無罪之無宿を入れた場合には年限の定めがなく、改悛の事実があり、引受人さえいれば、何時でも放免されるわけであるが、右の例に見えるように、敲の前科のある者については、年限を定めることが行われたのである。（傍線は引用者、以下同じ）

石井氏は、右の記事に依拠して、敲の刑を受けた者（無宿にあらずして有宿）について、収容期間を定めて収容することが行なわれたとするのである（後述するように、この見解は的を射ていない）。

「寄場人足旧記留」は郡蔵に関し、右の文書を含めて十三点の文書を収録する。それらは、郡蔵の寄場送致状にはじまって、処遇に関する寄場奉行から勘定奉行への照会、処遇についての若年寄から寄場奉行への指示、小舞木村の村役人らの赦免願い、寄場奉行の二度にわたる身柄引き渡し申請などを経て放免となるまでの文書、および放免後の前掲文書である。(7)

これらの文書を検討して、郡蔵の寄場収容に言及されたのは丸山忠綱氏である。丸山氏は幕府の人足寄場について総括的に考証を加え、「加役方人足寄場について」と題する大論文を発表された。その中で郡蔵の一件にも言及され、「寄場に収容する条件なり、範囲なりに適合しているか、いないか不明な、極めて曖昧なケースでも、強権を以てここに入れられた人もいる」として、郡蔵の寄場収容から放免までの経過を説明し、その最後に、郡蔵が寄場に収容された理由につき、次のように述べておられる。(8)

翌（享和二年）五月二十七日菅沼下野守は勘定奉行をやめているが、態々、中川飛騨守の手を通じたことや、それ迄、郡蔵引取方願却下の理由としては漠然と、「不届之品有之」と言つているだけで、具体的なことが少しものべられていないようなところからすると、何か菅沼下野守の感情を害する如き所行があつたが故に強引に寄場に収容せしめられたと察せられる節がある。況んや郡蔵なる者は釈放の翌享和三年二月には、寄場で大変御厄介になつた御礼にと出府し、なお人足中百姓筋の者一両人引請け世話致し度しと申出で一人をつれ帰り寄場奉行を感激させている程の生真面目さをもつている人物であるにおいておや。（括弧および傍線は引用者）

丸山氏は、郡蔵が寄場に収容された理由を推測して、掛奉行である菅沼下野守（定喜、勘定奉行）の「感情を害する如き所行」に求めているのである。

二　郡蔵の寄場収容から放免までの経過

郡蔵の寄場入りから放免にいたるまでの経過については、丸山論文がその大筋を記すが、郡蔵一件の本質を理解するためには、「寄場人足旧記留」によってあらためて一瞥する必要がある。郡蔵の寄場入りは寛政十一年（一七九九）二月五日のことである。同日、第二代の寄場奉行川村嘉吉は、勘定奉行菅沼下野守より左の送り状をもって郡蔵の送致を受けた（史料〔23〕）[9]。

菅沼下野守
山岡十兵衛知行
上州新田郡小舞木村
百姓
郡　蔵

川村嘉吉殿

右之もの不届有之、敲之上人足寄場ぇ可差遣旨御差図有之、御仕置相済候間、御引渡申候、以上、

未二月

この送致状によると、郡蔵には何らかの「不届」が存し、そのために老中の「御差図」をうけて「敲之上人足寄場」に差し遣わされたのである。つまり、郡蔵の事案は、通常の寄場収容とは異なる事情が存すると推察されるのである。同日、菅沼下野守からもう一通の文書が届いた（史料〔24〕[10]）。その文面は、

川村嘉吉殿　　菅沼下野守

山岡十兵衛知行
上州新田郡小舞木村
百姓　郡蔵

右之もの人足寄場ぇ差遣候、身寄引受人等有之願出候ても、引渡之儀は難成ものニ候間、其段御心得、若郡蔵身分進退之儀も有之候ハヽ、其節一応御申聞可有之候、以上、

未二月五日

というものである。郡蔵については身元引受人が願い出ても放免させてはならず、また身分に変更を加える場合は掛奉行の菅沼下野守に申し出ることが指示された。身元引受を容認しないのは異例である[11]。

しかしながら、郡蔵が寄場入りしてから七日後の二月十二日、早速に身元引受人があらわれた。小舞木村の名主新兵衛である。そこで寄場奉行川村嘉吉は、身柄引渡について掛奉行菅沼下野守に照会した。左の通りである（史料〔25〕[12]）。

菅沼下野守殿　　川村嘉吉

先達て御引渡被成候上州新田郡小舞木村百姓郡蔵義、右同村名主新兵衛引取度段願出候間、一通り相糺候処、郡

蔵義は養母并妻子も有之、右妻子等難儀仕候間、御引渡被下候様相願候付、願之通引渡可申奉存候、左候ても、
其御役所差支之儀無御座哉、御問合申上候、以上、

未二月

郡蔵には養母と妻子があり、村に残された妻子らは難儀しているという。この問合せに対する返答は、「安藤対馬守殿ぇ相伺候処、郡蔵義引取人有之候ても、引渡之儀は難成ものニ付、其段申達候様被仰渡候」というものであった（史料〔25〕の下ヶ札）。菅沼下野守は老中安藤対馬守（信成）の指示を仰いだのである。その結果はやはり、引き渡しはならぬとの回答であった。

そこで寄場奉行は、身元引受の許されない郡蔵をどのように処遇すべきか、同月二十九日、上司である若年寄堀田摂津守に問い合わせた（史料〔22〕[13]）。百姓身分でしかも「重キ被仰渡」のある郡蔵を、他の人足と同じに扱ってよいかと伺ったのである[14]。この問合せに対しては、三月七日に左の回答が届けられた（史料〔26〕[15]）。

未三月七日、摂津守殿御渡

寄場奉行ぇ

山岡十兵衛知行
上州新田郡
小舞木村百姓
郡　蔵

右之者、不届之品有之ニ付、寄場ぇ差遣候、惣て寄場人足之通、手業等可被申付候、尤手放置候儀不苦候得共、
御咎筋之者ニ候間、不逃去様心付可被申候、五七年も過心底相直り候趣ニ候ハヽ、差免之儀可被聞候、

この回答によると、他の人足と同様に「手放置」いた状態で手業などに従事させてよいが、「御咎筋之者」なので、

逃走しないように注意しなさいというものであった。着目すべきは、右の回答が「五七年も過心底相直り候趣ニ候ハヽ、差免之儀可被聞候」と指示していることである。郡蔵の収容期間を「五七年」と指定し、「心底相直り候趣」を確認した上、放免について照会せよというのである（「五七年」とは足掛け五年から七年という意味であろう）。

寛政十三年（一八〇一）正月、収容三年目を迎えたので、小舞木村は再び郡蔵の赦免を願い出た。今度の赦免願には、名主以下組頭、五人組、惣百姓、親類など総勢二十八名が名を連ねている（史料〔39〕）[16]。おそらく村中こぞっての赦免申請であろう[17]。この赦免願いは、「老母幷七才之女子、今日之口過出来兼、甚難義至極」であると訴えている。

正月の赦免願いを受けてから三四ヶ月ほどが経過した享和元年（一八〇一、享和改元は二月五日）五月二日、寄場奉行は郡蔵の身元引受を若年寄堀田摂津守に伺った（史料〔38〕）[18]。この時の寄場奉行は第三代の栗田喜兵衛である。寄場奉行は、伺書の中で郡蔵の寄場での生活ぶりを、

郡蔵儀、寄場ぇ請取候義、遣方申付等不相背出精仕、万端行届候様相見、聊心得違之義も不仕、此節は心庭（底）も相直り候様子相見申候、（中略）誠実意ニも相成候様子ニ相見候云々

と報告している。寄場役所では郡蔵の改心を認定しているのである。それなので、次のように述べて放免を伺っている。

弥御仁恵厚ク、自然と慎方ニも相成可申奉存候間、最早三ヶ年も差置候義御座候得は、何卒老母存命之内引渡遣中度心付候ニ付、此段奉伺候、

足掛け三年も収容しているので、老母の存命のうちに放免してやりたいという訳である。ところが、この伺いはにべも無く却下された。その理由は、「村役人依願差免候筋ニは無之候」というものである。郡蔵は一般の人足とは異なって、身元引受の申請を受け付けない特別な扱いなのである。前述したように、これは収容当初からの扱いである。

寄場奉行は、五月二十七日、赦免願いの書状を小舞木村に返却した旨を摂津守に報告した（史料〔40〕）[19]。

年が明けて享和二年二月二十日、寄場奉行栗田喜兵衛は再び郡蔵の赦免について伺った（史料〔47〕）[20]。収容から満三年、足掛けで四年が経過したことと、郡蔵の改心ぶりの紛れもないことが明白だからである。この伺書は郡蔵の改心ぶりを、

　郡蔵心底之処弥相□（検カ）候処、去ル年中申上候通、聊故障之儀も無御座、最早四ヶ年ニも罷成、何事も相弁、惣人足共世話役申付置候処、取締り宜、身分相慎罷在、追ゝ実意ニも相増候様奉存候、

と記している。郡蔵は昨年の赦免申請の却下後も、何の問題を起こすことなく過ごし、より信望を集めて「惣人足共世話役」という役付[21]にまでなり、その勤めも良好だというのである。

どうやら、今度の放免伺いは認められたようである。伺いから約二箇月後の四月十二日、中川飛驒守（忠英、勘定奉行兼関東郡代）は、松平田宮（寄場担当の目付）に宛てて一通の文書を発した。それは、郡蔵に「申渡之儀」があるので、「明十三日四時（午前十時）、郡代御役所ゑ差出可申旨」を寄場奉行に伝達するようにという内容であった。この通知は早速寄場奉行に届けられ、翌十三日、郡蔵は寄場下役二人（狩野藤吉、杉山八十吉）の戒護にて郡代役所に連行され、吟味方調役出役小川四兵衛に引渡された。その際の郡蔵の服装は御四季施である（以上、史料〔50〕）[22]。

同月、中川飛驒守はふたたび松平田宮宛に文書を発した。その文面は左の通りである（史料〔51〕）[23]。

松平田宮殿

中川飛驒守

山岡弥五郎知行
上州新田郡小舞木村
郡　蔵

右之もの、先達て人足寄場ぇ差遣候処、身持宜敷諸事相慎候ニ付、寄場差免帰村申付、村役人ぇ可相渡旨、安藤対馬守殿御書付を以被仰渡候ニ付、其段申渡、村役人ぇ引渡候間、此段御達申候、右之趣寄場奉行ぇも御申達有之候様存候、以上、

戌四月

つまり、中川飛騨守はこの書面で郡蔵の放免を伝えてきたのである。ここで注意すべきは、この結論が老中の「安藤対馬守殿御書付」によってもたらされたことである。郡蔵の放免に関しては、先の菅沼下野守の場合も中川飛騨守の場合も、共に老中に差図を仰いでいる。郡蔵の寄場への収容と放免は、いずれも老中の決裁事項であったのである。四月二十五日、寄場奉行栗田喜兵衛は、中川飛騨守の郡代役所が郡蔵の身柄を小舞木村の村役人に引き渡したことを若年寄立花出雲守（種周）に報告した（史料〔52〕）[24]。郡蔵の寄場入りから放免までの経過は、以上に見た通りである。

三　郡蔵の処罰に関する関東郡代伺と評定所評議

前述したように、郡蔵は放免から十ヶ月後の享和三年二月、江戸に出て、寄場役所に対しその恩義を謝し、人足一人の身元引受をしたのである。このように真人間となった郡蔵が寄場に収容されることとなった「不届」とは、どのような所業であったのだろうか。気にかかるところである。すでに見たように、史料〔26〕は郡蔵を「御咎筋之者」と呼んでいる。丸山氏は郡蔵の「不届」を「菅沼下野守の感情を害する如き所行」と推測しておられたが、はたして的を射ているのだろうか。

評定所評議を類別した幕府判例集である「御仕置例類集」を探してみたところ、郡蔵一件についての伺と評議を見

出すことができた。「御仕置相済候上佐州ぇ可差遣哉之儀ニ付評議」と題する記事がそれである。[25] これによって、郡蔵が人足寄場に収容されることとなった事情が判明する。左に引用するが、理解を助けるために段落を設け、かぎかっこをつけ、傍線を附した。

寛政十午年御渡
関東郡代
中川飛弾（驒）守伺

山岡十兵衛知行
上州新田郡駒井木村
百姓
郡　蔵

一御仕置相済候上、佐州ぇ可差遣哉之儀ニ付評議、

右之もの、別紙伺之通、御差図相済候ハヽ、(1)御仕置申渡候上、定例之通追払可申付奉存候、然処、当時百姓之身分ニは御座候得共、別紙奉伺候通、悪事いたし候もの故、無程村方ぇ立帰、又候悪事可仕儀ニて、村方之もの共も難儀可及と奉存候間、(2)例は無御座候得共、佐州水替人足ニ差遣候様仕度奉存候、依之、此段奉伺候、

此儀、御仕置之刑名不相知候間、中川飛弾（驒）守方ぇ懸合承候処、「郡蔵儀、無宿和七、上州下武士村弥平次ニ被欺候由ニて憤り、同国細谷村定七・孫助幷郡次郎悴楠之助、無宿吉兵衛・幸三郎・庄蔵・内蔵助、其外名前不存もの共、鉄炮又は鑓を持、弥平次方ぇ罷越候節、同人宅ニて不法およひ候儀は無之候とも、酒狂之由ハ難立、和七ニ随ひ同国女塚村迄罷越、其上和七相尋候吉六を囲置候迚、同国新宿村清次宅ニて、和七一同戸障子等打毀あはれ候始末、旁不届ニ付、敲之上所払と相伺候」由、申聞候、右科書之趣ニてハ、(3)あはれ候て町所をさ

はかし候もの之御定ニ相当り可申哉、

所払之儀、在方ハ居村、江戸町人ハ居町を払ひ、右之外ニ住居いたし候儀ハ御構無之候間、無宿ニ成候筋ニも無之、仮令無宿ニても入墨又ハ敲等之御仕置申付候上門前払ニ可成もの、引取人有之候得は、糺之上引渡遣、佐州其外人足寄場等ぇ差遣候は、引取人も無之もの之儀ニて、天明八申年幷去ル戌年之御書付も、無宿ニ限り候儀ニ付、例も相見不申、御構之地ニ徘徊いたし候上悪事いたし候もの之御定も有之候処、敲之上所払御仕置ニ相成候ハヽ、(4)右躰悪事いたし候もの故、無程村方ぇ立帰り、又候悪事可仕との儀を以、佐州ぇ遣候ハヽ、此ものニ限り候儀ニも無御座、追放等ニ申付候程之悪事いたし候ものハ、猶更之儀ニ候間、以来之例ニも相成候ては、右類之御定ニも響キ候様成行可申哉、

無宿ニも無之ものを佐州ぇ水替人足ニ差遣候ては、旁相当仕間敷候間、(5)定例之通取計可申旨被仰渡可然哉ニ奉存候、

午十二月

（朱書）「郡蔵儀、此度ハ、敲之上寄場ぇ遣候様、被仰渡候旨被仰聞、」

右の評議が引用する「科書」（かぎかっこの箇所）によると、郡蔵の所業は次のようなものである。すなわち郡蔵は、上州下武士村の弥平次宅に八人以上の大勢で、しかも鉄炮や鑓をもって押しかけて酒を飲み、また同国新宿村の清次宅においては、無宿の和七らとともに戸障子等を打ち毀して大暴れしたのである。

郡蔵のこのような狼藉乱暴に対して、関東郡代中川飛騨守は「例は無御座候得共、佐州水替人足ニ差遣候様仕度奉存候」（傍線部(2)）との伺をたてた。佐州水替人足差遣とした理由は、村人の「難儀」を取り除くためである。本来ならば「御仕置申渡候上、定例之通追払」（傍線部(1)）に処すべきなのだが、そうしたならば郡蔵はたちどころに村に立ち

帰ってふたたび悪事を働くのは目に見えている。佐州水替人足は無宿を対象とするから、有宿を送るという前例は無いのだけれども、佐渡送りとすれば村人の「難儀」は除去されるという訳である。

この伺に対する評定所評議は、「定例之通取計」（傍線部⑸）すなわち「敲之上所払」という結論である。郡蔵の罪状に適用すべきは、「あはれ候て町所をさはかし候もの之御定」（傍線部⑶）であって、その規定は「公事方御定書」下巻第七十六条第二項の「一あばれ候て町所をさわかし候もの　敲之上所払」である。「悪事いたし候もの故、無程村方ぇ立帰り、又候悪事可仕」（傍線部⑷）ということを理由として佐渡送りとするならば、それは郡蔵に限ったことではない。追放等に処すべき悪事を犯した者であれば猶更そのように取り計らうこととなり、「公事方御定書」の規定と齟齬をきたす。無宿でない者を佐州水替人足に差遣するのは適当ではないというのである。[26]

老中差図（朱書の部分）は、この評議を覆して「此度ハ、敲之上寄場ぇ遣」とした。評議の結論を採用するならば、村人の「難儀」は取り除くことは困難である。さりとて関東郡代の伺を採用すれば、評議にいう通り、追放刑に処すべき者の多くが佐渡送りの対象者になってしまう。そこで思い至ったのが人足寄場への収容である。そうすることで村人の「難儀」を除去するとともに、郡蔵に教化改善の処遇を施してその人間性を改めようと考えたのである。ただ、差図は「此度ハ」と述べているので、郡蔵の人足寄場収容は臨時の措置である。

郡蔵一件について伺を立てたのは、関東郡代中川飛驒守である。しかし、郡蔵を人足寄場に送致したのは菅沼下野守である。中川飛驒守は、関東郡代を兼務する勝手方の勘定奉行である。一方、菅沼下野守は公事訴訟を担当する公事方の勘定奉行である。それ故、老中差図を契機として、郡蔵の担当が公事方勘定奉行に変更となったと考えられる。村人一同の赦免願書によると、郡蔵は菅沼下野守の役宅において敲の刑に処され、その上で人足寄場に送られたのである。[27]ところが、享和二年四月における郡蔵の赦免は再び関東郡代中川飛驒守が担当した。担当の変更は、菅沼下野守が同年五月二十七日、差控を命じられて勘定奉行を罷免となった[28]ことと関係していると思われる。

以上に見たように、郡蔵が寄場入りとなった所業は、菅沼下野守と何らの関連も有しない。丸山氏の推測された「菅沼下野守の感情を害する如き所行があったが故に強引に寄場に収容された」という見解は成り立たない。

四　郡蔵の寄場入りと追放刑者の寄場収容

文政三年（一八二〇）十月、幕府は江戸払より重追放までの追放刑者についても、場合によっては収容年限を定めて収容することとした。このことを評定所一座から目付に通知した文書が存する。左記の通りである。[29]

御目付中　　　　評定所一座

人足寄場ぇ差遣候もの之儀、是迄江戸払以上追放等ニ相成候ものは不差遣候処、以来は右躰御構有之ものも、品ニゟ年限を定、寄場ぇ遣、尤右之分は、江戸払追放等之名目肩書ニいたし差遣候間、寄場外之稼は不相成、寄場内之手業為致候積、一座相談之上、公事方御勘定奉行ゟ阿部備中守殿ぇ伺相済候間申達候、右は年限相立候後、御構場所外之身寄之ものゟ引受相願候ハヽ、其時ゝ元懸り、拙者共ぇ問合之上引渡遣候様可相心得旨、兼て奉行ぇ御達被置候様存候、以上、

辰十月

目付には次の事項を知らせた。(1)江戸払以上の追放になる者はこれまで人足寄場に差遣しなかったが、今後は「品ニゟ年限を定」めて収容する。(2)江戸払以上の追放刑者なのでもっぱら寄場内での手業に従事させ、立入禁止区域で

ある江戸市中への労働に出すことはしない。(3)出所させる場合は「御構場所（立入禁止区域）」以外の身元引受人に引渡すこととする。

この決定は、公事方勘定奉行の提案に基づく。同年八月十二日、石川主水正（忠房）ならびに松浦伊勢守（忠）は連名で、「江戸払以上追放等之者、人足寄場ゑ差遣候儀奉伺候書付」と題する左の伺を老中阿部備中守（正精）に提出した。(30)

関東在ゝ取締之ため廻村為仕候御代官手附手代共召捕候悪党者之内、別て手放難置類は、無宿又は宿有之ものニても御仕置済候上、佐州ゑ水替人足ニ差遣候儀、文化二丑年閏八月、牧野備前守殿御勤役中伺之上、当分伺之通可取計旨被仰渡、押借、ねたり、又はあはれ歩行候若輩之もの、右之通取計候得共、及年輩若もの之頭分抔申類、又は公事出入之腰押等致、村方を為騒、其身は陰ニ相成居、愚昧之もの共ゑ申勧、無謂儀を企、終ニは村方衰微之基ニ相成候者共も不少、右は水替働等いたし候年齢ニ無之、佐州ゑ難遣候間、常州上郷寄場有之節は、右寄場ゑ遣候ものも有之候処、当時は上郷寄場相止、佐州而已ニ付、差支候儀有之、且は佐州ゑ遣候程之ものニも無之候得共、三五年之内は元居村徘徊為致候ては、良民之迷惑ニ可相成者等も有之候間、(1)勘弁仕候処、江戸払以上御仕置追放ニ相成候者ニても、人足寄場ゑ差遣、寄場外之稼不為致、寄場内之手業為致置候得は、牢内又は溜預中付置候も同様ニて、御構場所徘徊いたし候筋ニは無御座候ニ付、其品ニ寄人足寄場ゑ差遣、尤一通り寄場ゑ遣候もの共は、引受人有之次第引渡遣候仕来ニ候得共、(2)御構有之ものは、其段寄場奉行ゑ相達、凡五ヶ年も相立候上ニて、御構場所外之ものゟ引受相願候ハヽ、引渡遣候様仕度、此段評定所一座ゑも相談之上奉伺候、以上、

辰八月

この伺によると、「関東在ゝ取締之ため廻村為仕候御代官手附手代共」が逮捕した「悪党者」のうち、「別て手放難

置類」については文化二年（一八〇五）以来、佐州水替人足に差遣してきたという。今回の提案は、(1)本来、佐州送りとすべき悪質な罪状の者であるが、年齢的に水替人足の労働に耐えがたい者、(2)佐州送りとすべき程の罪状ではないが、「三五年之内は元居村徘徊為致候ては、良民之迷惑ニ可相成者等」の二者については人足寄場に差遣すべしというのである。また、追放刑者を人足寄場に収容する理論を、次のように展開している。寄場という場所は「牢内又は溜」と同様であって、寄場内での労働に従事させるかぎり、「御構場所」の徘徊には該当しない。「凡五ヶ年も相立候上ニて」出所させる場合は「御構場所」の外の身元引受人に引取らせる。つまり、公事方勘定奉行は、「公事方御定書」の追放規定に抵触しない方法を考えついたのである。この提案は、評定所一座に相談したうえで老中に伺い、提案から二箇月弱の十月七日に決裁となった(31)。

この提案内容を考案したのは、二人の公事方勘定奉行うち、石川主水正（忠房）の方であろう。松浦伊勢守（忠）が公事方勘定奉行に就任するのは文政三年七月二十八日のことである（前任は京都町奉行）。伺はそれから十三四日後に提出された。一方の石川主水正は、松浦伊勢守に先んじた文政二年九月五日、公事方勘定奉行に就任した。しかも再任である。初任は寛政九年（一七九七）八月二十七日のことで、このときは勝手方に就任し、翌十年十二月三日より公事方に異動した。それより文化三年（一八〇六）十二月十四日までの七年間を公事方勘定奉行として勤務している（この時の官職名は左近将監(32)）。両人のこのような経歴からみて、右の伺を考案して提出するについては、石川主水正がこれを主導したとみるべきであろう(33)。

石川主水正が追放刑者の人足寄場収容を考えついたのは、おそらく小舞木村郡蔵の寄場入り一件に示唆を得てのことであろう。郡蔵一件は石川主水正が左近将監の官職名によって公事方勘定奉行を勤めていた時のできごとである。同僚の菅沼下野守が担当した異例の事案であるから、印象深く記憶にとどめていたと推察される。郡蔵の場合、その刑罰は敲のうえ所払である。刑罰執行後に郡蔵を野放しとするならば、村に立ち帰って「又候悪事可仕儀」は目に見えている。そこで安藤対馬守ら老中の考えついたのが人足寄場収容という措置であった。寄場収容中に教化改善の処遇を施して真人間に改心させ、その上でもう一度社会に戻そうと目論んだのである。すでに見たように、この目論見はみごとに成功した。

石川主水正は、郡蔵一件を江戸払以上の追放刑者に応用すべく、「勘弁」つまりよくよく思案したのである。その結果、「江戸払以上御仕置追放ニ相成候者ニても、人足寄場ヱ差遣、寄場外之稼不為致、寄場内之手業為致置候得は、牢内又は溜預申付置候も同様ニて、御構場所徘徊いたし候筋ニは無御座候」（前掲史料の傍線部(1)）という理屈と、「御構有之ものは、其段寄場奉行ヱ相達、凡五ヶ年も相立候上ニて、御構場所外之もの6引受相願候ハヽ、引渡遣候様仕度」（前掲史料の傍線部(2)）との理屈を考え出したのである。傍線部(1)は、人足寄場を「牢内又は溜預」と同様の場所と捉え、江戸市中の外役に出さずに寄場内の作業に従事させるかぎりは「御構場所」を徘徊させることにはならないと解釈するのである。傍線部(2)は、五ヶ年収容の後に放免するにあたっては、「御構場所」の外の身元引受人に引き取らせると提案する。そうすることによって、一生涯にわたって「御構場所」に立ち入ってはならないという追放刑の趣旨を貫徹させるのである。この二つの理屈により、「公事方御定書」の追放規定を修正することなく、追放刑者についての新たな対処法とした。無罪の無宿については収容期間をあらかじめ定めないのであるが、追放刑者については収容期間を「五ヶ年」と定める。この間、追放刑者を社会から隔離して犯罪から社会を守るのである。このことにより、人足寄場の機能としては、犯罪から社会を防衛するという役割がより強化されたことになる。同時に、この間の処遇を通じて追放刑者の人間性を改善し、社会復帰を目指そうという訳である。つまり、追放刑は刑罰の外形を同じくして、内容の上で実質的な変更が加えられたのである(34)。

むすび

郡蔵の寄場入り一件の文書を収載するのは、「寄場人足旧記留」と題する写本である。本書は、寄場役所が「目付のところに保管する留書の類から、主として、人足の寄場への入場、寄場からの出場に関する書類を写しとった」書冊である。[35] その中に、郡蔵に関する文書十三点を採録したということは、寄場役所が郡蔵一件の重要性を認識していたからではないだろうか。

人足寄場は以前から、乱暴狼藉を働いた武家奉公人について、「敲」「重敲」「手鎖」の刑罰執行後に期間を三年と定めて収容するという措置をとっている。それは、寛政三年（一七九一）三月の決定による。さらに寛政十二年（一八〇〇）三月には、有宿についても三年を期間として人足寄場に収容している。このときは「入墨」の刑に処した後の寄場収容である。武家奉公人、有宿いずれの場合も、刑の執行後ただちに釈放したならば地域の迷惑になることが目に見えているという事例である。[36] そのため、人足寄場における三年間の処遇を通じて人間性の改善を図ろうというものである。同時に、人足寄場に隔離することにより、これらの人々が引き起こすであろう迷惑行為や犯罪から社会を防衛するという役割を人足寄場に担わせたのである。そうした中、文政三年（一八二〇）十月、江戸払から重追放までの判決を受けた者についても――その全員ではないが――年限を「五ヶ年」と定めてこれを収容することとした。公事方勘定奉行による前掲提案書に「三五年之内は元居村徘徊為致候ては、良民之迷惑ニ可相成者等」と記されるように、追放の実刑を科して野放しとしたならば「良民之迷惑」になる者について寄場に収容するのである。したがって、その趣旨は武家奉公人や有宿の場合と同じと言ってよい。追放刑者の寄場収容により、人足寄場における社会防衛の機能は大幅に拡大したと言うべきであろう。この直接の契機となったのが小舞木村郡蔵の寄場入りであったのである。

ところで、平松義郎氏は、追放刑者の寄場収容について次のように解釈しておられる[37]。

> 一八二〇年の改正は、……必ずしも寄場の変質とはいえない。法律的には一八二〇年以後も寄場収容が追放刑に代替したのではない。追放刑は執行を延期されたに過ぎない。実際にも追放刑被宣告者は出所に当って御構場所外の引請人に引渡されており、御構場所立入の禁を守って御構場所外に定住すべきものであった。寄場は依然として法律上は保安処分であったが、事実上自由刑的な性格を帯び、実際上変質したと理解すべきものである。

一方、石井良助氏は追放刑者の寄場収容について、次のように解釈しておられる[38]。

> 寄場に入ると、懲しめられるが、それは前科者や無罪の者については、場内での手業をさせるための手段であったが、江戸払、追放刑の執行中の者については、主として入場以前の犯罪に対する刑罰的性質を有したわけである。そうであるから、手業もさせるが、それに重点がおかれるのではなく、犯罪に対する懲戒と隔離に重点がおかれたわけである。隔離については「元居村徘徊為致候ては、良民之迷惑ニ相成べきもの等」とあるによって知られる。江戸払以上の追放刑を受けた者は居町（村）構、または住居之国構となるのであるから、元居村へ戻ってはならないわけであるが、実際には戻る者が多いので、居村の安全のために、一定の年数、人足寄場にいわば監禁し、かつその間に、居村に戻っても、害をしないように懲戒矯正しようとしたものである。

それ故、追放刑者の「人足寄場入は江戸払以上の追放刑の換刑処分ではなく、人足寄場の保安処分的性格を利用した一時的変則的な追放刑の執行方法と解すべきであり、その意味で人足寄場が刑の執行場となったと解してさしつかえない」と結論づけられた。

追放刑の判決を受けた者を寄場に収容することについて、それを法的にはどのように解釈すべきか。平松氏と石井氏とで、その見解は分かれている。平松氏は追放刑の延期、石井氏は一時的変則的な執行と捉える。いずれを是とすべきか、あるいは別の解釈も成り立ち得るのか、難解な問題である。ともかくも、前述したように追放刑者を対象とする寄場収容は、武家奉公人や有宿の寄場収容の系譜に連なる措置である。両者の目的とする処は同じである。すなわち、目的の第一は寄場に隔離することによって犯罪から社会を防衛することであり、第二は収容中に人間性を改善する処遇を施し、「良民之迷惑」を根源的に除去することである。追放刑者の収容を契機として、人足寄場の実態としては刑罰執行場の様相が色濃くなったというべきであろう。

平松義郎氏の調査された幕末の刑事統計によると、江戸において追放刑の判決を受けた者は、文久二年（一八六二）、同三年、元治元年および慶應元年（一八六五）の五月から十二月までの都合三年八箇月間に、三〇〇〇人であった。そのうち二三三六人が人足寄場に収容されている。八割近くが人足寄場に収容されたわけである。(39) 寄場収容を開始した文政三年ごろの比率については不明であるが、この比率は年月を経るにしたがって増大したと言えそうである。(40) 追放刑者の寄場収容がどの程度の実効性を持ったのか、とりわけ第二の目的がどの程度達成されたか、これを把握するには実態調査が必要である。目下それを追究する手立てを見つけられない。今後の課題としたい。(41)

註

（1）『角川日本地名大辞典』によると、小舞木村は、天和元年（一六八一）以降は旗本山岡・鵜殿氏の相給で、幕末の家数は二五、高三一九石餘であった（群馬県、四一七頁、昭和六十三年）。

（2）なお、「無罪之無宿」と比べてはるかに少数とはおもわれるが、人足寄場は収容期間を三年と定めた武家奉公人および有宿、それに年期を定めない有宿を収容することがあった（高塩博「幕府人足寄場の収容者について――武家奉公人と有宿――」『栃木史学』國學院大學栃木短期大学史学会、二三号、平成二十一年〈本書第二部第二章〉）。

（3）「寄場人足旧記留」は、かつてその全文を翻刻紹介した（高塩博・神崎直美「矯正協会所蔵「寄場人足旧記留」――解題と翻刻――」『國學院大學日本文化研究所紀要』七六輯、平成七年）。現存する「寄場人足旧記留」は、寛政四年（一七九二）六月より享和三年（一八〇三）七月までの六十二点の文書を収録する。

（4）辻敬助『日本近世行刑史稿』上、九五六～九五七・九六六～九六七頁、昭和十八年、刑務協会発行（昭和四十九年に矯正協会より覆刊）。高塩博・神崎直美「矯正協会所蔵「寄場人足旧記留」――解題と翻刻――」史料〔61〕一九七～一九八頁。

（5）高塩博「寄場奉行一覧稿」『法史学研究会会報』一四号七〇頁、平成二十二年（本書第三三二頁）。

（6）石井良助「日本刑罰史における人足寄場の地位」『日本刑事法史』法制史論集第一〇巻、一九四頁、昭和六十一年、創文社（初発表は昭和四十九年）。

（7）郡蔵の寄場入りに関する十三点の文書は、時系列によって示すならば左記の通りである。翻刻の際に与えた史料番号によって示す。

①〔23〕寛政十一年（一七九九）二月（五日）　郡蔵の身柄送致状（勘定奉行菅沼下野守より寄場奉行川村嘉吉宛）
②〔24〕同年二月五日　郡蔵の身柄取扱いについての申入れ（勘定奉行菅沼下野守より寄場奉行川村嘉吉宛）
③〔25〕同年二月（十二日）　郡蔵の身柄引請願いが提出されたので、放免につき照会（寄場奉行川村嘉吉より勘定奉行菅沼下野守宛）と回答
④〔22〕同年二月（二十九日）　郡蔵の処遇につき照会（寄場奉行川村嘉吉より若年寄堀田摂津守宛）
⑤〔26〕同年三月七日　郡蔵の処遇につき指示（若年寄堀田摂津守より寄場奉行川村嘉吉宛）
⑥〔39〕寛政十三年（一八〇一）正月　郡蔵の赦免願い（小舞木村名主、組頭、親類等より寄場役所宛）
⑦〔38〕享和元年（一八〇一）五月二日　郡蔵の放免申請（寄場奉行栗田喜兵衛より若年寄堀田摂津守宛）
⑧〔40〕同年五月二十七日　村役人らの赦免願いを返却した旨の報告（寄場奉行栗田喜兵衛より若年寄堀田摂津守宛）

⑨〔47〕享和二年二月二十日　二度目の放免申請（寄場奉行栗田喜兵衛より若年寄堀田摂津守宛）

⑩〔50〕同年四月十二日　郡蔵の身柄を郡代役所へ送致することを寄場奉行に通知する要請（関東郡代中川飛騨守より目付松平田宮宛）

⑪〔51〕同年四月（日不明）老中差図により、郡蔵の身柄を村役人に引渡した旨の報告（関東郡代中川飛騨守より目付松平田宮宛）

⑫〔52〕同年四月二十五日　郡蔵放免の報告（寄場奉行栗田喜兵衛より若年寄立花出雲守宛）

⑬〔61〕享和三年二月（日不明）　郡蔵の礼状提出と寄場人足一人を郡蔵へ引き渡したことの報告（寄場奉行桜井隼三郎より若年寄堀田摂津守宛）

右に見るとおり、十三点の文書の配列には若干の順不同が存する。

(8) 丸山忠綱『丸山忠綱遺稿――加役方人足寄場について――』一〇～一一頁、昭和五十六年、丸山忠綱先生追悼集刊行会編刊（初発表は昭和三十～三十二年）。

(9) 高塩博・神崎直美「矯正協会所蔵「寄場人足旧記留」――解題と翻刻――」一七三頁。

(10) 同右一七三頁。

(11) 「無罪之無宿」を寄場に収容した場合、信頼に足る身元引受人による引渡申請があれば、収容期間の長短を問わずにいつでも出場させた（高塩博「幕府人足寄場の収容者について――武家奉公人と有宿――」『栃木史学』二三号一三～一四頁（本書二四〇頁））。

(12) 高塩博・神崎直美「矯正協会所蔵「寄場人足旧記留」――解題と翻刻――」一七三頁。

(13) 同右一七二頁。

(14) 寄場奉行川村嘉吉は、若年寄堀田摂津守に次のように照会している（史料〔22〕）。

（前略）寄場之儀は無宿之者請取置、身躰之様子ニ寄、夫ゝ取立遣、勿論銘ゝ手業も致させ候得は、部屋外ぇ差出置候間、御取〆等宜随分心附候得共、是迄間ゝ逃隠候も御座候儀故、若右躰之儀可有之も難計儀奉存候、右之趣御差図御座候者は、遣方等差支候儀も有之、殊ニ百姓之事ニ候得は旁以差支も有之趣ヲ以、猶又下野守ぇ掛合候得共、難請取旨申聞候、重キ被仰渡ニも御座候間、百姓ニは御座候得共、外人足同様之心得ニて寄場ニ差置可申哉、此段奉伺候、以上、

(15)　高塩博・神崎直美「矯正協会所蔵「寄場人足旧記留」――解題と翻刻――」一七四頁。

(16)　同右一八二頁。

(17)　註（1）に述べたように、小舞木村の家数は幕末期において二五であった。

(18)　高塩博・神崎直美「矯正協会所蔵「寄場人足旧記留」――解題と翻刻――」一八一頁。

(19)　同右一八三頁。

(20)　同右一八七頁。

(21)　文化十三年（一八一六）の史料によると、役付人足には小使、外使、世話役、卯時役、髪結があり、日々の食糧は平人足よりも多く支給され、無地の四季施を着用した（平人足は水玉四季施）。月々の手当は、小使、外使、世話役は五百文、炊事係である卯時役と人足共の髪を結う髪結は三百文以下が支給された（神崎直美「江戸東京博物館所蔵「寄場」について」『城西大学研究年報』人文・社会科学編二六号一七頁、平成十五年）。
世話役は寛政五年（一七九三）にはすでに見えており、身元引受を依頼するために、平人足を同伴して江戸市中に出ることがあった。その際、寄場役人の戒護を伴わない場合もあった（『御仕置例類集』第一輯古類集一、三三一寄場人足入墨あご吉事与四郎盗いたし候一件、五〇四頁、司法省調査部、昭和十六年序）。

(22)　高塩博・神崎直美「矯正協会所蔵「寄場人足旧記留」――解題と翻刻――」一八八～一八九頁。

(23)　同右一八九頁。

(24)　同右一八九頁。

(25)　『御仕置例類集』第一輯古類集一、五九　御仕置相済候上佐州ぇ可差遣哉之儀ニ付評議、六四～六五頁、司法省調査部、昭和十六年序。

(26)　評定所評議にいう「天明八申年」の書付（波線部）は、「御書付類」の五十八、天明八年（一七八八）十一月二十二日に

三奉行に宛てた「一盗之科ニて御仕置相済門前払ニ可致無宿佐州ゑ可遣旨御書付」を指し、「去ル戌年之御書付」（波線部）は、「御書付類」の六十三、寛政二年（一七九〇）二月二十八日に三奉行に宛てた「一無罪無宿加役方人足寄場ゑ差遣可申旨之御書付」を指す（「棠蔭秘鑑」貞『徳川禁令考』別巻二一〇・二一四頁）。いずれも、無宿対策として老中松平定信の発した書付である。

また、評定所評議にいう「御構之地ニ徘徊いたし悪事いたし候もの之御定」（波線部）とは、「公事方御定書」下巻第八十五条第十項「一御構之地ニ致徘徊候上、悪事いたし候もの　入墨以上ニ可申付悪事ニ候ハ、、死罪、　入墨ニ可申付程之悪事ニ無之ハ、前之御仕置より一等重ク可申付」を指す。

(27) このことは、小舞木村の村人が連名で提出した赦免願い（史料〔39〕）に、「去ル未年二月五日ニ於　菅沼下野守様御役宅、敲之上御人足寄場ゑ被為　仰付候」と記される（高塩博・神崎直美「矯正協会所蔵「寄場人足旧記留」——解題と翻刻——」一八二頁）。「敲」の刑は、小伝馬町牢屋敷の表門において、これを公開で執行するのが原則である。赦免願いに言う「菅沼下野守様御役宅」とは何処を意味するのであろうか。

(28) 菅沼下野守の罷免について、「柳営補任」は「家来不埒之儀有之処、不存罷在不束ニ付、於京極備中守宅御役御免、差控」と記す（大日本近世史料『柳営補任』二、四六頁、東京大学史料編纂所編、昭和三十八年、東京大学出版会）。

(29) 「天保撰要類集」人足寄場之部　弐　江戸払以上追放相成候者、人足寄場ゑ差遣候儀ニ付、御勘定奉行伺之事（高塩博・神崎直美「旧幕府引継書「天保撰要類集（人足寄場之部）」——解題と翻刻——」『國學院大學日本文化研究所紀要』八三輯三八八〜三八九頁、平成十一年）。

(30) 同右三八八頁。

(31) 同右三八八頁。

(32) 大日本近世史料『柳営補任』二、四八頁。

(33) この提案に対する文政三年十月七日の老中決裁は、松浦伊勢守ではなくして石川主水正に通達された（高塩博・神崎直美「旧幕府引継書「天保撰要類集（人足寄場之部）」——解題と翻刻——」三八七頁）。このことも、この提案が石川主水正の主導によるものであったことを裏づけよう。

（34）追放刑は懲戒の効果が薄く、追放先の治安を悪化させる。また、無宿とされた追放刑者は、その日から衣食住の便を失う。そのためにおのずと盗みを働いたり、立入禁止の出身地に立ち戻ることになる。すなわち、追放刑は犯罪を再生産するという側面を有するのである。追放刑に内在する、こうした弊害と矛盾は誰の目にもあきらかである。文政三年に始まった追放刑者の人足寄場収容は、追放刑の不都合をすべて解消させるには至らないまでも、それをおおいに緩和させることができた。幕府の刑事政策は、追放刑者の寄場収容によっておおきく変容を遂げたというべきである。上州小舞木村郡蔵の寄場収容の一件は、その契機をつくった事案として位置づけられるであろう。

（35）高塩博・神崎直美「矯正協会所蔵「寄場人足旧記留」――解題と翻刻――」一五一頁。

（36）高塩博「幕府人足寄場の収容者について――武家奉公人と有宿――」『栃木史学』二三号（本書第二部第二章）。

（37）平松義郎「刑罰の歴史――日本（近代的自由刑の成立）――」荘子邦雄・大塚仁・平松義郎編『刑罰の理論と現実』四八頁、昭和四十七年、岩波書店。

（38）石井良助「日本刑罰史における人足寄場の地位」『日本刑事法史』一九三頁。

（39）平松義郎『近世刑事訴訟法の研究』一〇五九～一〇六〇頁、昭和三十五年、創文社。

（40）追放刑者の寄場収容のその後の変遷は、『丸山忠綱遺稿――加役方人足寄場について――』九頁参照。

（41）なお、左記の論考は収容者をめぐる人足寄場の議論を整理している。
・塚田孝「人足寄場収容者について」『身分制社会と市民社会――近世日本の社会と法』六七～七四頁、平成四年、柏書房（初発表は昭和五十五年）。
・坂本忠久「江戸の人足寄場の性格とその変化をめぐって」『天保改革の法と社会』一九〇～一九三頁、平成九年、創文社（初発表は平成四年）。

第五章　寄場奉行一覧

幕府の人足寄場は、二月十九日を創設記念日とする。寛政二年（一七九〇）のこの日、旗本石川大隅守正勲の屋鋪裏の葭沼一万六〇三〇坪余を人足寄場の地と定め、「加役方人足寄場」と命名したからである。このことは、老中松平定信から火附盗賊改加役の長谷川平蔵に直接に通達された。[1] 人足寄場の開設にむけて尽力してきた長谷川平蔵は、この日より「寄場取扱」として創業の任務に邁進する。すなわち松平定信は、寄場創業の大役を長谷川平蔵に特命をもって担わせたのである。[2] このとき、平蔵は四十五歳であった。

創設から二年四箇月ほど経過した寛政四年六月四日、定信は平蔵の寄場取扱の任を解いた。代わって徒目付の村田鉄太郎を初代の「寄場奉行」に任命するとともに、目付の間宮諸左衛門を「寄場懸」とした。[3] このとき、村田鉄太郎は三十一歳である。[4] これは次のことを意味する。長谷川平蔵を現場責任者として二年と四箇月ほどを運営してみた結果、人足寄場を幕府常設の機関としてその運営を軌道に載せることが出来ると、松平定信は確信したのである。寄場奉行を任命して若年寄と目付の監督のもとに人足寄場を置き、これを幕府機構の一つとして「永続之主法」に移行したのである。長谷川平蔵によるそれまでの寄場運営は、老中の特命による実験的試みであったのである。[5]

寄場奉行に任命された村田鉄太郎は六月九日、さっそく寄場人足、寄場地所、寄場附属の地所三箇所ならびに書類を引き継ぎ、同月十五日付をもって「加役方人足寄場」の名称を「寄場」と変更し、標識の傍示杭も「寄場」と直すことが認められた。[6] 巷間では石川島人足寄場、佃島人足寄場と地名を冠して呼ぶことも多いが、「寄場」というのが人足寄場の正式名称である。これ以降明治を迎えるまでの七十六年間は、「寄場奉行」が現場責任者として人足寄場を運営するのである。

村田鉄太郎以下の歴代寄場奉行は、これまで十三人の名が知られている。瀧川政次郎氏の著書『長谷川平蔵――その生涯と人足寄場――』に「人足寄場役職補任一覧」(安藤菊二氏作成)が掲載されており、ここに十三人の名があげられているからである。(7)この「補任一覧」は、寄場役人である奉行・吟味役・元締役・下役の名を主として「武鑑」から拾ったものである。したがって、「補任一覧」はある時点における寄場役人の名を示したものに過ぎず、寄場奉行の任免の時期や在任期間を「補任一覧」によって知ることは出来ない。それ故、瀧川氏は、寄場奉行について「村田鋿太郎の次に寄場奉行に任ぜられたのは、桜井隼三郎である。それから数代は不明である」と述べておられる。(8)「補任一覧」に依拠したこの記述は不正確であり、きわめて大雑把である。そこで本章は、管見ながらも諸史料に徴して歴代の寄場奉行の名とその在任の期間を出来る限り明らかにし、もって人足寄場研究の一助としようとするものである。

寄場奉行は、はじめ作事下奉行格、役扶持一人扶持であったが、寛政六年二月、これをあらためて大工頭格、役高二百俵、二十人扶持とした。(9)安政年間には役扶持が三百俵高、二十人扶持へと増えたらしい。安政年間の「武鑑」を見ると、出雲路万次郎版では安政三年(一八五六)より三百俵高、二十人扶持に増えており、須原屋茂兵衛版では安政五年より三百俵高、二十人扶持となっているのである。(10)つまり、寄場奉行の役高が安政三年より三百俵に増加したのである。(11)寄場奉行は若年寄の支配に属するが、慶応三年(一八六七)六月に至り、勘定奉行の所管に移されたという。(12)

「寄場奉行一覧」を作成した結果、次の事実を知ることができた。

①寄場奉行は寛政四年（一七九二）以降、慶応四年（一八六八）までの七十六年間に十五人がその職に就いたこと。
そのうち、あらたに判明した寄場奉行は、第三代栗田喜兵衛、第十四代深沢鉄三郎の二人である。
②第十五代清水疇太郎の在任中に寄場奉行並という役職が置かれ（百五十俵高、役料十人扶持）、和田重一郎が寄場吟味役より昇格してこの職についたこと。
③前職の判明する九人中八人までが徒目付であること。第二代から第四代、第六代から第八代までの前職が不明であるが、初代と第五代、および第九代以下が徒目付を前職とするので、寄場奉行は徒目付から任命するのが通例であったように思われる〔補註〕。
④寄場奉行免職後の役職は勘定組頭、代官、天守番、西丸切手番之頭、林奉行、書物奉行、小十人組などであり、その進路はまちまちで昇進の道筋が定まっていないこと。

人足寄場は、慶応四年五月、民政裁判所が管理するところとなり、続いて会計局に属し、同年十二月十八日（九月八日に明治改元）に東京府に移管となった[13]。明治三年（一八七〇）二月二日、人足寄場はその名称を「徒場」と改めた[14]。「寄場」という名称はここに消滅したのである。一方、「寄場奉行」という役職は、慶応四年中にその名が消え、かわって「寄場取締役」となった。明治元年の『公武有司集覧』によると、会計官のもとに「寄場取締役」という役職が置かれ、田中金之助、栗原三蔵、寺田健次郎の三名が就任している[15]。会計官の設置は慶応四年閏四月二十一日のことであるから、この頃までに「寄場奉行」という役職は廃されたのであろう。

寄場取扱および歴代寄場奉行

註…就任と転出の日付の明確な場合にのみ「任」「免」と註記した。就任あるいは転出の日付を確定できない場合は、史料によって確認できる在任の上限と下限とを示し、在任期間については疑問符をもっておおよその期間を示した。

寄場取扱（世禄四〇〇石、足高六〇〇石）
長谷川平蔵宣以《のぶため》……在任二年と三箇月半
寛政二年（一七九〇）二月十九日任～寛政四年（一七九二）六月四日免[16]

寄場奉行（二〇〇俵二〇人扶持、のちに三〇〇俵二〇人扶持）
初代　村田鉄太郎昌敷《まさのぶ》……在任二年と十一箇月弱
寛政四年（一七九二）六月四日任（徒目付より）[17]～同七年（一七九五）四月二十三日免（勘定組頭へ）[18]
二代　川村嘉吉……在任四年ほど？
寛政七年（一七九五）六月二十三日[19]～同十一年（一七九九）三月二十日[20]
三代　栗田喜兵衛……在任二年ほど？
寛政十二年（一八〇〇）十二月十三日[21]～享和二年（一八〇二）八月四日[22]
四代　桜井隼三郎……在任七年ほど？
享和三年（一八〇三）正月[23]～文化六年（一八〇九）十一月二十五日免（天守番へ）[24]

五代　土屋鉄四郎……在任九年ほど？
文化六年（一八〇九）十一月二十九日任（徒目付より）[25]～文化十五年（一八一八）[26]
六代　原田寛蔵……在任三年ほど？
文政二年（一八一九）四月[27]～文政五年（一八二二）[28]
七代　高柳平次郎……在任九年ほど？
文政五年（一八二二）十二月十二日[29]～天保二年（一八三一）[30]
八代　小田又七郎……在任八年ほど？
天保二年（一八三一）四月十二日[31]～天保十年（一八三九）四月十七日免（代官へ）[32]
九代　尾島三十郎……在任三年九箇月
天保十一年（一八四〇）五月二日任（徒目付より）[33]～天保十五年（一八四四）二月八日免（西丸切手番之頭へ）
十代　行方源兵衛……在任十年七箇月
弘化元年（一八四四）二月二十九日任（徒目付より）～安政元年（一八五四）十月五日免（林奉行へ）
十一代　安藤伝蔵……在任五年三箇月
安政元年（一八五四）十一月二十六日任（徒目付より）～万延二年（一八六一）二月二十二日免（代官へ）
十二代　塩野谷善次……在任二年七箇月
文久元年（一八六一）三月三十日任（徒目付より）～文久三年（一八六三）十一月六日免（書物奉行へ）
十三代　木村杢之助……在任約九箇月
文久三年（一八六三）十一月六日任（徒目付より）～元治元年（一八六四）七月死去

十四代　深沢鉄三郎……在任一年
元治元年（一八六四）五月二十八日任（徒目付より）～慶応元年（一八六五）六月三日免（小十人組へ）[34]
十五代　清水嶹太郎純畸……在任三年ほど
慶応元年（一八六五）閏五月二十四日任（小普請組より）～慶応四年（一八六八）[35]
奉行並　和田重一郎……在任五箇月半
慶応元年（一八六五）六月三日任（寄場吟味役より）～同年十一月十九日免（小十人組へ）[36]

註

（1）松平定信から長谷川平蔵に宛てた通達は、次のような文面である（「寄場起立」神宮文庫蔵、『東京市史稿』産業篇第三十八、七四六頁所引）。

一、越中守殿御渡候御書付写　　長谷川平蔵
此度無宿共加役方人足ニ取建被仰付候間、右御用可相勤候場所之儀は、石川大隅守屋鋪裏葭沼壱万六千三拾坪余御用地ニ成、右之内ェ取建被仰付候間、御普請奉行相談、其方ェ請取、地所築立等之儀、追々可被下候、以上、
一、右場所以来加役方人足寄場と可被唱候、
二月

右の文書は、「寄場起立御書付其外共」（高塩博・神崎直美「矯正研修所所蔵「寄場起立御書付其外共」――解題と翻刻――」『國學院大學日本文化研究所紀要』七七輯一六八・一六九頁、平成八年）ならびに『徳川禁令考』（後集第一、二二頁、司法省蔵版・石井良助校訂、昭和三十四年、創文社）にも収載されている。

（2）人足寄場の創業は老中松平定信の特命事項であるから、その運営に関する伺とこれに対する指令は、長谷川平蔵と松平定

信との相対でなされた。

（3）「小役人帳」第十一冊、国立公文書館内閣文庫蔵（『東京市史稿』産業篇第三十八、二四四頁所引）。

（4）『寛政重修諸家譜』第十八、三五三頁、昭和四十年、続群書類従完成会。

（5）松平定信はこの間の事情を、「いづれ長谷川の功なりけるが此人功利を貪るが故に山師などいふ奸なる事もあるよしにて人々あしくぞいふ。是亦しれれど左計りの人にあらざれば此創業は為しがたしと同列とも議して先づ試みし也。今は御目付より立合を被仰付永続之主法評議せしむ」と語っている（傍点引用者、『宇下人言』八七頁、昭和三年、松平子爵邸内立教会発行、岩波文庫版は一一八頁）。

なお、人足寄場運営における、長谷川平蔵による試験的な実施と寄場奉行を設置しての「永続之主法」とに関しては、平松義郎「人足寄場の成立と変遷」（『江戸の罪と罰』昭和六十三年、平凡社選書、初発表は昭和四十九年）参照。

（6）高塩博・神崎直美「矯正研修所所蔵「寄場起立御書付其外共」――解題と翻刻――」『國學院大學日本文化研究所紀要』七七輯一七四～一七五頁。

（7）瀧川政次郎『長谷川平蔵――その生涯と人足寄場――』一八三頁、昭和五十年、朝日新聞社（平成六年、中公文庫版一九八～二〇一頁、以下、中公文庫版をもって該当頁を示す）。

（8）瀧川政次郎『長谷川平蔵――その生涯と人足寄場――』中公文庫一九九頁。

（9）松平太郎『江戸時代制度の研究』九九七頁、大正八年、武家制度研究会（平成五年に新人物往来社覆刻版発行）。なお、辻敬助『日本近世行刑史稿』によると「安政武鑑」には「三百俵二十人扶持」と記されている由である（上八三一頁、昭和十八年、刑務協会）。

（10）深井雅海・藤実久美子編『江戸幕府役職武鑑編年集成』三一巻四〇六頁・三二巻三二二頁、平成十一年、東洋書林。なお、須原屋茂兵衛版の「袖玉武鑑」は安政五年以降も「二百俵高」となっている。

（11）瀧川政次郎氏は「寄場奉行は、幕末に至るまで、二百俵高、二十人扶持であった」とされるが（『長谷川平蔵――その生涯と人足寄場――』一九八頁）、訂正を要するであろう。

(12)　松平太郎『江戸時代制度の研究』九九七頁。

(13)　辻敬助『日本近世行刑史稿』下七八頁、昭和十八年、刑務協会。なお、人足寄場が明治時代を迎えてどのように変遷したかは、重松一義「明治初期の石川島徒場・懲役場」(『日本獄制史の研究』平成十七年、吉川弘文館、初発表は昭和四十九年)に論じられている。

(14)　明治三年二月二日の刑部省回達に「佃島人足寄場之儀徒場ト相改候、此段及回達候也」と見えている(内閣記録局編『法規分類大全』第五十七巻、治罪門(2)二四頁)。

(15)　「公武有司集覧」明治元年刊、出雲路万次郎版(深井雅海・藤実久美子編『江戸幕府役職武鑑編年集成』三六巻所収四四五頁、平成十一年、東洋書林)。

(16)　「小役人帳」第十一冊、国立公文書館内閣文庫蔵(『東京市史稿』産業篇第三十八、二四四頁所引)。『続徳川実紀』第一篇一八五頁(『国史大系』、吉川弘文館)。

(17)　「小役人帳」第十一冊、国立公文書館内閣文庫蔵(『東京市史稿』産業篇第三十八、二四四頁所引)。『寛政重修諸家譜』第十八、三五三頁、昭和四十年、続群書類従完成会。

(18)　『寛政重修諸家譜』第十八、三五三頁、昭和四十年、続群書類従完成会。

(19)　高塩博・神崎直美「矯正協会所蔵「寄場人足旧記留」――解題と翻刻――」『國學院大學日本文化研究所紀要』七六輯一七六頁、平成七年。

(20)　高塩博・神崎直美「矯正協会所蔵「寄場人足旧記留」――解題と翻刻――」『國學院大學日本文化研究所紀要』七六輯一七五頁、平成七年。

(21)　高塩博・神崎直美「矯正協会所蔵「寄場人足旧記留」――解題と翻刻――」『國學院大學日本文化研究所紀要』七六輯一五二・一七五頁、平成七年。

(22)　高塩博・神崎直美「矯正協会所蔵「寄場人足旧記留」――解題と翻刻――」『國學院大學日本文化研究所紀要』七六輯一五二・一九五頁、平成七年。

(23) 高塩博・神崎直美「矯正協会所蔵「寄場人足旧記留」――解題と翻刻――」『國學院大學日本文化研究所紀要』七六輯一九七頁、平成七年。
(24) 「小役人帳」第十八冊、国立公文書館内閣文庫蔵。
(25) 「小役人帳」第十八冊、国立公文書館内閣文庫蔵。
(26) 「文化武鑑」文化十五年刊、須原屋茂兵衛版（深井雅海・藤実久美子編『江戸幕府役職武鑑編年集成』二二巻所収二〇三頁、平成十年、東洋書林）。
(27) 「寄場人足え心学教諭道話之儀に付申上、並に大島有隣先生出席に付書被置候一件」（竹中靖一「人足寄場と心学」人足寄場顕彰会編『人足寄場史――我が国自由刑・保安処分の源流――』二一五頁所引、昭和四十九年、創文社）。
(28) 「文政武鑑」文政五年刊、須原屋茂兵衛版（深井雅海・藤実久美子編『江戸幕府役職武鑑編年集成』二二巻所収五一四頁、平成十年、東洋書林）。
(29) 「寄場人足え心学教諭道話之儀に付申上、並に大島有隣先生出席に付書被置候一件」（石川謙氏旧蔵史料の写し）。
(30) 「天保武鑑」天保二年、須原屋茂兵衛版（深井雅海・藤実久美子編『江戸幕府役職武鑑編年集成』二四巻所収二八〇頁、平成十年、東洋書林）。
(31) 口田家蔵「口田平五郎由緒書」（瀧川政次郎『長谷川平蔵――その生涯と人足寄場――』中公文庫二〇三頁）。口田氏は、平吉が寛政二年四月五日に加役方人足寄場の見張番、同年十二月八日に下役に任命された後、子平五郎、孫金九郎と三代にわたって寄場役人をつとめた。
(32) 第八代寄場奉行小田又七郎の免職から第十四代深沢鉄三郎までの任免、および第十五代清水疇太郎の任命、奉行並和田重一郎の任免については、「柳営補任」の「人足寄場」の項（東京大学史料編纂所編『大日本近世史料』一八一頁）に記載があり、これに依拠した。
(33) 「口田氏由緒書」および熊井保編『（改訂新版）江戸幕臣人名事典』（二八〇頁、平成九年、新人物往来社）は、尾島三十郎の寄場奉行就任を同年五月十八日とする。なお、尾島の寄場奉行就任は五十三歳のときである。

（34）深沢鉄三郎が元治元年五月二十八日に徒目付より寄場奉行に任じられ、慶応元年六月三日に小十人組に転じたことは、『（改訂新版）江戸幕臣人名事典』（八八五頁）にも見えている。なお深沢の寄場奉行就任は、三十代のことと思われる。

（35）「大成武鑑」慶応四年二月改、出雲路万次郎版（深井雅海・藤実久美子編『江戸幕府役職武鑑編年集成』三六巻所収三九三頁、平成十一年、東洋書林）。

（36）和田重一郎は慶応元年六月三日に人足寄場の吟味役から寄場奉行並に昇格し、同年十一月十九日に小十人組へ番入となったことは、『（改訂新版）江戸幕臣人名事典』（一一八七頁）にも見えている。なお、和田の寄場奉行並への昇格は五十三歳のときである。それ以前、和田は嘉永七年（一八五四）十一月二十二日に寄場元締役、翌安政二年（一八五五）十二月二十八日に寄場吟味役に就任した。

〔補註〕手元にある「袖玉武鑑」（須原屋版）によると、次の三人の寄場奉行が徒目付の経歴をもつことが判明した。すなわち、寛政十年（一七九八）の武鑑に三代目栗田喜兵衛、文化五年（一八〇八）の武鑑に六代目原田寛蔵および七代目高柳平次郎の名が百俵五人扶持高の御徒目付衆の欄に登載されている。これら三人の寄場奉行も徒目付から昇格した可能性が高いように思われる。

第六章　幕府人足寄場研究文献目録（稿）

本章は元来、自らの手控えとして作成した目録であるから、文字通り管見であって見落としのさぞ多いことと思われる。しかし、人足寄場の考察にいささかでも参考となるならば幸いと考えて公表するものである。不備については読者諸賢のご教示を得て、補正したい。

寛政二年（一七九〇）二月、江戸の石川島に設置された人足寄場は、火附盗賊改の長谷川平蔵が寄場取扱として運営した創設期には「加役方人足寄場」、寄場奉行が任命された寛政四年六月以降は「寄場」というのが正式な名称である。本章は、他の地域の幕府寄場と区別するため、江戸の寄場を「石川島人足寄場」と表記した。

石川島人足寄場

阿部　昭

・寄場人足の世界

『江戸のアウトロー』第四章第三節寄場人足の世界一七〇～一八五頁、平成十一年三月、講談社

荒井貢次郎

・石川島の人足寄場と監獄――時代小説文献資料考証――

『東洋』（東洋大学通信教育学部）九巻一〇号二八～三五頁、昭和四十七年十月

・人足寄場と民衆
『江戸時代の非差別社会』（石井良助編）四九一～五一〇頁、平成六年、明石書房（原載：人足寄場顕彰会編『人足寄場史』、昭和四十九年、創文社）

安藤菊二
・人足寄場周辺記事
人足寄場顕彰会編『人足寄場史』三七九～四一二頁、昭和四十九年十月、創文社

石井良助
・人足寄場
『江戸の刑罰』一八二～一九九頁、昭和三十九年二月、中央公論社（中公新書31）
・江戸時代の刑罰論のこと
『第四江戸時代漫筆――人殺・密通その他――』一八九～二〇二頁、昭和三十九年十一月、井上書房（昭和四十六年、自治日報社出版局復刊、平成二年、明石書店復刊）（『新編江戸時代漫筆』上、昭和五十四年、朝日新聞社にも所収）
・日本刑罰史における人足寄場の地位
『日本刑事法史』法制史論集第一〇巻一四七～二〇〇頁、昭和六十一年二月、創文社（原載：人足寄場顕彰会編『人足寄場史』、昭和四十九年、創文社）
・長谷川平蔵、人足寄場の発案は誰か
『中央公論　歴史と人物』一三六号一〇八～一一三頁、昭和五十七年九月

石川　謙

・大島有隣と其時代（八．人足寄場に於ける心学教諭）
『心学教化の本質並発達』一二七～一三二頁、昭和六年九月、章華社（昭和五十七年、青史社より増補復刊）
・大島有隣の生涯とその事業
『心学道話』大島有隣先生記念号三～一四頁、昭和七年四月
・心学教化に対する幕府及諸藩の態度（1．幕府及び代官の対心学政策）
『石門心学史の研究』一一六五～一一七一頁、昭和十三年五月、岩波書店

石田清史

・近世自由刑小史――江戸の刑政改革――
『公法研究』（駒沢大学大学院）一四号六一～一一〇頁、昭和六十二年十二月

磯部欣三

・江戸水替及び人足寄場における釈放（その二）
『刑政』九四巻六号五二～五八頁、昭和五十八年六月

宇南生（武田慧宏）

・徳川時代に於ける刑餘者の処置法――会意漫録（五）――
『輔成会会報』五巻四号五一～六一頁、大正十年八月

大坪與一

・人足寄場制度の刑政史的考察――石川島寄場を中心として――
『更生保護と犯罪予防』（日本更生保護協会編集発行）一七巻三号二二～四九頁、昭和五十七年十一月（原載：『行刑

思潮』六巻五～一〇号連載、昭和九年）
岡部　常
・監獄の沿革
『行刑論集』（松井和義・牧野英一編）所収五九五～六二八頁、昭和五年五月、刑務協会
小川太郎
・徳川時代に於ける自由刑思想の形成
『犯罪と自由刑』一八一～二〇一頁、昭和二十七年十二月、一粒社（原載：『刑政』五四巻一一号、昭和十五年）
・松平定信
『日本刑事政策史上の人々』（日本刑事政策研究会編）八九～九六頁、平成元年四月、日本加除出版（原載：『罪と罰』三巻一号、昭和四十一年）
川崎房五郎
・石川島人足寄場
『江戸――その政治と社会――』二〇〇～二一一頁、昭和六十二年、光風社出版（原載：『選挙』昭和五十二年三月号、都道府県選挙管理委員会連合会発行）
神崎直美
・旧幕府引継書「嘉永撰要類集（人足寄場之部）」――解題と翻刻――
『國學院大學日本文化研究所紀要』八五輯三二九～三七二頁、平成十二年三月
・旧幕府引継書「南撰要類集」収載人足寄場関係史料――解題と翻刻――

『國學院大學日本文化研究所紀要』八七輯二〇七～二三三頁、平成十三年三月

・江戸東京博物館所蔵「寄場」について——解題と翻刻——

『城西大学研究年報（人文・社会科学編）』二六巻一～二二頁、平成十五年九月

児玉圭司

・人足寄場をめぐる言説空間

『再帰する法文化』法文化叢書一四（岩谷十郎編）所収九三～一二一頁、平成二十八年十二月

小宮山綏介

・人足寄場　附長谷川平蔵の逸事

『江戸会誌』（江戸会編纂、博文館発行）二冊六号四六～五〇頁、明治二十三年六月

・人足寄場　附無宿養育所

『江戸会誌』（江戸会編纂、博文館発行）二冊八号四二～四七頁、明治二十三年八月

・長谷川平蔵人足寄場を設く

『徳川太平記』下巻第九編三一～三四頁、明治三十年三月、博文館

・古刑法の一斑　追加二

『法制論纂』所収六八一～六八四頁、明治三十六年四月、國學院（原載：『皇典講究所講演』第一六七冊、明治二十九年、皇典講究所）

小山松吉

・我国における懲役の沿革

『行刑論集』（松井和義・牧野英一編）所収六三一〜六五三頁、昭和五年五月、刑務協会

坂本忠久

・江戸の人足寄場の性格とその変化をめぐって

『天保改革の法と政策』一九〇〜二二三頁、平成九年十月、創文社（原載：『法制史研究』四一号、平成四年）

佐々木満

・人足寄場創設の経緯とその処遇

『刑罰史・行刑史雑纂』一三六〜一五一頁、平成十一年九月、著者発行（原載：『刑罰史研究』（刑罰史研究会編・発行）二号、平成八年七月）

・わが国における社会復帰思想の源流――『人足寄場』に至る日本行刑の軌跡――

『刑罰史・行刑史雑纂』一〜四五頁、平成十一年九月、著者発行（原載：『刑罰史研究』一三・一四号、平成十一年四月・七月）

佐原六郎

・石川島人足寄場

『佃島の今昔――佃島の社会と文化――』八四〜九二頁、昭和四十七年五月、雪華社

澤登俊雄

・「近代的自由刑」の起源

人足寄場顕彰会編『人足寄場史』五三一〜五五三頁、昭和四十九年十月、創文社

・石川島人足寄場開設二百周年に寄せて――処遇思想にもとづく矯正教育の実践――

『刑政』一〇一巻一〇号二二一～二三三頁、平成二年十月

重松一義

・『〈史料翻刻〉石川島人足寄場居越帳』

昭和四十八年五月、人足寄場顕彰会発行

・石川島徒場絵地図

『創文』一一八号一七～二二頁、昭和四十八年五月、創文社〔後に、同氏「人足寄場と石川島監獄」三三〇～三三六頁に吸収される〕

・人足寄場の創設と運営の史的実態――その構想と実践にみる伝統的牢制の修正――

『中央学院大学論叢』一〇巻二号一～一二六頁、平成九年三月

・人足寄場余滴

『中央学院大学総合科学研究所紀要』一三巻一号二六八～二八二頁、平成九年十一月

・人足寄場創説の苦心と功績

『鬼平・長谷川平蔵の生涯』一七七～二一五頁、平成十一年三月、新人物往来社

・明治初期の石川島徒場・懲役場――わが国の近代的懲役監制度の胎動――

『日本獄制史の研究』二三四～二九四頁、平成十七年十一月、吉川弘文館〔原載：人足寄場顕彰会編『人足寄場史』所収「人足寄場と石川島監獄」昭和四十九年、創文社〕

・人足寄場の創設と運用の史的実態――その構想と実践にみる伝統的牢制の修正――

『日本獄制史の研究』一二一～一四八頁、平成十七年十一月、吉川弘文館

渋谷信久

・江戸水替及び人足寄場における釈放（その一）（その三）

『刑政』九四巻五号四四～五〇頁、九四巻七号四二～四九頁、昭和五十八年五・七月

・〈史料翻刻〉『明治四年樞要抜粋』及び『寛政二戌年寄場起立御書付其外共』について

『矯正研修所紀要』八号一二三～一四一頁、平成五年十二月

・石川島人足寄場関係絵図

『刑政』一〇六巻三号一〇六～一〇七頁、平成七年三月

高塩　博

・近代的自由刑の成立と展開――熊本藩徒刑と幕府人足寄場――

『明治聖徳記念学会紀要』復刊九号一六～三二頁、平成五年八月

・熊本藩徒刑と幕府人足寄場の創始

小林宏・高塩博編『熊本藩法制史料集』所収一二六七～一三〇三頁、平成八年三月、創文社〔本書第二部第一章〕

・草創期の徒刑制度――熊本藩徒刑から幕府人足寄場まで――

『江戸時代の法とその周縁――吉宗と重賢と定信と――』一二一～三九頁、平成十六年八月、汲古書院（原載：『刑政』一〇八巻八号、平成九年八月）

・人足寄場の創設と熊本藩の徒刑制度

『江戸時代の法とその周縁――吉宗と重賢と定信と――』四〇～五〇頁、平成十六年八月、汲古書院（原載：『歴史読本』

四七巻一〇号、平成十四年十月、新人物往来社）

・幕府人足寄場の収容者について――武家奉公人と有宿――

『栃木史学』（國學院大學栃木短期大学史学会）二三号一一～三四頁、平成二十一年三月〔本書第二部第二章〕

・寄場手業掛山田孫左衛門――創設期人足寄場とその後についての管見――

『國學院法學』四七巻二号一～二七頁、平成二十一年九月〔本書第二部第三章〕

・寄場奉行一覧稿

『法史学研究会会報』（明治大学法史学研究室）一四号六八～七三頁、平成二十二年三月〔本書第二部第五章〕

・上州小舞木村郡蔵の寄場入り――幕府人足寄場の機能に着目して――

『名城法学』六七巻二号七五～九九頁、平成二十九年十一月〔本書第二部第四章〕

高塩　博・神崎直美

・矯正協会所蔵「寄場人足旧記留」――解題と翻刻――

『國學院大學日本文化研究所紀要』七六輯一四三～一九八頁、平成七年九月

・矯正研修所所蔵「寄場起立御書付其外共」――解題と翻刻――

『國學院大學日本文化研究所紀要』七七輯一五一～一八三頁、平成八年三月

・旧幕府引継書「市中取締類集（人足寄場之部）」――解題と翻刻――

『國學院大學日本文化研究所紀要』七八輯一一一～一九九頁、平成八年九月

・旧幕府引継書「市中取締続類集（寄場油之部）」――解題と翻刻――

『國學院大學日本文化研究所紀要』八一輯一〇九～一九三頁、平成十年三月

・旧幕府引継書「新撰要集別録（安永・文久）」――解題と翻刻――
『國學院大學日本文化研究所紀要』八二輯一九五～二五九頁、平成十年九月
・旧幕府引継書「天保撰要類集（人足寄場之部）」――解題と翻刻――
『國學院大學日本文化研究所紀要』八三輯三六九～四一九頁、平成十一年三月

瀧川政次郎

・『日本行刑史』　昭和三十六年五月初版・同三十九年六月再版、青蛙房
鉱山役夫と人足寄場　一七〇～一八五頁（原載：『刑政』七一巻一二号、昭和三十五年）
人足寄場の創始者長谷川平蔵　二八四～三一六頁（原載：『日本歴史』一五三・一五四号、昭和三十六年）
人足寄場における心学講話　再版所収三一七～三六三頁（原載：『刑政』七二巻九～一一号、昭和三十六年）
長谷川平蔵伝補遺　再版所収三八四～三九六頁（原載：『日本歴史』一六四号、昭和三十七年）
・人足寄場における心学講話
『刑政』八三巻九号三六～四四頁、昭和四十七年九月
・人足寄場における心学講話
『こころ』（社団法人石門心学会）一九巻二号一一～二七頁、昭和四十八年一月
・法制史家の見た新旧「安政綺聞佃夜嵐」（一）（二）
『刑政』八五巻一一号四八～五七頁・一二号四六～五三頁、昭和四十九年十一・十二月
・人足寄場の創始者長谷川平蔵
人足寄場顕彰会編『人足寄場史』一三三～一九六頁、昭和四十九年十月、創文社

・『長谷川平蔵――その生涯と人足寄場――』　昭和五十年十月、朝日新聞社
（後に朝日選書〔昭和五十七年〕および中公文庫〔平成六年〕に収載）

・人足寄場の稲荷社
『朱』（伏見稲荷大社発行）一八号一一三～一二三頁、昭和五十年五月

・長谷川平蔵
『日本刑事政策史上の人々』（日本刑事政策研究会編）八一～八八頁、平成元年四月、日本加除出版（原載：『罪と罰』二巻二号、昭和四十年）

竹中靖一

・人足寄場と心学
人足寄場顕彰会編『人足寄場史』一九七～二三二頁、昭和四十九年十月、創文社

団藤重光

・人足寄場の性格と特長――刑法学者の立場から――
人足寄場顕彰会編『人足寄場史』五七～八一頁、昭和四十九年十月、創文社

塚田　孝

・人足寄場収容者について
『身分制社会と市民社会――近世日本の社会と法――』六七～九八頁、平成四年十二月、柏書房（原載：東京大学近世史研究会編『論集きんせい』四所収、昭和五十五年）

・近世の無宿と人足寄場

『身分論から歴史を考える』九八～一一一頁、平成十二年四月、校倉書房（原載：『監獄の誕生』朝日百科 日本の歴史別冊二二、平成七年、朝日新聞社）

辻　敬助

・我が国に於ける近代的自由刑の発祥（一）（二）

『法律新聞』四二二〇・四二二一号、昭和十三年一月

・徳川時代に於ける自由刑並自由刑類似制度

『日本近世行刑史稿』上、第一編第二章七六三～一〇三三頁、昭和十八年、刑務協会編刊

1 我国自由刑の沿革　5 常陸人足寄場　9 非人寄場
2 熊本藩の徒刑　6 米沢藩の徒刑　10 徒刑及寄場の影響
3 鉱山役夫　7 津軽藩の徒刑
4 人足寄場　8 水戸藩の徒刑

西岡正之

・日本における更生保護の歩み

『日本の矯正と保護』（朝倉京一・佐藤司等編）第三巻保護編所収一～一六頁、昭和五十六年八月、有斐閣

人足寄場顕彰会

・『人足寄場史――我が国自由刑・保安処分の源流――』昭和四十九年十月、創文社

＊十六編の論文を収載、各論文は著者ごとに掲記

・『人足寄場顕彰会々報』一号～一〇号、昭和四十八年四月～五十年一月

濱口瑞穂

・人足寄場の創設と刑事政策の転換――近代的自由刑・矯正処遇の萌芽――
『六甲台論集』法学政治学編（神戸大学大学院法学研究会）五〇巻三号一〜三七頁、平成十六年三月

原　胤昭

・我国古代の免囚保護事業
『出獄人保護』三九三〜五一四頁、大正二年八月、天福堂

1　佃島人足寄場と江戸町方与力たりし著者との縁由
2　人足寄場の創設、創設者長谷川平蔵氏の伝
3　人足寄場創設の趣旨
4　人足寄場の事業拡張
5　人足寄場の位置建物
6　人足寄場の組織　役人
7　町方の人足寄場掛
8　人足寄場の経費
9　人足寄場の収容者　女の人足
10　寄場人足の処遇法
11　人足の作業
12　寄場の心学道話　僧春朝の罪囚訓誨　中沢道二
13　寄場の場内制裁
14　人足出場の手続
15　寄場の事業成績
16　長谷川平蔵氏の逸事
17　地方所在の人足寄場――常州上郷村小屋場・函舘の寄場・深川の無宿養育所――

久田俊夫

・鬼平の人足寄場――労働政策の魁――
『経済経営論集』（名古屋経済大学・市邨学園短期大学）七巻一号六四〜七九頁、平成十一年六月

日野善雄

・江戸石川島人足寄場の設立と展開――近世後期の無宿対策と人足寄場――
『鳴門史学』（鳴門史学会）一二集四七〜六七頁、平成十年八月

平松義郎
・幕末期における犯罪と刑罰の実態――江戸小伝馬町牢屋記録による――
『国家学会雑誌』七一巻三号七六～一三〇頁、昭和三十二年三月
・人足寄場の成立（一）～（三）
『法政論集』（名古屋大学）三三号一～三四頁、三四号九四～一三〇頁、三五号四七～七〇頁、昭和四十～四十一年
・刑罰の歴史――日本（近代的自由刑の成立）
荘子邦雄・大塚仁・平松義郎編『刑罰の理論と現実』所収三一～九三頁、昭和四十七年二月、岩波書店
・人足寄場の成立と変遷
『江戸の罪と罰』一六九～二一七頁、平凡社選書一一八、昭和六十三年五月（原載：人足寄場顕彰会編『人足寄場史』昭和四十九年、創文社）
・人足寄場起立考
『石井良助先生還暦祝賀法制史論集』（滋賀秀三・平松義郎編）所収一〇七～一八四頁、昭和五十一年三月、創文社
広池千九郎
・日本における免囚保護事業の起源
『監獄協会雑誌』二一巻二号七～二七頁、明治四十一年二月
藤井　康
・幕末の人足寄場に関する一考察――寄場絞油売り捌を中心として――

『史学論集』（駒沢大学大学院史学会）二一号五八〜六九頁、平成三年五月
・幕末人足寄場の収容者について――野州降人収容を中心に――
『史学論集』（駒沢大学大学院史学会）二三号六〇〜七三頁、平成五年四月
・人足寄場収容者に関する基礎的考察
『駒沢史学』五三号四一〜五九頁、平成十一年三月

細川亀市
・徳川時代の教育刑政策――人足寄場を中心として――
『刑政』四七巻五号五〜二四頁、昭和九年五月
・日本における近代的自由刑の先駆（一）（二）（三）
『日本法学』五巻二号六一〜九一頁、五巻三号七二〜九四頁、五巻四号九六〜一一四頁、昭和十四年二・三・四月
・心学と囚人教化
『日本法の制度と精神』三五三〜四〇五頁、昭和十九年二月、青葉書房（原載：『心学』第四巻、昭和十七年、雄山閣）
・近代的自由刑の誕生
『専修大学論集』一八号三七〜四六頁、昭和三十三年九月

松平太郎
・『江戸時代制度の研究』九九四〜九九八頁、大正八年十二月、武家制度研究会（平成五年、新人物往来社復刊）

松山郁夫

・人足寄場における福祉的処遇
『佐賀大学文化教育学部研究論集』一七（二）、九九～一〇九頁、平成二十四年八月

丸山忠綱
・『丸山忠綱遺稿――加役方人足寄場について――』全一二二頁、同先生追悼集刊行会、昭和五十六年（原載：『法政史学』七～一〇号、昭和三十一～三十二年）

1　はしがき
2　人足寄場設立当時の社会情勢
3　人足寄場設立の事情
4　無宿の収容
5　設備及び掛役人
6　手業及び待遇
7　教誡方法――石門心学の採用
8　釈放及び爾後の措置
9　罰則
10　経費
11　人足の実例
12　常州上郷村寄場、函館寄場
13　寄場制度の変遷及び終焉
14　まとめ

三浦周行
・追放刑論
『法制史の研究』九八八～一〇二五頁、大正八年一月、岩波書店（初出は大正五年）

4　江戸時代の追放
5　追放刑の理論上実際上の欠陥
6　追放刑改正の議
7　寄場の収容
8　概括的批判

緑川　徹

・人足寄場をめぐる精神史――現代行刑実務の自画像――
『法研論集』（早稲田大学大学院）九四号二三三～二五〇頁、平成十二年六月
・レトリックとしての人足寄場――塀の中の創られた伝統――
『木野評論』（京都精華大学情報館）三二号一四七～一五七頁、平成十三年三月

南　和男

・幕政改革と無宿・野非人対策
『江戸の社会構造』第二章六三～一六四頁、昭和四十四年七月、塙書房

村井敏邦

・『民衆から見た罪と罰――民間学としての刑事法学の試み――』平成十七年四月、花伝社
第七話　佐渡水替人足から人足寄場へ（七九～八九頁）
第八話　鬼平と人足寄場（九〇～一〇六頁）
第九話　人足寄場から刑務所へ（一〇七～一一六頁）（原載：『法学セミナー』五三二～五三四号、平成十一年）

山本兼吉

・石川島人足寄場
『月島発展史』第二編第二章三七～四八頁、昭和十五年七月、京橋月島新聞社

山本二郎

・「安政奇聞佃夜嵐」と人足寄場
人足寄場顕彰会編『人足寄場史』二三三～二四九頁、昭和四十九年十月、創文社

和仁かや
・追放刑にみる公儀御仕置の変質と国制——天保期の追放刑改正論議をてがかりとして——
『国家学会雑誌』一一二巻五・六合併号一一三〜一八二頁、平成十一年六月
著者未詳
・囚獄の事・人足寄場創立の由来
石井良助編『江戸町方の研究』七〇〜七七頁、昭和四十三年四月、新人物往来社（原載：朝野新聞連載の『徳川制度』明治二十五年四月〜同二十六年七月より）
・人足寄場および溜囚人の給食について——江戸時代行刑に見られる囚人給食——（一）（二）
『横浜医学』一八巻三号、昭和四十二年十月

幕府のその他の人足寄場

安形静男
・明治前期の更生保護——神奈川県における事例を通して——
『犯罪と非行』九六号一〇九〜一二五頁、平成五年五月
神崎直美
・飛驒高山郡代豊田友直の人足寄場案——幕府天保改革推進の一事例——
『地域文化研究』（地域文化学会・東洋大学法学部後藤武秀研究室）四号四九〜六八頁、平成十二年三月
・飛驒高山郡代豊田友直の人足寄場案——解題と翻刻——

『地域文化研究』（地域文化学会・東洋大学法学部後藤武秀研究室）五号一四三～一六七頁、平成十三年六月
・西国筋郡代寺西元栄の徒罪認識と人足寄場改革案――老中水野忠邦への上申書を素材として――
『城西人文研究』二八巻八六～一一〇頁、平成十六年三月

重松一義
・『長坂文書にみる箱館人足寄場史料――行刑参考史料（1）』
昭和四十四年六月、著者発行
・箱館開港による罪囚の白糠・茅沼炭山役夫
『北海道行刑史』序章第七節五七～八一頁、昭和四十五年八月、図譜出版
・常陸人足寄場考（一）（二）
『刑政』八四巻八号四〇～四五頁、九号五〇～五五頁、一〇号四一～四九頁、昭和四十八年八・九・十月
・常州上郷村寄場刑罪遺文
『創文』一一三号一一～一八頁、昭和四十八年十月
・横須賀人足寄場考
『日本歴史』三〇六号五五～七二頁、昭和四十八年十一月
・常州上郷・箱館・横須賀人足寄場
『日本獄制史の研究』一四九～一九一頁、平成十七年十一月、吉川弘文館（原載：人足寄場顕彰会編『人足寄場史』
昭和四十九年、創文社）

白山友正

・蝦夷地寄場考
『法制史研究』一三号一四四～一六三頁、昭和三十八年三月
高塩　博
・長崎人足寄場史料二題
『國學院大學日本文化研究所紀要』八九輯、二三七～二八〇頁、平成十四年三月〔本書第二部第八章〕
手塚　豊
・明治初年の神奈川県刑法
『明治刑法史の研究』（中）二四～二五頁、昭和六十年六月、慶応通信（原載：『法学研究』二七巻一一号、昭和二十九年十一月）
中河原喬
・北海道寄場運営の一考察
『刑政』九六巻一〇号四八～五五頁、昭和六十年十月
・寄場
『近世北海道行刑史』二三七～三〇一頁、昭和六十三年十二月、同成社
細川亀市
・常陸の人足寄場雑考
『日本法制史要綱』二七六～二九三頁、昭和十六年五月、時潮社（原載：『刑政』五〇巻七号、昭和十二年七月）
水上好久

・横須賀人足寄場の服装について
森永種夫『刑罰史研究』一〇号五頁、平成七年十月

・長崎人足寄場
人足寄場顕彰会編『人足寄場史』二九七～三一二頁、昭和四十九年十月、創文社

第七章　「寄場人足取扱方手続書」について
――幕府人足寄場の史料紹介――

「寄場人足取扱方手続書」にいう「寄場」とは、寛政二年（一七九〇）二月、江戸幕府が隅田川河口の石川島という三角州に設置した施設のことである。そのために石川島人足寄場と呼ばれた。また、西側に佃島が隣接するので、佃島人足寄場と呼ばれることもあった。この施設には敲や入墨あるいは入墨のうえ敲に処された、いわゆる「無罪之無宿」をおもに収容した。「寄場人足」とはその収容者を指す。寄場は、収容者に強制労働を課し、その労働に賃金を支給し、収容中に教化改善の処遇を施すことによって、まっとうな人間として社会にもどすことを目指している。つまり、授産と更生を目的とした施設なのである。設置後三十年八箇月を経過した文政三年（一八二〇）十月、重追放から江戸払にいたる追放刑の判決を受けた者をも収容することとしたから、このときより刑罰の執行場としての様相も帯びることとなった。

ここに紹介する「寄場人足取扱方手続書」は、寄場役人の職務規則を記した書である。吟味役、元締役、下役などの寄場役人中、とりわけ下役は人足たちに直に接して処遇するのが職務である(1)。本書は彼らが遵守すべき処遇内容を定めている。

寄場人足の処遇に関して記す本書は、平成四年（一九九二）の暮、古書展を通じて入手した。内表紙を含めて、墨附がわずか一八丁の薄い筆写本である。半丁に一〇行書きの前半一〇丁が「寄場人足取扱方手続書」、半丁に九行書きの後半七丁が米相場に関する記事である。同筆ではあるが、内容からして両者は関連をもたない。表紙は後補のもので、なんらの文字も記されていない。表題は、共紙の内表紙に「寄場人足取扱方手続書」と打付け書きされている。この表題左下の傍らに黒ペンによる「付、（米相場考）」の文字が記される（**口絵1**参照）。奥書、蔵書印など、旧蔵者や伝来経路などを知る手掛かりは存しない。裏打ち修理がなされているが、虫損のために若干の文字が判読できない。

「寄場人足取扱方手続書」に記される内容は、寄場人足の処遇に関する確かな記録であり、寄場研究に資するところが少なくない。ここに全文を翻刻して紹介する所以である。本書は左の内容で構成されている。

一　寄場人足共平常取扱候廉書　十九箇条と跋文　寄場方

二　寄場人足ぇ為読聞候御条目　二通

・無宿之者へ為読聞候御条目

・御構之者へ為読聞候御条目

前段の「寄場人足共平常取扱候廉書」（以下、「平常取扱候廉書」と略称する）は全一九条からなる。その内容は、人足の収容手続、着衣・寝具・糧食などの給養、人足部屋の規格、作業の種類と作業時間、入湯、心学道話の聴聞、釈放手続、罷病人足の服薬、医師の出勤、不服従人足への対処、出火の際の切放等々である。最終条には寄場役人の勤務体制を記す。その後に跋文が置かれている。ここでは人足たちの性状を述べて、処遇上の心構えを寄場役人に向けて説き、最後を「寄場方」の文字で締め括る。すなわち、「平常取扱候廉書」は、寄場役所が定めた規則なのである。

「寄場人足取扱方手続書」の成立は、おそらく天保十三年（一八四二）のことであろう。それは、次の事由から言えることである。第一に、「平常取扱候廉書」第一条冒頭に、「寄場人足共之儀、江戸払以上追放等之者幷御府内無宿共、評定所一坐（座）・火附盗賊改より寄場役所ぇ引渡有之」（**口絵2**、本書三六八頁）と記されることから、本書は、「無罪之無宿」と江戸払以上の追放刑の判決を受けた者との両者を収容した時期の処遇法を記している（傍線は用者、以下同じ）。それ故、収容時に読み聞かせる寄場条目も「無宿之者」と「御構之者」とを対象とする二通の条目を載せる。前者の寄場条目は冒頭の文言が「其方共義、無宿之者ニ付、佐州表へ可差遣所、此度厚御仁恵を以寄場人足ニ致し」となっているのに対し、後者は「其方共儀、追放相成候処、此度厚御仁恵を以寄場人足ニいたし」という文言である。したがって、本書の成立は文政三年十月以降のことである。第二に、「平常取扱候廉書」第九条に「所内油絞り方之働等為致」（口絵3、本書三七一頁）という文言が見えることである。寄場が油絞りの作業を採用するのは天保十二年（一八四一）であるから、本書の成立は同年以降ということになる。

第三に、「寄場人足取扱方手続書」が「天保十四年二月に書出せし寄場人足取扱方、其外手続は左の如くなり」という説明のもとに活字化されていることである。これは、『江戸会誌』二冊八号（明治二十三年八月）に掲載されたもので、活字化した人物はこの雑誌の編輯人小宮山綏介である(2)（以下これを江戸会誌本という）。江戸会誌本と本書とを比較すると、江戸会誌本は第二十条の一箇条が多く、また第十一条、第十五条、第十九条において本書に見られない但書が存する。江戸会誌本と本書との前後関係を考えるに、本書が江戸会誌本の第二十条と三箇条の但書を削除したというよりも、江戸会誌本がこれらを増補したと考えるのが穏当であろう。江戸会誌本の成立が説明文にいうように、天保十四年二月であるならば、本書はそれ以前の成立ということになる。本書の成立を天保十三年と推定するのは、以上の理由による(3)。

天保十五年（一八四四）三四月の交、寄場奉行は収容人足の削減方を訴えた。当時、収容中の人足が六百人前後に増えたため、経費削減の見込みが立たないばかりでなく、作業を持たない人足が二百人にも達して処遇に困難をきたしていたのである。その解決策として、

向後当時之人数高凡半減相成候迄、無罪無宿之外、追放もの幷年限申送り之もの等引渡之儀、一ト先見合之儀、
向ゝえ被　仰渡有之候様致度旨、別紙寄場人足共取扱手続書相添、申上候、

と要請した。すなわち、現在収容中の人足が半減するまで「追放もの幷年限申送り之もの等」の寄場収容をひとまず見合わせたいというのである。その際、寄場奉行は別紙として「寄場人足共取扱方手続書」を添付した(4)。これを提出したのは、現に収容中の六百人前後の人足に要する経費計算の根拠とするためであろう。江戸会誌本の増補条文である第二十条は、

経費の割合は、天保八年より同十二年まで五ヶ年を平均して、人足一人に付、米一石五斗六升餘、麦七斗九升六合、銀百七十二匁五分四厘餘に当る、
但、是は寄場役所諸色、人足諸入用一切を惣計して其一人当りなり、

というもので、天保八年より同十二年までの五年間について、人足一人当たりの年間経費を記している。この計算式をもって寄場経費を幕閣に知らしめようとしたのであろう。このことからも諒解されるように、「寄場人足取扱方手続書」は寄場役所の定めた書面なのであり、天保十三・十四年ころの人足処遇の実際を知ることのできる重要な記録なのである(5)。

時の老中水野忠邦を藩主とする浜松藩は、天保十四年（一八四三）から弘化二年（一八四五）にかけてのごく短期間、寄場を開設したらしい。開設にあたって浜松藩は、本章に紹介した「寄場人足取扱方手続書」をもとにして、自藩の「寄場人足平常取扱廉書」十七箇条、「寄場人足へ申渡候条々」を定めている(6)。

註

（1）天保十三年（一八四二）当時、寄場の下役は三十二人で構成されており、役割分担は役所詰三人、手業懸三人、見張鍵役三人、舂場懸三人、蠣殻灰製所一人、畑懸一人、油絞方懸八人、新見張番所二人、御門詰八人であった（「寄場奉行申上、無宿女町奉行ゟ引渡ニ付、別囲部屋新規取立、其外書類」高塩博・神崎直美「旧幕府引継書「天保撰要類集（人足寄場之部）」――解題と翻刻――」『國學院大學日本文化研究所紀要』八三輯四〇二頁、平成十一年）。

（2）『江戸会誌』に掲載の「寄場人足取扱方手続書」は、無記名の「人足寄場（前号の続）附無宿養育所」という記事中に存する。小宮山綏介は、その論文「古刑法の一斑　追加二」の中で人足寄場に言及し、そこに「其他盗賊緝捕のことにも種々の逸事あれど、此に省く、委曲のことは、さきに江戸会誌に出したり」と述べている（國學院編『法制論纂』六八三頁、明治三十六年、大日本図書、初出は『皇典講究所講演』一六七冊、明治二十九年）。それ故、「人足寄場（前号の続）附無宿養育所」は、同誌の編輯人小宮山綏介自らの手になる記事であろう。

なお、『江戸会誌』掲載の「寄場人足取扱方手続書」は、原文のままではなく意訳や書き下しがなされており、数箇所に見られる振り仮名も掲載者によって補われたものであろう。

（3）寄場人足の処遇に関する確かなる記録としては、文化十三年（一八一六）八月の「寄場定」一一条が存する（大蔵省編纂『日本財政経済史料』巻八、一〇二一～一〇二五頁、大正十四年、財政経済学会編）。「寄場定」は、何某の照会に対して寄場元締役が回答したもので、手業の代金、役附人足の仕着せ・飯米・手当、寄場人足差配人の給金など、「寄場人足取扱方手続書」に見られない項目について記されていて貴重な史料である。

この史料は、左記にも掲載されている。

・山本兼吉『月島発展史』四四～四七頁、昭和十五年、月島京橋新聞社

・「寄場」（江戸東京博物館所蔵「御刑法秘書」一〇冊中のうち）神崎直美「江戸東京博物館所蔵「寄場」について――解題と翻刻――」『城西大学研究年報』人文・社会科学編二六号一七～一八頁、平成十五年

（4）「天保十五辰年十二月、寄場人足引渡方之儀ニ付評議書」高塩博・神崎直美「旧幕府引継書「天保撰要類集（人足寄場之

部）」――解題と翻刻――」前掲誌四一四頁。

（5）丸山忠綱氏は江戸会誌本を用いて寄場の掛役人や人足の待遇などについて説明している（『丸山忠綱遺稿――加役方人足寄場について――』第五・第六章など、昭和五十六年、丸山忠綱先生追悼集刊行会）。

（6）神崎直美「浜松藩の人足寄場――幕府老中水野忠邦の領内政策とその幕政からの影響――」（『中央史学』二五号、五〇・六一頁、平成十四年）、同「浜松藩の人足寄場史料――解題と翻刻――」（『地域文化研究』六号、一六八・一七五～一七七頁、平成十四年）。

《史料翻刻》　凡　例

一　幕府の「**寄場人足取扱方手続書**」について、高塩所蔵本と『江戸会誌』収載本とを上段と下段に並べて紹介するものである。

一　上段の翻刻にあたっては原文に読点、並列点を施し、虫損にて判読できなかった文字は□で示した。下段の引用においても、適宜、読点を補った。

一　下段における但書は、原文では本文に続けて記されている。引用にあたっては改行して二字下げとした。又、上段の規定を増補し、あるいは改訂を加えた箇所には傍線を施した。

一　（　）で示した上段の文字は、翻刻者が補ったものである。なお、下段における（　）は、原文に基づいたものである。

一　〔1〕〔2〕などの条文番号は、翻刻者が与えたものである。

寄場人足取扱方手続書（高塩所蔵）

（表紙）
寄場人足取扱方手続書

寄場人足共平常取扱候廉書

〔1〕

一寄場人足共之儀、江戸払以上追放等之者幷御府内無宿共、評定所一坐（座）・火附盗賊改より寄場役所ゑ引渡有之、請取候上、寄場ニおいても出生之場所・父母之渡世・父母生死之訳・当人身持等、何故無宿ニ相成候哉、何之悪事等ニて寄場入相成候儀ともその外委敷相糺、口書取置申候事、

〔2〕

一寄場御条目為読聞、口書爪印取之、四季施為着替、

寄場人足取扱方手続書（「人足寄場」『江戸会誌』第二冊第八号、明治二十三年八月）

人足寄場（前号の続）附 無宿養育所

天保十四年二月に書出せし寄場人足取扱方、其外手続は左の如くなり、

〔1〕

凡寄場人足ハ、江戸払以上追放のもの又ハ府内を徘徊する無宿の徒を評定所一座及火附盗賊改より引渡し来る時は之を受取、寄場に於て本人の姓名、年齢、出生の国郡村町、父母の存亡幷その職業、及ひ何の罪科に因て何の刑に処せられ、又何故に無宿となりしやといふまで具さに問糺《トヒタダ》して口供を取置なり、

〔2〕

次に寄場条目を読聞せ口書に爪印を取り、然後に着用

月代為剃候事、

但、寄場元〆役・同下役幷寄場役所ぇ日と見廻り有之候町方与力・同断（所）詰切同心幷立合御小人目付出席之上、白洲ニおいて元〆役読渡候手続ニて、御条目文面は別紙有之候事、

〔3〕

一四季施之儀、平人足共ぇは栗梅水玉模様染為着、役付人足共へハ栗梅無地染着用為致候、尤年と綿入両度相渡、夏は単物、冬蒲団相渡遣候事、

但、引渡之節着し参候着類は、其儘預り置、追て赦免等之節為着遣し候事、

〔4〕

一人足飯米之儀は、一通り手業致候者ぇは、白ヶ米麦ニて五合ツヽ為給、骨折申候働之者ぇは、白ヶ米麦ニて壱升程又は六七合位も為給、朝夕汁ニて、昼は何成共菜之もの為給候事、

但、手業為致候もの、昼菜為給候儀は、手業働賃銭の内を以取賄、尤竈之儀は部屋とへ補理置

の衣類を仕着《シキセ》に着替させ、月代を剃らするなり、

但、元締役並下役のもの当日見廻りの町方与力、同所詰切の町方同心、及立合の小人目付、一同出席の上、白洲に於て元締役のもの条目を読聞するなり、（条目は下に出）

〔3〕

寄場の仕着《シキセ》ハ、平人足は栗梅に水玉の染抜き、役付人足ハ栗梅の無地なるを与ふ、尤歳に両度、冬は綿入、夏ハ単にして与ふ、又冬ハ蒲団をも渡すなり、

但、引渡の節に着来りし衣類は、其儘預り置、追て放免の時に渡遣すなり、

〔4〕

人足の飯米は、常の手業に従事するものにハ白米麦五合を与ひ、極めて労する手業をするものにハ白米麦一升、又次なるは六七合を与ふ、朝夕は汁、午飯には菜を与ふ、

但、午飯の菜は手業の賃銭の内より取賄ふ、竈は各室に設置くなり、

候事、

〔5〕

一正月三ヶ日ノ雑煮餅・鮭塩引等為給、寄場開発日幷初午稲荷祭共、赤飯・汁・菜之もの等為給、暑中は暑気払菜為給、幷鯨汁等遣し、五節句は手業為休、一品之飯等為給、七夕ハ素麺為給、月見両度ハ団子汁為給候事、

〔6〕

一人足部屋〳〵之儀は、四間ニ三間半、三方板羽目ニて、表口三寸角之格子取付、人足共手業仕舞候て一同差入之上、寄場元〆役当番、同下役之内鍵役之者立合、人足着到相改候上、右戸前口へ錠前〆切候事、

但、部や内人足共四十人位ッ、差入置為取締、人足之内世話役之者幷外役付之者等兼て申付置、尤世話役之者計へ琉球野郎畳遣し、其余寝子駄敷遣し候事、

〔5〕

正月三ヶ日は、雑煮餅、鮭の塩引等を与へ、寄場開場の日並稲荷祭にハ赤飯汁菜を与ふ、暑中は日々辟邪湯《ショキハラヒ》を与へ、又暑中に一度鰌汁を与ふ、五節供は休業せしめて赤飯を与へ、其中七夕には索麺を与ふ、又両度の月見には団子汁を与ふるなり、

〔6〕

人足の室は、毎室広さ四間に三間半、三方は板羽目、表口は三寸角の格子なり、朝には戸を啓きて人足を出して手業に就しめ、夕ハ人足を入て戸を鎖す、此時当番の元締役、並下役の内鍵役の者立合て人足の着到を付るなり、

但、毎室人足は四十人許を限る、その内へ世話役、並役付のものを定置、取締を命す、尤世話役へは無縁の琉球畳を敷しめ、其餘は寝子駄をしかしむ、

〔7〕
一右部屋〳〵内、夜中火之元其外取締方として、人足共之内両人ッ、不寝時番申付置、拍子木為打候事、

〔8〕
一寒気之節は、部屋〳〵ぇ手当薪遣し、燻ひつニて人足共一同あたり休息為致候事、

〔9〕
一人足手業之儀は、大工・建具・指物・塗師、其外品〻職業有之者は、外類用等迄為相働、無職之ものハ炭団拵又は藁細工幷地所内油絞り方之働等為致、いつれも朝五時より七時迄、右手業ニより、未明ゟ差出し夕刻迄出精為致、右働之次第ニ寄、賃銭多少共遣候内、三分一は預り置候事、

但、手業場之儀は場広ニ無之候ては難働、別段手業小屋建置候事、

〔10〕
一右手業仕舞候上、日〻入湯為致候事、

〔7〕
毎室とも夜中は殊に火を警しめ、其外取締の為めに人足の内両人つゝ不寝番をなし且柝を打しむ、

〔8〕
冬月は、毎室に爐ありて、薪を燃し暖を取らしむ、

〔9〕
人足の手業ハ、大工・建具・差物・塗師、其外品々あり、職業に因ては外間よりの依頼にも応し、無職のものには炭団を製し藁細工をなし、又は構内の絞油に従事せしむ、倶に朝五時より夕七時まて勉強せしめ、手業に因てハ払暁より晩刻に及ふもあり、労逸の次第に従て賃銭を与ひ、其内三分一を預り置なり、

但、手業場は広室を要するゆへ別に一宇を設置くなり、

〔10〕
人足手業を卒れは日々に洗浴せしむ、

〔11〕
一人足共心底立直らせ候ため、毎月三日心学師出席ニて人足かはる／＼道話聴聞為致候事、

〔12〕
一手業働等出精骨折候もの、改心之期見極候上、身寄之もの引取世話いたし度旨願出候得ハ、□□者身元とくと相糺し寄物(場)赦免之上引渡遣候事、
　但、赦免之節、前□手業預り銭幷四季施代、其外手当銭我物等遣し候事、

〔13〕
一人足共之内、格別出精いたし改心之上ニも実意等見届候ても、無寄辺無宿共ハ引取人も無之候ニ付、店為持遣候事、

〔11〕
人足ハ毎月三の日に心学師を招きて代わる／＼道話を聴聞せしめ、正路に誘くなり、
　但、心学師へは手当として歳に銀五枚を給す、出席の節、若食時に及へは一汁一菜の飯を供す、此費途ハ皆寄場の経費を以て弁するなり、

〔12〕
人足の内、よく規定を守り且手業等特別に勉強し、改悛の効著しきものにて、身寄の者引取んことを願出るときは、願人の身元を糺し、然る上にこれを放免して引渡すなり、
　但、放免の節には手業の預り銭及仕着代、其外手当銭まで渡遣すなり、

〔13〕
人足の内、右にいふことく改悛の効著しと雖とも、引取人もなき無宿のものにハ、其人物に因て直に放免し寄場より店を持せ遣すこともあり、

〔14〕
一人足之内大病ニ相成候者は、病人部屋へ相下ヶ、世話役之者幷同人足之内看病人等付置、厚為致世話、昼夜服薬為致候事、
　但、当病之ものへも夫ミ服薬為致、或ハ湿病等之者は薬湯へ入遣し、病人幷当病之者共、飯米之義は、米麦ニて四合ッ、、朝夕汁為給、幷手当銭差遣し、右之内を昼菜之者(物)梅干又はなめもの之類、銘ミ勝手之品為給候事、

〔15〕
一医師は時宜ニ寄、日ミ又は隔日等無懈怠見廻有之候事、

〔16〕
一人足共之内、病死等有之候へは、寄場元〆役・同下役之内鍵役のもの幷町方与力・同心、御小人目付立合、相改候上取片付、千住回向院へ送、葬為致候事、

〔14〕
人足の内、重症に罹る者は病人室へ移し、世話役及人足の内より看護人を付置、厚く介抱せしめ、昼夜薬餌を与ふ、
　但、軽症の病人と雖とも服薬せしめ、疥癬を患ふるもの、如きは薬湯に浴せしむ、又病人の飯米は米麦四合、朝夕に汁を与ひ、且手業銭を下渡し、塩梅醤豉《ナメモノ》その他本人の嗜好に従て之を与ふ、

〔15〕
医師ハ病人次第に日々又は隔日に来診せしむ、
　但、医師へは常に三口俸を給し、薬物は時価を以て買上く、来診のとき食時に及へは一汁一菜の飯を供す、費途ハ皆寄場経費の内より支払ふなり、

〔16〕
人足の内、病死するものあれハ、元締役・同下役の内鍵役のもの、町方与力同心、小人目附立合検視の上、千住なる回向院の墓地へ送て埋葬す、

但、寄場下役之者一人差添、人足共之内ニて手代り共三人ニて持送り候事、

〔17〕

一人足共之内、度ゝ悪事等仕出し候か、或ハ役人之申付を背候ものハ、可成丈手限り折檻申付、其上ニも悪事等有之、寄場ニ難差置ものハ、佐州水替人足またハ町奉行へ引渡候事、

〔18〕

一出火ニて万一寄場構内へ火移り候程之場合ニ相成節は見計、人足共へも為申聞、鎮火之上三日之内ニ立戻り可居所等届出候様申渡、戸前口明ケ、一同追払し候事、

〔19〕

一役人勤方之儀は、寄場吟味役、同元〆役一同日ゝ罷出、御用向取扱、元〆役壱人ツヽ、泊番致、同下役之儀も鍵役を初メ夫ゝ掛り役申渡置、同様日ゝ罷出、隔泊り等致、夜中不寝刻番等迄相勤候事、

但、寄場下役のもの一名差添、人足の内手代りとも三人にて持送るなり、

〔17〕

人足の内、屢々罪を犯し或は役人の指揮に従はざるもの、類は、大抵手限りに譴責すれとも猶之を改めす、寄場に留置がたきものは、佐州水替人足に発送し、又は町奉行へ引渡すなり、

〔18〕

町方に火災ありて寄場まで延焼する場合には、臨時見計ひ鎮火の後三日間に立戻、居所等届出つへき旨、人足中へ申渡し、一同に放遣すなり、

〔19〕

寄場役人の勤方は、吟味役・元締役其他一同日々に出勤せしめ、元締役ハ一名つゝ宿直し、下役は鍵役以下各自に事務を取扱、隔日宿直、夜中は不寝番をも勤めしむ、

但、凡役員は朝午は一汁一菜、夕は一菜の賄を給

右之外取扱方種〻有之候得は、一躰並〻之者無□□親子兄弟諸親類ニも見放され候者共ニて、小盗昼稼等之悪事ニ染ミ、過怠・手鎖・牢舎又ハ敲・重敲・入墨等御仕置請、其上罪科を犯し、江戸□等ニも相成、又ハ悪事仕出し江戸拾里四方追放・中追放・重追放と次第ニ御仕置相重り、度〻牢舎およひ候もの、寄場入相成候類、或は父母相果孤と成、野非人之子供等途中盗の仲間へ入、悪事増長いたし候者共多、並〻之取扱ニて

し、又下役は出勤日数を以て一日銀一匁積りの手当を給す、此費途ハ皆寄場の経費を以て支払ふなり、

〔20〕

経費の割合は、天保八年より同十二年まて五ヶ年を平均して、人足一人に付、米一石五斗六升餘、麦七斗九升六合、銀百七十二匁五分四厘餘に当る、

　但、是は寄場役所諸色、人足諸入用一切を惣計して其一人当りなり、

右の外、取扱方には種々の心得あれとも、抑此人足なるものは尋常の平民にはあらす、其身の無頼無行なるより、父兄以下諸親族にも見限られ小盗昼稼等より漸次悪業に募り、手鎖・牢舎・敲・重敲・入墨と追々に処刑を経、其上に又犯罪して軽中重の追放ともなりし輩多く、縦令さまでに至らずとも父母を失て孤となり野非人に陥り、夫より追々窃盗の仲間へ入りし様のものなれば、容易に本心に復し良民に化すへきにあらず、

ハ心底立直り候場合無之、一日ニても手明き等ニて難手□置、右手業精不精之差別を以、衣食共厚薄を付、与ゝ或は罰シ或は賞し、いつれニも苦楽之内に取扱候て□□□民の父母と申信意を不失取計ひ置候、□□役人之心得肝要ニて有之候事、

寄場方

寄場人足え為読聞候御条目　弐通

無宿之者へ為読聞候御条目

一其方共義、無宿之者ニ付、佐州表へ可差遣所、此度厚御仁恵を以寄場人足ニ致し、銘ゝ仕覚候手業を申付候、旧来之志を相改、実意ニ立帰り、職業出精いたし、元手ニも有付候様可致候、身元見届候は、年月の多少ニ構なく右場所を差免し、百姓素生之者えは相応之地所被下、江戸表出生之ものへハ出生之場所へ店を為持、家業可為致候、尤公儀ゟも職業道具等被下候か、其始末ニ寄り相応之手当可有之候、若又

故に寄場に入る以上ハ一日たりとも空手徒食せしむへからず、厳に手業を課し其勤惰に因て飲食に差等を設け、或は賞し或は罰し、寛猛兼済ひ威信並行はるゝ様に注意すること最も肝要なりとす、

条目

新入之者共へ

其方共儀、無宿之者に付、佐州表へ可差遣之処、此度厚御仁恵を以、寄場人足に致し、銘々仕覚候手業申付候、旧来之志を相改、実意に立帰、職業出精致し、元手にも有付候様可致候、身元見届候は、年月之多少に無構、右場所を差免、百姓素性之者は相応之地所被下、江戸表出生之者は出生之場所へ店を為持、家業可為致候、公儀ゟも職業道具被下候歟、又は其始末にゟ相応之御手当可有之候、若又御仁恵之旨をも不弁、申付に背き、職業不精に候歟、或は悪事等於有之ハ重き御仕

御仁恵之旨を不弁、申付ニ背き、職業不精致候か、
或は悪事等有之ニおいては重き御仕置可申付もの也、
一此度人足ニ申付候上ハ、職業致出精、渡世相続可致
躰ニ成候ものハ、寄場差免し、家業可成程之手当差
遣し、身寄之者へ引渡、身寄無之者は出生之所名主
或ハ地役人へ引渡、家業相続為致候事、
一門外へ出候儀、堅可為無用事、
一火之元入念大切ニ可致事、
一此度《（ママ）》　御仁恵を以、佐州幷在溜を差免し候上は、右
之条ゝ堅相守、銘ゝ職業可致出精候もの也、
一寄場を逃去候者
一於寄場盗いたし候もの
一於寄場徒党ヶ間敷儀致（候）もの
一於寄場致博奕候もの
右之始末於有之は、急度御仕置可申付事、
右之悪事有之儀を申出候ものハ、其品ニ寄、御褒美
可被下候事、
一職業出精不致、或は役人之申付方を用ひ不申ものハ、

置に可申付もの也、
一此度人足に申付候上は、銘々職業出精いたし、渡世
相続可致体に成候者は、寄場差免し、家業可相成程
之手当差遣、身寄之ものへ引渡、身寄無之ものは出
生之名主地役人へ引渡、家業相続為致候事、
一寄場逃去候者　（始末により死罪）
一寄場おいて盗いたし候者　（死罪）
一徒党ヶ間敷儀いたし候者　（死罪）
一寄場おいて博奕いたし候者　（死罪）
一職業不精、或は申付を不用者、手鎖入牢、其始末に
より申付候ても尚於不用は遠島可申付候事、
一博奕又は悪巧みいたし候者有之趣、申出候者へは其
品により相応之褒美可差遣事、
一門外へ出候儀、堅可為無用事、
一火之元入念大切に可致事、
此度御仁恵を以、佐州幷在溜を差免候上ハ、右之条々
堅相守、銘々職業出精可致もの也、

手鎖又ハ始末ニより折檻を加へ、猶用ひさるにおゐ
てハ急度御仕置可申付事、
右之条ゝ兼て申渡置候間、其旨を存し堅く可相守もの
也、

月　日（此外に条目尚二通あり、相類するもの故略す）

御構之者へ為読聞候御条目

一其方共儀、追放相成候処、此度厚
御仁恵を以寄場人足ニいたし、銘ゝ仕覚候手業を申
付候、旧来之志を相改、実意ニ立帰り、職業出精い
たし、赦免之上ニて元手ニも有付候様可致候、御
仁恵之旨をも不弁、申付ニ背キ職業不精ニ致候か、
或は悪事等有之ニおゐてハ、重御仕置可申付もの也、
一門外へ出候儀、堅可為無用事、
一火之元入念大切ニ可致候事、
一寄場を逃去(候)るもの、
一於寄場盗いた(し)候もの、
(一於寄場徒党ヶ間敷難儀致候もの)
一於寄場博奕致候もの、

右之始末於有之は、急度御仕置可申付事、
右之悪事有之儀を申出候ものハ、其品ニ寄、御褒美
可被下候事、
一職業を精不出、或は役人之申付方を用ひ不申ものハ、
手鎖又は始末ニ寄折檻を加へ、猶不用ニおゐてハ急
度御仕置可申付事、
右之条ゝ兼て申渡候間、其旨を存し堅可相守もの也、

第八章　《史料翻刻》長崎人足寄場史料二題

凡　例

一　本章は、「**慶応元丑年　送証文并罰名**」（公益財団法人矯正協会所蔵、架号E092―240）の全文、ならびに「御用留（慶応二年・公事方掛）」（長崎県立長崎図書館所蔵、架号14―52―1〔現在、長崎歴史文化博物館所蔵〕）の中から慶応二年の「**寄場人足飯米勘定帳**」を翻刻するものである。

一　「慶応元丑年　送証文并罰名」は、「送証文」と「罰名」の部分とから成る。前半には慶応元年（一八六五）の二月五日より十二月二十九日までの間に、人足寄場に送致した九八人分の「送証文」四九通を収載する。後半の「罰名」には罪を犯して寄場収容となった者の判決文五八通、不行跡な厄介者の収容申請書一二通、親族の出願による収容申請書一通などを収載する。「送証文」の九八人中、一三人分の書面を欠くが、それらは不行跡者についての書面と思われる。

一　「寄場人足飯米勘定帳」は、慶応二年（一八六六）の一年間について、人足の食糧として支給した米の数量と消費した米の数量との収支決算報告書である。この「勘定帳」によって慶応二年当時における長崎人足寄場の実態がかなりの程度に判明する。たとえば⑴人足の一日の飯米が白米五合であったこと、⑵米つきを担当する人足には二合を増量して支給し、不寝番を勤める人足が四人あって、ひとり一夜につき粥米として二合五勺を支給したこと、⑶八月十五日と九月十三日には月見団子がふるまわれたこと、⑷一年間の収容数が延べ三八、五一一人に達し、一日平均の収容者が一〇八・五人であったこと。この年の最多収容が一三二人をかぞえ（七月九日〜同月十二日および同月十四日）、最少収容が八三人（十二月二十六日〜同月二十七日）であったこと、⑸この年の新入人足が一一〇人、赦免人足が七五人であったこと、⑹少数ながら女人足も収容したこと（最多四人）、⑺病死の人足が一〇人、逃走の人足が四人発生したことなどである。

一　翻刻にあたっては原文に読点、並列点を施し、判読不能の文字は□で示した。
一　朱筆の部分は、その箇所を「　」で示した。又、寄場収容者名の右肩に朱線が施されているものについては、傍線をもって示した。
一　抹消文字については、その左側に〻〻を施し、文字が訂正されている場合には訂正後の文字を採った。
一　〔1〕～〔121〕は、翻刻者が与えた史料番号である。
一　翻刻を許可された各所蔵機関に対し、深謝の意を表するものである。

史料1「慶応元丑年　送証文并罰名」（矯正協会所蔵）

慶応元丑年 送証文并罰名

〔1〕

覚

壱州無宿
入墨
力　蔵
丑四十五歳

大坂無宿
平　吉
丑三十六歳

湯江村無宿
市兵衛
丑二十五歳

右之もの共、人足寄場ぇ差遣候旨申渡引渡候、以上、

丑二月五日御役所

〔2〕

長崎市中を構、
江戸払
肥後無宿
栄　助
丑二十三才

右同断
豊後無宿
惣兵衛
丑二十九才

右之もの共、御仕置相済、人足寄場ぇ差遣候旨申渡引渡候、以上、

丑二月九日御役所

〔3〕

覚

入墨之上重敲
外和津村無宿
入墨
久兵衛
丑三十一歳

右之もの、御仕置相済、人足寄場ぇ差遣候旨申渡引渡候、以上、

丑二月十九日御役所

〔4〕

覚

入墨之上重敲　天草無宿 市次郎事 入墨 源七 丑二十三歳 「改 市次郎」

右之もの、御仕置相済、人足寄場ゑ差遣候旨申渡引渡候、以上、

丑二月廿六日御役所

〔5〕

覚

於牢内手鎖　筑前無宿 喜平 丑二十八歳

右之もの、御咎相済、人足寄場ゑ差遣候旨申渡引渡候、以上、

丑三月二日御役所

〔6〕

覚

肥後無宿 又五郎 丑二十六才

右之もの、人足寄場ゑ差遣候旨申渡引渡候、以上、

丑三月九日御役所

〔7〕

急度も可申付処、旧悪之儀ニ付、不及咎之沙汰　浦上村無宿 馬次郎 丑四十三才

重敲　長州無宿 喜平 丑三十一才 「改 清兵衛」

重敲　平戸無宿 入墨 嘉作 丑十九才

右之もの共、御仕置相済、人足寄場ゑ差遣候旨申渡引渡候、以上、

丑三月九日御役所

〔8〕

嶋原無宿
貞　吉
丑二十五才

右之もの、人足寄場ぇ差遣候旨申渡引渡候、以上、

丑三月廿九日御役所

〔9〕

高木作右衛門御代官所
肥前国彼杵郡浦上村山里
馬込郷
百姓
惣太郎
丑四十歳

敲

右之もの、御仕置相済、人足寄場ぇ差遣候旨申渡引渡候、以上、

丑四月二日御役所

〔10〕

嶋原無宿
松之助
丑二十八才

右之もの、人足寄場ぇ差遣候旨申渡引渡候、以上、

丑四月廿四日御役所

島原有馬村
無宿
松之助
丑二十八才

右之者、盗悪事は無御座候得共、無宿ニて所と立廻候ニ付、当時寄場入被仰付候様奉存候、依之此段申上候、以上、

丑四月

盗賊改方
小田瓊蔵

〔11〕

覚

丸山町無宿
林五郎
丑三十九才

右之もの、人足寄場ぇ差遣候旨申渡引渡候、以上、

丑五月二日御役所

乍恐奉願候口上書

丸山町無宿
林五郎
丑三十九才

右之もの、是迄取留候商売等も無之、兼と所業不宜、

無請所とえ罷越及乱妨、町内中手ニ余リ候ニ付、五人組之者共毎度異見差加候趣申出候付、於町方教諭仕候得共、兎角行跡相改不申、去ル辰年欠落いたし候付御届申上、人別相省き置候処、昨日立戻、酒狂之上前同様之所業および候付、為懲寄場人足え御差加被下候様、此段以書付奉願候、以上、

丑四月廿八日　丸山町乙名　藤野初右衛門

御奉行所

〔12〕

覚

於牢内手鎖　天草無宿　兼吉　丑二十四歳

右之もの、御咎相済、人足寄場え差遣候旨申渡引渡候、以上、

丑五月廿二日御役所

〔13〕

覚

十人とも
敲

高木作右衛門御代官所
肥前国彼杵郡長崎村
西山郷
百姓
嘉作　丑四十一才

同村
木場郷
百姓
喜左衛門　丑四十才

大井手町
作太郎借家
新吉　丑四十八才

新大工町
佐野次借家
三之助　丑六十三才

長崎村
西山郷
百姓
丈蔵悴
佐吉　丑二十三才

新大工町
由太郎借家
作太郎
丑三十六才

本紙屋町
熊三郎借家
藤　吉
丑六十五才

豊後無宿
庄兵衛
丑四十五才

出来大工町無宿
広　吉
丑五十歳

中紺屋町無宿
卯　七
丑三十六歳

嶋原無宿
清助事
龍　斉
丑二十七歳

長崎市中を構、事
江戸払

右之もの共、御仕置相済、人足寄場ぇ差遣候旨申渡引渡候、以上、

丑閏五月二日御役所

〔14〕

覚

入墨之上重敲

豊前無宿
入墨
徳　蔵
丑三十六歳

右之もの、御仕置相済、人足寄場ぇ差遣し候旨申渡引渡候、以上、

丑閏五月五日御役所

〔15〕

覚

敲

有家村無宿
五郎右衛門
丑三十八歳

長崎村無宿
入墨
岩吉事
岩　助
丑二十一歳

叱り置可申処、自訴いたし候ニ付、咎之不及沙汰、

右之もの共、御仕置相済、人足寄場ぇ差遣候旨申渡引渡候、以上、

丑閏五月九日御役所

〔16〕

天草無宿
清太郎
丑二十八歳

右之もの、人足寄場ぇ差遣候旨申渡引渡候、以上、

丑閏五月九日御役所

〔17〕

覚

五嶋無宿
善吉
丑二十四歳
「改 善蔵」

敲

右之もの、御仕置相済、人足寄場ぇ差遣候旨申渡引渡
候、以上、

丑閏五月十七日御役所

〔18〕

覚

万屋町
入墨
嘉平
丑三十七歳

右之もの、人足寄場ぇ差遣候旨申渡引渡候、以上、

丑閏五月廿六日御役所

〔19〕

覚

東築町無宿
喜代八
丑五十一歳

敲之上重追放

右之もの、御仕置相済、人足寄場ぇ差遣候旨申渡引渡
候、以上、

丑閏五月廿六日御役所

〔20〕

有田村無宿
入墨
松太郎
丑二十一才

入墨之上重敲

右之もの、御仕置相済、人足寄場ぇ差遣候旨申渡引渡
候、以上、

丑閏五月廿九日御役所

〔21〕

覚

大村無宿
岩吉
丑三十歳

新大工町無宿
貞吉
「改常吉」
丑三十歳

高濱村無宿
長蔵
丑二十五歳

「此者非人ニ付、六月十九日門前払」

右之もの共、人足寄場ぇ差遣候旨申渡引渡候、以上、

丑六月九日御役所

〔22〕

覚

古町無宿
入墨
律次郎
丑三十九才

右之もの、人足寄場ぇ差遣候旨申渡引渡候、以上、

丑六月廿六日御役所

〔23〕

覚

本籠町
広太郎
丑二十一歳

肥前無宿
入墨
久助
丑三十一歳

柳河無宿
善作
丑二十四歳

筑前無宿
嘉吉
丑三十歳

右之もの共、人足寄場ぇ差遣候旨申渡引渡候、以上、

丑七月九日御役所

〔24〕

覚

入墨敲

天草無宿
入墨
藤重
丑三十三歳

右之もの、御仕置相済、人足寄場〔ぇ〕差遣候旨申渡引
渡候、以上、

丑七月十二日御役所

〔25〕

肥前国浦上村山里
中野郷
百姓
入墨
留　八
丑十九才

壱州無宿
入墨
吉　蔵
丑三十六才

右之もの共、人足寄場ぇ差遣候旨申渡引渡候、以上、
丑七月十八日御役所

〔26〕

覚

麹屋町
駒吉悴
恒　吉
丑十四歳
「改　藤吉」

右之もの、人足寄場ぇ差遣候旨申渡引渡候、以上、
丑八月二日御役所

〔27〕

覚

天草無宿
門　次
丑二十五歳

右之もの、人足寄場ぇ差遣候旨申渡引渡候、以上、
丑八月廿三日御役所

〔28〕

覚

重敲
長崎村無宿
丑之助
丑二十五歳

長崎市中を構、
江戸払
矢上村無宿
末太郎
丑五十八才

急度も可申付処、日数入牢
申付置候間、今日宥免不及
咎之沙汰
江向村無宿
喜　助
丑五十四才

右之もの共、御仕置相済、人足寄場ぇ差遣候旨申渡引渡候、以上、

丑八月廿三日御役所

〔29〕

覚

入墨敲　五嶋無宿　入墨　正　吉　丑二十七歳

右之もの、御仕置相済、人足寄場ぇ差遣候旨申渡引渡
候、以上、

丑八月廿六日御役所

〔30〕

覚

新大工町無宿　入墨　代之吉　丑三十四歳

浦五嶋町無宿　清太郎　丑三十一歳　「改　時太郎」

右之もの共、人足寄場ぇ差遣候旨申渡引渡候、以上、

丑八月廿七日御役所

〔31〕

覚

無構　波佐見村無宿　三喜蔵　丑十八歳

右之もの、人足寄場ぇ差遣候旨申渡引渡候、以上、

丑九月十八日御役所

〔32〕

覚

入墨敲　伊予無宿　入墨　清之助　丑四十五歳

入墨敲　有家村無宿　入墨　多五郎　丑二十三歳

入墨

肥後無宿
新吉事
入墨
新蔵
丑二十二歳

右之もの共、御仕置相済、人足寄場ゑ差遣候旨申渡引
渡候、以上、
丑九月廿一日御役所

〔33〕

覚

酒屋町無宿
由次郎
丑四十一才

嶋原無宿
虎蔵事
入墨
常吉
丑三十八才

西濱町無宿
正之助
丑三十四才

右之もの共、御仕置相済、人足寄場ゑ差遣候旨申渡引
渡候、以上、

丑十月二日御役所

〔34〕

覚

入墨之上重敲

嶋原村無宿
入墨
兼三郎
丑二十七歳

右之もの、御仕置相済、人足寄場ゑ差遣候旨申渡引渡
候、以上、
丑十月五日御役所

〔35〕

覚

北有馬村無宿
勘兵衛
丑二十四歳

備前無宿
鉄之助
丑三十七歳

右之もの共、人足寄場ゑ差遣候旨申渡引渡候、以上、
丑十月九日御役所

〔36〕

無構　豊前無宿
善　吉
丑二十七歳

右之もの、人足寄場ぇ差遣候旨申渡引渡候、以上、

丑十月廿六日御役所

〔37〕

南馬町
家持
弥平次弟
源三郎
丑二十六歳
「改 藤三郎」

右之もの、身持不宜ニ付、寄場入之儀母つねゟ願出候ニ付、承届旨別紙願書写相添引渡候、以上、

丑十月廿九日御役所

〔38〕

入墨之上重敲　天草無宿
藤　助
丑二十五才

「丑十一月五日入」

本大工町
伝吉悴
辰三郎
丑十九才

今魚町
寅之助
丑二十二才

右之もの共、人足寄場ぇ差遣候旨申渡引渡候、以上、

丑十一月五日御役所

〔39〕

重敲之上、長崎市中を構、江戸払　唐津無宿
儀　助
丑三十七歳

重敲　後興善町無宿
入墨
由太郎
丑三十歳

右之もの共、御仕置相済、人足寄場ぇ差遣候旨申渡引渡候、以上、

丑十一月十六日御役所

〔40〕

覚

井垣村無宿
入墨
利三郎
丑二十四歳
入墨敲

堂崎村無宿
入墨
栄太郎
丑三十一歳
入墨之上、長崎市中を構、江戸払

肥後無宿
入墨
喜八
丑四十歳
入墨敲

右之もの共、御仕置相済、人足寄場え差遣候旨申渡引渡候、以上、
丑十一月十九日御役所

〔41〕

西濱町無宿
入墨
清四郎
丑四十歳
重敲

今町無宿
鶴之助事
鶴十
丑四十一歳
長崎市中郷中を構、（ママ江戸十里四方追放）江戸払

越前無宿
貞吉
丑十九歳
敲

豊後無宿
直助
丑三十五歳
敲

天草無宿
文吉
丑二十四歳
敲

三丈分村無宿
才次郎事
才重
丑二十三歳
敲

右之もの共、御仕置相済、人足寄場え差遣候旨申渡引渡候、以上、
丑十一月廿一日御役所

〔42〕

茂木村無宿
入墨
福松
丑二十九歳
「改　宗吉」
如元入墨之上、長崎市中を構、江戸払

右之もの、御仕置相済、人足寄場え差遣候旨申渡引渡

候、以上、

丑十一月廿四日御役所

〔43〕

「丑十一月廿九日」

伊予無宿
入墨
謙　吉
丑二十七歳

入墨敲

右之もの、御仕置相済、人足寄場ゑ差遣候旨申渡引渡
候、以上、

丑十一月廿九日御役所

〔44〕

大坂無宿
六兵衛
丑二十九才

急度叱り

右之もの、御咎相済、人足寄場ゑ差遣候旨申渡引渡候、
以上、

丑十二月十六日御役所

〔45〕

瀬高村無宿
亀太郎
丑二十六歳

右之もの、人足寄場ゑ差遣候旨申渡引渡候、以上、

丑十二月十六日御役所

〔46〕

下ノ関無宿
入墨
喜　市
丑三十一歳

入墨之上重敲

右之もの、御仕置相済、人足寄場ゑ差遣候旨申渡引渡
候、以上、

丑十二月十九日御役所

〔47〕

豊後無宿
入墨
禎　助
丑二十七歳

重敲

重敲　五嶋無宿　入墨　鶴之助　丑三十八歳

敲　油屋町無宿　米吉　丑十九歳

右之もの共、御仕置相済、人足寄場ぇ差遣候旨申渡引
渡候、以上、

丑十二月廿六日御役所

〔48〕

於牢内手鎖可申付処、日数入牢ニ付、令宥免咎之不及沙汰　豊前無宿　祐道　丑三十二歳

急度叱置可申付処、日数入牢ニ付、令宥免咎之不及沙汰、　同　松之助　丑二十一歳

敲　有田村無宿　半次郎　丑三十四歳

敲　豊後無宿　益平　丑三十三歳

右之もの共、御仕置相済、人足寄場ぇ差遣候旨申渡引
渡候、以上、

丑十二月廿七日御役所

〔49〕

入墨敲　有家村無宿　入墨　貞七　丑二十一才

同　豊前無宿　入墨　勇　丑二十五才

同　今宿村無宿　入墨　文城　丑四十才

同　無宿坊主　入墨　實道　丑四十八才

同　今宿村無宿文城悴　無宿　入墨　文昌　丑十六才

右之もの共、御仕置相済、人足寄場ぇ差遣候旨申渡引渡候、以上、

丑十二月廿九日御役所

〔50〕

「丑二月九日申渡」

肥後無宿
栄助
豊後無宿
惣兵衛

其方共儀、都て賭之諸勝負は御法度ニ有之、突富等之儀ニ付ては兼て御触も有之処、浦上村渕寺野郷忠七方ニて、大黒町七五郎儀富興行ニ似寄候振鬮いたし候節、世話いたし遣候得は礼銭可呉旨任申、銘ミ利潤ニ迷ひ、栄助は鬮札認、惣兵衛は右鬮札認方之手伝いたし世話料貰受候始末一同不届ニ付、長崎市中を構、江戸払申付候、

〔51〕

「丑二月十六日」
「寅二月廿八日赦免」

外和津村無宿
久兵衛

右之もの、製鉄所通ひ船水主ニ被雇、同所御囲内鋳物場外ニ取出し有之候竿鉄盗取候始末不届ニ付、入墨之上重敲、

〔52〕

「丑二月廿三日」
「同月廿六日」
「卯九月廿五日赦免」

天草無宿
市次郎事
源七
「改 市次郎」

右之もの、先達て盗物取扱候依科、敲御仕置受候身分、天草出生之由、庄吉申合、仏朗西商人カイマンス附属唐人蔡光方宅外囲ひ戸明有之処ゟ立入、右庄吉ニ外見為致、又は壱人立、英吉利商人ウヲールト方板塀損し候所ゟ這入、其度ミ鳥類鉄物其外品ミ盗取、或ハ人不居合小屋前ニ布出し有之宅外物干竿等ニ掛有之衣類股引小切等盗取候始末不届ニ付、入墨之上重敲、

〔53〕
「子十一月廿一日」
「丑三月二日入」
三　「丑九月廿八日赦免」　筑前無宿事　喜平

右之もの、銅銭之儀ニ付ては兼て御触之趣も有之処、唐人ぇ売渡し候ハヽ、利潤も可有之と存、名住所不存ものゟ銅銭買取、唐人ぇ可売渡と仕成候始末不埒ニ付、所持之銅銭取上、於牢内手鎖、

〔54〕
「丑三月九日」
「寅二月廿八日赦免」　長州無宿　喜平　「改 清兵衛」

右之もの、きよゟ頼受候帯外一品は盗物と乍承、売払遣し又は買取、未世話料は不貰受候とも、右始末不届ニ付、重敲、

〔55〕
「丑三月九日」　浦上村無宿　馬次郎

右之もの、藤平ゟ頼受候材木は、同人盗取候品之趣乍承、売払遣し、世話料貰受候始末不届ニ付、急度も可申付処、旧悪之儀ニ付、不及咎之沙汰、

〔56〕
「子（ママ丑）三月九日」
「卯九月廿五日赦免」　平戸無宿　入墨　嘉作

右之もの、先達て不届有之、入墨之上重敲可申付処、幼年之儀ニ付入墨御仕置受候身分ニて、住所不知儀三郎売払之儀頼聞候衣類、其外は同人盗取候品之由承り、一旦相断候趣なれ共、強て申聞候迚、売払遣し世話料貰受、又は売払代之内酒食ニ遣捨候始末不届ニ付、重敲、

〔57〕
嶋原無宿　貞吉

右之者儀、盗悪事は無御座候得共、無宿ニて立廻所業不宜ものニ付、当分寄場入被仰付候様仕度奉存候、以上、

丑三月　公事方　御手附

〔58〕
「丑四月二日申渡」
「即日入」

高木作右衛門御代官所
肥前国彼杵郡浦上村山里
馬込郷
百姓
惣太郎
「改 藤吉」

右之もの、賭之諸勝負は前ゝゟ御法度之趣乍弁、もと当主宅ニて酒興之上、友吉外四人手合ニ加リ、弐三文賭之かるた博奕いたし候始末不届ニ付、敲、

〔59〕
「丑四月二日申渡」
「同五月廿二日入」
「同十月三日御赦免」

天草無宿
兼吉

右之もの、干鮑等は猥ニ売買不相成、米麦は外国人ぇ売渡間敷旨御触之趣乍弁罷在、本五嶋町浅吉任頼、同町七蔵倶ゝ行衛不知竹五郎ぇ干鮑売払遣し、又は外国人米入用之由ニて売渡可申世話いたし呉候様、身之不知作兵衛任頼、米買入、同人ぇ売渡し、其度ゝ世話料売値等取候始末不埒ニ付、貰受候金幷米売払代金とも取上、於牢内五十日手鎖、

〔60〕
「丑閏五月二日」

高木作右衛門御代官所
肥前国彼杵郡長崎村
西山郷
百姓
嘉作
「改 嘉七」

同村
木場郷
百姓
喜左衛門

大井手町
作太郎借家
新吉

新大工町
佐野次借家
三之助

長崎村
西山郷

百姓
文蔵悴
佐　吉
「改 国太郎」

新大工町
由太郎借家
作太郎

本紙屋町
熊三郎借家
藤　吉

豊後無宿
庄兵衛

出来大工町無宿
広　吉
「丑九月廿八日赦免」

中紺屋町
卯　七
「寅二月廿八日赦免」

右之もの共之内、卯七は先達て煎海鼠干鮑取扱候依科、手鎖御咎受候身分ニて、喜左衛門外七人、嘉作方ぇ寄合酒給候上、一同手合ニ加り、弐三文賭之かるた博奕いたし、其上廻り筒賽博奕をも可相催と申合候始末不届ニ付、一同敲、

〔61〕

「丑閏五月二日」
「丑九月廿八日赦免」

嶋原無宿宿
清助事
龍　斎

右之もの、猥ニ鉄炮売買いたす間敷候処、徳蔵任申、盗物とは不存候とも、得と出所も不相糺短筒買取、売払候始末不届ニ付、売払代金取上、長崎市中を構、江戸払、

〔62〕

「丑閏五月二日」
「同五日入」

豊前無宿
徳　蔵
「寅七月十四日赦免」

右之もの、英吉利人ケツフル方入口明キ有之、人不居合ニ付、与風悪心差発立入、卓子台上ニ取出し有之短筒壱挺盗取、売払代金酒食ニ遣捨候始末不届ニ付、入墨之上重敲、

〔63〕

「丑閏五月九日」

有家村無宿
五郎左衛門
「寅二月廿八日赦免」

右之もの、盗物とは不心付候とも、身元不知新兵衛任頼、得と出所も不相糺、銅樋売払遣し世話料貰ひ受、其上上筑後町聖福寺寺中松月院貸家ニ乍罷在、同人外主人申勧候迚同道いたし、同院本堂屋根ゟ落居候銅延板盗取候始末不届ニ付、敲、

〔64〕

「丑閏五月九日」

長崎村無宿
入墨
岩吉事
岩助
「寅九月十九日赦免」

右之もの、先達て盗いたし候依科、入墨敲御仕置相成候身分ニて、幾太郎盗取候金子取戻方之儀、英吉利人フランキゟ頼受候ハヽ、早速可訴出処、内証ニて取戻可遣と幾太郎ゟ金子受取候後、同人任申、右金差戻し候始末不埒ニ付、急度も可申付処、自訴いたし候付、不及咎之沙汰、

〔65〕

「丑閏五月十七日」

五嶋無宿
善吉
「改 善蔵」
「寅二月廿八日赦免」

右之もの、椛嶋町波戸場（ママ）ニ繋留有之候艀船ニ取出し有之候衣類を、右波戸場石段え下り手を延し、又ハ東濱町名前不存呉服屋弐ヶ所見世先ニ取出し有之候帯地等、其度ヽ盗取候始末不届ニ付、敲、

〔66〕

「丑閏五月廿六日」

東築町無宿
喜代八

右之もの、先達て不届有之、重追放御仕置相成候身分ニて、御構之地と乍弁立入、積越候米、外国附属之由、名前不存唐人え密売可致と仕成し、いまた事は不遂候とも右始末不届ニ付、所持之白米取上、敲之上重追放、

〔67〕
「丑閏五月廿六日申渡」
「同廿九日入」

有田村無宿
松太郎「改 松蔵」
「寅七月十四日赦免」

右之もの儀、外浦町太三郎外弐人宅表入口戸明キ有之処ゟ立入、又は末永献太郎方ニては日雇ニ被雇相越候砌、同人勝手戸明キ有之所ぇ立入、其度ゝ衣類銭其外品ゝ盗取候始末不届ニ付、入墨之上重敲、

〔68〕
「子十一月九日入」
「但、丑六月七日書取ケ条候ニ付、丑年分ニ綴込置候事」

戸町村
大浦勝之丞書上
同所徳次郎方加住
嶋原城下新町
留次郎悴
万吉
子十九才

右申口

私儀、御不審之廉御糺ニ御座候、此段申上候、父留次郎母共存命、日雇稼家内五人暮困窮之餘、去ゝ越年五月日不覚、其筋ぇ願出往来手形申受、両親始一同国元立出、同月下旬御当地ぇ罷越、大浦ぇ書上、同所徳次郎方ぇ加住いたし、父一同日雇稼罷在、当八月初旬ゟ英商フイルト方ぇ部屋働ニ被雇相越、然ル処、去月九日同人居間掃除いたし居候処、フイルト用事出来外出いたし候ニ付、錠前無之手箱取片付候砌、右箱蓋明キ候ニ付無何心見請候処、金子ニも可有之目重之品紙ニ包入有之、其儘差置候ては不宜儀と心付、同人立戻次第可相渡と懐中いたし居候処、御召捕相成御糺御座候ニ付、右之段有躰申上候儀ニて盗取候心底ニて仕成候儀ニは無御座、此上御慈悲奉願候、
右之通少も相違不申上候、

子十月

右之通申立候ニ付、此段申上候、以上

中山実之助
溝江良太夫

〔69〕

「丑二月五日入

嘉永三戊年二月廿七日盗いたし候依科、同年三月十三日、入墨重敲之上門前払相成候、

同六丑年九月盗物取扱候依科、翌寅年正月廿七日、重敲之上門前払相成候、

安政五年十一月十三日盗物取扱候依科、去ル酉八月十三日、重敲之上人足寄場入被仰付、去ル亥十一月廿五日、同所御赦免相成申候、」

壱州無宿
入墨
力蔵
丑四十五才

右之もの、盗悪事は無之候得共、無宿ニて立廻り種々不宜風聞も相聞候ニ付、当分寄場入被仰付置候様仕度、此段申上候、以上、

丑正月　公事方
御手附

〔70〕

「丑二月五日入」

大坂中之嶋港橋丁
無宿
平吉
丑三十六才

「卯二月晦日赦免」

嶋原湯江村
無宿
市兵衛
丑二十五才

右之もの共、盗悪事は無御座候得共、無宿ニて所々立廻、平常身持不宜者共ニ付、寄場入被仰付度奉存候、此段申上候、以上、

丑正月廿七日　盗賊改方
小田瓊蔵
伊東福太郎

〔71〕

「丑二月廿三日」

天草無宿
市次郎事
源之助（ママ七）
「改 市次郎」

右之もの、先達て盗物取扱候依科、敲御仕置受候身分、天草出生之由、庄吉申合、仏朗西商人カイマンス附属唐人蔡光方宅外囲ひ戸明キ有之処ゟ立入、右庄吉ニ外見為致、又は壱人立、英吉利商人ウヲールト方板塀損候処ゟ這入、其度々鳥類鉄物其外品々盗取、或は人不

居合宅外物干竿等ニ懸ヶ有之衣類股引小切レ等盗取候始末不届ニ付、入墨之上重敲、

〔72〕
「丑三月九日入」

肥後無宿
又五郎
丑二十六才

右之もの儀、盗筋は無之候得共、無宿ニて立廻り、所業不宜ものニ付、寄場入被仰付候方哉ニ奉存候、以上、

丑二月
公事方
御手附

〔73〕
「丑閏五月九日入」

天草二重村無宿
才六事
清太郎
丑二十八才
「寅二月廿八日赦免」

右之もの、盗悪事は無御座候得共、無宿ニて所々立廻り、殊ニ風聞不宜候ニ付、当時寄場入被仰付候様仕度奉存候、依之此段申上候、以上、

丑五月
盗賊改方
小田瓊蔵

〔74〕
「丑閏五月廿六日入」

萬屋町
入墨
嘉平申口
丑三十七才

私儀不埒之致取計候始末御糺御座候、

此度申上候、父嘉平太相果、母たね存命、家内五人暮、左官渡世罷在候処、弘化四未年七月中、盗いたし候依科、入墨之上重敲御仕置受候後、身持不宜候ニ付、去子九月寄場ぇ被差遣、当三月二日同所御赦免相成候、然ル処困窮差迫難給続、同五月二日大井手町伝之助方ぇ罷越、急速入用有之候間、

博多織男帯　　壱筋

貸呉候様品能申偽借受、同四日、桶屋町広太郎方ぇ罷越、前同様申聞、

呉羅服連男帯　壱筋

借受、右弐品本石灰町粂蔵方ぇ銭壱貫八百文ニ致質入、不残雑用ニ遣捨候処、右次第入御聴、御召捕ニ相成候儀之旨申上候処、右之外ニも盗其外悪事いた

し候儀も可有之と再応御糺御座候得共、前書申上候
外曾て無御座、此上御慈悲奉願候、
右之通相違不申上候、

丑閏五月　　　　嘉　平

定廻御調所

右之通申立候ニ付、此段申上候、以上、

盗賊改方
藤瀬助十郎

〔75〕

「丑六月廿六日入」

古町無宿
入墨
律次郎
丑三拾九歳
「卯二月晦日赦免」

右之者、十ヶ年前辰年、盗物取扱候依科、入墨重敲之
御仕置受候、以来盗悪事は無之共、無宿ニて所ゝ立廻、
平常身持不宜者ニ付、寄場入被仰付度奉存候、此段申
上候、以上、

丑六月

盗賊改方
津田宗十郎

〔76〕

本籠町
広太郎
丑二十一歳
「寅二月廿八日赦免」

右之もの、盗悪事は無御座候得共、平常身持不宜もの
ニ付、寄場入被仰付度奉存候、此段申上候、以上、

丑六月

盗賊改方
津田宗十郎

〔77〕

肥前無宿
入墨
久　助
丑三十一歳
「寅九月十九日赦免」

柳川三池無宿
善　作
丑二十四才
「寅二月廿八日赦免」

筑前秋月無宿
嘉　吉
丑三十才
「右同断」

右之もの共、盗悪事は無之候得共、無宿ニて立廻り、
種ゝ不宜風聞も相聞候、以来不所行之もの共ニ付、当

分寄場入被仰付候様仕度奉存候、依之此段申上候、以
上、

丑六月　　公事方
　　　　　御手附

〔78〕
「丑七月廿(ママ)九日」
「同十二日入」

天草無宿
藤重
「寅七月十四日赦免」

右之もの、戸町村浪ノ平半次郎ゟ屋根板買取呉候様頼
受、金子受取買入として相越候途中、与風悪心差発、
右金子横取いたし、又は茂木村熊次郎ゟ水主ニ被雇候
節、同人所持之船内ニ取出し有之衣類蒲団等盗取候始
末不届ニ付、入墨敲、

〔79〕

補上村
入墨
留八
丑十九歳
「寅七月十四日赦免」

「去子六月致盗候依
科、入墨之上重敲、
居村ぇ御引渡」

右之もの儀、盗悪事は無之候得共、所ゝ立廻り、種ゝ
不宜風聞も相聞、近来不所行之ものニ付、当分寄場入
被仰付候様仕度奉存候、依之此段申上候、以上、

丑七月　　公事方
　　　　　御手附

〔80〕
「丑八月廿三日」

江向村無宿
喜助
「寅二月廿八日赦免」

右之もの、唐外国品売買之儀、幷煎海鼠・干鮑・鱶鰭
等猥ニ売買不相成段、前ゝ御触之趣弁乍罷在、東築町
徳太郎外壱人ゟ薬種類買取、無手板ニて肥前国唐津ぇ
持越、名前不存ものぇ売払売徳取、又は干鮑買取、同
国時津村作蔵外壱人ぇ預ヶ置候始末不埒ニ付、急度も
可申付処、日数入牢申付置候間令宥免、不及咎之沙汰、

〔81〕
「丑八月廿三日」

長崎村無宿
丑之助
「寅九月十九日赦免」

右之もの、先達て雇主ゟ被頼売払候品代金遣込候依科、入墨敲可申付処、金子時計とも相償候ニ付、令宥免所払御仕置受候身分、鍛冶屋町最寄川岸ニ人離之場所おいて、無宿非人源太郎其外名住所不存もの三四人之手合ニて、廻り筒賽博奕相催候始末不届ニ付、重敲、

〔82〕

「丑八月廿三日」

矢上村無宿　末太郎

右之もの、無宿之身分押隠し、勝山町由太郎を頼、当所滞在之儀、其筋相届、同町木戸番いたし罷在、其上煎海鼠・干鮑・鱶鰭等猥ニ売買不相成段、兼て御触之趣も有之処、矢上村重助ゟ煎海鼠売捌方任頼、外国人部屋働之由住所不知又吉ぇ世話いたし、右品為売払、礼金貰受候始末不届ニ付、長崎市中を構、江戸払、

〔83〕

「丑八月廿三日」

「同月廿六日入」

五嶋無宿　正　吉　「寅九月十九日赦免」

右之もの、本興善町きみ方ぇ日雇ニ相越候節、人不居合透を見合、納戸ニ取出し有之候衣類夜具等盗取候始末不届ニ付、入墨敲、

但、人足寄場ぇ差遣、

〔84〕

「丑九月十八日」

伊予無宿　清之助　「寅九月十九日赦免」

右之もの、知人長崎村小嶋郷助次病気之趣承り、平癒之祈禱いたし可遣間、金銀之幣之代り仮ニ通用金可用趣申欺、四両為差出、箱ぇ入、祈禱いたし候躰ニ仕成、同人便所ぇ罷越候透を見合、右金不残取出しかたり取、明キ箱を封し相渡、其上祈禱料として金壱分貰受候始末不届ニ付、入墨敲、

〔85〕
「丑九月十八日」
有家村無宿
多五郎
「寅九月十九日赦免」
右之もの、肥前国戸町村字大浦由五郎方ニ被雇中、同人方ぇ外国人ゟ洗濯ニ差越候衣類、洗濯出来、持越候途中横取いたし売払候始末不届ニ付、入墨敲、

〔86〕
「丑九月十八日」
「卯四月晦日赦免」
肥後無宿
新吉事
新蔵
右之もの、先達て盗いたし候依科、敲御仕置相成候身分ニて、名前不存外国人道案内ニ被雇、寄合町遊女屋繁左衛門方ぇ連越、立帰候節、右外国人取残し置候短筒盗取、預ケ置、金子借受候始末不届ニ付、入墨、

〔87〕
「丑十月二日」
酒屋町無宿
由次郎
右之もの、先達て不届有之、重敲之上中追放、其後重追放御仕置相成候身分ニて、肥後国天草嶋おいて当時住所不存重兵衛任頼、米買受遣し外国船ぇ売渡可申旨同人申ニ同意いたし、外国船繋り居候場所ぇ積廻し候途中、村役人ニ被差止、其上親之墓参可致迚、御構場所ぇ立入候段、米は売戻し、事は不遂候とも、右始末旁不届ニ付、敲之上重追放、

〔88〕
「丑十月二日」
嶋原無宿
入墨
虎蔵事
常吉
「卯二月晦日赦免」
右之もの、先達て盗いたし候依科、入墨之上重敲御仕置相成候身分ニて、繁左衛門抱遊女唐歌ニ被頼、同人父栄助方ゟ衣類帯等請取、持帰候途中、右品横取いたし候始末不届ニ付、重敲、

〔89〕
「丑十月二日」

西濱町無宿
正之助
「病死」
「改 卯之助」

右之もの、英商コロウル部屋門先外壱ヶ所物干竿又は木挽小屋入口ニ積置候材木ニ掛有之衣類其外、本石灰町長太郎外壱人方見世ニ取出或ハ軒先ニ干有之候衣類帯等、盗取候始末不届ニ付、敲、

〔90〕
「丑十月二日」
「同五日入」

嶋原村無宿
兼三郎
「卯二月晦日赦免」

右之もの、西上町永尾源一郎方表入口戸明有之候所ゟ立入、座敷ニ取出し有之脇差・衣類等盗取始末不届ニ付、入墨之上重敲、

〔91〕
「丑十月九日入」

嶋原
北有馬村無宿
勘兵衛
丑二十四歳
「寅六月廿八日赦免」

右之もの、盗悪事は無之候得共、無宿ニて所ヽ立廻、不宜風聞も相聞候ニ付、当分寄場入被仰付候様仕度奉存候、依之此段申上候、以上、

丑九月

公事方
御手附

〔92〕
「丑十月九日入」

備前無宿
鉄之助
丑三十七歳
「寅二月廿八日赦免」

右之もの、盗悪事は無之候得共、無宿ニて所ヽ立廻り、種ヽ不宜風聞も相聞、不所業ニて市中之妨ニも相成候ニ付、当分寄場入被仰付候様仕度奉存候、依之此段申上候、以上、

丑九月

公事方
御手附

〔93〕

乍恐奉願上候書付

「丑十月廿九日入」

南馬町
家持細物渡世
弥平次弟
源三郎
丑二十六歳
「改 藤三郎」

一願人つね奉申上候、私悴弥平次弟源三郎儀、平日身持不宜者ニ御座候間、弥平次私は勿論親類共ゟも是迄異見度ヽ差加候得共、一円身持相改不申、追ヽ悪癖増長仕、当時ニ至候ては衣類其外手之掛り持出、酒食之ためニ売払、家業手加勢之心掛も無御座、甚難儀仕候ニ付、何卒為懲、寄場入被為仰付被下度、此段乍恐以書付奉願上候、

慶応元年丑十月

南馬町
右源三郎母
つね

御奉行所様

前書之通奉申上候ニ付、奥印仕、此段申上候、

以上、

乙名
津田安一郎

〔94〕

「丑十月廿六日」
「同十月廿九日入」

天草無宿
藤助
「寅九月十九日赦免」

右之もの、恵美酒町古賀藤左衛門宅表入口戸明有之処ゟ立入、座敷ニ取出し有之刀衣類等盗取候始末不届ニ付、入墨之上重敲、

〔95〕

「丑十一月五日入」

本大工町
伝吉悴
辰三郎
丑十九才

今魚町
寅之助
同二十二才

右之もの共、盗悪事ニは携居不申候得共、兼て身持不所業之もの共ニ付、当時寄場入被仰付候様仕度奉存候、

此段申上候、以上、

丑十一月　　盗賊改方
　　　　　　伊東福太郎

〔96〕

「丑十一月十六日」
　　　　　　後興善町無宿
「卯九月廿五日赦免」　入墨　由太郎

右之もの儀、先達て盗いたし候依科、入墨之上重敲、其後盗物取扱候依科、重敲御仕置受候身分ニて、肥後無宿喜八任頼、盗物ニも可有之と乍心付、反物類売払又は質入いたし遣し、礼金貰受候始末不届ニ付、重敲、

〔97〕

「丑十一月十六日」
　　　　　　唐津無宿
「卯二月晦日赦免」　儀助

右之もの儀、無宿之身分押隠し、肥後国志岐村（マヽ志々岐村カ）之もの之由申偽、本石灰町和四郎を受人ニ頼、当所滞在之儀其筋相届、或ハ住所不知弥助任頼、怪敷品と乍心付ホツタース売払遣し、世話料貰受候始末不届ニ付、重敲之上長崎市中を構、江戸払、

〔98〕

「丑十一月十六日」
「同十九日入」
　　　　　　井垣村無宿
「寅九月十九日赦免」　利三郎

右之もの、本興善町直蔵方ゑ被雇相越、同人方定雇菊次郎外壱人申付受、直蔵方ゟ東濱町治兵衛方ゑ差送候筵包反物持越候途中、与風欲心差発、知人袋町木戸番人栄太郎ニ出会、右品外方ゑ持行預ヶ置呉候ハヽ、追て売払代金配分可致旨申聞、同人ゑ相渡候上、右直蔵方ゑ立戻、持越候反物ハ治兵衛方ゑ相届候趣ニ申偽、衒取候始末不届ニ付、入墨敲、

〔99〕

「丑十一月十六日」
「同十九日入」
「卯四月晦日赦免」
　　　　　　堂崎村無宿
　　　　　　栄太郎

右之もの、無宿之身分押隠し、知人袋町豊吉を頼、当所滞在之届いたし貰ひ、其上本興善町直蔵方ゟ東濱町治兵衛方ぇ差送候木綿反物入候筵包、利三郎持越候途中、同人ニ出会、右品かたり取、追て売払代金配分可致間、外方ぇ持行預ヶ置呉候様申聞候ニ同意いたし、江戸町木戸番人円助方ぇ持行、同人女房ぇ預置、後利三郎行衛不相知迚、追ゝ質入又は売払預ヶ置、金子借受酒食ニ遣捨候始末不届ニ付、入墨之上長崎市中を構、江戸払、

〔100〕
「丑十一月十六日」
「同十九日入」

肥後無宿　喜八
「卯九月廿五日赦免」

右之もの、先達て盗いたし候依科、敲御仕置受候身分ニて、無宿為八任頼、盗物と乍承、反物売払遣し世話料貰受、其上同人申合、西濱町吉五郎外両人方見世ぇ立寄、買物いたし候躰ニ仕成、反物帯地等盗取候始末不届ニ付、入墨敲、

〔101〕
「丑十一月廿一日入」

西濱町無宿　入墨　清四郎
「寅十一月十二日病死」

右之もの、先達て不届有之、敲又は入墨之上重敲御仕置受候身分ニて、住所不知佐吉任頼、怪敷品と乍心付、衣類帯等売払遣し、世話料として帯壱筋貰ひ受候始末不届ニ付、重敲、

〔102〕
「丑十一月廿一日入」

今町無宿　鶴之助事　鶴十

右之もの、先達て不埒有之、手鎖又は過料可申付処、日数入牢ニ付、其度ゝ宥免を以、咎之不及沙汰旨申渡候後、不届有之、敲或ハ長崎市中を構、江戸払御仕置相成候身分ニて、御構場所ぇ立入、其上矢上村紋太郎ぇ銭貸呉候様申聞候処、聢と返答も不致候迚、頻ニ心外

ニ相成、同人ニ迷惑可為致と、其場ニ落居候剃刀拾ひ取、右を以紋太郎ェ為疵負候始末不届ニ付、長崎市中郷中を構、江戸十里四方追放、

〔103〕
「丑十一月廿一日入」

越前無宿　貞吉　「寅七月十四日赦免」

右之もの、人立場ニて、旅人躰之もの腰ニ提居候煙草入、又は袂ニ入居候金銭抜取候始末不届ニ付、敲、

〔104〕
「丑十一月廿一日」

豊後無宿　直助　「寅二月廿七日病死」

天草無宿　文吉　「同四月八日病死」

右之もの共、孛漏生岡士キニフルゟ通ひ船水主ニ被雇、荷物船積之砌、箱物損候迚、内ニ有之塗物類、一同申合盗取候始末不届ニ付、両人とも敲、

〔105〕
「丑十一月廿一日」

三丈分村無宿
才次郎事　才重　「卯九月廿五日赦免」

右之もの、先達て不届有之、敲御仕置相成候身分ニて、喜代松任頼、盗物ニも可有之と乍心付、礼金可貰受と欲情ニ迷ひ、塗物類売捌方相頼、新町正吉方ニ罷在候才蔵ェ渡置候始末不届ニ付、敲、

〔106〕
「丑十一月廿一日」
「同廿四日入」

茂木村無宿
入墨　福松　「改　宗吉」　「卯九月廿五日赦免」

右之もの、先達て不届有之、入墨之上重敲可相成処、幼年之悪事ニ付、入墨又は度ゝ重敲御仕置受、或は私領役場おいて追払相成候身分ニて、入墨有之候ては人交りも難相成迚、右入墨を自分と消粉候始末不届ニ付、

如元入墨之上長崎市中を構、江戸払、

〔107〕
「丑十一月廿六日」
「同月廿九日入」
「寅七月病死」　伊予無宿　謙吉

右之もの、住所不存玄宅倶ヽ揉療治として本石灰町喜兵衛方ぇ相越、同人方ニ止宿之旅人を療治いたす砌、玄宅申合、其場ニ取出し有之金子入之巾着盗取、又は壱人立、恵美酒町利八方ぇ入湯ニ相越、混雑之紛、揚り場ニ有之入湯人之脇差盗取候始末不届ニ付、入墨敲、

〔108〕
「丑十二月十六日」
「寅七月十四日赦免」　大坂無宿　六兵衛

右之もの、盗物之由は不心付候とも、得と身元出所も不相糺、知候人宗太郎任頼、杉板持運遣し、賃銭貰受候始末不埒ニ付、急度叱り、

〔109〕
「丑十二月十六日」
「同十九日入」
「卯二月晦日赦免」　下ノ関無宿　喜市

右之もの、本博多町作平宅表板囲ひ損所ゟ這入、〆り無之裏入口戸を明ヶ立入、見世ニ取出し有之候反物盗取、其上当時行衛不知源次郎任頼、盗物と承なから反物質入いたし遣し、世話料貰受候始末不届ニ付、入墨之上重敲、

〔110〕
「丑十二月廿六日」
豊後無宿　入墨　禎助

右之もの、先達て不届有之、入墨之上重敲御仕置相成候身分ニて、盗物と乍承、清吉任申、衣類其外質入又は売払遣し、金銭衣類等貰受候始末不届ニ付、重敲、

〔111〕
「丑十二月廿六日」

五嶋無宿
入墨
鶴之助

右之もの、先達て不届有之、入墨敲御仕置相成候身分ニて、盗物ニも可有之と乍心付、禎助任申、木綿反物其外質入又は売払遣し、礼金貰受候始末不届ニ付、重敲、

〔112〕

「丑十二月廿六日」

油屋町無宿
米吉
「病死」

右之もの、無宿非人幸作外壱人申合、往来通行之名前不存外国人酒ニ酔居候を見込、股引隠しニ入居候銀銭抜取候始末不届ニ付、敲、

〔113〕

「丑十二月廿七日」

豊前無宿
祐道
「寅七月十四日赦免」

右之もの、住所不知元達を頼、似せ往来切手認貰所持いたし、又は肥前国日見村清兵衛方おいて、相宿無宿勇外弐人申合、廻り筒賽博奕可相催といたし成候始末不埒ニ付、急度も可申付処、日数入牢申付置候間、宥免せしめ不及咎之沙汰、

〔114〕

「丑十二月廿七日」

豊前無宿
松之助
「改　要八」
「寅七月十四日赦免」

右之もの、肥前国日見村清兵衛方ぇ止宿之節、相宿無宿勇外弐人申合、廻り筒賽博奕可相催といたし成候始末不埒ニ付、急度も可申付処、日数入牢申付置候間、令宥免、不及咎之沙汰、

〔115〕

「丑十二月廿七日」

有田村無宿
半次郎
「寅七月十四日赦免」

右之もの、無宿之身分押隠し、西古川町丈吉方ぇ奉公中、同人申付受、□掛銭取立候内引負いたし、又は同人妹その所持之帯借受候約束いたし置候とは乍中、同人留守中、錠前無之簞笥ニ入有之右品無断取出し、質入いたし候始末不届ニ付、敲、

〔116〕

「丑十二月廿七日」　豊後無宿　益　平　「寅七月十四日赦免」

右之もの、ゴロウル居宅外山手之方、囲ひ無之鉄炮置き場ニ有之鉄炮壱挺盗取候始末不届ニ付、敲、

〔117〕

「丑十二月廿六日」
「同廿九日入」　有家村無宿　貞　七　「卯□□」

右之もの、無宿之身分押隠し、銀屋町保之助方ぇ奉公中、納戸ニ取出し有之候金銭衣類等取逃いたし候始末不届ニ付、入墨敲、

〔118〕

「丑十二月廿七日」
「同廿九日入」　豊前無宿　勇　「寅七月十四日赦免」

右之もの、名住所不存道連之旅人ゟ似せ勧任（ママ）帳と乍心付貰受、右を以所ゝ勧任（ママ）銭欺き取、其上肥前国日見村清兵衛方ぇ止宿之節、相宿無宿祐道外弐人手合ニて、廻り筒賽博奕可相催といたし成候始末不届ニ付、入墨敲、

〔119〕

「丑十二月廿七日」
「同廿九日入」　今宿村無宿　文　城　「寅七月十四日赦免」

右之もの、住所不知修験之由泰岩ゟ天満宮御影之判木（ママ）借受、右を摺立、筑前国天拝山円智坊方ゟ之配札之趣ニ申偽、悴文昌外壱人倶ゝ信仰之もの共ぇ配札いたし、初穂として銭貰ひ受、又は無宿元達を頼、似せ往来切手認貰、所持罷在候始末不届ニ付、入墨敲、

〔120〕
「丑十二月廿七日」
「同廿九日入」

無宿坊主
実　道

「寅七月十四日赦免」

右之もの、無宿文城任申、同人所持之天満宮御影之判（ママ）木摺立、筑前国天拝山円智坊方ゟ之配札之趣ニ申偽、文城外壱人倶ゝ配札いたし、初穂として銭貰ひ受、又は住所不知寒山を頼、似せ往来切手認貰ひ、所持罷在候始末不届ニ付、入墨敲、

〔121〕
「丑十二月廿七日」
「同廿九日入」

今宿村無宿
文城悴
無宿
文　昌

「寅七月十四日赦免」

右之もの、父文城任申、同人致所持候天満宮御影之判（ママ）木摺立、筑前国天拝山円智坊方ゟ之配札之趣ニ申偽、文城外壱人倶ゝ信仰之もの共ぇ配札いたし、銭貰受、又は住所不知寒山を頼、似せ往来切手認貰ひ、所持罷在候始末不届ニ付、入墨敲、

史料2「寄場人足飯米勘定帳」（長崎県立長崎図書館所蔵〔現在は長崎歴史文化博物館所蔵〕「御用留（慶応二年、公事方掛）」より）

吉岡艮大夫
貝塚彦之丞
東條八太郎
公事掛

御勘定方

寄場人足飯米勘定帳　公事方懸

一玄米弐拾壱石八斗弐升弐合八夕四才　寅年分請取元と可相立分
是ハ丑正月元日ゟ同十二月廿九日迄、寄場人足
飯米入用遣払差引残之分、

一米四百九拾俵　瀬崎佐蔵ゟ請取候分
此石数、弐百三拾四石八斗壱升三合
内訳
米四拾俵　二月六日渡り請取
此石数、拾八石八斗八升
但、四斗七升弐合入
同四拾俵　三月二日渡り請取
此石数、拾八石九斗三升六合
但、四斗七升三合四夕入
同四拾俵　三月廿九日渡り請取
此石数、拾九石弐斗三升六合
但、四斗八升九夕入
同四拾俵　四月廿九日渡り請取
此石数、拾九石弐斗三升六合
但、四斗八升九夕入
同五拾俵　六月二日渡り請取
此石数、弐拾四石〇六升五合
但、四斗八升壱合三夕入
同四拾俵　七月九日渡り請取
此石数、拾八石七斗壱升六合

但、四斗六升七合九夕入

同四拾俵　八月九日渡り請取

此石数、拾九石四斗三升弐合

但、四斗八升五合八夕入

同四拾俵　九月十日渡り請取

此石数、拾九石二斗

但、四斗八升入

同四拾俵　十月六日渡り請取

此石数、拾九石壱斗弐升

但、四斗七升八合入

同四拾俵　十一月十一日渡り請取

此石数、拾九石六斗五升六合

但、四斗九升壱合四夕入

同四拾俵　十一月廿九日渡り請取

此石数、拾八石六斗七升六合

但、四斗六升六合九夕入

同四拾俵　十二月十六日渡り請取

此石数、拾九石六斗六升

但、四斗九升壱合五夕入

合米弐百五拾六石六斗三升五合八夕四才

此払

米弐百弐拾五石三斗三升弐合九夕六才　寅正月元日ゟ同十二月晦日迄、人足飯米渡方取計候分、

此白米弐百〇七石三斗〇六合三夕弐才

但、搗減八歩之積

内訳

白米拾四石五斗四升五合　正月分渡し一日壱人ニ付、玄米五合ツヽ、

此延人数、弐千九百拾壱人

朔日ゟ廿一日迄、　九拾六人ツヽ、二千拾六人

廿二日ゟ廿三日迄、　九拾七人ツヽ、百九拾四人

廿四日ゟ廿六日迄、　九拾九人ツヽ、弐百九拾七人

廿七日ゟ晦日迄、　百人ツヽ、四百人

〆弐千九百七人、一日壱人付、白米五合ツヽ、

廿一日、新入人足壱人、弐合五夕

廿三日、同　弐人、五合

廿六日、同　壱人、弐合五夕

〆四人、壱人ニ付、弐合五夕ツ、
白米拾五石七斗五升七合五夕　二月分渡し、右同断
此延人数、三千百六拾壱人
朔日ゟ六日迄、　百人ツ、六百人
七日ゟ八日迄、　百壱人ツ、弐百弐人
九日、　百弐人
十日、　百五人
十一日ゟ十二日迄、百六人ツ、弐百拾弐人
十三日ゟ十六日迄、百八人ツ、四百三拾弐人
十七日ゟ廿一日迄、百拾五人ツ、五百七拾五人
廿二日、　百拾六人
廿三日ゟ廿四日迄、百拾七人ツ、弐百三十四人
廿五日ゟ廿六日迄、百拾八人ツ、弐百三十六人
廿七日ゟ廿八日迄、百拾七人ツ、弐百三十四人
廿九日、　九拾四人
〆三千百四拾弐人、一日壱人ニ付、白米五合ツ、
六日、新入人足壱人、弐合五夕
八日、同　壱人、弐合五夕
九日、同　三人、七合五夕
十日、同　壱人、弐合五夕
十二日、同　弐人、五合
十六日、同　七人、壱升七合五夕
廿一日、同　壱人、弐合五夕
廿二日、同　壱人、弐合五夕
廿四日、同　壱人、弐合五夕
廿八日、同　壱人、弐合五夕
〆拾九人、壱人ニ付、弐合五夕ツ、
廿六日、病死人足壱人、廿七日ゟ扶持米引
廿八日、赦免人足廿四人、廿九日ゟ扶持米引
〆
白米拾四石九斗三升七合五夕　三月分渡し、右同断
此延人数、弐千九百九拾六人
朔日ゟ五日迄、　九拾四人ツ、四百七拾人
六日ゟ八日迄、　九拾六人ツ、弐百八拾八人
九日ゟ十四日迄、九拾七人ツ、五百八拾弐人
十五日、　九拾八人
十六日ゟ十七日迄、九拾六人ツ、百九拾弐人
十八日ゟ十九日迄、九拾七人ツ、百九十四人

廿日ゟ廿一日迄、　九十九人ツ、百九十八人
廿二日ゟ廿四日迄、百四人ツ、三百拾弐人
廿五日ゟ廿六日迄、百六人ツ、弐百拾弐人
廿七日ゟ廿九日迄、百八人ツ、三百弐拾四人
晦日、　　　　　　百九人
〆弐千九百七拾九人、一日壱人ニ付、白米五合ツ、
五日、新入人足弐人、五合
八日、同　　壱人、弐合五夕
十四日、同　壱人、弐合五夕
十七日、同　壱人、弐合五夕
十九日、同　弐人、五合
廿一日、同　五人、壱升二合五夕
廿四日、同　弐人、五合
廿六日、同　弐人、五合
廿九日、同　壱人、弐合五夕
〆拾七人、壱人ニ付、弐合五夕ツ、
十六日ゟ逃去候人足弐人分、扶持米引
〆

白米拾六石九斗弐升五合　四月分渡し、右同断
此延人数、三千三百九拾弐人
朔日ゟ二日迄、百九人ツ、弐百拾八人
三日ゟ五日迄、百拾四人ツ、三百四十弐人
六日ゟ八日迄、百拾六人ツ、三百四十八人
九日ゟ十日迄、百拾五人ツ、弐百三拾人
十一日ゟ十二日迄、百拾四人ツ、弐百弐十八人
十三日ゟ十六日迄、百拾五人ツ、四百六十拾人
十七日ゟ十九日迄、百拾七人ツ、三百五拾壱人
廿日ゟ廿一日迄、　百拾八人ツ、弐百三十六人
廿二日ゟ廿四日迄、百弐拾人ツ、三百六十人
廿五日ゟ廿九日迄、百弐拾一人ツ、六百五人
〆三千三百七拾八人、一日壱人ニ付、白米五合ツ、
二日、新入人足五人、一升二合五夕
五日、同　　弐人、五合
十二日、同　壱人、弐合五夕
十六日、同　式人、五合
十九日、同　壱人、弐合五夕
廿一日、同　弐人、五合
廿四日、同　壱人、弐合五夕

〆拾四人、壱人ニ付、弐合五夕ツ、
八日、病死人足壱人、九日ゟ扶持米引
十一日、病死人足壱人、当日ゟ扶持米引
〆
白米拾七石弐斗六升五合八夕弐才　五月分渡し、右同断
此延人数、三千四百六拾人
朔日ゟ四日迄、　百廿一人ツ、四百八拾四人
五日ゟ七日迄、　百廿三人ツ、三百六拾九人
八日ゟ十六日迄、　百十三人ツ、千拾七人
十七日、　百拾六人
十八日ゟ廿一日迄、百拾八人ツ、四百七十弐人
廿二日ゟ廿四日迄、百弐拾人ツ、三百六拾人
廿五日ゟ廿六日迄、百廿一人ツ、弐百四拾弐人
廿七日ゟ廿九日迄、百廿弐人ツ、三百六十六人
廿四日ゟ廿九日迄、女人足壱人ツ、六人
〆三千四百三拾弐人、一日壱人ニ付、白米五合ツ、
四日、新入人足弐人、五合
十六日、同　三人、七合五夕
十七日、同　弐人、五合
廿一日、同　弐人、五合
廿三日、同　壱人、弐合五夕
廿四日、同　壱人、弐合五夕
廿六日、同　壱人、弐合五夕
廿九日、同　壱人、弐合五夕
〆拾三人、壱人ニ付、弐合五夕ツ、
七日、御預りニ相成候人足壱人、一日五合割ニ
て昼夕弐度分　三合三夕弐才
右同断、一日五合ツヽ、八日ゟ廿一迄日数十
四日分　七升
〆
七日、赦免人足拾人、八日ゟ扶持米引
〆
白米拾八石七斗五升五合　六月分渡し、右同断
此延人数、三千七百五拾五人
朔日ゟ二日迄、　百廿三人ツ、弐百四十六人
三日、　百弐拾四人
四日ゟ五日迄、　百廿五人ツ、弐百五拾人
六日、　百弐拾八人

七日ゟ十一日迄、　百廿九人ツ、六百四拾五人
十二日ゟ十九日迄、百廿八人ツ、千廿四人
廿日ゟ廿九日迄、　百廿九人ツ、千弐百九十人
朔日ゟ十九日迄、　女人足壱人ツ、拾九人
廿日ゟ廿九日迄、　同　弐人ツ、弐拾人
〆三千七百四拾六人、一日壱人ニ付、白米五合ツ、
二日、新入人足壱人、弐合五夕
三日、同　壱人、弐合五夕
五日、同　三人、七合五夕
六日、同　壱人、朝昼夕三度分五合
十九日、同　壱人、弐合五夕
同日、新入女人足壱人、弐合五夕
廿九日、新入人足壱人、弐合五夕
〆九人、壱人ニ付、弐合五夕ツ、
十二日、病死人足壱人、当日ゟ扶持米引
〆
白米拾七石八斗八升七合五夕　七月分渡し、右同断
此延人数、三千五百八拾弐人
朔日ゟ五日迄、　百三拾人ツ、六百五拾人

六日ゟ八日迄、　百三十一人ツ、三百九十三人
九日ゟ十二日迄、　百三十二人ツ、五百廿八人
十三日、　百三十一人
十四日、　百三十二人
十五日ゟ十六日迄、百四人ツ、弐百八人
十七日ゟ廿一日迄、百三人ツ、五百拾五人
廿二日、　百六人
廿三日ゟ廿四日迄、百四人ツ、弐百八人
廿五日ゟ廿六日迄、百五人ツ、弐百拾人
廿七日ゟ廿九日迄、百四人ツ、三百拾弐人
晦日、　百三人
朔日ゟ十三日迄、　女人足弐人ツ、弐拾六人
十四日ゟ晦日迄、　同　三人ツ、五拾壱人
〆三千五百七拾三人、一日壱人ニ付、白米五合ツ、
五日、新入人足壱人、弐合五夕
八日、同　壱人、弐合五夕
十三日、同　壱人、弐合五夕
同日、新入女人足壱人、弐合五夕
廿一日、新入人足三人、七合五夕
廿四日、同　壱人、弐合五夕

廿九日、同　　壱人、弐合五夕
〆九人、壱人ニ付、弐合五夕ツ、
十三日、病死人足壱人、当日ゟ扶持米引
十四日、赦免人足廿八人、十五日ゟ扶持米引
十六日、病死人足壱人、十七日ゟ扶持米引
廿三日ゟ逃去候人足壱人分、扶持米引
同日、病死人足壱人、当日ゟ扶持米引
廿七日、病死人足壱人、当日ゟ扶持米引
廿九日、病死人足壱人、晦日ゟ扶持米引
同日、赦免人足壱人、晦日ゟ扶持米引
〆
白米拾六石八斗弐升　八月分渡し、右同断
此延人数、三千三百七拾人
朔日ゟ七日迄、　百三人ツ、七百廿一人
八日ゟ九日迄、　百六人ツ、弐百拾弐人
十日ゟ十六日迄、　百七人ツ、七百四十九人
十七日ゟ廿四日迄、百拾三人ツ、九百四人
廿五日ゟ廿八日迄、百拾四人ツ、四百五十六人
廿九日ゟ晦日迄、　百拾三人ツ、弐百廿六人

朔日ゟ晦日迄、　女人足三人ツ、九拾人
〆三千三百五拾八人、一日壱人ニ付、白米五合ツ、
七日、新入人足三人、七合五夕
九日、同　　壱人、弐合五夕
十六日、同　　六人、壱升五合
廿四日、同　　壱人、弐合五夕
晦日、新入女人足壱人、弐合五夕
〆拾弐人、壱人ニ付、弐合五夕ツ、
廿九日、病死人足壱人、当日ゟ扶持米引
〆
白米拾六石三斗四升　九月分渡し、右同断
此延人数、三千弐百六拾九人
朔日ゟ二日迄、　百拾三人ツ、弐百廿六人
三日ゟ十二日迄、　百拾四人ツ、千百四十人
十三日ゟ十九日迄、百拾五人ツ、八百五人
廿日ゟ廿九日迄、　九十八人ツ、九百八十人
朔日ゟ廿九日迄、　女人足四人ツ、百拾六人
〆三千弐百六十七人、一日壱人ニ付、白米五合ツ、
二日、新入人足壱人、弐合五夕

十二日、同　　壱人、弐合五夕
〆弐人、壱人ニ付、弐合五夕ツ、
十九日、赦免人足十七人、廿日ゟ扶持米引
〆
白米拾四石七斗五合　十月分渡し、右同断
此延人数、弐千九百四拾壱人
朔日ゟ三日迄、九十八人ツ、弐百九十四人
四日ゟ七日迄、九十七人ツ、三百八十八人
八日ゟ晦日迄、九十三人ツ、弐千百三十九人
朔日ゟ晦日迄、女人足四人ツ、百弐拾人
〆弐千九百四拾一人、一日壱人ニ付、白米五合ツ、
四日ゟ逃去候人足壱人、扶持米引
七日、赦免人足四人、八日ゟ扶持米引
〆
白米拾四石四斗七升弐合五夕　十一月分渡し、右同断
此延人数、弐千八百九拾五人
朔日ゟ五日迄、　九十三人ツ、四百六十五人
六日ゟ廿一日迄、九十弐人ツ、千四百七十弐人
廿二日ゟ晦日迄、九十三人ツ、八百三十七人
朔日ゟ晦日迄、　女人足四人ツ、百弐拾人
〆弐千八百九十四人、一日壱人ニ付、白米五合
ツ、
〆
廿一日、新入人足壱人、弐合五夕
〆
五日、赦免人足壱人、六日ゟ扶持米引
〆
白米拾四石四斗九升五合　十二月分渡し、右同断
此延人数、弐千九百四人
朔日ゟ十日迄、　九十三人ツ、九百三十人
十一日、　九拾四人
十二日ゟ廿五日迄、九十五人ツ、千三百三十人
廿六日ゟ廿七日迄、八十三人ツ、百六十六人
廿八日、　八十四人
廿九日ゟ晦日迄、八十五人ツ、百七拾人
朔日ゟ晦日迄、　女人足四人ツ、百弐拾人
〆弐千八百九十四人、一日壱人ニ付、白米五合ツ、
十日、新入人足壱人、弐合五夕
十一日、同　　壱人、弐合五夕

廿五日、同　六人、壱升五合
廿七日、同　壱人、弐合五夕
廿八日、同　壱人、弐合五夕
〆拾人、壱人ニ付、弐合五夕ツヽ、
廿五日、赦免人足十八人、廿六日ゟ扶持米引
〆

〆百九拾弐石九斗〇五合八夕弐才
寅正月元日ゟ同十二月晦日迄日数三百五十五日、人足一日壱人ニ付白米五合ツヽ、延人数三万八千五百十一人ト、新入人足壱人ニ付弐合五夕ツヽ、正月廿一日ゟ十二月晦日迄之内百九人、同壱人朝昼夕三度分五合、五月七日御預ケニ相成候人足、一日五合割ニて昼夕弐度分三合三夕弐才、同八日ゟ廿一日迄日数十四日分、但、一日五合ツヽ、七升、都合三万八千六百三拾六人、

同拾石七斗三升六合
米搗人足壱人ニ付弐合ツヽ、増扶持米、正月五日ゟ十二月晦日迄之内、延人数五千三百六拾八人分、

同壱斗壱升四合五夕
八月十五日、月見団子被下米、壱人ニ付五夕ツヽ、百拾人、九月十三日右同断、百拾九人、都合弐百廿九人分、

同三石五斗五升
不寝粥米、一夜壱人ニ付弐合五夕、四人ニて壱升ツヽ、正月元日ゟ十二月晦日迄日数三百五拾五日、延人数千四百弐拾人分、

合弐百〇七石三斗〇六合三夕弐才

差引残
玄米三拾壱石三斗〇弐合八夕八才

右は寅正月元日ゟ同十二月晦日迄、寄場人足飯米元払、書面之通御勘定仕上申候、以上、
卯正月

あとがき

本書収載の拙文のうち、もっとも古いのが平成八年の「熊本藩徒刑と幕府人足寄場の創始」（第二部第一章）であり、もっとも新しいのが平成二十九年の「上州小舞木村郡蔵の寄場入り」（第二部第四章）である。つまり、ほぼ二十年にわたって断続的に発表した拙文を、『江戸幕府の「敲」と人足寄場』という表題のもとに配列したのが本書である。

幕府人足寄場に関する研究は、筆者が勤務した國學院大學日本文化研究所において、未刊の寄場史料を翻刻して史料集を編纂しようと試みたのが契機となっている。この仕事は平成八年度に発足して平成十三年度までの六年間を費やした。この間、神崎直美氏と共同で六回、神崎直美氏が二回、都合八回にわたって史料翻刻を発表したが、ついに史料集編纂には至らなかった。その翻刻は、「旧幕府引継書」収載史料を中心として、矯正協会、矯正研修所の所蔵史料である。論考名と発表年などは、「幕府人足寄場研究文献目録（稿）」（第二部第六章）を参照されたい。史料集の刊行ができなかった無念と未練を胸にしつつ時をすごした結果、第二部第二章以下の拙文につながった。

平成十四年度よりは、江戸時代の徒刑制度を諸藩に探る研究に移った。その報告書というべきが、『近世刑罰制度論考——社会復帰をめざす自由刑——』（平成二十五年、成文堂）である。研究所を辞してから五年後の報告書であり、本書の姉妹篇というべき著書である。

徒刑制度に目を向け始めたころ、「敲」や「笞刑」などと称するムチ打ち刑にも「徒刑」に似た精神が宿っているらしいことが少しずつ判明してきた。そこで「敲」刑の趣旨を明らかにしようと試みたのが、「江戸幕府法における

「敲」と「入墨」の刑罰」である（第一部第一章）。しかしここでは「敲」刑の重要な要素である身元引受の制について検討する余裕がなかった。そこでその後、判例を参照して身元引受の制の実態を解明しようとしたのが、「「敲」の刑罰における身元引受の制について」である（第二部第二章）。諸藩におけるムチ打ち刑についての研究は、未開拓といってよい。幕府の「敲」と比較しつつ、四藩のムチ打ち刑についての拙文を発表できたので、今後の研究の一助になれば幸いとの思いでこれらを本書に収載した（第一部附録第一～第四）。

平成最後の三月、二十八年間勤めた國學院大學を定年退職する。最初の十七年間は日本文化研究所に在籍した。研究所において芽生えた研究テーマは、本書の刊行をもって一応の区切りがついたように思う。法学部に異動となって十一年の歳月が流れた。学部に移ってからは、年度単位の仕事から解放されて、自由な速度で研究できるのが実にうれしかった。とくに有難かったのは、平成二十五年度に一年間の国内留学が認められたことである。講義と校務とを免除された贅沢な時間は、研究をおおいに進展させてくれた。その成果として、前著『江戸幕府法の基礎的研究《論考篇・史料篇》』（平成二十九年、汲古書院）を刊行することができた。このような環境に身を置くことのできた幸運を喜ぶとともに、それを認めてくれた國學院大學に謝意を表するものである。この間、学内外の多くの方々に支えていただいた。個々のお名前は記さないが、心からの御礼を申し上げる次第である。

ただ今の心持ちは、新学期を目前に控えて、やっとのことで夏休みの宿題を終えた小学生の気分である。四月よりは人生の新学期を迎える。ゆるゆると、そして気の向くままに史料を読み、気づいた史実をできるだけ多く後世に伝えてゆきたいと思う。

最後に、本書各章の初出を左に記しておこう。それぞれ独立の論文として作成したため、とくに「敲」に関する論考に記述の重複が多い。読者諸賢のご海容を乞う次第である。本書に収載するについては、気づいた限りで補訂した。〔　〕で括ってある部分、および〔補記〕〔補註〕は、このたび補った箇所である。また、〔　〕を施すことなく本文を補訂した場合も存するが、論旨には変更を加えていない。

成稿一覧

序　言（新稿）

第一部「敲」の刑罰

第一章　江戸幕府法における「敲」と「入墨」の刑罰
（小林宏編『律令論纂』所収、汲古書院、平成十五年二月）

第二章「敲」の刑罰における身元引受について
（『國學院大學日本文化研究所紀要』九八輯、平成十八年九月）

第三章「敲」の刑具について――「敲箒」と「箒尻」――
（青木美智男・森謙二編『三くだり半の世界とその周縁』所収、日本経済評論社、平成二十四年三月）

補　論「敲」に用いるムチの規格統一
（『法史学研究会会報』一七号、法史学研究会（明治大学法史学研究室内）発行、平成二十五年三月）

【附　録】

第一　追放人の幕府老中宛の歎願――信濃国岩村田藩の「たゝき放」をめぐって――
（『國學院法學』四六巻三号、平成二十年十二月）

第二　丹後国田辺藩の「敲」について
（『國學院法學』五一巻三号、平成二十五年十二月）

第三　奥殿藩佐久領における「敲」の刑罰

（『國學院法學』四六巻一号、平成二十年七月）

第四　《講演録》江戸時代の笞打ち刑について——幕府の「敲」と弘前藩の「鞭刑」——

（『水無月通信』二七号（國學院大學院友会青森県支部中弘南黒地区部会会報）、平成二十一年五月）

第二部　人足寄場

第一章　熊本藩徒刑と幕府人足寄場の創始

（小林宏・高塩博編『熊本藩法制史料集』所収、創文社、平成八年三月）

第二章　幕府人足寄場の収容者について——武家奉公人と有宿を中心として——

（『栃木史学』（國學院大學栃木短期大学史学会）二三号、平成二十一年三月）

第三章　寄場手業掛山田孫左衛門——創設期人足寄場とその後についての管見——

（『國學院法學』四七巻二号、平成二十一年九月）

第四章　上州小舞木村郡蔵の寄場入り——幕府人足寄場の機能に着目して——

（『名城法学』六七巻二号、平成二十九年十一月）

第五章　寄場奉行一覧

（『法史学研究会会報』一四号、法史学研究会（明治大学法史学研究室内）発行、平成二十二年三月）

第六章　幕府人足寄場研究文献目録（稿）

（『法史学研究会会報』一五号、法史学研究会（明治大学法史学研究室内）発行、平成二十三年三月）

第七章　「寄場人足取扱方手続書」について——幕府人足寄場の史料紹介——（新稿）

第八章　《史料翻刻》長崎人足寄場史料二題

（『國學院大學日本文化研究所紀要』八九輯、平成十四年三月）

本書の刊行は、この度も汲古書院にお引き受けいただいた。社長三井久人氏のご高配をかたじけなくし、手慣れた編集で校正作業を円滑に導いて下さった小林詔子氏には御礼を申し上げる次第である。

なお、本書は平成三十年度の國學院大學出版助成（乙）の助成金交付を受けた刊行物である。

平成三十一年節分

高塩　博

著者略歴

高塩　博（たかしお　ひろし）

昭和 23 年　栃木県生まれ
昭和 47 年　國學院大學文学部史学科卒業
昭和 55 年　國學院大學大学院法学研究科博士課程単位取得退学
　　　　　　國學院大學日本文化研究所助教授・教授を経て
現　　在　國學院大學法学部教授　法学博士　日本法制史専攻

主要著書

『日本律復原の研究』（共編，昭和 59 年，国書刊行会）
『日本律の基礎的研究』（昭和 62 年，汲古書院）
『高瀬喜朴著 大明律例譯義』（共編，平成元年，創文社）
『熊本藩法制史料集』（共編，平成 8 年，創文社）
『北海道集治監論考』（共編，平成 9 年，弘文堂）
『唐令拾遺補』（共編，平成 9 年，東京大学出版会）
『江戸時代の法とその周縁―吉宗と重賢と定信と―』（平成 16 年，汲古書院）
『法文化のなかの創造性―江戸時代に探る―』（編書，平成 17 年，創文社）
『新編 荷田春満全集』第 9 巻律令（平成 19 年，おうふう）
『「徳川裁判事例」「徳川禁令考」編纂資料目録』（共編，平成 20 年，法務省法務図書館）
『北海道集治監勤務日記』（共編，平成 24 年，北海道新聞社）
『近世刑罰制度論考―社会復帰をめざす自由刑―』（平成 25 年，成文堂）
『井上毅宛 明治顕官書翰集』（責任編集，平成 27 年，朝倉書店）
『江戸幕府法の基礎的研究《論考篇・史料篇》』（平成 29 年，汲古書院）
『刑罰をめぐる法文化』（編書，平成 30 年，国際書院）

江戸幕府の「敲《たたき》」と人足寄場
――社会復帰をめざす刑事政策――

平成三十一年二月二十八日　発行

著　者　高塩　博
発行者　三井久人
製版印刷　㈱デイグ
発行所　汲古書院
〒102-0072 東京都千代田区飯田橋二-五-四
電　話　〇三（三二六五）九七六四
FAX　〇三（三二二二）一八四五

ISBN978-4-7629-4228-0　C3021

索　引

人名索引…………*1*
事項索引…………*10*

人名索引

ア行
阿部昭　339
阿部正蔵（遠江守、町奉行）　115, 116, 269
阿部正精（備中守、老中）　317
相澤俊之　178
青木昆陽　45
青木美智男　113, 150
青地礼幹　31
青山忠良（下野守、大坂城代）　116
秋元永朝（但馬守、山形藩主）　213
秋山玉山　209
浅川三次郎（寄場下役）　276
朝倉京一　350
朝倉治彦　279
荒井顕道　107
荒井貢次郎　339
荒川秀俊　107
荒木見悟　224
新井白石　32, 46
有賀孫太夫（会津藩公事奉行）　47
有馬氏倫（兵庫頭、御側御用取次）　24, 50, 132
有吉（熊本藩家老）　209, 213
安形静男　356
安藤（和歌山藩田辺領付家老）　129
安藤菊二　268, 295, 330, 340
安藤惟要（弾正少弼、勘定奉行）　92, 93
安藤精一　129
安藤伝蔵（寄場奉行）　260, 333
安藤信成（対馬守、老中）　309, 312, 319
安藤信正（対馬守、老中）　78
安藤東野　32
井ヶ田良治　126, 129, 150, 153
井上明大　222, 234
井上忠　224
井上正経（河内守、老中）　249
伊沢蘭軒　214
伊豫田小兵衛　164, 174
伊豫田邦輔　164
池田温　43, 46
池田史郎　232
池田長恵（筑後守、町奉行）　237, 244
池田雅次郎（火附盗賊改）　52, 64
池田宗栄　167
石井研堂　267

石井良助　34, 35, 39, 40, 42, 45, 48, 82, 86, 91～94, 107, 110, 111, 149, 152, 197, 198, 222～225, 230, 233, 264, 268, 270, 271, 274, 301, 305, 306, 321～323, 334, 340, 352, 356
石川謙　337, 340
石川忠房（左近将監・主水正、勘定奉行）　93, 107, 259, 260, 298, 317～319, 326
石川正勲（大隅守）　329, 334
石田清史　341
石出帯刀（囚獄）　7, 9, 10, 23, 40, 90, 159, 174, 182
磯部欣三　341
板倉勝政（周防守、高梁藩主）　242, 243
市川武治　160, 173, 174
稲垣国三郎　233, 234
稲垣武十郎　226
稲葉正守（丹後守、寺社奉行）　40
稲葉正諶（丹後守、淀藩主）　242, 243
石谷穆清（因幡守、町奉行）　258
岩田彦助（山形藩家老）　213
岩谷十郎　343
宇佐美英機　129
宇南生→武田慧宏
宇野東風　207, 208, 226, 228
鵜殿（旗本）　322
氏家幹人　118
内田智雄　43
梅迫　126
江坂孫三郎　37
江間政発　230
海老名俊雄　230
小川四兵衛　311
小川太郎　230, 342
小田又七郎（寄場奉行）　272, 333, 337
小田切直年（土佐守、町奉行）　82, 238, 244, 247, 251, 253, 269, 291
小山田弥一郎　44
尾崎行也　161, 172
尾島三十郎（寄場奉行）　257, 298, 333, 337
大炊御門家孝　204, 226
大岡忠相（越前守、町奉行・御定書掛寺社奉行）　24, 48, 86, 132
大蔵永綏　109
大河内松平　109, 152
大河内善兵衛（火附盗賊改）　57, 64
大河内杢左衛門　92
大給松平　157
大島有隣　337, 341
大城壺梁　234
大田蜀山人（直次郎、南畝）　217, 278, 279, 283, 287, 296
大田直次郎→大田蜀山人
大田南畝→大田蜀山人
大竹金右衛門（寄場下役）　276
大竹秀男　39
大谷美隆　91
大塚仁　273, 327, 352
大坪與一　341
大庭脩　45～47
大林弥左衛門（火附盗賊改）　83
大平祐一　128
大村庄（荘）助　225, 227, 232, 301
太田資愛（備中守、老中）　249
岡部五左衛門　248

岡部常　342
荻生観（北溪）　31, 32, 43, 45
荻生徂來　32, 217
荻生徂徠　48, 198, 230
奥野彦六　35
奥村徳義　42

カ行

加納久通（遠江守、御側御用取次）　24, 96, 132
狩野藤吉（寄場下役）　311
荷田在満　45
賈島　104
嘉来佐五右衛門（大坂町奉行所同心）　11, 42
片山仙蔵（田辺藩公事掛り）　145
勝海舟　39, 48
金沢安貞　37, 38
金田平一郎　197, 223
鎌田浩　41, 198, 199, 224, 231, 232
亀井昭陽　224, 234
亀井南冥　41, 201, 213, 215, 224, 227, 233
川崎房五郎　342
川村右門　174
川村鋭吉郎　164
川村嘉吉（寄場奉行）　307, 308, 323, 332
川村惣五郎　174
川村□次兵衛　164, 174
河村秀頴　227
神崎直美　110, 225, 264～266, 268, 270～273, 294～296, 298, 299, 323～327, 334～337, 342, 356, 365, 366
韓愈　104
木下信名（伊賀守、御定書掛勘定奉行）　81
木村杢之助（寄場奉行）　333
喜田有順　296
岸上操　267
久須美祐明（佐渡守、大坂町奉行）　115～117
久世広民（丹後守、勘定奉行）　284
久保田政邦（佐渡守、勘定奉行）　284
茎田佳寿子　35
櫛橋平蔵（京都町奉行所同心）　106, 135, 136, 150, 151
口田金九郎（寄場下役）　337
口田平吉（寄場見張番、寄場下役）　276, 282, 337
口田平五郎（寄場下役）　337
熊井保　337
栗田喜兵衛（寄場奉行）　251, 252, 305, 310～312, 323, 324, 331, 332, 338
栗原三蔵（寄場取締役）　331
黒川盛泰（備中守、町奉行）　258
黒田直邦（豊前守、寺社奉行）　32
黒田治之（福岡藩主）　201
黒瀧十二郎　192
小出昌洋　279
小出義雄　33
小出信濃守　248
小早川欣吾　34, 35
小林宏　36, 40, 43, 44, 82, 106, 109, 111, 129, 149, 153, 172, 176, 224, 228, 298, 300, 301, 346
小堀一正　222

小宮山綏介 197, 223, 343, 363, 365
小山松吉 197, 223, 343
古賀栄五郎 255
古城貞吉 228
児玉圭司 343
顧応祥 22
後藤武秀 356, 357
上妻博之 229
幸田成友 233
康熙帝 47
駒井乗邨（鶯宿） 228, 277
駒野喜十郎（寄場下役） 276
近藤磐雄 44

サ行

佐伯復堂 110
佐久間長敬 8, 23, 28, 38, 40, 44, 45, 85, 86, 94, 99, 108, 110, 152, 173, 175, 180
佐々木満 344
佐藤吉蔵 276
佐藤司 350
佐原六郎 344
斉藤洋一 46, 129, 175
斎藤芝山 215, 229
坂本忠久 236, 258, 264, 271, 327, 344
境野凌雲 215, 229
榊原霞洲 27
榊原玄輔（篁洲） 27, 31, 32
榊原忠之（主計頭、勘定奉行・町奉行） 271, 274
榊原忠義（主計頭、目付） 269
向坂勘右衛門 295
桜井隼三郎（寄場奉行） 265, 304, 324, 330, 332
桜田数馬親敬 177
澤登俊雄 226, 344
清水疇太郎（純畸、寄場奉行） 331, 334, 337
滋賀秀三 44, 294, 352
塩入大三郎（火附盗賊改） 83, 84
塩野五一 145
塩野谷善次（寄場奉行） 333
重松一義 107, 298, 336, 345, 357
渋谷信久 346
島祥正（長門守、御定書掛町奉行） 81, 86
荘子邦雄 273, 327, 352
城島正祥 232
白山友正 357
菅沼定喜（下野守、勘定奉行） 305～309, 312, 315, 316, 318, 323, 326
菅野和太郎 233
杉靖三郎 296
杉崎惣兵衛（徒目付） 277
杉田玄白 283
杉山八十吉（寄場下役） 311
鈴木正之助 230
世宗 22
世良晃志郎 224
関丈之進 153
関根守衛門（田辺藩小頭） 145
仙石久行（兵部少輔、出石藩主） 92
仙石正美（美濃守、出石藩主） 153
反町茂雄 230

タ行

田代為右衛門　163
田中金之助（寄場取締役）　331
田中玄宰（三郎兵衛、会津藩家老）　221
田原俊助　174
田原継次　164
田原直助　174
田安宗武　206
多紀　214
陀仏→山田孫左衛門（桂翁）
大猷公（徳川家光）　38
高沢憲一　298
高塩博　40, 43, 44, 46, 47, 82, 86, 106, 110, 111, 129, 149, 150, 153, 155, 172, 175, 176, 192, 224, 225, 228, 232, 264～266, 268, 270～273, 294～296, 298～300, 323～327, 334～337, 346, 358, 365
高瀬喜朴（学山）　19, 22, 23, 27, 31, 32, 36, 43, 44, 48, 109, 183
高橋安兵衛（寄場下役）　295
高橋恭一　42
高橋浩一　178
高本紫溟　202, 225, 227, 228
高柳眞三　48, 86, 110, 152, 268
高柳友松　167
高柳平次郎（寄場奉行）　333, 338
瀧川政次郎　107, 223, 230, 232, 267, 281, 282, 295, 298, 330, 335, 337, 348
瀧本誠一　46
竹中靖一　337, 349
竹原玄路　208
武田慧宏（宇南生）　341
立花大吉　255
立花種周（出雲守、若年寄）　312, 324
伊達　177
谷家（旗本）　126
団藤重光　233, 349
塚田孝　236, 263, 265, 271, 272, 327, 349
辻敬助　40, 111, 129, 151, 197, 223, 231, 233, 281, 295, 299, 300, 304, 305, 323, 335, 336, 350
土屋但馬守　249
土屋鉄四郎（寄場奉行）　333
手塚豊　177, 232, 358
寺田健次郎（寄場取締役）　331
寺田退蔵（田辺藩郡奉行）　144
寺西元栄（西国筋郡代）　357
戸田氏教（采女正、老中）　102, 274
戸田忠真（山城守、老中）　108, 149
戸田忠寛（因幡守、宇都宮藩主）　242
利根川茂七（岩村田藩郡代役）　120～125, 127
土井利厚（大炊頭、老中）　254
遠山景元（左衛門尉、町奉行）　257, 260, 270
徳川家斉　210
徳川治貞（和歌山藩主）　207
徳川治保（水戸藩主）　217
徳川光貞（和歌山藩主）　21, 27
徳川吉宗　5, 6, 23～25, 27～34, 36, 38, 39, 43～48, 50, 76, 77, 79～82, 89, 90, 96, 97, 106, 109, 132, 133, 170, 176, 183, 185, 206, 208, 292, 230, 346
徳川頼方（和歌山藩主）　21
豊田友直（飛騨高山郡代）　356
鳥井春沢　27

鳥居忠耀（甲斐守、町奉行） 115, 116
鳥居忠義（甲斐守、町奉行） 298

ナ行

内藤矩佳（隼人正、勘定奉行） 272
内藤正国（美濃守、岩村田藩主） 120
直井甚十郎（人足寄場元締役） 276
中井竹山 221, 222, 233, 234
中井履軒 221, 222, 233, 234
中川勘三郎（目付） 276, 277
中川忠英（飛騨守、勘定奉行・関東郡代） 305, 306, 311～315, 324
中河原喬 358
中沢幾平（田辺藩下横目） 145
中沢巷一 52
中沢道二 351
中田薫 152
中野嘉太郎 228
中山市之進（黙斎） 213, 214, 229
中山時春（出雲守、町奉行） 24, 132
永田正道（備後守、北町奉行） 153
長井五右衛門（火附盗賊改） 271
鍋島（佐賀藩主） 220
鍋島直孝（内匠頭、町奉行） 260, 274
行方源兵衛（寄場奉行） 333
成島道筑（信遍） 31, 45
南合彦左衛門（蘭室） 214, 229
丹羽長貴（加賀守、二本松藩主） 244
新見正路（伊賀守、大坂町奉行） 118
贄正寿（越前守、火附盗賊改） 52
西岡正之 226, 350
根岸鎮衛（肥前守、町奉行） 82, 246, 251, 252, 269

ハ行

長谷川平蔵（宣以、火附盗賊改・寄場取扱） 84, 196, 216, 230, 235, 246, 267～269, 276～278, 280～286, 288, 290, 293～295, 297, 299, 302, 329, 330, 332, 334, 335, 339, 340, 343, 345, 348, 349, 351
橋本久 192
初鹿野信興（河内守、町奉行） 242, 243
蜂屋新五郎（町奉行所与力） 40, 44, 85, 99, 108, 110, 149, 180
八田五郎左衛門（大坂町奉行所与力） 105, 118
服部南郭 32
服藤弘司 39, 107, 110, 270
花房大膳 247
浜田義一郎 298
濱口瑞穂 350
林紀昭 52, 108, 150, 177
原胤昭 225, 226, 231, 302, 351
原田寛蔵（寄場奉行） 333, 338
日野善雄 351
日原利国 43
久田俊夫 351
平岡美濃守 244
平野蕃 117
平林利一 178
平松義郎 17, 35, 39, 42, 43, 45, 51, 82, 86, 108, 110, 111, 129, 152, 173, 198, 221～224, 230, 231, 233, 262, 266, 269, 273, 274, 294, 296, 297, 299, 321, 322, 327, 335, 352
広池千九郎 352
布施弥平治 35, 87, 174

深井雅海　335～338
深沢鉄三郎（寄場奉行）　331, 334, 337, 338
深見有隣　31, 45
深溝松平　96
深谷賢太郎　209, 228, 229
藤井松平　175
藤井康　265, 352
藤井嘉雄　107
藤田次助（寄場下役）　276
藤田弘道　40, 108
藤原明久　224
藤実久美子　335～338
藤本徳三郎　295
文帝　28, 45
保科正之　176
彭応弼　22
細川（熊本藩主）　176, 205, 292
細川亀市　266, 353, 358
細川重賢（越中守、熊本藩主）　197, 202, 205～208, 210, 211, 215, 228, 346
細川斉茲（熊本藩主）　210, 211
堀田正敦（摂津守、若年寄）　277, 304, 305, 309, 310, 323, 324
堀平太左衛門（勝名、熊本藩家老）　176, 204, 210～212, 228
本庄栄次郎　233
本田東陵（龍蔵、立教館教授）　209～211, 227～229
本多忠籌（弾正少弼、泉藩主、側用人・老中格）　217、287, 297, 298
本多忠統（伊予守、寺社奉行）　32
本間修平　110

マ行

間宮諸左衛門（目付）　276, 277, 288, 329
間部　244
前田綱紀　25, 27, 31
曲淵景漸（甲斐守、町奉行）　87
牧英正　110, 224
牧野（小諸藩主）　127, 171
牧野英一　223, 342, 344
牧野惟成（豊前守、寺社奉行）　87
牧野成賢（大隅守、町奉行）　216
牧野忠精（備前守、老中）　246, 254, 297
牧野以成（豊前守、田辺藩主）　134, 149
益田弥一右衛門　176
松井和義　223, 342, 344
松浦忠（伊勢守、勘定奉行）　259, 260, 298, 317, 318, 326
松田定光　207
松平和泉守（旗本）　74
松平甲斐守　248
松平定邦（白河藩主）　206
松平定信　66, 67, 196, 198, 205～217, 221, 222, 226, 228～231, 235～237, 240, 246, 247, 263, 264, 266～269, 276, 277, 280, 284, 285, 290, 292, 293, 295～299, 326, 329, 334, 335, 342, 346
松平定光　206, 226, 266
松平太郎　335, 336, 353
松平田宮（目付）　311, 325
松平貴強（石見守、大坂町奉行）　45, 111
松平能登守　249
松平信行（兵庫頭、勘定奉行）　93, 107
松平信明（伊豆守、老中）　248

松平乗真（奥殿藩主）　157
松平乗邑（左近将監、老中）　32, 81, 86
松平乗譲（田野口藩主）　158
松平康致（津山藩主）　206
松山郁夫　353
丸山忠綱　225, 231, 266, 268～270, 281, 295, 296, 299, 300, 306, 307, 312, 316, 324, 327, 354, 366
三浦竹溪　32
三浦周行　33, 39, 47, 51, 82, 236, 264, 354
三隅治雄　83
水上好久　358
水野忠邦（越前守、老中）　114, 116, 117, 270, 357, 364, 366
水野忠伸（対馬守、御定書掛勘定奉行）　86
水野為長　229, 231, 268, 277, 295～297
水野道一（若狭守、大坂町奉行）　115, 116
溝口（新発田藩主）　96
緑川徹　354
南和男　83, 270, 355
武藤嚴男　227, 228
村井敏邦　355
村岡良弼　48
村上義礼（肥後守、町奉行）　269, 291, 299
村田鉄太郎（寄場奉行）　240, 241, 245, 281, 288, 294, 296, 329, 330, 332
目黒道琢（飯渓）　213～215, 229, 230
守山正　226
森鷗外　214
森謙二　113, 150
森俊次　145
森潤三郎　230
森孫六（京都町奉行所同心）　143
森田誠一　228
森永種夫　87, 359
森山孝盛　225, 286, 297

ヤ行

矢吹金一郎　226
柳生久通（主膳正、勘定奉行）　284, 285
安竹貴彦　41, 110
柳川東馬　174
藪孤山　234
藪利和　39, 107
山岡（旗本）　322
山上藤兵衛　277
山川安左衛門（火付盗賊改）　108
山川忠義（安左衛門、博奕改）　149
山口龍蔵　145
山田勉　153
山田孫左衛門（桂翁、陀仏）　267, 275～279, 281, 283, 284, 286, 289, 290, 292～295, 297, 347
山本兼吉　355, 365
山本二郎　355
山本庄左衛門（徒目付）　277
姚思仁　22
横山七左衛門　268
吉田正志　130
吉原健一郎　279

ラ行

頼惟勤　234
劉惟謙　37
劉俊文　43

ワ行

和仁かや　356
和田郡平　281, 283
和田重一郎（寄場吟味役・寄場奉行並）　331, 334, 337, 338
脇愚山　234
渡辺忠司　40

事項索引

ア行

会津藩 45～47, 149, 150, 176, 177, 214, 220, 221, 229, 232
会津藩公事奉行 47
相給知行所 126, 129
「悪」字入墨 41, 44
「悪」字入墨（和歌山藩） 11, 43
揚座敷 220, 221
足軽目付 189
東小屋 218, 219, 231
油絞り 363
油絞り作業 264, 282
油絞方 282
油絞方懸 365
尼ヶ崎藩 11
「蜑の焼藻の記」 225, 286
荒地起反し 196
「安永撰要類集」 231
「安永律」 187, 189, 191, 192
「安政奇聞佃夜嵐」 355
医学館 214, 276, 277, 279
医学教育機関 214
医師 167, 169, 189, 362
医師立会 167
医者 213, 214, 229
居越帳 345
居候 60, 61, 65, 74, 83, 247, 251
意見封事 229
石川島 195, 196
石川島監獄 345
石川島徒場 298
「石川島徒場絵図」 298
石川島徒場絵地図 345
石川島人足寄場 303, 329, 339, 344, 345, 351, 361
石抱 98
出石藩 92
出石藩主 153
出雲路万次郎版 330, 336, 338
泉藩 217, 298
泉藩主 287
一時的変則的な追放刑の執行 263
「一話一言」 217, 283
一般予防 29, 46, 79, 90, 133, 170, 176, 177
一般予防主義 90, 134, 171
稲荷社 232, 349
稲藁 93, 101, 105, 186
犬追物 215
「犬」字入墨 11
入婿 121, 126, 127
入墨 6, 9, 10, 12, 14～20, 29, 31, 33, 35, 39～42, 48, 54, 66, 74, 75, 85, 86, 127, 141, 159, 180, 183, 202, 236, 237, 251, 263, 306, 320
入墨刑 19, 170
入墨者 15, 226
入墨図 10, 11, 20, 41, 42
入墨敲 30, 45, 183, 257
入墨之上敲 15～17, 20, 42, 54, 55, 61,

66, 71, 74, 82～84, 87, 89, 102, 142, 143, 146, 183, 237
入墨重敲　30, 45, 257
入墨之上重敲　16, 17, 53, 54, 58, 60, 61, 63, 66, 67, 74, 82, 83, 89, 102, 143, 238, 256
入墨之上追放　42
入墨之上過怠牢五十日　143
入墨之上過怠牢百日　143
入墨之上所払　42
「入墨・敲御仕置仕形書付之事」　107
「入墨場所略図」　10
刺字　19～21, 31, 35, 44, 48
刺墨　11, 21, 40
岩瀬文庫　295
岩村田宿　120
岩村田宿文書　175
岩村田藩　120～128, 149, 150, 175, 176
隠居　211
「𠆢」の字入墨　13
卯時役　325
右大臣　204
「宇下人言」　206, 216, 296
宇都宮藩主　242
宇和島藩　150, 177
「鶚斎日録」　283
上田藩　175
請書　164, 165, 168, 169, 173
請証文　165
打手　145
打役（打ち役）　23, 46, 90, 103, 111, 122, 126～128, 130, 132, 137, 139, 151, 156, 159, 161, 167, 169～171, 175, 177, 181, 182, 185, 188
浦賀奉行所　13, 21, 42
「江坂孫三郎私記」　37
江戸会　343
江戸会誌　343, 363～366
江戸出生　204
江戸十里四方　81
江戸十里四方追放　6, 80, 273
江戸二十里四方追放　44
江戸払　6, 80, 236, 316, 320, 361
江戸払以上　195, 258, 259～261, 263, 274, 316, 319, 363
「江戸払以上追放もの」　258
江戸藩邸　162, 173
江戸方式　144
江戸水替　341, 346
海老責　98
蝦夷地寄場　358
「永続之主法」　329, 335
遠島　6, 80, 291
縁坐　48
「御書付留」　102, 110
「御書付類」　110, 264, 300, 326
御徒　295
御徒目付　189
「御差図申渡」　86
「御定書」　38, 42
御定書掛　81
御定書掛三奉行　86
御定書百箇条　39
「御仕置ヶ条」　187, 189, 190
「御仕置書」　291, 292
「御仕置裁許帳」　44

御仕置仕形之事　6, 9, 49, 82, 93, 133, 141, 158, 185
「御仕置仕形之事」　141, 144～146, 151, 152, 156
「御仕置仕形之儀ニ付奉伺候書付申上候書付」　151
「御仕置帳」　51～54, 56, 60～65, 70, 74, 83, 85
「御仕置付」　246, 247
「御仕置例類集」　29, 51, 52, 54, 56, 57, 60～65, 82～84, 312
『御仕置例類集』　152, 325
御側御用取次　24, 50, 132
「御問合之内三ヶ条大下書 御問合之内残り三ヶ条大下書」　111
殴打法　77, 150
「鶯宿雑記」　228
大坂城代　116
大坂西町奉行　118
大坂西町奉行所　11, 42
大坂東町奉行所　105
大坂町奉行　115, 117
大坂町奉行所　11, 30, 41, 42, 102, 105, 106, 114, 115, 117, 118
「大坂町奉行所旧記」　111
大坂屋敷奉行　13
大奉行　211
「荻氏記録」　228
「荻生考」　45
奥殿藩　157, 158, 162
奥殿藩佐久領　127, 129, 149, 150, 161, 168～172, 175, 177, 178
押役(押え役)　46, 90, 127, 145, 146, 148, 159, 169, 171, 175, 177
押込　6, 26, 185
「落栗物語」　197, 226
重キ敲キ　140
重キ鞭刑之上追放　187
重敲　7, 15, 16, 20, 30, 45, 54, 55, 63, 73, 74, 82, 89, 101, 102, 108, 135, 143, 146, 159, 161, 180, 182, 237, 250, 255, 291, 292
重追放　6, 80, 81, 152, 170, 187, 236, 316, 320, 361
重鞭刑　187, 189, 190
重鞭刑五里追放　187
重鞭刑之上十里追放　187
重鞭刑追放　187
「親子草」　283, 296, 297
音通　21, 183
遠国奉行　29, 87, 102
遠国奉行所　13, 14, 105, 117
御構状　166, 173
「御構之者」　363
御構場所　81, 274, 317～319
「御構場所書付」　173
「御構もの」　260
御下知書　173, 174
「御咎筋之者」　309, 312
女置場　217

カ行

かご屋　283
かさつ　250
かさつ法外　250
かたり　82

かぢや　283
から剃　154
から剃御領分追払　146, 147, 153, 155
から剃追払　153, 155
火罪　6, 29, 44, 80, 118, 127, 134, 170
加役方人足寄場　329, 339
「加役人足寄場絵図」　217, 283, 296
河陽流　214
「科条類典」　37
「家世実紀」　176
家老　204, 211
家門　96, 109, 157
過銭　25
過怠牢　143
過怠牢五十日　143
過怠牢百日　143
過料　6, 34, 38, 48, 80, 101, 159
過料刑　36
鍛冶屋　196, 203
がさつ　259
会計官　331
会計局　331
戒護　325
改善主義　26, 27, 50, 133, 170, 185, 191, 221
「改定律例」　48
開墾地　204
懐徳堂学主　221
掛奉行　307, 308
掛役人　366
蠣殻灰製所　365
蠣殻灰製造掛　282
鍵役　159, 182, 282
鎰役　9
「学館記」　209
学頭　229
圏入　161
数取（数取り）　46, 127, 139, 145, 159, 171, 175, 181, 182
数え役　90
片鬢　246, 269
徒目付　23, 48, 90, 159, 182, 329, 331〜334, 338
勝手方勘定奉行　284
金沢藩　25
上郷村小屋場　351
上郷村寄場　196
紙漉　277, 283, 286, 287, 296〜298
髪結（髪結い）　196, 283, 325
亀岡藩　130
空剃　145, 153
「假寝の夢」　268
軽敲　108, 159, 180
軽追放　6, 80, 81, 152
軽鞭刑　187, 189, 190
軽鞭刑追放　187
「河内」字入墨　43
『官准刊行明律』　32, 43
官撰註釈書　22
勘定吟味役　37
勘定組頭　37, 331, 332
勘定奉行　37, 81, 86, 87, 99, 100, 102, 258, 260, 262, 272, 274, 284, 285, 306, 307, 315, 316, 323, 330
勘定奉行兼関東郡代　311
勘定奉行所　103, 105, 114, 284, 285,

287, 298
換刑処分 274
寛政異学の禁止 222
寛政改革 215, 221, 298
「寛政律」 188, 192
「寛政録」 295
「寛保律令百箇条」 41
漢字入墨 11, 21
関係人 169
関東郡代 315
監守自倉庫銭糧条 19
簡便化 20
観世小縒（観世紙縒） 92, 93
観世縒り（観世より） 95, 113, 137
願人 62
願人坊 61, 65
きせる張 283
気付け薬 182
記号化 20
「記録書抜」 177
規格統一 118
「喜朴考」 36, 45
飢饉 206
北町奉行 87, 238, 257, 260, 270
北町奉行所 40, 268
北町奉行所与力 85, 108, 149, 180
「厳敷吟味仕方書付」 98
久離 253
旧悪減刑 36
旧評定所記録 51
休業日 196
急度叱 26
給養 197, 362
居町払 129
共犯 147
京都刑務所旧記 105
京都東町奉行所 150
京都方式 144
京都町奉行 318
京都町奉行所 105, 106, 114, 117, 135～137, 139, 142, 143, 150, 151, 153
「享保撰要類集」 86, 87
脅迫 259
強制積立 205, 219, 220, 289, 290
強制積立の制 293
強制労働 148, 201, 220, 292, 361
強要 259
教育刑政策 353
教育的配慮 205, 219
「教育之趣」 204
教化改善 195, 205, 235, 259, 263, 274, 293, 315, 319, 361
教化改善主義 205, 220
教誡方法 354
教示書 204
教授 229
教習 286
教場 209
教鞭 184
教諭 203～205
経師屋 283
行刑 205
行刑統計 30, 45, 102, 219
剪紙 162, 165
巾着切 62
『近世風俗見聞集』 278

近代的自由刑　196～198, 205, 220, 221, 226, 350, 352, 353
謹慎　26, 185
吟味方与力　8, 38, 85, 94, 99, 180
吟味方調役出役　311
「銀台遺事」　197, 201, 202, 227
「銀台遺事の事に付高本敬蔵紙面之写」　227
「銀台犬追物図記」　215
「銀台附録」　210, 228
公事掛り　145
「公事方御定書」　5, 6, 8, 9, 14～17, 19, 20, 25, 29, 33, 35～37, 39, 49, 74, 81, 82, 89, 93, 97, 101, 102, 104, 111, 133, 143, 151, 158, 160, 174, 182, 183, 185, 187, 189, 315, 319, 326
公事方勘定奉行　315, 317, 318, 320
公事宿　74
「公事余筆」　297
句読所　209
具現化　31
鯨の鰭　188, 191
「口田平五郎由緒書」　294
「口田氏由緒書」　337
「隈本政事録」　46, 202, 203, 225
熊本藩　11, 21, 40, 41, 46, 107, 111, 129, 149, 150, 176, 292, 302, 350
熊本藩主　206
熊本藩邸　207, 214
熊本藩徒刑　197, 200, 204, 293, 300, 346
熊本藩別邸　215
組同心　129
黒鍬之者　276
桑名藩士　277
「桑名前修遺事」　227, 228
郡代　14, 120～122, 127, 212
郡代役所　311, 312
ケイヒン　105, 106, 118
下手人　6, 80
刑期満了　221
刑具　20, 91, 92, 94, 97, 99～103, 106～109, 113, 114, 137, 150, 160, 177, 178, 188, 189, 191
『刑罪詳説』　7, 8, 23, 28, 38, 40, 45, 86, 94, 108, 152, 173
「刑罪筋書抜」　153
「刑罪筋問合」　111, 135, 142, 150
「刑罪筋日記抜書」　134, 138, 140, 141, 150, 152～154
「刑罪大秘録」　74, 85, 99, 103, 108, 110, 149, 175, 180, 186
『刑罪大秘録』　7～10, 39, 40, 44
刑事裁判　94
刑事裁判記録　51
刑事事件　52
刑事政策　148, 196, 327
刑事責任　152
刑事手続　35
刑事統計　322
刑事判決集　175
刑事判決録　51
刑事判例集　134, 150
刑事法学　355
「刑書拠会」　32
刑場　191
「刑則」　45, 150, 176, 177, 220, 232

「刑罰掟」 150, 177
「刑罰掟　追加」 177, 178
刑罰観 90
刑罰効果 81
刑罰思想 21～23, 31, 45, 80, 90, 109, 183, 191
刑罰執行場 322
刑罰制度 148, 179
刑罰体系 17, 21, 141
刑罰法規集 45, 176, 220
刑鞭 115, 118
刑法沿革志 48
刑法改革意見書 47
「刑法草書」 11, 40, 199, 211, 213, 301
刑法典 96, 176, 187～189, 199
刑法百箇条 48
刑餘の無宿 236, 237, 239, 240, 264, 265
刑律 43
刑令 109
経世済民 206, 208
経世論 221
「軽重御仕置手続書」 105
警鞭 137, 139, 148
「警鞭御仕置御座候節之事」 111
黥 28
見聞録 204
剣先 41
検使 168, 169, 174
検使町与力 23
検使役 174
検使与力 9, 10, 40, 44, 90, 159, 182
検事総長 197
『兼山秘策』 31
「憲教類典」 44
蘐園学派 45
「厳秘録」乾坤 151
「御刑法草書」 11, 40, 46, 176, 199
「御刑法方定式」 40, 41, 225, 300
小頭同心 169
小十人組 331, 334, 338
小使 325
小塚原 29, 44
小伝馬町牢屋敷 7～9, 22, 26, 30, 40, 75, 79, 85, 87, 89, 99, 108, 117, 121, 134, 146, 149, 159, 169, 174, 175, 180, 181, 184, 326
小伝馬町牢屋記録 352
小人目付 23, 90, 159, 182
小普請組 276, 334
小普請世話役 282
小諸藩 46, 127, 129, 171, 172, 175, 177
小屋頭 111, 151
「小役人帳」 294, 335～337
紙捻（紙縒り） 94, 113
五刑 21
五刑条 45
五罪 180
五十たゝき 120
五十敲 7, 15, 20, 23, 24, 46, 55, 59, 61, 64, 67～69, 82, 83, 85, 108, 127, 159, 160, 168, 171, 175, 180～183
五十敲追放 131, 175
五十日牢舎 191
五里四方追放 129, 168
五里追放 187
蛤粉 283

蛤粉製造　196
蛤粉製造場　217
御勘定所諸帳面取調御用　287
「御裁許向取計」　100, 108
「御府内無宿、野非人共」　258
御領分追放　152
御領分追払　154
御領分御構　175
公印公文書偽造　189
公開処刑　8, 22, 29, 44, 46, 75, 79, 89, 97, 132, 133, 140, 159, 167, 169, 170, 177, 181, 184, 189
公儀御仕置　356
「公武有司集覧」　336
「向後慎之儀」　300～302
「后赦録(寄場)」　239, 247, 250, 253, 255, 257, 265, 269, 270, 300
更生　90, 205, 220, 231, 232, 361
更生保護　197, 205, 226
拘禁施設　293
拘束具　107
拘束刑　26, 185
高麗門新牢囲内　218
高齢者　142, 143, 152
構外作業　291～293
構成要件　42
鉱山役夫　348, 350
講書所　209
講武場　209
拷具　91
拷問　98, 99, 108, 149
拷問具　107
『拷問実記』　110
拷問杖　99, 110
強盗　146
強盗罪　19
強盗犯罪　146, 153, 155
郷宿　172
郡奉行　37, 135, 144
郡奉行役所　150, 151
郡方式　108, 109
極小藩　157, 158
獄具　98, 109
獄門　6, 80, 127, 134
「心得条目」　203, 205
拵屋　283
米つき　283

サ行

「サ」字入墨　13, 21
左官　196, 203, 283
佐賀藩　220, 221, 232
佐州差遣(佐州送り,佐渡送り)　261, 315, 318
佐州水替人足(佐渡水替人足)　258, 260, 315, 318, 355
佐州水替人足差遣　272, 314
佐渡奉行所　13, 21
作業時間　201
作業報酬　205
作業有償制　197, 205, 219～221, 289, 293
作事下奉行格　330
作事所　201
座敷箒　92
西国筋郡代　357

再生紙 284
再犯 80, 231
再犯防止 26, 46, 77, 79, 90, 170, 176
再犯率 133
細工小屋 284
裁判資料 150
「罪状留」 175
財産没収 81
先手頭火附盗賊改加役 108
差控 316
定小屋 201, 202, 218, 219, 224, 293, 301
殺人 143, 189, 190
雑戸刑 199
晒 127, 170
笊 283
三十敲之上十里追放大場構 189
三十敲之上徒一年 189
三十敲之上徒半年 189
三十敲之上徒年半 189
三十鞭 188
三十鞭大場御構 188
三奉行 28, 66, 80, 102, 156, 236, 264, 326
「三奉行伺附札」 107
「三奉行取計書」 268
「三政規範」 156
三犯死刑 20
三犯死罪 15
「三秘集」 107
参勤 206
「参談書抜」 231
斬罪 80
斬趾 28
士人 220
士分 129, 169, 171, 175
支配勘定 287
司法省 48
「市中取締類集」 117
四季施 325
四書五経 183
仕立屋 283
死刑 20, 29, 80, 90, 127, 134, 155, 170, 171, 199, 293, 301
死罪 6, 15, 16, 20, 80, 127, 146, 153, 155, 170, 183, 290～292
新発田藩 96, 97, 129
「資治精要」 216, 229
寺社奉行 32, 86, 87, 258, 260, 274
寺社奉行掛 169
自己労作 205
自主労働 202, 205, 219
自首 257, 300
自首規定 291
自叙伝 206
自宅謹慎 185
自分仕置権 29, 102
自由刑 195, 197, 220, 221, 350
自由刑類似制度 350
時習館 209, 213
「時習館学規」 209
時習館教授 202, 234
下横目 145
失火 190
執行手続き 7, 9, 40, 85, 105, 106, 108, 132
執行人 181

執行場所　22, 167, 177
執行方法　31, 50, 106, 124, 127, 134, 148, 159, 160, 171, 180, 181
執行法　23〜25, 89, 90, 94, 95, 97, 104, 107, 109, 118, 141, 144, 169, 170, 176
実験的試み　329
実務家　39
信濃国岩村田文書　119
信濃国松本藩預所　107
島紙　287
島原藩　95, 96, 99, 100, 129
下男　181
下木戸外足軽屋敷　97
社会政策　196
社会復帰　26, 77, 80, 90, 127, 133, 134, 146, 148, 170, 171, 176, 177, 185, 196, 203, 205, 219, 232, 235, 240, 274, 293, 319, 344
社会防衛　272, 320
赦免　310, 315
赦免申請　310
赦免願い　306, 311
「赦律」　86
釈放時教諭　203
釈放者　75〜77, 148, 203, 204, 219, 299
釈放申請　262
釈放手続き　245
首犯　19
『周礼』　301
酒狂　36
受刑者　26, 27, 90, 127, 132, 139, 145, 146, 156, 159, 162, 165, 167, 168〜171, 176, 177, 181, 184〜186
受容　33
授産　205, 216, 235, 361
授産更生　196, 205
襦袢　191
収賄　190
囚獄　10, 23, 40, 90, 174, 356
囚人給食　356
囚人教化　353
「囚人赭衣の始」　267
習字所　209
習容儀所　209
集計数所　209
「袖玉武鑑」　335, 338
就業資金　202, 292
衆人環視　79, 159
十五歳以下　143, 152
十八敲之上所払　188
十八鞭所払　188
十里外追放　129
十里四方追放　129, 168
十里追放　187
「重軽御仕置手続書」　151
従犯　19, 147
「縮地千里」　297
出頭人　172
「恤刑茅議」　221
書簡集　207
書物奉行　331, 333
「諸国入墨之図」　10, 41, 42
「諸国入墨之部」　11
除墨　226
「除墨帳」　231
小検使　169, 174

小藩 125, 134, 168, 171, 174
生涯刑 80, 86
庄内藩亀崎 129
召喚状 124, 125, 161, 168
「尚書」 183
「松濤棹筆」 42
「祥刑氷鑑」 32
消極的効果 170
将軍補佐 210
杖 160
杖一百流三千里 18
杖刑 19, 20, 23, 45, 97, 105, 160, 176, 177, 187
杖罪 30, 96, 129, 160, 180
杖打 130, 160
常州上郷村寄場 354, 357
常番足軽 129
職同心 129
職務規則 361
贖銅 44
白河城主 206
白河藩 209, 217, 229
白河藩主 209
白河藩政 215
白河藩近習頭 214
白糠・茅沼炭山役夫 357
白洲 148, 162, 165, 173
城普請 201
心学 341, 349, 353
心学講話 348
心学道話 196, 219, 351, 362
清律 22
清律註釈書 22
進級制 219
新規溜案 216, 217, 230, 292
「新張紙」 274
新見張番所 365
新見張番所掛 282
「新律」 96, 97
「新律綱領」 48
「新律取扱之覚」 96
親藩 220
人権蹂躙 25
人殺幷疵附等御仕置之事 43
訊杖 98, 110
陣屋 120, 157, 158, 168
陣屋下役 161
「陣屋日記」 158, 160, 161, 166, 167, 169, 173, 175, 178
すぐりわら 93
すぐり藁 92, 94, 101, 103
須原屋版 338
須原屋茂兵衛版 330, 335, 337
漉き返し 284, 285, 287
図案化 21
「水」字焼印 42
炊事係 325
推敲 104, 186
鈴ヶ森 29, 44
世話役 325
「井田衍義」 213, 228
正刑 19
成文化 36
制札場 167, 169, 174
「政談」 217, 230
「政務の要」 207, 208

清掃　203
精神的慰安　232
精神的苦痛　25, 46, 79, 90, 133, 170, 184
躋寿館　214
石門心学　354
窃盗　146
窃盗罪　15, 18, 43, 89
窃盗三犯　20
「窃盗」字入墨　19
窃盗条　17, 19, 43
窃盗犯　19, 154
窃盗犯罪　16, 19, 20, 146～148, 153, 155, 181
説諭　185
積極的効果　170
絶対的不定期刑論　269
錢ザシ　283
穿鑿所　10
船頭　203, 287
銭湯　182
賤民身分　127, 128, 159, 167, 170, 177, 185
前科者　14
訴訟手続　74
徂徠学　209
「双鯉集」　206
「草茅危言」　221, 222, 233
奏者番　32
「創奪」字入墨　19
掃除番　177
草履　202, 283
贓物　18～20, 122
贓物故買　16
俗事取扱　276, 277
賊盗　43
賊盗編　17
『続日本随筆大成』　278
外使　196, 219, 270, 297, 325
側用人　217

タ行

たがかけ　283
たゝき　119, 121, 122, 124, 126～128
たゝき放　107, 121, 125, 150, 175, 176
たばこ　283
他領者　129, 130
田辺組追放　129
田辺城下追放　129
田辺払　152
田辺藩　106, 129, 134, 135, 137, 138, 141～144, 146, 148, 150～153, 155, 156
田辺藩裁判資料群　153
田野口藩　158, 161
田野口役所　158, 160～162, 167～169, 173, 174
多葉粉銭　289
炭団　283
炭団製造　196
炭団製造場　217
「大成武鑑」　338
大宝律令　180
「退閑雑記」　215
大工　196, 203, 283
大工頭格　330
大検使　169, 174
『大清律例彙纂』　22

『大清律例増修統纂集成』 44
「大明会典」 37
大明律 25, 27
「大明律」 37
「大明律会解」 32
「大明律会覧」 32
「大明律管見」 32
「大明律集解」 32
「大明律諸書私考」 31
「大明律正宗」 32
「大明律註解」 32
「大明律読法」 32
「大明律附例」 32
「大明律附例註解」 22
『大明律例諺解』 27, 32, 44, 45
「大明律例譯義」 109, 183
『大明律例譯義』 18, 19, 22, 23, 28, 32, 43, 45, 110
「大明律例附解」 22
代官 29, 98, 102, 114, 120, 168, 169, 331, 333
代官吟味記録 150
高崎藩 108, 109, 152
「高崎藩・御仕置例書」 152
高島藩 129
高梁藩主 242
「度支彙函」 214, 228
竹笠 283
竹笠細工 283
竹片 92, 94, 101, 113
竹橋御蔵 284, 285
敲 6～10, 15～17, 20, 24～26, 28～31, 33～35, 38, 39, 42, 45, 50～55, 58, 59, 63～67, 71, 72, 74～77, 79, 80, 82, 85～87, 89～91, 94, 95, 97～109, 113, 114, 117, 119, 121, 127～129, 131～135, 137, 138, 143, 144, 146～148, 150, 152, 153, 155, 156, 158～161, 167～172, 174, 175, 177～180, 182～191, 236, 237, 250, 257, 263, 306
「敲御仕置略図」 7, 8, 40
敲刑執行 40
「敲刑小伝馬町旧牢屋門前ノ真景」 8, 180
敲竹 100
敲杖 106, 139
敲の上入墨 236
敲之上江戸払 89
敲之上御領分追払 138
敲之上追放 146, 183, 188～190
敲之上徒罪 188～190
敲之上所払 146
敲之上中追放 89
「敲之図」 7, 103
敲払 129
敲箒 22, 26, 79, 93～97, 99～101, 103, 105～107, 109, 110, 113, 114, 137, 150, 186, 191
畳さし 283
立入禁止 327
立入禁止区域 80, 81, 165, 168, 316, 317
立帰（立帰り） 80, 153, 189, 190
谷口家資料 150～152
煙草銭 288, 289
溜預 319
溜囚人 356

溜銭　240, 241, 267, 288, 289
歎願書　121～123, 125, 126, 128
談経所　209
ちんこ切　283
「地方要集録」　209
「治地略考」　209, 228
知行払　126
恥辱　22, 184
「笞は恥也」　22, 23, 31, 45, 183, 191
笞刑　20～23, 27, 28, 30, 45, 46, 97, 105, 107, 109, 110, 129, 150, 160, 176, 177, 183, 184, 187, 191, 199, 200, 219
笞刑条　21
笞杖刑　20, 31, 45, 48, 178
笞罪　160, 180
雉子橋外揚場　285
中間　44, 100, 129, 244, 245, 248, 249
中国法　6, 35, 36, 38, 97
中国法受容　47
中国律　105, 184, 187
中老　162, 211
長六下河原　46
懲役制度　197
懲戒　22, 23, 26, 46, 90, 177, 183～185, 188, 263, 327
賃金　196, 201, 221, 225, 290, 292, 361
「ツワノ」字入墨　11
津軽藩　350
津山藩　129, 206
津和野藩　11, 41
追放刑　6, 26, 46, 80～82, 86, 90, 108, 125～127, 129, 134, 152, 159～161, 168～171, 173, 175, 176, 180, 187～190, 199, 220, 236, 258～261, 263, 274, 315, 322, 327, 354, 356, 361, 363
追放刑者　166, 175, 189, 258, 262, 263, 273, 316, 318, 319, 321, 322, 327
追放刑の執行の延期　263
追放刑抑制　81, 86
「追放」字入墨　11, 13, 21
追放者　126, 129
追放人　121, 124, 125, 128, 150
追放免除　123
「通俗徒刑解」　227
通例之御仕置　17
舂場掛（懸）　282, 365
佃島　344
佃島人足寄場　329, 351, 361
「佃島人足寄場之事」　280～283, 288, 290, 292
土持　203
「慎方之儀」　203
「慎之儀」　202, 203
手加減　186
手限判決　71
「手限申渡」　51～54, 57, 58, 62, 66, 67, 71, 72, 74～76, 265
手鎖　6, 26, 101, 159, 185, 250
手業　196, 203, 216, 217, 219, 241, 277, 283, 284, 287, 288, 298, 309, 316, 354, 365
手業掛（手業懸）　282, 283, 292, 293, 365
程朱学　209
「鼎鐫大明律例法司増補刑書拠会」　22
天守番　331
天保改革　344

「天保撰要類集」　114, 326
「天保武鑑」　337
田畑隠匿　190
田畑質入　190
戸〆　6, 26, 185
科書　314
外様大名　176, 177, 205, 216, 220
外様藩　96
徒役　202, 225
徒刑　19, 188～190, 202, 289, 290, 292, 293, 350
徒刑小屋　201, 224
徒刑作業　202
徒刑再開　218
徒刑囚　199, 201～203, 218, 232, 293, 301
徒刑住居所　218
徒刑制度　197, 199, 204, 205, 208, 211, 213, 215, 217, 218, 227, 302, 346
徒刑中断　218
「徒刑ノ事」　201
徒刑論　217, 221, 222, 233
徒罪　148, 155, 220
徒罪方　220
「徒罪之法」　220
徒人小屋　148
徒場　289, 331
「徒場規則」　290
当番医師　9, 159, 182
豆腐屋　284
逃走人足　290
唐律　22, 97, 183
唐律疏　44
「唐律疏」　21, 22
「盗官銭」字入墨　19, 21
「盗官物」字入墨　19, 21
「盗官糧」字入墨　19, 21
盗賊　82
「盗賊御仕置御定」　94, 95
盗賊御仕置段取　17
盗賊方　42
「盗賊方概」　11, 13, 41, 42
「盗賊ノ事」　221
盗伐　189
盗犯　14, 15, 19, 25, 26, 30, 35, 36, 42, 133, 141, 146, 184, 191, 220
「棠蔭秘鑑」　6, 15, 16, 29, 39, 42, 43, 82, 87, 110, 264, 300, 326
同心　122, 139, 302
銅鉛山　188
特別刑罰体系　17
特別予防　29, 46, 79, 133, 170, 176
特別予防主義　26, 90, 134
特別予防的配慮　198
徳川御三家　94
『徳川実紀』　31
徳山藩　41
「徳隣厳秘録」　40
毒薬買　190
「読律瑣言」　32
所払　6, 80
鳶口　254
取上刑場　189, 191

ナ行

名古屋藩　94～96, 108, 129

内閣文庫　40, 45, 181
内閣記録課　51
内大臣　204
中山道　120
中追放　6, 52, 152, 80, 81
長坂文書　357
長崎人足寄場　359
長崎奉行所　87
長沼流　214
永牢　221, 233
生業　26, 46, 77, 133, 170, 176, 185, 201, 204, 226, 256, 288
生業仕付　204, 205, 219
生業資金　196, 202, 205
生業復帰　77, 79
縄細工　283
縄取　189
南北町奉行　77, 104, 114, 116, 118, 131, 246, 251, 252, 258, 262, 269, 273
南北町奉行所　174, 302
二十一敲之上三里追放　188
二十一鞭三里追放　188
二十四敲之上五里追放　188
二十四鞭五里追放　188
二十七敲之上七里追放　188
二十七鞭七里追放　188
二十鞭　188
二十里外追放　129
二重仕置　16, 17, 20, 30, 42, 43, 74, 89, 127, 141, 159, 160, 171, 175～177, 180, 183, 187, 189, 190
二本松藩　129
二本松藩主　244
肉刑　28
肉刑廃止　45
肉体的苦痛　25, 46, 77, 79, 90, 133, 170, 184
西小屋　218, 219, 231
西丸切手番之頭　331, 333
人足部屋　292
人足寄場　67, 71, 77
人足寄場案　356
人足寄場送り　66
「人足寄場御仕置之事」　300
「人足寄場御仕置書」　269, 291
人足寄場改革案　357
人足寄場掛　351
人足寄場差遣　67, 236, 240, 252, 255～257, 262
「ぬ」字刺墨　11, 21
ぬ字入墨　40
ぬ字刺墨　41
盗み　189, 190
盗いたし徒刑住居所　218
盗人御仕置之事　14, 15, 85, 182
ねだり　82
年期　245, 246, 258～261, 274, 323
「年限等之者」　260, 261
「年限もの」　258
「年限申送者」　258, 259, 271
懇合　69, 71
懇合之好身　69
野非人　270
野非人対策　355
農業稼ぎ　124
農地　196, 204

鋸挽　6, 80
昇頭　202
昇小頭　202
昇の者　129
延岡藩　41, 130

ハ行

排除　80
売却代金　202
墓参　232
白昼搶奪　19
博奕　120, 123, 125, 189, 190, 220
博奕改正法　110
博奕規定　103
博奕刑改正　30
博奕犯　29, 159
博奕犯罪　101, 102, 113, 148
博奕法　103, 105
博奕法改正　102, 111, 114
幕政改革　355
「幕朝故事談」　244
幕藩法　34
幕府医学校　214
幕府医官　214
幕府勘定奉行　92, 93, 96, 107
幕府高官　32
幕府実務家　37
幕府儒官　32, 43
幕府書物方　46
幕府判例集　312
幕府評定所　40, 42, 51, 152, 181
幕府評定所旧蔵書類　265
幕府法　35, 36, 39, 91, 96, 97, 124, 171, 183
幕府老中　51, 235
幕末人足寄場　353
函館寄場（函館寄場）　351, 354
箱訴　125
箱館開港　357
箱館人足寄場　357
箱館奉行　100, 110
箱館奉行所　105
畑掛（畑懸）　282, 365
鼻そきの刑　28
浜御殿吟味役　276
浜松藩　129, 364, 366
早川代官　73
林奉行　331, 333
「張紙留」　41
磔　6, 29, 44, 80, 127, 134, 170
犯罪の王様　25, 184
犯罪予防　184
判決案　173
判決書　162
判決文　164, 173
判決申渡　145, 148, 161, 162, 184, 189
判決録　72
藩政改革　206, 211, 221
藩校　209, 210
番入　338
番人　130
日雇稼ぎ　121, 129
日雇賃金　225
火附盗賊改　51, 52, 57, 60, 61, 63, 64, 82～84, 87, 196, 293, 329, 339
火附盗賊改伺　82

非人寄場　350
「肥後熊本聞書」　111, 203, 218, 225
「肥後経済録」　201, 203, 227, 232, 301
「肥後物語」　41, 46, 197, 200, 201, 213～215, 224, 227, 233
飛騨高山郡代　356
劓　28
東町奉行所同心　135
引廻　127, 170
引渡手続き　240, 241, 245
常陸人足寄場　357
額入墨　44
人宿　59, 60, 70, 83～85
一橋家　37
百姓身分　309
百姓牢　40
百たゝき　120
百敲　7, 15, 20, 23, 24, 46, 82, 108, 127, 159～161, 168, 171, 175, 180～183
百敲の上領分払　169
百敲之上追放　175
百敲追放　175
百日牢舎　191
「百箇条調書」　173, 174
評定所　80
評定所一座　51, 52, 57, 64, 65, 82, 84, 216, 262, 299, 316, 318
評定所記録　51
評定所組頭　37
評定所留役　37
評定所留役勘定　37, 38
評定所留役勘定組頭　37
評定所留役助　37
「評定所張紙」　10, 42
評定所評議　29, 272, 312, 315, 325, 326
病人　152
病人置場　217
平人足　325
平詰　282
平鞭　188
広島藩　11, 41
弘前藩　130, 179, 187～192
不定期刑　196, 219
附加刑　11, 19～21, 127
普請人足　216
譜代小藩　120, 161
譜代大名　134, 171, 175
譜代藩　156
普通刑罰体系　17
『武家秘冊青標紙』　42
武士身分　185
舞台装置　90
誣告罪　190, 192
福井藩　129
福岡藩　201, 215
福祉的処遇　354
福山藩　130
「古張紙」　10
刎首　301
刎首即決　301
「文化武鑑」　337
「文化律」　188～191
分類収容　292
分類拘禁　218
「聞訟秘鑑」　98, 99, 110
兵学　214

鞭刑　30, 107, 130, 160, 179, 187～192
鞭刑追放　187, 188, 190, 192
鞭刑之上重追放　187
鞭刑之上村追放　187
反古　284～287, 297, 298
保安処分　274
保護観察　27, 79, 134, 148, 149, 203, 205
保証人　59
彫り物（ほり物）　196, 283
宝暦改革　201, 208
「宝暦現来集」　267, 277～281, 283, 295
放火　82, 143, 189, 190
法廷　174
褒詞　210
褒賞銭　289
褒美銭　288
箒尻　8, 79, 92, 94, 98～101, 103, 105, 106, 108, 110, 113, 114, 117, 150, 186
北海道寄場　358
堀浚　203
「堀大夫行跡略記」　211, 212, 228
本道医　23

マ行

麻苧　92, 113
「益田弥一右衛門上書堀平太左衛門返答之書付」　176
町方根取　204
町方役所　204
町方与力　351
町同心　127, 129, 171, 189
町同心警固　189
町奉行　63, 81, 86, 87, 114, 115, 117, 204, 212, 217, 246, 258, 260, 262, 265, 268, 274
町奉行所　69～72, 75, 87, 94, 99, 100, 102, 105, 106, 114～117, 151, 159, 182, 184, 247, 262, 265, 268
「町奉行所問合挨拶留」　110
松代藩　129
「松平石見守御初入ニ付差出御覚書」　111
「松平越中守殿御渡之御書付」　247
「松本公御預所公事御届伺写」　107
松本藩　107
眉なしの刑　199
三笠附博奕打取退無尽御仕置之事　42, 101
水戸藩　42, 130, 350
「見合物勤仕留」　295
見取図　217, 218, 301
見張鍵役　282, 365
見張番人　276, 282, 295
身柄引渡　308
身元引受　51, 56, 57, 60～62, 69, 70, 74, 77, 83, 87, 155, 172, 205, 219, 251, 252, 308～310, 312, 325
身元引受の制　50, 74, 76～79, 95
身元引受人　8, 24, 26, 27, 52, 54～57, 59～65, 71, 74～77, 83～85, 87, 90, 97, 132, 134, 135, 148, 149, 159, 169, 181, 184, 185, 189, 191, 236, 240, 241, 245, 264, 265, 304, 308, 317, 319, 324
身元引受人の制　170
身元保障人　44
身寄　70

水玉　196
水呑百姓　121, 126, 127
「水間村和三郎盗賊一件吟味」　144, 145
見懲　79, 133, 170, 301
溝浚え　201
南町奉行　237, 269, 299
南町奉行所　8, 38, 85, 94, 180, 268
耳切　28
宮津口番所　139
宮津街道　139
民政裁判所　331
明清律　32
「明制」(明制)　38, 99
「明典」　38
「明典略解」　37
明律　6, 23, 25, 97, 101, 176, 177, 183, 190, 191, 200
「明律」　17〜21, 31〜39, 43, 44, 47, 48, 178
明律研究　6, 25, 27, 32, 33, 39
明律研究会　32
『明律国字解』　32
明律受容　36
明律註釈書　27, 32, 36
「明律例」　17
「明令」　98, 109
「無罪之無宿」　235, 236, 240, 245, 248, 261, 266, 272〜274, 322, 324, 361, 362
莚　202
無宿島　245, 267
「無宿島之事」　283
無宿収容所　216
無宿対策　66, 217, 292, 326
無宿貰受　217
無宿養育施設　222
無宿養育所　216, 217, 230, 292, 351
笞打　98, 99, 110
鞭　25
鞭打　160
鞭取　189, 191
村追放　187
村払　126
村役人　73
目付　276, 316, 320, 329
目安箱　119, 120, 128
「名家叢書」　45
『名家叢書』　36
名誉　90
名例律　21
明法寮　48
迷惑行為　320
免囚保護事業　352
文字入墨　11, 14, 19, 21, 42, 43
申渡書　165〜167, 169
「申渡条目」　240, 273
申渡文言　76, 77
元居候　255〜257, 270
元締役　295
元手　201, 288
元手の制　197, 205, 219〜221, 289, 290, 293
元結　283
元結こき　283
紅葉山文庫　32
門前払　6, 65
門詰　282

ヤ行

ヤリ 283
屋根屋（やねや） 203, 283
焼印 11, 41, 42
役所詰 282, 365
役付人足 325, 365
「山家の釁」 229
山家藩 126
山形藩 129, 130, 213
鎗持 249
ゆすり 82
由良境 140
「よしの冊子」 229, 231, 267, 268, 277, 285, 286, 295～297
「与力同心務方書上帳」 302
予行演習 219
用人 211
幼年者 143, 152
幼年者の刑事責任 36
「要記秘鑑」 191
養育所 216
養子 121, 126
養老律令 180
横須賀人足寄場 357, 359
淀藩主 242
寄場稲荷 232
寄場入墨 249
「寄場御仕置」 300
「寄場御仕置書」 290, 291, 301, 302
「寄場御仕置之事」 246, 290
寄場懸 329
「寄場起立」 284, 294～296, 334
「寄場起立御書付其外共」 334
寄場吟味役 330, 334, 338, 361
寄場経費 364
「寄場定」 365
「寄場仕置書」 300
寄場下役 275, 276, 281～283, 286, 292, 294, 295, 311, 330, 361, 365
寄場条目 363
寄場使先 299
寄場逃走 257, 290～292
寄場逃走者 291, 292
寄場取扱 246, 269, 276, 282, 283, 288, 290, 294, 329, 339
寄場取締役 331
寄場人足差配人 365
「寄場人足旧記留」 299, 304, 306, 307, 320, 323
「寄場人足共引渡方之儀」 241, 245
「寄場人足共へ申渡条目」 265
「寄場人足共へ申渡書」 203, 204, 240, 288, 301, 302
「寄場人足共へ申渡条目」 272, 274
「寄場人足共申渡条目」 291
「寄場人足之儀ニ付風聞承探申上候書付」 289
寄場奉行 241, 245, 246, 257, 260, 262, 264～266, 288, 289, 294, 304, 306, 307, 309～311, 323, 324, 329～331, 338, 339, 363, 364
寄場奉行並 331, 338
寄場元締役 276, 282, 330, 338, 361, 365
寄場役所 240, 241, 288, 310, 312, 320
寄場役人 325, 361
寄場渡船 287

米沢藩　350
寄子　58～60, 65, 70, 83～85
寄親　59, 60, 65, 70, 83
「万覚」　224, 231

ラ行

落着請証文　173
乱心　36
乱暴狼藉　244, 245, 247, 320
立教館　209, 229
「律解弁疑」　32
「律条疏義」　32
「律疏」　183
「律大意」　28
律令学　34
「律例箋釈」　36
「柳営補任」　326, 337
「良民之害ニ相成」　259～261, 263
「良民之迷惑」　260
領分外追放　46, 81, 125, 126, 129, 140, 174, 177
領分境　168
領分追放　129
領分内追放　177
流刑　19
流罪　80
累犯　184, 191
累犯処罰　16, 17, 19, 20, 43
例示的規定　182
老人　152
老中　57, 66, 81, 86, 116, 120, 149, 304, 308, 312, 317～319, 326, 329
老中差図　315, 324
老中格　287
労役　290
「牢舎人数幷御仕置覚」　111
牢守　127, 161, 167, 175
牢問　98, 110
「牢問之図」　99
牢番　130, 177
牢番人　111
牢屋下男　9, 10, 40, 90, 127, 146, 159, 169
牢屋証文　174
牢屋同心　9, 23, 85, 89, 90, 111, 127, 132, 137, 159, 169, 175, 181
牢屋番人　130
牢屋奉行　182
牢屋見廻り役　40, 85
牢屋見廻与力　9, 10, 23, 90, 99, 108, 149, 159, 182
狼藉乱暴　314
蠟燭作り　277, 286
陸尺　242～245, 247

ワ

和歌山藩　13, 21, 24, 27, 41, 44, 45, 183
和歌山藩主　31, 32, 207
和歌山藩儒医　32, 43
和歌山藩田辺領　129
和歌山藩松坂領　12
賄賂　123, 124
若年寄　304, 306, 309, 310, 312, 323, 324, 329, 330
草鞋　202
草鞋銭　175

藁細工　203, 216
藁細工製品　202
割元　172